21世纪高等教育经管类经典书系

经典 SHUXI JINGDIAN SHUXI JINGDIAN SHUXI JINGDIAN

U0648975

预算管理
从企业战略到规划

（第三版）

BUDGET MANAGEMENT
From Business Strategy to Planning

林秀香 编著

东北财经大学出版社 · 大连
Dongbei University of Finance & Economics Press

图书在版编目（CIP）数据

预算管理：从企业战略到规划 / 林秀香编著. —3版. —大连：东北财经
大学出版社，2023.11（2024.11重印）
（21世纪高等教育经管类经典书系）
ISBN 978-7-5654-4966-6

Ⅰ.预…　Ⅱ.林…　Ⅲ.企业管理-预算管理-高等学校-教材　Ⅳ.F275

中国国家版本馆CIP数据核字（2023）第181918号

东北财经大学出版社出版

（大连市黑石礁尖山街217号　邮政编码　116025）

网　　址：http://www.dufep.cn

读者信箱：dufep@dufe.edu.cn

大连永盛印业有限公司印刷　　　　东北财经大学出版社发行

幅面尺寸：185mm×260mm　字数：480千字　印张：22.75　插页：1
2023年11月第3版　　　　　　　　　2024年11月第2次印刷
责任编辑：郭　洁　石建华　孟　鑫　　责任校对：孙冰洁
封面设计：张智波　　　　　　　　　　版式设计：原　皓

定价：57.00元

第三版前言

本版书稿修改之际，恰逢国内后新冠疫情时期开始之时。三年来，无论是政府、企业还是个人，都深刻体会到了突发事件带来的影响。就大多数企业而言，环境的改变对其发展战略、经营规划以及资源配置的影响几乎是翻天覆地的。静下心来，这也让我们思考不确定情形下预算能否真正发挥作用，以及如何更好地发挥预算的功能和作用。

预算的产生不是偶然的，而是必然的。先进企业的管理经验已经给了我们有益的启示。为提升企业的管理质量，向着更高的目标迈进，国家一直在引导企业的预算管理工作，国资委每年都会要求央企、国企等企业编制上报预算，同时注重吸收并借鉴民企的预算管理经验。

对于如何做好预算管理，政府的引导也是循序渐进的。2018年，国资委提出了在我国建立世界一流企业的目标，并对一流企业所具有的特征进行了总结。2022年，国资委又提出了建设世界一流财务管理体系的设想。2023年，中共中央办公厅、国务院办公厅印发了《关于进一步加强财会监督工作的意见》。仔细阅读和领会中央文件精神会发现，文件中对预算管理的作用和新时期如何做好预算管理工作，以及如何通过预算管理实现财会监督等都进行了顶层设计，这对于进一步完善国家治理体系，提升国家治理能力很有帮助，不仅在企业层面，而且在政府管理领域，对加强全面预算管理和绩效管理的认识已经提升到了一个新高度。

这说明，预算的作用一刻也没有被忽视过；预算管理的价值与职能随着时代的发展在加速演变。

传统的预算管理通常基于两个基本假设，一是企业所处的经营环境和外部市场条件相对可预测，二是企业内部的组织架构相对稳定。在这样的条件下，传统预算管理的作用主要体现在战略落地和资源配置两个方面。在数字化时代，传统的商业模式不断受到冲击，业务在不断试错和及时决策中推进，企业的组织结构变化大，造成的直接影响就是预算管理必须从追求精确化管理向赋能化发展。在数字化时代，对预算管理的理解要跳出传统的认知，应当从数据、模型、算力、算法等方面构建、优化和完善"赋能型"预算管理体系和预算解决方案，赋能各级管理者对企业经营的不确定性进行管理，实时调整企业经营行为，更好地实现企业经营目标。无论时代如何变革，预算管理都有其存在的价值和应用空间。

党的二十大报告从战略和全局的高度，提出要加快构建新发展格局，着力推动高质量发展。健全现代企业预算制度，运用先进的理念方法深化改革创新，着力构建涵盖预算编制、预算执行、预算控制与考核等科学规范的现代预算制度，有助于推动企业的高质量发展，最终推动国家战略目标的实现。

本书之前虽已经过修订，仍然存在很多不足，但读者一直不曾见弃。此份厚爱，倒逼我认真修改和完善第三稿。三稿总体上与二稿时的结构一致，修改思路和修改的内容如下：

第一，适应新时代变革的要求，更新部分陈旧案例，同时对一些有价值且极难获取的案例加以保留。

第二，对之前的部分保留案例进行跟踪研究，目的是了解其走势，使读者获得更有益的信息。

第三，使全书在结构上更加紧密，如第三章的预算管理与企业财务分析部分，换掉了万科公司的案例，一是提供给读者比较好接受的行业案例，二是考虑到房地产行业这几年受政策性因素以及行业性因素的影响较大，有些结论不一定能反映公司的管理努力情况。这次，我们使用的是宁德时代再融资的案例，有助于读者更好地理解各类预算与财务分析之间的关系。

第四，对新出台的文件以及带有历史事件的企业预算案例进展进行了补充和完善。

第五，对各章后的操作练习题进行了部分替换，以便结合证监会的监管新规，增强读者的体验感和获得感，提升分析和解决问题的能力。

第六，考虑到财务数字化及其对预算管理的影响短期内难以获得数据支持，本稿只是提及这些内容，并未深入展开介绍。

本版的框架体系如下：

第一至第二章，探讨预算管理与企业战略和规划之间的关系以及预算管理的思想和思路，目的在于从认识的高度明确预算管理的逻辑脉络。

第三至第五章，研究预算管理与企业财务分析、预算管理与企业对标分析、预算管理与企业财务预测之间的关系。目的在于说明企业的预算管理离不开对以往财务状况的分析。企业的预算编制不能盲目进行，需要借鉴标杆企业的经验，将预算建立在踏实可靠的基础之上。由于预算规划的是企业的未来，因此，在第五章中强调了预算编制前进行财务预测的重要性，并介绍了借鉴本量利分析等工具进行财务预测的方法。

第六至第八章，基于预算管理本身，分别介绍预算管理的工具方法、预算的组织、目标设定、编制与执行的内容，目的在于了解预算的管理体系、管理工具以及构成要素，把握从战略定位、预算编制到业绩评价与考核的全流程。

第九至第十二章，分别介绍投资预算、筹资预算、单一企业预算以及集团公司预算的编制方法和演示案例，目的在于了解不同类型的预算编制的关注点及其行动路线。

第十三章，介绍预算审核、预算审核分析系统构建以及如何进行预算分析和撰写预算分析报告。

第十四章，介绍传统预算的不足与超越预算概念的提出，超越预算的主要内容、优势、局限性及对我国企业预算管理的启示和改进建议。

由于多数上市公司 2022 年的年报披露时间集中于 2023 年 4 月底，考虑到更新的需要，本书还是以公司最新公布的年报数据进行了相关内容的更新和数据处理，这也直接导致了三稿的延迟提交。

本次修改如有不当之处，欢迎各位读者专家朋友予以指正。

林秀香

2023 年 7 月·北京

第二版前言

第一版前言

"管理就是界定企业的使命，并激励和组织人力资源去实现这个使命。界定使命是企业家的任务，而激励与组织人力资源是领导力的范畴，二者的结合就是管理。"[1]管理的目的在于实现个人、部门或整个组织所期望的结果。

如何保证企业管理的高效并推动管理创新，是摆在企业管理者面前的重要课题。环境的变化、政府的监管、企业的战略定位和价值创造，都对企业的管理提出了挑战。面对这些挑战，企业需要适应环境的变化，转变企业的工作重点，运用有效的管理工具，从企业运营中提取数据，提高数据的有效性，准确地判断企业经营状况走向，并且把这些走向、数据放到实时模型中进行运算和预测，即从过去的非系统性管理向系统性管理转变。

在众多的企业管理方法中，预算管理被证明是一种很有效的方法。预算管理是利用预算对企业内部各部门、各单位的各种财务及非财务资源进行分配、考核、控制，以便有效地组织和协调企业的生产经营活动，完成既定经营目标的管理活动。作为对现代工商企业成熟与发展起过重大推动作用的管理系统，预算管理产生于20世纪20年代，自20世纪50年代开始得到了不同程度的发展。20世纪50年代之后，全面预算从最初的计划、协调功能，发展到现今的一种兼具控制、激励、评价等功能的综合贯彻企业经营战略的管理机制，在企业内部控制中处于核心地位。在我国政府层面，自2000年以来，国家经贸委[2]、财政部、国资委等部委陆续发文，要求企业加强预算管理。可见，管理的需求，政府的推动，先进企业的经验，都促使我们来研究如何更好地推行预算管理，将企业的战略管理落实到经营规划中，并形成预算目标，用于指导企业的管理活动。

目前我们正处于"互联网+"时代。互联网将对整个国计民生产生凝聚和融合作用，同时反过来引导大众消费、生产方式、产业走向、法律法规、国家政策的同步调整与变化。这对企业组织者的思维方式、战略管理、经营规划和预算目标的确定都将产生直接或间接的影响。领先者能根据环境变化、对标管理，及时进行战略调整或转型，并通过管理工具的应用，将战略从决策变为现实，从"空中"落到"地上"。

对于发展中的企业来说，预算的主要目的不在于控制费用，而在于配置资源，在于确定如何去投资，把钱用在该用的地方。理论界和实务界对如何依据国情和企业管理需

---

① 彼得·德鲁克语。
② 2003年撤销。

求及约束做好预算管理工作，从不同角度进行了研究和探索。目前市场上关于预算管理方面的著述也较多，鉴于预算信息的不可公开性，很多预算方面的教科书或指导用书停留在框架体系或者单一案例的介绍层面，没有系统地探讨预算、规划与企业战略之间的关系，也难以提出具有可操作性的预算管理思路和行动方案。

思想决定行动。思想有多远，行动就有多远。

为了帮助广大企业和读者全面系统地了解和掌握预算编制的思路，提供可操作性的预算管理方案，本书按照以下框架体系进行了研究：

第一至第二章，探讨了预算管理与企业战略和规划之间的关系以及预算管理的思想和思路，目的在于从认识的高度明确预算管理的逻辑脉络。

第三至第四章，研究了预算与企业财务状况分析和财务预测的关系。第三章的目的在于说明预算编制前进行企业自身财务分析以及行业分析的重要性以及对企业战略决策、预算编制的作用。由于预算规划的是企业的未来，因此，在第四章中借鉴本量利分析等工具，介绍预算编制前进行财务预测的重要性和相关方法。

第五至第六章，基于预算本身，分别介绍了预算的种类和编制基础、预算的组织、目标设定以及执行的内容，目的在于了解全面预算的管理体系、管理工具以及构成要素，把握从战略定位、预算编制到业绩评价与考核的全流程。

第七至第九章，分别介绍了资本预算和项目预算、单一企业预算以及以战略为核心的集团公司预算的编制方法和演示案例，目的在于了解不同类型的预算编制关注点及其行动路线。

第十至第十一章，从国资预算的角度，依据国资委的要求，介绍了国有企业预算编报的要求、预算审核以及预算分析的内容和设想，既可满足国家经济统计和宏观政策制定的需要，也能为其他非国有企业的预算管理提供有益的借鉴和启示。

第十二至第十三章，引入对标管理的思想，介绍了预算目标确定与对标管理的关系。同时针对传统预算的不足，提出了在多变环境下超越预算的思想、观念和考虑因素，期待企业在预算管理思维上有所突破和创新。

相较于已有的预算管理著述，本书主要在以下方面有所突破：

第一，梳理了预算与企业战略和规划之间的关系。

第二，通过对典型案例的分析，提出企业进行预算管理的思想和思路。

第三，阐述了前期问卷调查、财务分析、财务预测对于预算编制的重要性，并演示了如何从分析入手发现企业管理的弱项和未来的行动目标以及关注点。

第四，基于具有可操作性和实用性的原则，本书将对标管理引入企业的预算目标确定中，并通过案例演示说明对标管理在预算管理中的应用要点、应用程序、注意事项以及方案设计，这是其他预算管理著述中不具备的内容。

第五，增加了预算审核的内容。预算审核包括预算编制前、执行中以及事后的审核。笔者2015年1月初参加了北京市国资委对50家国有企业的预算审核，感触很深，

第一版前言

希望通过对有关内容的分析、说明，提高我国企业预算管理的有效性，减少编审时间和编审成本，提高预算编审工作的效率。

第六，基于大多数国有企业预算编制应用久其软件的客观现实，从软件本身的利用和数据深加工的角度提出了如何更好地发挥预算数据分析功能的作用问题，有助于提升预算管理工具的发现能力。

本书作者从事了近30年的财务管理、财报分析和MBA预算管理的教学工作，并参与大型企业集团、中小企业以及金融行业预算方案的设计及培训工作，加之作为公司独立董事了解公司的运作过程，对预算管理在不同行业和不同类型企业中的应用状况有更多感悟。本书系作者多年教学经验及实践经验的积累，期待它的出版能为企业或集团公司的预算管理提供有益的帮助，相信真正的读书人和管理者定能发现和领会其中的应用价值。

本书既可用于指导单一企业和集团公司的预算管理实践，也可用于不同层次的预算管理教学和培训，其最大特色在于具有可操作性以及清晰的管理操作脉络。

林秀香

2016年6月·中央财经大学

目 录

第一章

预算管理、规划与企业战略

【导语】预算管理的起点在战略，终点在考核。本章将在预算管理历史演变的基础上，阐述预算管理及其理论基础，了解预算管理的内容与原则，梳理预算管理、规划与企业战略的关系，以便有针对性地开展预算管理工作。

本章内容要点

第一节　　　　　　　　预算管理的历史演变

一、西方预算管理的起源

预算管理作为对现代工商企业发展具有重大影响的管理系统，是企业内部管理控制的一种主要方法。其产生于20世纪20年代，在20世纪50年代以及后期得到了不同程度的发展。20世纪50年代企业预算的职能相对简单，主要用于产品成本的分析、预测、控制和考核。50年代后，预算从最初的计划、协调，发展到现在的集控制、激励、评价等功能于一体的综合贯彻企业经营战略的管理机制，全面预算管理已处于企业内部控制的核心地位。

美国是最早将预算作为管理手段应用于企业的国家，但预算管理产生初期的主要作用是协调和控制。早在18世纪，为了配合政府部门控制开支，英国和美国先后出现了预算管理方式。20世纪初，标准成本会计的出现为企业内部推行预算管理提供了基础。1921年，美国颁布了《预算与会计法案》，进一步扩大了预算控制的思想影响。1922年，美国著名学者麦金西出版了《预算控制》一书，第一次系统阐述了实行科学预算控制的问题。20世纪20年代，预算在美国的通用电气公司、杜邦公司、通用汽车公司产生之后，很快就成为大型工商企业的标准作业程序。现今，预算控制已经成为西方企业管理的基本范畴，美国几乎所有的大型公司都运用了这一方法。

20世纪30年代至70年代是预算管理的发展期。企业预算管理理论得到了进一步发展。20世纪40年代，企业管理者逐渐认识到强化管理的重要性，西方各种新的管理思想应运而生，组织行为学成为对这一时期影响较大的管理思想。预算管理在其发展过程中逐渐吸收了组织行为学的观点，在企业内部形成了上下结合的民主预算管理思想，并形成了参与型预算管理模式，提高了预算执行者参与预算管理的积极性。

20世纪70年代，零基预算在西方国家兴起。1952年，美国的维恩·刘易斯发表了一篇题为《预算编制理论新解》的文章，主张预算编制应采取一种新方法，虽然维恩·刘易斯没有明确提出零基预算的概念，但是他所提出的新方法的内涵与后来的零基预算是完全一致的。1970年，美国得克萨斯仪器公司的彼得·A.菲尔（Peter A. Pyhrr）首先采用零基预算编制法并取得成功，随后，其他国家的企业也先后开始实行零基预算，使其成为西方发达国家公认的管理间接费用的有效方法。零基预算是以"零"为基础编制预算的方法，它承袭了预算的计划特征，使预算注重长期与整体的概念。

20世纪80年代以后是预算管理的成熟期。该阶段，预算成为西方企业的一种管理方法。信息技术的发展、会计电算化的应用，大大降低了信息传递的成本，增强了对成本费用控制的硬性约束；平衡计分卡思想的形成，使预算的差异分析、预测、业绩考评更加科学。20世纪80年代后产生了企业资源计划（ERP）系统，将企业内部划分为相互协作、相互支持的子系统，使企业的采购、物流管理、生产作业、产品营销和售后服务等环节，全部纳入资源管理系统进行管理，形成了一种面向企业供应链的预算管理。

20世纪90年代后，企业内部计划因为市场环境的急剧变化和各领域专业化程度的加深越来越难编制，此时是在尊重员工独立自主性的基础上，以一种"合作"的观念来编制预算的。此阶段预算管理的特点可概括为"合作预算观+灵活的业绩评价方式"。[①]

进入21世纪以来，平衡计分卡的应用进一步完善了全面预算管理的理论体系，弥补了单一财务指标下预算考核的不足。

实践证明，市场经济越是发达的国家，对预算管理的作用就越重视，预算管理水平也就越高。预算在西方企业的管理实践中已经被广泛采用。

二、我国预算管理的发展演变

在我国的发展历史中，预算管理一直被业界所关注。中华人民共和国成立前的半个世纪里，一批民族资本家提出了一系列独到的、极富操作性的预算管理思想。如郑观应提出了"重视经营规划、成本核算和利润分成"的见解；近代最早的民族资本企业集团创始人张謇提出了"制定预算，以专责成，事有权限"的思想；抗战期间卢作孚提出了"无计划，无行动；无预算，无开支"和"预算本为事业中的财务问题之一，但涉及事

---

① 龚巧莉. 全面预算管理：案例与实务指引［M］. 北京：机械工业出版社，2012.

业的全部财务问题"的主张。这些"财务控制"的思想和观念对于我国现今的企业管理同样具有借鉴价值。

中华人民共和国成立后至党的十一届三中全会之前，我国实行的是高度集中的计划与财政体制，在实务上形成了富有中国特色的"财务控制"的具体方法，如在该时期实行的车间班组核算制度、月度财务收支计划和资金平衡会议制度、决算审查会议制度、定额发料制度、流动资金归口分级管理制度等，这些制度和方法对今天的企业管理仍然具有十分重要的价值。在我国实行计划经济管理模式的相当长的时间内，预算控制思想没有得到有效深入和提升，企业内实行的管理方式完全不同于西方企业的预算管理模式。随着改革开放和市场经济体制的逐步建立，企业管理控制的目标已经从完成生产的品种、产量计划，逐渐转移到追求企业经济利益、实现企业价值最大化上来。全面预算管理由此不断引起重视，并在实现企业经营目标上发挥越来越重要的作用，甚至被提升到企业战略管理的高度来认识，从而在实践中被一些企业大力推行。

改革开放后，我国的预算管理是从中外合资企业开始实行的。随着计划经济向市场经济的转换，越来越多的企业开始探索和借鉴西方企业的预算管理模式。与此同时，政府也积极推动预算管理方法的实施。

2000 年 9 月，当时的国家经贸委发布了《国有大中型企业建立现代企业制度和加强管理的基本规范（试行）》，明确提出企业应建立全面预算管理制度。

2001 年 4 月，财政部发布了《企业国有资本与财务管理暂行办法》，要求企业实行财务预算管理制度。

2002 年 4 月，财政部发布了《关于企业实行财务预算管理的指导意见》，进一步提出企业应实行包括财务预算在内的全面预算管理。

2007 年 5 月，为加强对国资委履行出资人职责企业的财务监督，规范企业财务预算管理，国资委发布了《中央企业财务预算管理暂行办法》。

2009 年 4 月，财政部发布了《关于当前应对金融危机加强企业财务管理的若干意见》，在第六条中特别提出：进一步优化业务和管理流程，推行全面预算管理，强化各项预算定额和费用标准的约束力……

2011 年 11 月，国资委发布了《关于进一步深化中央企业全面预算管理工作的通知》，要求加强投资项目的预算控制，严控亏损或低效投资；加强现金流量预算管理，加快资金周转；加强债务规模与结构的预算管理，严控债务规模过快增长。

2012 年 9 月，为做好中央企业 2013 年度预算编制工作，进一步推动中央企业深化全面预算管理，提升经营管理水平，国资委研究制定了《2013 年度中央企业预算报表及编制说明》，用以指导中央企业的预算管理工作。此后，各年度各级国资委都会陆续发布相关的预算表格和编制说明。

2016 年 6 月，为指导企业预算管理工作，提升预算管理质量，发挥预算的价值创造作用，财政部发布财会〔2016〕10 号——《管理会计基本指引》，指出预算管理领域应用的管理会计工具方法包括但不限于全面预算管理、滚动预算管理、作业预算管理、零基预算管理和弹性预算管理等。

2017年9月，财政部发布了《管理会计应用指引第200号——预算管理》和《管理会计应用指引第201号——滚动预算》。

2018年8月，财政部发布了《管理会计应用指引第202号——零基预算》和《管理会计应用指引第203号——弹性预算》。

2018年11月，·国资委发布了《2019年度国资委预算报表管理软件及参数》，供相关企业预算编制使用。

2018年12月，财政部发布了《管理会计应用指引第204号——作业预算》。

2022年2月，国资委发布的《关于中央企业加快建设世界一流财务管理体系的指导意见》中明确指出，要完善纵横贯通的全面预算管理体系。完善覆盖全部管理链条、全部企业和预算单元，跨部门协同、多方联动的全面预算组织体系、管理体系和制度体系，实现财务预算与业务、投资、薪酬等预算的有机融合。要建立高效的资源配置机制，实现全面预算与企业战略、中长期发展规划的紧密衔接。完善预算编制模型，优化预算指标体系，科学测算资本性支出预算，持续优化经营性支出预算，搭建匹配企业战略的中长期财务预测模型。统筹兼顾当期效益和中长期资本积累，以财务承受能力作为业务预算和投资预算的边界和红线。加强预算执行跟踪、监测、分析，及时纠偏。按照"无预算不开支、无预算不投资"原则，严控预算外经济行为。强化预算执行结果考核评价，增强刚性约束，实现闭环管理。

这些行政规章的颁行，标志着全面预算管理这一科学的管理理念已在我国得到了广泛认同，并进入规范与实施阶段。

第二节　预算管理及其理论基础

一、预算管理及其必要性

（一）预算管理的概念

要了解预算管理的概念，首先应明确什么是预算。对于预算的界定，目前存在几种不同的观点。

安达信"全球最佳数据库"认为："预算是一种系统的方法，用来分配企业的财务、实物及人力等资源，以实现企业的既定目标。企业可以通过预算来控制战略目标的实施进度，有助于控制开支，并预测企业的现金流量与利润。"

此外，也有人认为：预算是企业实施管理的工具；预算是指企业的全面预算管理体系；预算是一种用数字和表格说明的计划书。

什么是预算管理？我国财政部在《管理会计应用指引第200号——预算管理》中定义如下：预算管理，是指企业以战略目标为导向，通过对未来一定期间内的经营活动和相应的财务结果进行全面预测和筹划，科学、合理配置企业各项财务和非财务资源，并对执行过程进行监督和分析，对执行结果进行评价和反馈，指导经营活动的改善和调整，进而推动实现企业战略目标的管理活动。

预算管理的经济学意义在于，从企业角度看，预算是企业对未来经营规划的总体安排，是一项重要的管理工具，其主要功能是帮助管理者进行计划、协调、控制和业绩评价。理解预算管理需要树立以下基本观念：

第一，预算管理是一种建立在分权基础上的权力控制管理。预算管理涉及经营权和财权两个方面。预算管理中如何体现效率、如何进行权限的划分，都是企业管理需要考虑的问题。

第二，预算管理是一种全面管理，具有全面控制的能力。企业运行中解决矛盾的依据应是来自企业的总预算，以总预算统筹企业的各项管理活动。

第三，预算管理是一种管理机制而并非仅仅是一种方法。现行的企业管理机制是否需要改革，关键要看该机制是否影响了企业的发展。凡是影响企业发展的管理机制都应进行改革，否则无法推行预算管理。

（二）预算管理的必要性

著名管理学家戴维·奥利认为："全面预算管理是为数不多的几个能把组织的所有关键问题融合于一个体系之中的管理控制方法之一。"预算管理已经成为企业管理控制的核心方法。企业之所以要实施预算管理，原因在于：第一，企业理财环境的变化和风险的存在要求实施预算管理；第二，现代企业的发展要求实施预算管理；第三，企业资源的有效配置、目标的实现以及生产效率的提高需要实施预算管理；第四，预算管理是实现企业战略思想的保障。

预算管理的必要性体现在以下几个方面：

（1）有利于明确企业一定时期的经营管理目标。预算是为了适应目标管理的需要，规划出企业及其各职能部门在计划期内的奋斗目标，并将制定目标所依据的主要设想、意图，以及为实现该目标所采用的方法和措施列举出来。这样，就会使各个职能部门的管理人员明确本部门的经营活动与整个企业目标之间的关系，明确企业今后在业务量、收入、成本费用控制、利润等方面应达到的水平及努力的方向。

（2）有利于协调各职能部门的工作。企业内部组织结构的复杂化，特别是随着企业集团的形成，带来了管理的难度。企业组织结构的复杂性需要找到有效的管理方法。理论上，由于在由复杂层级结构组成的企业集团中信息是不对称的，因此就会影响企业集团目标在各层级间的分解以及决策权在各层级间的确定，这就从客观上降低了集团公司的内控效率。集团公司由于总部各职能部门之间、总公司与各子（分）公司之间存在着诸多利益关系，如集权与分权关系、投资与被投资关系、债权债务关系等，在实际工作中，各职能部门在业务经营过程中考虑更多的可能是其局部利益的最大化。按照系统论的观点，局部利益的最大化从全局角度出发不一定是合理的，所以，应当从总体最优化的角度考虑问题，不能片面追求局部利益的最大化。集团内部各种财务关系如果处理不当，集团公司就会出现两种问题，一是资金使用效益低，二是管理失控。如何做好集团公司的财务控制、风险控制，是集团公司财务管理的难题。实践证明，做好预算控制与考核是一个行之有效的方法。

（3）预算所具有的特点决定了其实施的必要性。预算是对企业整体经营活动的一系列量化的计划安排，是对企业战略发展目标和年度经营计划的细化。预算涉及企业所有子（分）公司和部门的经营活动，其有效推行为各子（分）公司和部门确定了具体可行的努力目标，同时也建立了必须共同遵守的行为规范。预算是执行过程中进行管理监控的基准和参照，预算也是子（分）公司和部门绩效考核的基础和比较对象。可以说，无论企业规模大小，都能从预算管理中得到好处。但要发挥预算的作用，确保预算的刚性约束，必须对企业的管理控制系统加以整体推进，并将其作为一项管理工程进行系统化实施。

（4）有利于进行业绩考核。预算执行的结果会出现实际数与预算数不一致的情况，这种差异不仅是事中控制企业各职能部门经营活动的依据，同时也是评定各职能部门管理者经营业绩的重要标准。对于预算执行良好的职能部门予以奖励，会产生激励作用；对于预算执行差的职能部门予以惩罚，会产生约束作用。合理有效的预算管理，会很好地体现激励与约束机制在企业管理中的作用。

（5）有助于提高企业经营绩效。预算管理可以通过一整套的控制体系有效克服信息不对称造成的缺陷，加强内部控制，保证企业集团目标的顺利实现。预算管理可以在编制全面预算的基础上，对企业的投资活动、筹资活动、营运活动以及股利分配活动进行预算控制，然后通过其一整套的管理控制体系促使企业集团的各项经营活动相互协同，形成有机整体，以达到强化内控、促进集团公司目标实现的目的。在实践中我们也看到，一些企业通过全面预算管理加强内部控制，取得了明显的成效。

当然，对于预算的作用，业界也有不同的看法。20世纪90年代的《财富》杂志曾发表了《为什么进行预算是对企业经营有害的?》一文，就是从负面的角度看待预算的，文章指出："预算就像所谓专家一样，关注一些不必要的项目，如人数，却忽略了真正重要的内容，如质量、客户服务甚至利润。更糟的是，预算在企业的各部门之间以及企业及其客户之间建立起了一堵堵的高墙，隔离了他们之间的联系……当一个人被预算控制的时候，他就不是被企业的经营所控制了……在追查运用资金的方向时，预算能发挥一流的作用。但是，如果面临的任务更多时，预算就不可能公正了，如当预算成为管理人员对经营业绩进行评价的主要工具时，即是如此。管理人员为了制定预算会做出令人难以置信的蠢事，尤其是存在着相应的激励时更是如此……"

这也说明，我们应客观地看待预算管理的作用，以发挥预算的积极作用，克服其消极影响。在把预算作为管理工具时，要注意以下几个问题：

第一，预算应起框架作用，不能是一成不变的，如果管理者不能根据形势变化调整预算，预算就起不到应有的作用。

第二，编制预算可能导致的时间浪费问题。

第三，预算可能导致对企业的过紧约束问题。

第四，可能存在预算目标定得过高或过低问题。过高，预算目标难以实现；过低，预算不能产生真正的激励作用。要充分认识到，预算不应是为了预算而预算，而是要帮助企业管理者全面了解企业经营活动，明确各部门的责任。

二、预算管理的理论基础

（一）"经济人"假设理论

"经济人"假设是传统预算管理的理论基础。F. W.泰勒的"科学管理"学说认为，企业可以用经济手段调动员工的工作积极性。这是因为人是"经济人"，其行为主要受经济力量的驱使。人天生是充满惰性的，乐于享乐而厌恶工作，除非是经济需要。同时，人又是理性的，他们会为自己的利益而行动。只有人们确信努力工作能得到公正的补偿，其行为才能有利于企业的利益。预算管理的动力在于业绩考评，因此，通过预算，可以在一定程度上激励员工的积极性，并做到奖勤罚懒。

（二）企业组织行为理论

现代组织行为理论是企业预算管理的理论基础。现代组织行为理论的多种假设观点认为，企业追求的通常是令人满意的结果而不是最优的结果。这是因为，企业是众多个人的联合体，企业目标实际上是企业中占据支配地位的成员的目标，并且企业目标是多元的和不断变化的。个人的目标和需要也是多元的，管理者要通过各种预测、控制和激励手段影响执行者的行为。

企业集团管理的核心问题是将下属的经营单位及内部各个层级和员工联合起来，围绕着企业集团的总体目标运作，即所谓整合，而实施全面预算管理正是实现集团整合的有效途径。全面预算管理不同于单纯的预算编制，它是将企业的决策目标及其资源配置以预算的方式加以量化，并使之得以实现的企业内部管理活动或过程的总称。全面预算管理体现了"权力共享前提下的分权"的哲学思想，通过分散权责、集中监督，能够促进企业有效配置资源、实现企业目标、提高生产效率。

（三）"寻租"与"寻利"理论

经济学中的"寻租"与"寻利"理论是现代企业集团预算管理的理论基础。寻租是指因为垄断社会资源或维持垄断地位，从而得到垄断利润（亦即经济租）所从事的一种非生产性寻利活动。美国经济学家J.布坎南和A.克鲁格认为，这种超额收入被称为"租金"（rent），谋求这种权力以获得租金的活动，被称为"寻租"。寻利指的是在正常的市场秩序下，人们根据自己的资本、能力和机会所从事的利益最大化的努力，其结果是能够带来社会福利的改善。

集团公司内部核心控股公司对组织成员的管理，就好比一个小的政府在运作。作为组织成员的企业经营者在多级代理关系下也存在"寻租"与"寻利"的选择问题。企业集团对经营者行为"寻租"与"寻利"选择的最好的制度化管理方式就是预算。企业集团要减少对经济资源的控制，应该尽量做到资源控制权分配的内部制度化、内部市场化，从而在源头上避免"寻租"行为，提高组织成员的工作效率。

（四）集体行动"搭便车"理论

集体行动"搭便车"理论是现代企业集团预算管理的理论基础。搭便车理论是由美国经济学家曼柯·奥尔逊于1965年发表的《集体行动的逻辑：公共物品与团体理论》（The Logic of Collective Action：Public Goods and the Theory of Groups）一文中提出的，其基本含义是不付成本而坐享他人之利。"搭便车"在企业集团运行中的行为表现为：因为经营改善所得的收益将由全体股东分享，而监督的成本却由那些监督经理行为的股东承担，所以，单个股东没有监督经营者的积极性；同时，每个股东又希望其他股东监督公司的经营，而自己坐享公司经营带来的收益，使股权的约束形同虚设。要调动股东监督经营者的积极性，只能是实施预算管理。

（五）博弈论

博弈论是现代企业集团预算管理的理论基础。博弈论又称对策论（Game Theory），主要是研究行为和利益相互依存的经济个体的决策和目前的市场均衡问题，特别适于分析市场经济中人们的经济行为、经济关系和社会经济活动的效率。博弈分为合作博弈与非合作博弈。在企业或集团内部，即使是很小一部分非合作博弈，也可能给集团公司带来很大的损失，有时甚至是致命的。制定预算是一个讨价还价的博弈过程，如何编制预算与签订预算合同是一个很重要的问题。博弈论揭示了预算管理过程中所要考虑的博弈带来的后果及其对企业业绩的影响。

上述理论在一定程度上构成了预算管理的理论依据。

第三节　预算管理的内容与原则

为了做好预算管理，首先应明确预算管理的内容与原则，以发挥各个预算的协同作用。

一、预算管理的内容

企业的预算是由多个方面构成的完整预算体系，它是由一系列预算按其经济内容及其相互关系有序排列组成的有机整体，是企业根据战略规划、经营目标和资源状况，运用系统方法编制的企业经营、资本、财务等一系列业务管理的标准和行动计划，据以进行企业控制、监督和考核。

按照预算的组成部分划分，企业预算管理的内容包括经营预算、专门决策预算和财务预算的管理。

（一）经营预算

经营预算也称业务预算，是指与企业日常业务直接相关的一系列预算，包括销售预算、生产预算、采购预算、费用预算、人力资源预算等。

（1）销售预算。这是指预算期内企业销售各种产品或者提供各种劳务可能实现的销售量或者业务量及收入的预算，主要依据年度目标利润、预测的市场销量或劳务需求及提供的产品结构以及市场价格编制。

（2）生产预算。这是指制造业企业在预算期内所要达到的生产规模及产品结构的预算，主要是在销售预算的基础上，依据各种产品的生产能力、各种材料以及人工消耗定额、物价水平和期末存货状况编制。为了实现有效管理，还应当进一步编制直接人工预算和直接材料预算。

（3）采购预算。这是指企业在预算期内为保证生产或经营的需要而从外部购买各类商品、各种材料、低值易耗品等存货的预算，主要依据销售或营业预算、生产预算、期初存货情况和期末存货经济存量编制。

（4）费用预算。这是指预算期内企业组织经营活动必要的管理费用、财务费用、销售（营业）费用等的预算，应当区分变动费用与固定费用、可控费用和不可控费用的性质，根据上年实际费用水平和预算期内的变化因素，结合费用开支标准和企业降低成本费用的要求，分项目、分责任单位进行编制。其中的科技开发费用以及业务招待费、会议费、宣传广告费等重要项目应当重点列示。

（5）人力资源预算。这是指人力资源部门根据企业的发展战略、企业前一年度的人员状况、未来新增的人员需求等，对下一年度的人力资源的需求及其成本费用所做出的预算。人力资源预算不仅有利于人力资源计划工作，也有利于人力资源的组织工作和控制工作。

（二）专门决策预算

专门决策预算，是指企业重大的或不经常发生的、需要根据特定决策编制的预算，包括投融资决策预算等。

1.投资预算

投资预算，也称资本支出预算，是指企业在预算期内进行资本性投资活动的预算，主要包括固定资产投资预算、权益性资本投资预算和债权投资预算。

（1）固定资产投资预算。这是指企业在预算期内购建、改建、扩建、更新固定资产进行资本投资的预算，应当根据本单位有关投资决策资料和年度固定资产投资计划编制。企业处置固定资产所引起的现金流入，也应列入资金预算。企业如有国家基本建设投资、国家财政拨款，应当根据国家有关部门批准的文件、产业结构调整政策、企业技术改造方案等资料单独编制预算。

（2）权益性资本投资预算。这是指企业在预算期内为获得其他企业单位的股权以及收益分配权而进行的资本投资的预算，应当根据企业有关投资决策的资料和年度权益性资本投资计划编制。企业转让权益性资本投资或者收取被投资单位分配的利润（股利）所引起的现金流入，也应列入资金预算。

（3）债权投资预算。这是指企业在预算期内为购买国债、企业债券、金融债券等所做的预算，应当依据企业有关投资决策资料和证券市场行情编制。企业转让债券收回本息所引起的现金流入，也应列入资金预算。

企业无论进行长期投资还是进行短期投资都涉及资本支出，因此，就会面临企业进行什么项目的投资、什么时间投资、投资规模多大、投资的资金来源、预期投资收益率和投资回收期等问题。对这些投资问题都要以预算的形式事先做出规划。一般来说，资本预算主要是长期预算，因此，应与企业的长期计划结合起来编制。

2.筹资预算

筹资预算是与企业筹资活动有关的预算，包括债务筹资和股权筹资安排。

企业在预算期内新借入的长短期借款、经批准发行的债券以及对原有借款、债券的还本付息，主要是依据企业有关资金需求决策资料、发行债券审批文件、期初借款余额以及利率等来编制。

企业经批准发行股票、配股和增发股票，应当根据股票发行计划、配股计划和增发股票计划等资料单独编制预算。股票发行费用也应当在筹资预算中分项做出安排。

（三）财务预算

财务预算是指与企业资金收支、财务状况或经营成果等有关的预算，包括资金预算、预计资产负债表、预计利润表等。

1.资金预算

资金预算也称现金预算，是对企业的资金收入、资金支出、资金结余和资金筹措所做出的预算。企业是否具有偿债能力、支付能力不取决于其账面上是否有利润，而是取决于有无足够的资金用于各项支付。因此，资金预算是企业最重要的一项预算。资金预算为企业资金的筹措、多余资金的使用做出了规划。当企业的资金不足时，应及时通过银行借款或其他途径取得资金；当企业的资金多余时，应及时偿还银行借款和其他债务，或者将多余的资金用于对外投资活动等。资金预算实际上就是预计的现金流量表，它以经营预算、专门决策预算为基础，是其他预算有关资金收支的汇总，主要作为企业资金头寸调控管理的依据。

2.预计资产负债表

预计资产负债表是按照资产负债表的内容和格式编制的，综合反映企业期末财务状况的预算报表。一般根据企业预算期初实际的资产负债表、销售或营业预算、生产预算、采购预算、资金预算、筹资预算等有关资料分析编制。资产负债表中的各项数据来源于年初报表以及其他预算，因此，预算期末资产负债表能否平衡，也是验证其他预算的准确性程度的重要依据。该项预算涉及面比较广，既包括现金预算和投资预算，也包括应收账款、存货、应付账款等专门预算。

3.预计利润表

预计利润表是按照利润表的内容和格式编制的，反映预算执行单位在预算期内利润目标的预算报表。一般根据销售或营业预算、生产预算、产品成本预算或者营业成本预算、期间费用预算、其他专项预算等有关资料分析编制。

经营预算、专门决策预算与财务预算共同构成了企业的全面预算。全面预算管理构成体系如图1-1所示。

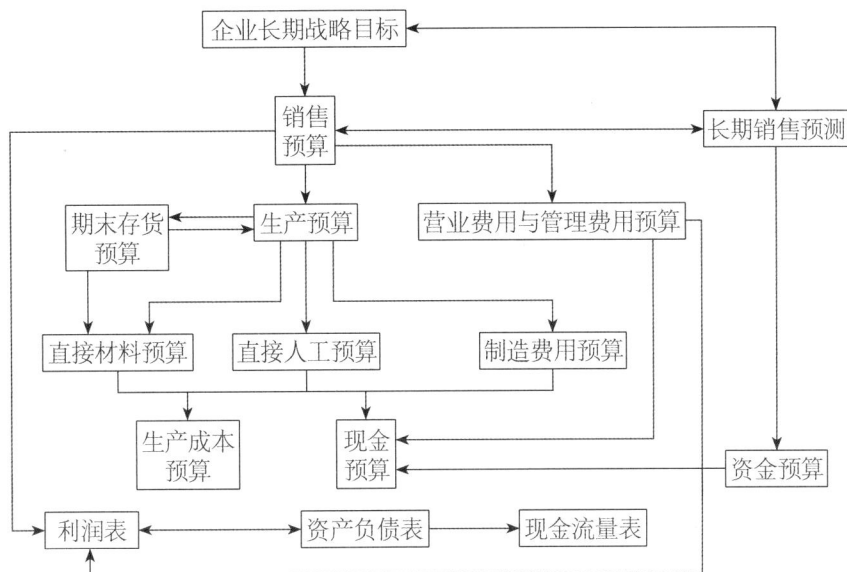

图1-1 全面预算的构成体系

从全面预算的构成以及分类可以看出，财务预算是企业的汇总预算，是用数字表示的企业计划，其他各种预算都构成了财务预算的组成部分，要编制出财务预算，必须以各种具体的预算为基础。企业的财务预算应当按照先编制业务预算、资本预算、筹资预算，后编制财务预算的流程进行，并按照各企业所承担的经济业务的类型及其责任权限，编制不同形式的财务预算。

企业的财务预算应当围绕企业的战略要求和发展规划，以经营预算、专门决策预算为基础，以经营利润为目标，以现金流为核心进行编制，并主要以财务报表形式予以充分反映。

企业的财务预算一般按年度编制，经营预算、专门决策预算需要分季度、月份落实。企业应当重视全面预算管理工作，并将财务预算作为制定、落实内部经济责任制的依据。

二、预算管理的原则

2017年9月财政部发布的《管理会计应用指引第200号——预算管理》，明确了企业进行预算管理一般应遵循的原则：

（1）战略导向原则。预算管理应围绕企业的战略目标和业务计划有序开展，引导各预算责任主体聚焦战略、专注执行、达成绩效。

（2）过程控制原则。预算管理应通过及时监控、分析等把握预算目标的实现进度并实施有效评价，对企业经营决策提供有效支持。

（3）融合性原则。预算管理应以业务为先导、以财务为协同，将预算管理嵌入企业经营管理活动的各个领域、层次、环节。

（4）平衡管理原则。预算管理应平衡长期目标与短期目标、整体利益与局部利益、收入与支出、结果与动因等关系，促进企业可持续发展。

（5）权变性原则。预算管理应将刚性与柔性相结合，既要强调预算对经营管理的刚性约束，又要根据内外环境的重大变化调整预算，并针对例外事项进行特殊处理。

第四节　企业发展阶段与预算管理模式

一、四种不同的预算管理模式

预算管理模式可以概括为与企业特点相适应的预算编制基础以及管理路径。根据企业发展阶段的不同，企业预算管理模式可分为多种类型，具体包括以销售为核心的预算管理模式、以利润为核心的预算管理模式、以成本为核心的预算管理模式和以现金为核心的预算管理模式等。

（一）以销售为核心的预算管理模式

以销售为核心的预算管理模式，其预算编制是建立在销售的基础上，根据以销定产原则，确定企业的生产预算以及与经营活动相关的采购预算、成本费用预算、利润预算以及现金流量预算。

以销售为核心的预算管理模式的积极作用在很大程度上是由销售预算的正确性决定的，而销售预算的正确性又是由对市场销售预测的准确性决定的。因此，以销售为核心的预算管理模式要重视做好销售预测工作。

以销售为核心编制预算的方法也是企业预算编制中最基本的方法。参见图1-2。

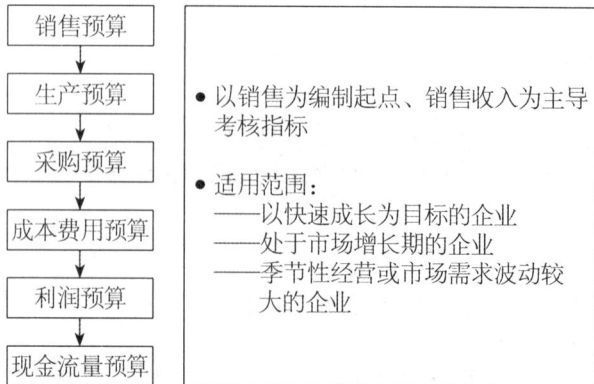

图1-2　以销售为核心的预算管理模式

（二）以利润为核心的预算管理模式

以利润为核心的预算管理模式，又称为以利润最大化为核心的预算管理模式。其预算编制不同于以销售为核心的预算，是在确定目标利润的基础上以利润为起点编制预算。

其基本编制步骤是根据对影响企业利润各因素的分析，首先确定利润目标，然后根据利润目标，制定企业的销售预算以及成本预算。为了保证利润预算目标的实现，企业也可根据组织结构的情况将利润目标进一步分解落实到各基层单位，并作为业绩考核的依据。

以利润为核心的预算管理模式，主要适用于大型企业集团的利润中心和以利润最大化为目标的企业。参见图1-3。

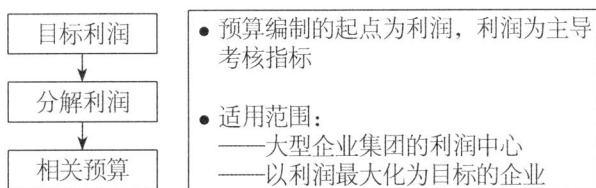

图1-3　以利润为核心的预算管理模式

（三）以成本为核心的预算管理模式

以成本为核心的预算管理模式，其预算编制是在确定的目标利润基础上通过倒算目标成本，进而编制成本预算，并进行预算管理与考核的一种方法。

其基本编制步骤是：先根据影响企业利润的各项因素确定利润目标，然后根据利润目标制定企业的销售预算，最后倒算成本，并根据企业管理需要将成本进一步细分为固定成本预算和变动成本预算的一种预算管理方法。企业也可根据组织结构的情况将成本目标进一步分解落实到各基层单位，并作为业绩考核的依据。

以成本为核心的预算管理模式，主要适用于产品处于成熟期的企业或者大型企业集团的成本中心。参见图1-4。

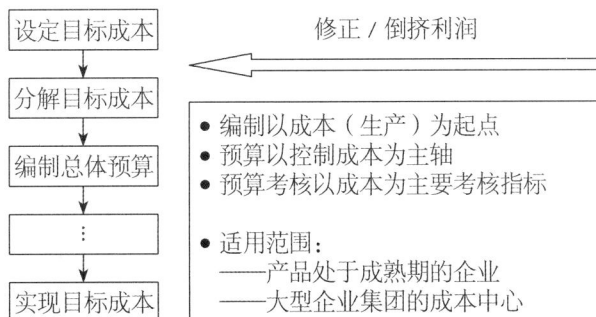

图1-4　以成本为核心的预算管理模式

（四）以现金为核心的预算管理模式

以现金为核心的预算管理模式，强调了现金在企业中的核心地位。在金融风险日益加剧的今天，"现金至上"比任何时候都备受推崇。美国前证券交易委员会主席罗德·威廉斯就说过这样一句话：如果让我在拥有利润信息和现金流量信息之间做一个选择，那么今天我选现金流量。

现金是企业生存与发展的血脉，必不可少，因为企业的收入与支出最终都表现为现金的流入和流出。一旦大量的收入最终无法表现为现金流入，企业就会面临诚信危机，最终面临财务风险，如韩国的大宇、美国的通用、中国的巨人集团和恒大集团等公司，都是因为现金短缺遭遇经营危机。企业缺乏现金，就会出现资金链条的断裂，影响企业发展，因此，无论什么类型的企业都十分重视现金预算的编制工作。宝钢集团编制的现金预算就曾引起业界的广泛关注。

以现金为核心的预算管理模式，通常适用于重视现金回收的企业、产品处于市场衰退期的企业以及财务困难的企业，参见图1-5。受现金流重要性的影响，目前所有企业都很关注现金收支预算。

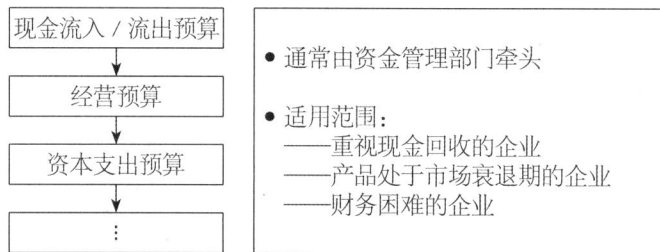

图1-5　以现金为核心的预算管理模式

二、企业发展阶段与预算管理模式的选择

企业生命周期理论认为，企业的发展与成长要经历引入、成长、成熟、衰退几个阶段。企业生命周期理论的研究目的就在于试图为处于不同生命周期阶段的企业找到能够与其特点相适应，并能促使其不断发展延续的特定组织结构形式，使企业可以从内部管理方面找到一个相对较优的模式来保持企业的发展能力，帮助企业实现自身的可持续发展。

企业不同的发展阶段决定了其不同的预算管理模式选择。在引入（初创）期，企业通常实行以资本预算为基础的预算管理模式；在成长期，企业通常实行以销售预算为基础的预算管理模式；在成熟期，企业通常实行以成本控制为基础的预算管理模式；在衰退期，企业通常实行以现金流量为基础的预算管理模式（如图1-6所示）。

在产品引入期，企业通常要进行项目规划，产品刚刚投放市场尚未得到市场认可，企业各个方面支出较大，因此需要做好与项目有关的资本预算编制工作。

在产品成长期，企业已经有销售收入，编制销售预算可以帮助企业应对市场挑战，通过编制与销售相关的预算，做好产品的生产以及利润规划工作。

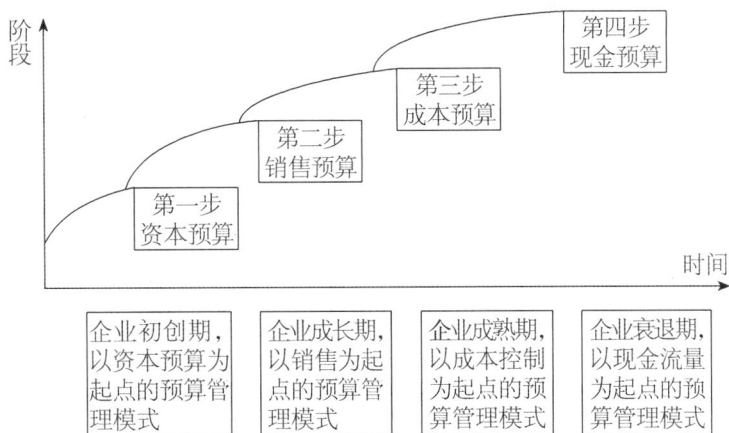

图1-6 企业发展阶段与预算管理模式

在产品成熟期，由于产品销售的限制，产品竞争加剧，此时企业应通过降低成本等途径来赢得竞争优势，因此，此时成本预算更加重要。

在产品衰退期，企业需要开拓新产品和新项目，也需要对原有产品或项目开展资金回收工作，此时，现金预算就显得重要了。

第五节　预算管理、规划与企业战略之间的关系

一、预算管理与企业战略

（一）企业战略管理

预算管理是在企业战略管理框架下的管理活动，缺乏战略指导的预算管理活动，将难以实现预算管理的目标。为做好预算管理工作，企业首先必须明确什么是企业战略、什么是战略管理以及预算管理与企业战略之间的关系。研究不同类型的企业战略与预算管理模式，将为企业的发展战略定位以及预算管理策略选择提供经验借鉴。

企业战略管理是对企业价值链的管理。战略管理是在对企业内外部环境分析的基础上，根据企业发展战略目标，利用比较优势理论，对企业的价值链进行的管理。战略管理的核心是"企业绩效"管理。企业战略管理是随着管理科学的产生与发展而不断完善和发展起来的。自19世纪末20世纪初管理科学产生后，企业管理的历史经历了生产管理、经营管理和战略管理三个不同的发展阶段。

在三个管理阶段，生产管理阶段的突出特征是强调现场管理，管理的重心是如何提高生产效率、增加产量，而不是考虑市场需求问题。随着1929年资本主义经济危机的爆发，企业认识到生产的首要问题不是大规模地组织生产和提高效率，而是要从整个企业生产要素的投入与产出成果的角度考虑企业的经营问题。经营管理阶段的主要特征表现在企业关注已经建立起来的总目标，但却没有更多地考虑外部环境因素对企业的影响

以及调整问题。由此可见，企业战略管理是随着企业的发展而发展的。

随着企业对战略管理的日益重视，有关战略管理的研究成果也不断出现。20世纪60年代初期，美国著名管理学者钱德勒的《战略与结构》一书面世，揭开了企业战略管理研究与实施的序幕。钱德勒认为，企业战略影响和决定着企业的长期目标与目的、达到既定目标所遵循的路径，以及对企业已有资源进行优化配置的问题。在20世纪60年代的战略管理研究发展过程中，形成了以哈佛商学院著名教授安德鲁斯为代表的战略构造设计学派，以及以安索夫①为代表的计划学派。

综合20世纪60年代至70年代初期的研究成果，有关战略管理的理论研究主要侧重于三个方面：一是研究战略与环境的关系；二是战略应自上而下，即由高层管理者构思设计；三是战略应该通过正式计划予以实施。1971年，安德鲁斯出版了《公司战略思想》一书，首次提出了公司战略管理思想问题；1979年，安索夫出版了《战略管理》一书，系统地提出了战略管理模式，即企业的战略行为模式，也构成了其战略管理理论的核心内容。

企业战略管理过程包括战略环境分析、战略制定与实施。

战略环境分析包括外部环境分析和企业内部环境分析。外部环境分析侧重于战略分析、竞争分析和市场分析；企业内部环境分析包括产品分析、价值分析、资源分析、能力分析。企业战略分析的框架如图1-7所示。

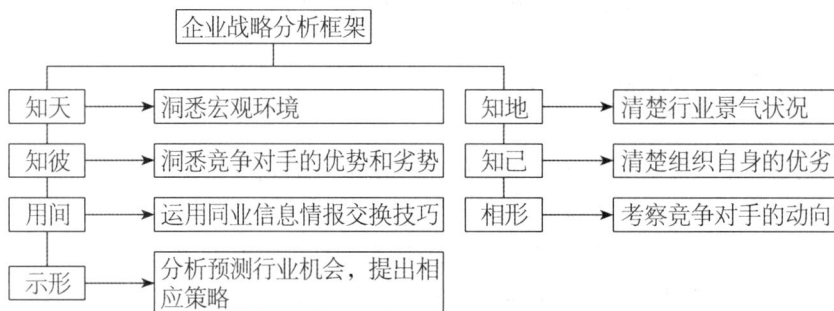

图1-7　企业战略分析框架图

战略制定与实施包括两个方面：一是企业要达到的使命、愿景、目标，并进行行业战略定位，制定竞争策略和战略规划（营销战略、物流战略、人力资源战略、技术战略）。二是要根据对国际标杆企业或国内同业的比较研究，通过对同业优秀管理模式的经验借鉴，完善公司的战略管理系统，包括：组织原则的确定、组织机构的设置、部门职责与岗位说明等；流程原则，如管理流程、业务流程；年度目标，如指标体系、考核流程与指标等；薪酬原则以及薪酬方案等。

20世纪80年代，以美国哈佛大学商学院迈克尔·波特教授为代表的竞争理论在战略管理理论中居于主流地位。波特认为，企业战略的核心是获取竞争优势，而获取竞争

---

① 安索夫被称为"战略管理的鼻祖"，他于1965年出版的《公司战略》一书被公认为战略管理的开山之作。

优势有两个主要因素：一个是企业所处产业的盈利能力，即产业的吸引力；二是企业在产业中的相对竞争地位。

20世纪90年代后，经济全球化、产业环境的变化、技术推动、顾客需求的多样化，导致企业战略管理从注重产业和产品竞争转向为创造未来而竞争。企业的战略管理必须体现其前瞻性和主动性。

（二）预算管理与企业战略的关系

预算管理与企业战略的关系可以从两个方面进行解释，一是企业战略目标要通过预算管理来实现，二是预算管理要以企业战略目标为导向。二者之间存在着相互依存、相互制约的关系。关于预算与企业战略的关系，可以从以下企业战略所包含的内容中得到解释。

企业战略就内容而言包括集团重组战略、并购战略以及集团管控战略。

集团重组战略，是根据企业的发展战略，制定战略实施的业务整合和资产重组方案，并在方案实施过程中，就公司设立、估值、融资、债务重组和改制等提出方案。

并购战略，是企业实现扩张战略、提高管理效率、取得控制权的战略选择，也是企业进行资本配置，实现提高公司效率的目标之一。企业并购战略就是要从企业未来的发展考虑，分析并确定行业发展模式，确定并购策略。在并购策略的指导下，选择目标公司，进行尽职调查和价值评估，然后设计并购方案和实施方案。取得目标企业的管理权后，对目标企业进行管理整合，以实现协同效应。

集团管控战略，是指在企业集团管理模式搭建的过程中要考虑集团战略及其利益相关者、集团母子（分）公司的管理定位以及集团母子（分）公司集分权的设置，具体包括：（1）分析集团母公司的权利、义务；（2）根据资源能力分析集团母公司的价值贡献；（3）根据公司战略及发展战略，提出集团母公司管理定位；（4）分析并确定集团母子（分）公司管理模式；（5）分析集团管控的程度；（6）进行集团母子（分）公司职权界限的划分。

在企业战略所包含的内容中，无论是企业集团重组战略、企业并购战略还是集团管理控制战略，都需要借助资源配置来达成，都与预算管理相联系，其目的都在于提高预算管理的效率、实现企业价值。要实现企业价值，企业必须从战略管理的高度出发，进行组织结构的优化、业务的整合、价值链的分割、资产的配置与管理。由此可见，预算管理与企业战略之间有密切关系：预算管理是在企业战略指导下的预算管理，有效的预算管理有利于实现企业的发展战略，提高企业价值；预算管理是在企业战略管理框架下实施的管理活动，缺乏战略指导的预算管理，将难以实现预算管理的目标。

二、预算管理与企业经营规划

（一）企业经营规划

企业经营规划是指在经营决策基础上，根据经营目标对企业的生产经营活动和所需要的各项资源，从时间和空间上进行具体统筹安排所形成的计划体系。经营计划是企业围绕战略，为实现自身经营目标而进行的具体规划、安排和组织实施的一系列管理活动。企业经营规划是企业经营活动的先导，并始终贯穿于企业经营活动的全过程。

企业经营规划一般应包括以下几个方面：未来要做什么（目标），由谁去做（责任），何时做（时间）以及如何做（措施）。从内容上讲，企业经营规划可以分为三个层次：战略计划、业务计划和基层作业计划。三者之间的关系是：战略计划提供自上而下的指导；业务计划发挥承上启下、上传下达的作用；基层作业计划提供自下而上的保证。

建立在持续经营基础上的企业，在规划中不仅要考虑短期计划，而且要考虑中长期计划。按时间划分的两种不同类型的企业经营规划所具有的特点如表1-1所示。

表1-1　　　　　　　　　　　两种不同类型的企业经营规划

项　　目	中长期经营计划	短期经营计划
计划时间	中期计划：3年	通常为1年，可分解为季度、月份计划
	长期计划：5～10年	
计划内容	中长期目标，经营方针，实现目标的方案：如研发、采购、生产、销售、融资、投资等	短期目标，计划措施，预算方案
计划重点	面对环境，应对挑战	战略目标的落实
计划特点	前瞻性和创新性	可行性
风险程度	高	低
目标水平	努力目标	责任目标
责任主体	董事会、高层经理、财务总监	责任中心负责人
失败挽回	很难挽回	容易挽回

（二）预算管理与企业经营规划的关系

企业的年度经营计划包括销售计划、生产计划、劳动工资计划、新产品试制计划、物资供应计划、产品成本计划、财务计划以及其他计划。

企业经营规划的任务是经营目标具体化、分配各种资源、协调各单位的生产经营活动，以提高企业绩效。建立在持续经营基础上的企业规划活动都要通过表格的形式加以量化，而这种量化的表格即为预算，因此，在企业规划的基础上编制预算，才能使预算与企业经营计划相衔接，并体现企业的战略意图。

三、预算管理与企业战略和规划的关系及其启示

（一）预算管理与企业战略和规划的关系

预算管理不是盲目管理，是在企业战略指导下的管理，而企业经营规划是企业战略的具体体现。因此，要做好预算管理工作，必须先做好企业的经营规划。在三者的关系中，战略分析是起点，规划是桥梁，预算管理是终点，如此循环往复，促使企业健康可持续地发展。

其总体思路是，企业首先要在对内外部环境进行分析的基础上，通过比较优势确定企业未来的发展战略，并通过企业规划体现其战略意图，在企业规划的基础上，根据规划设想，将这一规划以预算形式形成表格体现出来，用以指导企业的管理实践。

图1-8和图1-9在细化预算管理内容的基础上更好地诠释了预算管理、规划与企业战略之间的关系。

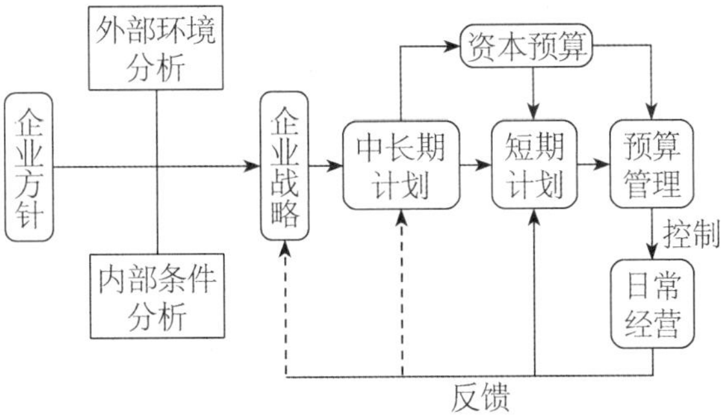

图1-8 预算管理与企业规划之间的关系

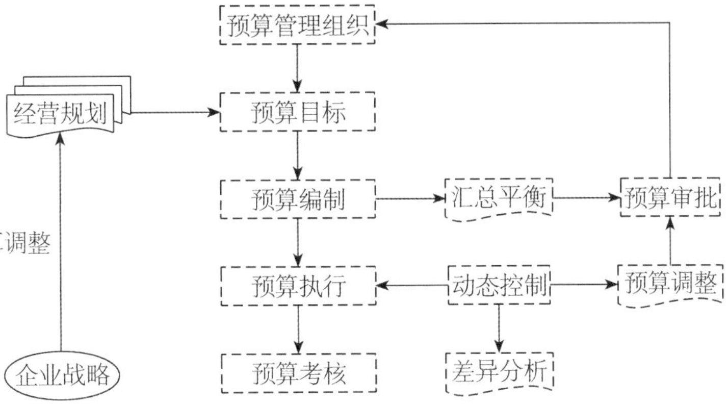

图1-9 预算管理、规划与企业战略之间的关系

（二）预算管理与企业战略和规划图揭示的信息

（1）预算管理要以战略为起点。战略管理是指企业从整体出发，根据企业所处的内外环境进行规划和决策，并将这些谋划和决策付诸实践，以实现企业总体经营目标的动态过程。企业战略管理是以企业整体为对象的，它所管理的是企业的整体活动，所追求的是企业经营的总体效果。战略管理关注长远利益，一个好的战略可以保持企业的可持续发展。

（2）预算管理要以目标管理为导向。如果说战略管理是企业预算管理的起点，目标管理思想则是企业预算管理在实施过程中的向导。预算管理通过科学的预测，确定与企业总体战略目标相一致的预算目标，以该预算目标作为统筹企业全面预算管理活动的导向，预算的编制、执行、评估、考核都是围绕着实现预算目标来进行的。在全面预算管理模式下，预算管理活动是以实现预算目标为导向的。通过将预算目标分解为各预算子目标，把它们落实到每个责任单位，又延伸细化到每一位员工，在企业内部形成一个纵横交错、完整严密的目标体系。企业的各个层次都被包含在目标体系之内，各职能部门、每一位员工的工作都与预算目标联系起来。因此，全面预算管理的过程也是一个确定目标与实现目标的过程。预算目标通过层层分解得到细化落实，严格的预算执行过程又为目标的实现提供了可靠的保障。可见，全面预算管理不是单纯的预算管理，它吸收了目标管理的思想，从这种意义上说，它同时也是一种目标管理。

（3）预算管理要以预测和经营规划为核心。预算管理是以战略管理为起点构建的一种现代企业管理模式，其最终目的是要促进企业整体战略目标的实现；在全面预算管理的过程中又渗透着目标管理的思想，预算管理始终以如何实现预算目标为导向。由此可见，全面预算管理的核心是预算目标的制定、分解、衔接、修正与实现。预算目标一方面要与企业总体战略目标相一致，另一方面又要与企业外部市场环境与内部生产经营状况相适应，因而必须利用预测与规划理论，通过科学合理的方法来制定、分解、衔接和修正预算目标，以促进预算目标的顺利实现。所以说，全面预算管理是以预测和经营规划为核心的。

（4）预算是由多个方面构成的完整预算体系。全面预算是由一系列预算按其经济内容及其相互关系有序排列组成的有机整体，主要包括经营预算、专门决策预算和财务预算，各部分预算前后衔接、互相勾稽。企业生产经营的全面预算是以企业经营目标为出发点，以市场需求的研究和预测为基础，以销售预算为主导，进而包括生产、成本和现金收支等各方面，并落实到生产经营活动对企业财务状况和经营成果的影响上，最后以预计财务报表作为终结。

重要概念

预算　预算管理　企业经营规划　战略管理　经营预算　专门决策预算　财务预算

复习思考

1.什么是预算管理？企业为什么要实施预算管理？

2.预算管理的基础理论有哪些？

3.什么是以销售为核心的预算管理模式？其适用于什么情形？

4.什么是以利润为核心的预算管理模式？其适用于什么情形？

5.什么是以成本为核心的预算管理模式？其适用于什么情形？

6.什么是以现金为核心的预算管理模式？其适用于什么情形？

7.预算管理、规划与企业战略之间有怎样的关系？

操作练习

1.收集某公司预算管理案例，说明其实施预算管理的动因、成效并进行简要评价。

2.参看财政部、国资委以及各地方国资委网站关于预算管理的相关规定。

3.总结国内外预算管理发展所呈现的几个阶段特点及其成因。

4.收集当前关于企业或集团预算管理的热点和难点问题。

第二章

预算管理的思想与思路

【导语】本章①将在对我国企业预算管理现状分析的基础上，强调不同的管理思想将导致企业产生不同的经济后果，因此，企业首先应借鉴先进企业预算管理的经验，通过问卷调查了解其预算管理中存在的深层次问题，然后明确预算管理需要改进的关键点。

本章内容要点

第一节　我国企业预算管理的现状与成因

一、我国企业预算管理的现状

随着企业预算管理的推广，我国企业预算工作取得了长足进步，具体体现在：增强了企业的战略观念；引导企业合理利用资源；注意吸收借鉴同行业标杆企业的经验；提升了预算分析的价值；相对降低了预算偏离度；重视财务数智化对预算管理的积极作用。

但我国企业在预算执行中仍然存在以下问题：（1）企业管理意识上对预算管理价值的认识还有待提高；（2）缺乏有效的工具和手段对战略目标进行分解和细化，不利于发挥预算作用；（3）预算执行过程缺乏监控和预警机制，预算偏离度仍然较大；（4）年中的预算调整频繁且随意，缺乏对预算调整的分析和监督；（5）绩效考核与企业预算目标不匹配，导致预算的约束力降低。具体表现为：

（一）预算管理的基础薄弱

企业及其主管部门均认识到了全面预算管理的有效作用，并把是否实施全面预算管理作为衡量企业管理水平高低的一个标准，但对预算到底应是什么样子、如何安排和实

---

① 自本章起，会陆续出现数据及计算过程，因计算单位转换等原因，数据可能存在微差，但不影响分析结果与结论，请忽略。

施预算尚缺乏深刻的理解。不少企业为了在企业管理水平认定方面能得到有关部门和单位的认同，纷纷实施预算管理，并制定了一系列有关预算管理的制度性文件。实际上，企业实施预算管理是提高企业整体管理水平的重要手段，而不是衡量管理水平高低的标准，预算管理的核心在于对企业未来的行动进行事先安排和计划，对企业内部各部门、单位的各种资源进行分配、考核和控制，以使企业按照既定目标行事，从而有效实现企业发展战略。所以，企业不能只将预算管理作为管理制度的组成部分去填补制度空白，而应将预算管理作为实施企业发展战略的具体手段，重点不在于企业有无预算管理制度，而在于预算管理是否有效实施和落实。

（二）预算刚性不够

预算编制过程本身就是一个在不同经营层次、人员之间进行博弈的过程，不可避免地存在利益矛盾。预算目标确定之后，要按照一定的标准将预算目标分解到各单位、各部门、各岗位。在这个分解过程中，一般需要各部门负责人提供本部门的预算草案。由于信息不对称或是出于其他方面的考虑（比如多争取企业资源，减少目标完成压力等），各级预算主体往往会提供有"预算宽松"的预算，企业在长期经营中也形成了对"预算宽松"的预期，即对各部门上报的预算草案不管有没有虚报成分，都认定为该预算存在着"预算宽松"。加强交流与沟通、增强彼此的信任，是解决这种博弈问题的有效途径，但最好的解决办法还是从制度和程序上提高预算编制质量，并将预算准确性作为预算考评的一个指标，根据预算精确度分别予以奖励或惩罚。

（三）预算编制中的全员参与行为需要进一步增强

全面预算是在财务收支预算基础上的延伸和发展，以至于很多人都认为预算是财务行为，应由财务部门负责预算的制定和落实，甚至把预算理解为财务部门控制资金支出的计划和措施。随着管理的计划性加强，全面预算逐渐受到管理层的重视，全面预算是集业务预算、投资预算、资金预算、利润预算、工资性支出预算以及管理费用预算等于一体的综合性预算体系，预算内容涉及业务、资金、财务、信息、人力资源、管理等众多方面。尽管各种预算最终都可以表现为财务预算，但预算的基础是各种业务、投资、资金、人力资源、科研开发以及管理，这些内容并非财务部门所能确定和左右的。财务部门在预算编制中的作用主要是从财务角度为各部门、各业务预算提供关于预算编制的原则和方法，并对各种预算进行汇总和分析，而非代替具体的部门去编制预算。首先，预算管理是一种全面管理行为，必须由公司最高管理层进行组织和指挥；其次，预算的执行主体是具体部门，业务、投资、筹资、管理等内容只能由具体部门提出草案。所以，全面预算并非可由财务部门独立完成的。

（四）预算编制方法需进一步优化

预算编制是企业实施预算管理的起点，也是预算管理的关键环节。企业采用什么方法编制预算，对预算目标的实现有着至关重要的影响，从而直接影响到预算管理的效果。西方国家尤其是美国，在编制预算时分别采用固定预算、弹性预算、滚动预算、零基预算、概率预算和作业预算等方法，不同的预算编制方法适应不同的情况。而我国多数企业均采用增量或减量预算编制方法，原因主要有三个方面：一是增量或减量预算的编制简便；二是为预算确定中的讨价还价留下空间；三是承认历史水平的合理性。尽管增量或减量已经考虑了某些非正常因素，但确立增量或减量的幅度在很大程度上具有主观性，致使预算的编制未能真正起到提高效率的作用。事实上，预算管理最直接的目的有三个：一是充分利用价值链分析，剔除经济行为中的非增值因素；二是通过预算确定协调部门和单位之间的关系，分清各种经济行为的轻重缓急；三是确保各种经济行为有助于企业目标战略的实现。按照实施预算管理的目的，在编制预算时必须结合具体部门、单位的实际情况，对不同的经济内容采用不同的预算编制方法，不能将预算编制方法模式化，甚至希望通过标准化预算管理软件的应用代替预算编制方法的选择。

二、企业预算偏离的情况及其成因分析

"偏离度"本是统计学范畴的专有名词。按照经济学的解释，偏离度是指实际数与目标数相差的绝对值占目标数的比重。偏离度越大，说明该项目的预算与实际结果偏差越大，预算越不准确。影响企业经营行为的因素是多种多样的，既有宏观层面的因素也有微观层面的因素。

1.宏观政策的变动对企业的投资走向及回报影响较大

宏观层面的产业政策、财税政策、货币政策、价格政策、外汇政策等直接影响企业的投资趋向和投资回报，并直接导致企业的投资回报和经济效益的偏离。无论是财政政策还是货币政策，都是通过影响利率、消费、投资进而影响总需求，使就业和国民收入得到调节的。

2.企业缺乏核心竞争力

从经济学的角度，竞争力是市场经济的产物，是企业在市场竞争活动中的制胜能力。核心竞争力最早由美国学者普拉哈拉德（C. K. Prahalad）和加里·哈默尔（G.Hamel）两位教授提出，国内主流经管教育也均对这一概念有不同程度的关注。通常认为，核心竞争力是企业或个人相较于竞争对手而言所具备的竞争优势与核心能力的差异。在普拉哈拉德和哈默尔看来，核心竞争力首先应该有助于公司进入不同的市场，它应成为公司扩大经营的能力基础。其次，核心竞争力对创造公司最终产品和服务的顾客价值贡献巨大，它的贡献在于实现顾客最为关注的、核心的、根本的利益，而不仅仅是一些普通的、短期的好处。最后，公司的核心竞争力应该是难以被竞争对手所复制和模仿的。从目前对国资企业的审核来看，传统行业在科技投入方面，无论是在科技人员的数量还是经费投入方面都呈现下降的趋势，这直接导致企业目前和未来的核心竞争力不足。

3.部分企业对预算审批的关注超过对预算编制基础和合理性的关注

预算能否获批主要取决于管理层对预算结果的满意度。预算草案上报后，预算的审批就成为关键。预算审批是企业实施预算管理的核心内容，大多数人认为这是一个讨价还价的争论过程。实务中，大多数企业的管理层在审批预算草案时，多将预算结果满意度作为是否批准该预算的主要依据，只要预算结果在管理层可接受的满意程度之内，预算就会被批准。这实际上是形式主义在预算管理中的表现，不符合预算管理的本质要求，其实满意度的高低无法衡量，带有很大的主观成分，也容易产生腐败。为了使预算能真正起到细化战略管理的作用，预算的审批应注重预算草案的编制假设或编制依据是否与企业发展战略一致，预算编制的内容是否完整，预算指标的计算方法或确定原则是否与企业预算制度规定的原则和方法吻合。也就是说，预算审批应注重预算编制内容、过程和方法的合理性，而不能只注重预算结果。

4.不能及时分析发现预算偏松或偏紧的问题

"源流分析法"认为，无法分析即无法衡量，无法衡量即无法控制，无法控制即无法监督。目前企业的预算审核通常是在企业预算编制后的审核，然而在有限的时间内，如何提升审核效率，促使企业编制出具有合理性的预算，才是一个至关重要的问题，需要研究出切实可行的方法。管理是指根据一个系统所固有的客观规律对该系统施加影响，从而使该系统呈现一种新状态的过程。管理没有定律，也没有固定的方式，任何一项追求合理化的过程都是管理。管理的本质是确切地知道要别人去做什么，并使他用最好的方法去做。照此目标，目前我国企业的预算审核管理系统还存在很大的改进空间。

此外，不能将预算管理与业绩考核挂钩也是导致预算偏离度较大和预算有效性降低的重要原因之一。

第二节　思想决定行动及其经济后果——以李宁公司为例

乔·图斯认为，战略不仅在于知道做什么，更重要的是要知道停止做什么。德鲁克认为，使企业遭受挫折的唯一最主要的原因就是人们很少充分地思考企业的任务是什么。本节选择李宁公司进行分析的目的不在于对公司战略的评判，而是要分析处在多变的市场环境中，一家优秀企业的经营成果是怎样受到行业环境、战略决策、客户消费行为、互联网以及团队变化等的重大影响的。无疑，未来很多企业都会遇到同样的挑战，我们的目的在于从中总结经验教训，并从李宁公司再转型战略所取得的成果中得到启迪。

一、李宁公司概述

李宁公司是中国领先的体育品牌企业之一，拥有品牌营销、研发、设计、制造、经销及零售能力。公司成立于1990年，经过30多年的探索，已逐步成为代表中国、国际领先的运动品牌公司。2004年6月李宁公司在中国香港上市，之后公司业绩连续6年保持大幅增长，2009年总营业收入更是达到83.87亿元人民币。2010年7月，李宁公司实施品牌重塑战略，品牌重塑的目的之一是与国际巨头对标，借以扩大公司的国际影响力和提升自己的国际地位，然而该战略并不成功，导致公司产生巨额亏损。2012年公司归母净利润为亏损19.38亿元，尽管其间引进CEO进行公司管理，但在多种因素的制约下，2014年公司归母净利润仍然亏损7.81亿元。作为一家上市公司，承载着对投资者、债权人以及员工的社会责任，2015年李宁本人回归公司，开始了再转型战略，并引领公司重新走向盈利。2020年公司发布年报公告，归母净利润高达16.98亿元，股价也从品牌重塑后的2013年每股3元提升至2021年5月13日的每股65.3港元。在2021年爆发的新疆棉花事件中，李宁公司带头支持国货，获得消费者和投资者的高度认可和支持，同时引发了人们对李宁公司及其体育用品业务的关注。参见图2-1和图2-2。

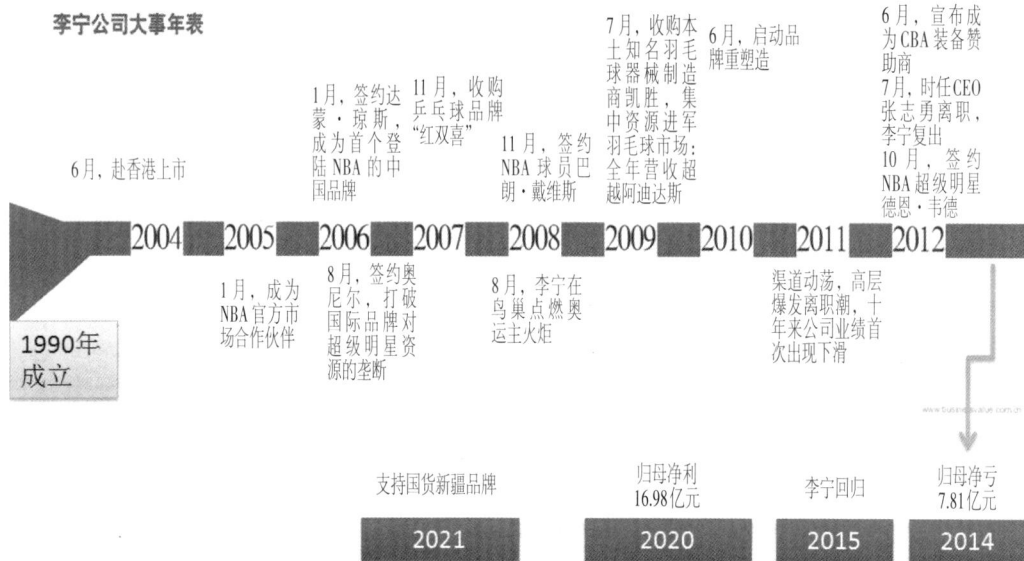

图2-1　李宁公司的创立、发展及其再转型战略概况

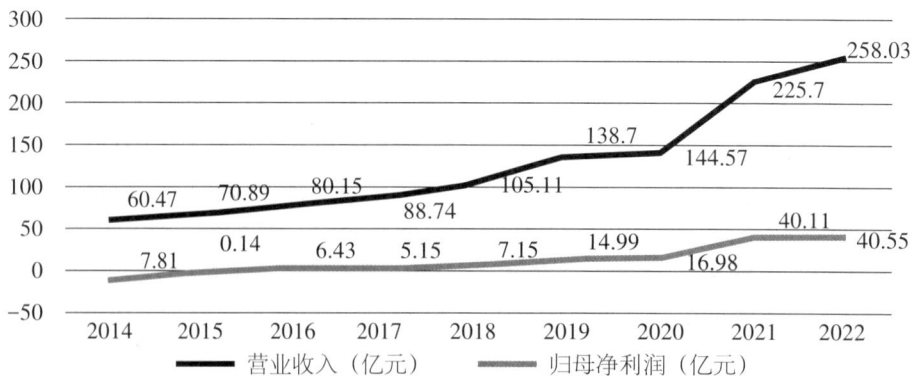

图2-2　李宁公司2014年以来的营收和归母净利润状况

在2010年实施品牌重组战略后，李宁公司的品牌包括李宁、红双喜、艾高、乐途等，如图2-3所示。

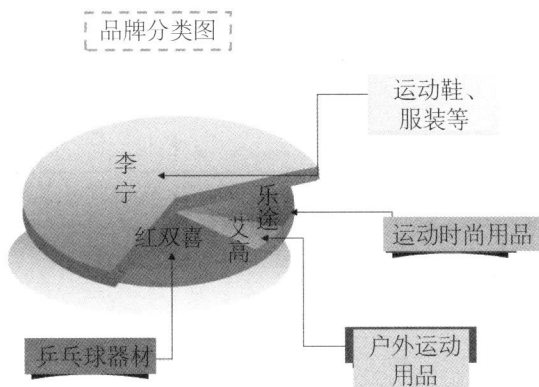

图2-3 李宁公司第一次品牌重塑战略后的品牌状况

二、李宁公司的第一次品牌重塑战略及其后果

（一）第一次品牌重塑战略概况

1993年，李宁公司开始盈利，年营业额以近100%的速度增长。1997年，李宁淡出人们的视线。2009年，李宁公司实现了一个梦想般的目标：在中国市场销售额超过阿迪达斯，距另一个世界级巨头耐克也只有一步之遥。2010年7月，李宁公司提出品牌重塑计划，不仅启用了新的品牌标识，沿用多年的品牌口号也从"一切皆有可能"变为"让改变发生"。同时，李宁公司也希望以此为契机开始进行战略转型，以吸引年轻的消费族群并拉近与国际品牌之间的距离。然而，该战略并不成功，改变真的发生了——公司从盈利走向亏损。作为曾经盈利能力强、前景光明的体育品牌，如此发展壮大的李宁公司却遭遇了严重危机。

（二）第一次品牌重塑战略的后果

1.市场地位受到挑战

李宁公司一直是体育用品行业的翘楚，稳居行业老大地位，这源于其持续不断的管理努力。然而第一次品牌重塑战略后，李宁公司却危机不断：业绩下跌、库存过高、利润急降、门店大量关闭等负面新闻不断，首席运营官、首席市场官、乐途事业部总经理、电子商务部总监等高管纷纷离职……公司市值也较高峰时期跌去了大半，并被安踏超过。尽管2012年后公司采取了多项应对策略，但依然不能止亏，2014年亏损达到7.44亿元。

2.财务出现重大转折

长期的资产结构数据显示，2008—2012年李宁公司的存货和贸易款项占比在40%左右徘徊（见表2-1），是公司需要重点管理的资产项目。存货和应收账款的周转情况直接决定着公司的资产营运能力和盈利水平。2012年公司出现巨亏，这与品牌重塑后的存货周转慢和应收账款回款难都有直接关系；在60.32亿元的总资产中，存货和应收账款分别计提了38.97%和38.66%的跌价准备和坏账准备也是一个因素；另外，在公司的大事件中，为启动明星效应而对NBA球星韦德的赞助，也是增加亏损的因素之一。参见表2-2至表2-4。

表2-1　　　　　　　　　　李宁公司资产总额及其构成结构情况　　　　　　　　单位：%

	2008年	2009年	2010年	2011年	2012年
物业、机器及设备	14.51	11.87	10.98	11.35	14.22
土地使用权	7.49	7.19	5.80	5.07	6.01
无形资产	7.59	16.18	12.41	10.26	7.02
递延所得税资产	1.60	3.59	4.54	6.08	6.05
联营公司投资				0.15	0.07
非流动资产总额	35.02	41.20	36.09	34.76	34.90
存货	15.00	11.74	12.28	15.46	15.25
应收贸易款项	25.15	19.89	24.58	28.58	24.66
其他应收款项及预付款项	4.22	3.62	4.61	4.70	3.67
受限制之银行存款	2.44	0.04	0.03	0.18	0.23
现金及等同现金项目	18.17	23.51	22.41	16.33	20.70
流动资产总额	64.98	58.80	63.91	65.24	65.10
资产总额	100	100	100	100	100

数据来源：根据李宁公司资产负债表各年度数据计算。

表2-2　　　　　　　　　　李宁公司存货及其跌价准备计提情况　　　　　　　　单位：千元

	2008年	2009年	2010年	2011年	2012年
原料	31 824	36 062	23 552	34 041	34 699
在制品	38 391	24 191	24 857	40 576	34 135
制成品	648 651	643 801	872 271	1 245 857	1 437 928
存货跌价拨备	68 151	72 526	115 082	187 509	587 182
存货净值	650 715	631 528	805 598	1 132 965	919 580
计提比例	9.48%	10.30%	12.50%	14.20%	38.97%

数据来源：李宁公司各年报的会计报表附注说明。

表2-3　　　　　　　　　李宁公司应收款项及其减值拨备占比情况　　　　　　　单位：千元

	2008年	2009年	2010年	2011年	2012年
应收账款	1 055 171	1 028 017	1 613 155	2 105 590	2 407 099
应收票据	40 710	42 571	917	250	17 837
合计	1 095 881	1 070 588	1 614 072	2 105 840	2 424 936
减：应收款项减值拨备	5 305	1 184	1 382	11 400	937 535
应收款项净值	1 090 576	1 069 404	1 612 690	2 094 440	1 487 401
减值拨备占比	0.48%	0.11%	0.09%	0.54%	38.66%

数据来源：李宁公司各年报的会计报表附注说明。

表2-4　　　　　　　　李宁公司2008—2012年营业收入构成结构分析表　　　　　　单位：%

	2008年	2009年	2010年	2011年	2012年
收入	100.00	100.00	100.00	100.00	100.00
销售成本	51.86	52.67	52.72	54.73	62.16
毛利率	48.14	47.33	47.28	45.27	37.84
经销开支	28.15	25.66	26.49	32.59	39.11
行政开支	6.60	7.19	6.52	7.22	24.87
其他收入	0.97	1.52	2.05	1.61	2.50
经营溢利	14.35	16.00	16.32	7.07	−23.63
融资成本净额	0.17	0.09	0.16	0.19	0.11
除税前溢利	0.64	0.79	0.55	1.11	3.10
所得税	0.46	0.70	0.39	0.92	2.99
年内溢利	13.89	15.30	15.93	6.13	−26.79

数据来源：根据李宁公司利润表各年度数据计算（假设营业收入为100）。

3.股价表现深受盈利拖累

观察股价走势，在实施2010年品牌重塑战略之前，李宁公司与香港恒生指数基本一致，之后恒生指数有升有降，但李宁公司的同期股价却持续下跌，从高点的每股30元跌落到3元左右，且这一趋势延续多年，说明李宁公司产生了非系统性风险，这与公司战略实施有关。参见图2-4。

恒生指数　　　　　　HSI　　　　　月K线　　　　　　　2013-04-19

李宁　　　　　　02331　　　　　月K线　　　　　　　2013-04-19

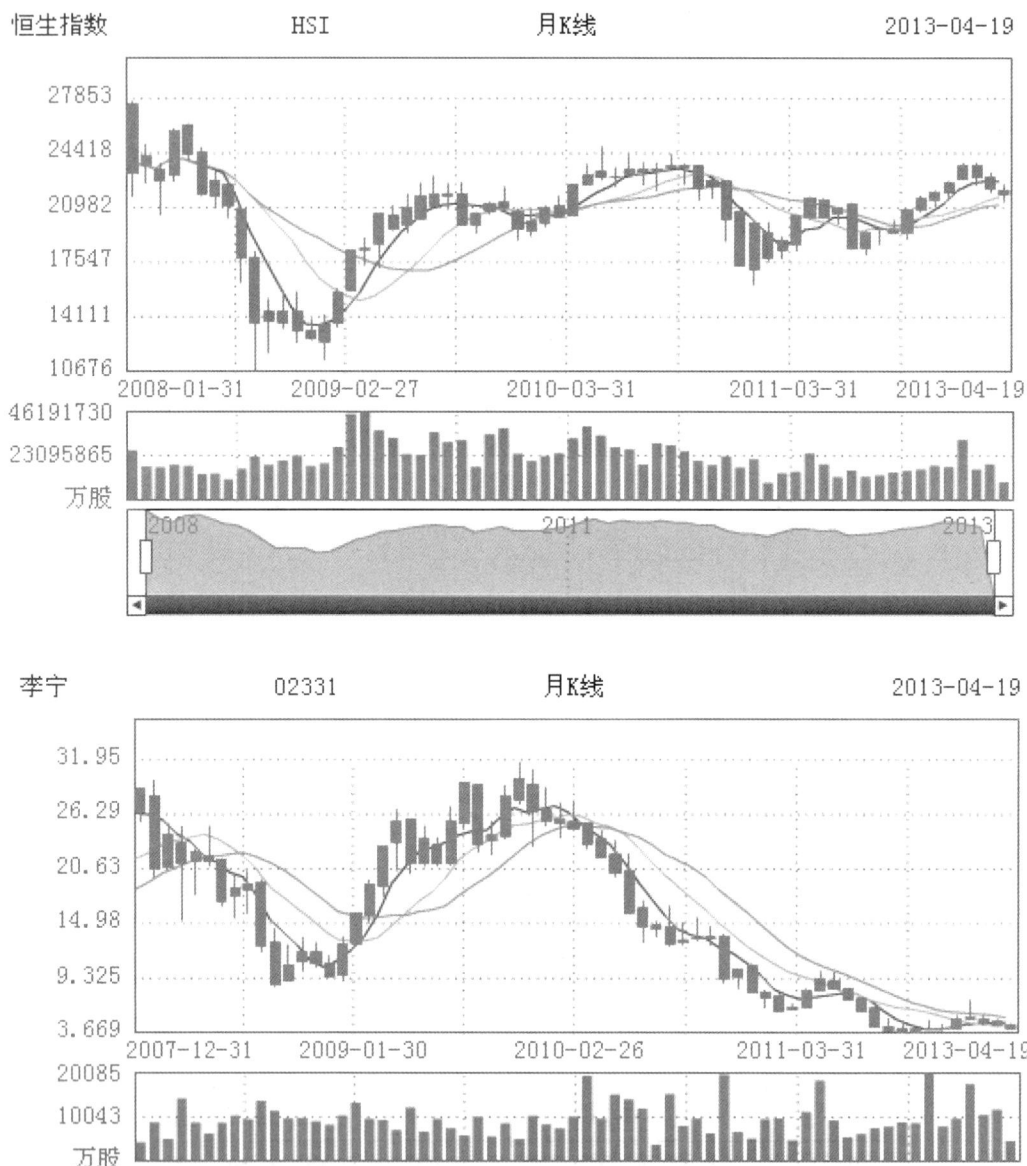

图2-4　李宁公司2008—2013年股价走势与香港恒生指数的比较

三、李宁公司再转型战略及其成效

（一）李宁公司再转型战略

1.通过公司文化引领企业发展

2015年，李宁回归公司后，启动改回公司口号，从"让改变发生"再次回归"一切皆有可能"，用梦想般的口号激励员工，目的是重振公司与市场信心，用公司文化引领企业走出困境，帮助公司再次走向顶峰。

2.调整公司战略

企业战略虽然有多种，但基本属性是相同的，都是企业谋略，都是对企业整体性、长期性、基本性问题的谋划。如果战略不当，则必然导致公司决策失误。对于不能给公司带来业绩增长的产品，从资源上应予以压缩，在预算资金的供应方面应慎重考虑，仔细分析其不能盈利的原因。

通过对消费者偏好和市场趋势的研究，2015年8月8日，成立25周年的李宁公司宣布战略方向将由体育装备提供商向"互联网+运动生活体验"提供商转变，并希望借此拉近与"90后"消费者的距离。李宁公司没有像其他企业一样选择放弃亏损项目。

3.与京东合作

2015年12月，李宁公司开始与京东合作，希望借助互联网平台，拓展其营销渠道，解决"互联网+"引来的物流管理问题，以实现"次日达"，并因此扭转互联网对公司发展的冲击，进而实现盈利。此后，李宁公司的电商业务在收入和盈利能力上都有稳健的增长和提升。

4.出售股权

出售股权的目的是收获一石二鸟的效应，即获得融资和提升盈利。由于第一次品牌重塑的影响，李宁公司的资产负债率较高，2012年的资产负债率高达69.96%，此后的几年里资产负债率也是一直高企，加之盈利状况不佳，以致公司无法通过银行借款、发行债券、股东增资以及引进战略投资者等获得资金支持。在此情况下，李宁公司只能通过对资产的处置获得资金。为此，李宁公司将其拥有的部分红双喜股权予以出售，在2015年和2016年两年之中，李宁公司出售红双喜股权带来的盈利分别为1.25亿元和3.13亿元。此举既解决了资金的流动性问题，同时又获得了股权转让收益，增加了账面盈利，改善了业绩。

5.加强存货和应收账款管理

存货是企业流动资产的重要组成部分，由于其变现能力较弱，而生产经营过程中又不可避免地需要存货，所以，企业需要持有多少存货是决策层需要慎重考虑的问题。在应收账款管理方面，其管理目标就是要制定科学合理的应收账款信用政策，并在这种信用政策所增加的销售盈利和采用这种政策预计要负担的成本之间做出权衡。只有当所增加的销售盈利超过运用此政策所增加的成本时，才能实施和运用此项政策。

加强存货管理的目的在于提高存货的周转率，加强应收账款管理的目的在于减少应收账款占用、降低持有应收账款的成本、提高应收账款的周转效率，最后通过存货和应收账款的有效管理，缩短企业的营业周期，提高营运效率。

客观地看，品牌重塑前李宁公司的存货和应收账款管理还不错，两资产合计占比达到40%，因此李宁公司一直重视对存货和应收账款的管理，并产生了预期效果。

（二）李宁公司再转型下的渠道变化

表2-5的数据显示，从2014年到2022年，李宁公司的销售渠道发生了重大变化，

从高度依赖经销商转变为提升直销比重，2015年后电子商务渠道销售占比稳步上升，2022年的电商销售占比高达29.0%。

表2-5　　　　　　　　　　各销售渠道占收入之百分比　　　　　　　　单位：%

年　份	2022	2021	2020	2019	2018	2017	2016	2015	2014
中国市场：									
销售予特许经销商	48.5	48.1	47.9	49.5	46.7	47.8	51.2	55.4	61.2
直接经营销售	20.7	22.2	22.6	26.1	29.8	30.7	31.9	33.8	35.8
电子商务渠道销售	29.0	28.4	28.0	22.5	21.1	18.8	14.3	8.6	
国际市场：	1.8	1.3	1.5	1.9	2.4	2.7	2.6	2.2	3
合　计	100	100	100	100	100	100	100	100	100

数据来源：李宁公司2014—2022年年度报告。

（三）李宁公司再转型下的业绩表现

2023年3月17日，李宁有限公司公告2022年年度业绩，集团营业收入突破258亿元，同比增长14.3%；毛利达124.85亿元，同比增长4.3%；集团权益持有人应占净溢利为40.64亿元，同比上升1.3%；集团现金余额为190.49亿元，较2021年12月31日净增加5.68亿元。

在产品方面，李宁集团持续围绕跑步、篮球、运动生活、健身以及羽毛球五大核心品类，坚持运动科技创新，致力于专业产品研发，不断强化品牌运动基因；持续以运动的视角表达对中国文化和运动潮流的理解，为消费者带来更加多元化的运动生活方式新选择。

表2-6反映了李宁公司2014年至2022年主要财务指标的变化情况。表中数据显示：

表2-6　　　　　　　　2014—2022年李宁公司主要财务指标

年　份	2022	2021	2020	2019	2018	2017	2016	2015	2014
盈利能力比率：									
毛利率（%）	48.4	53.0	49.1	49.1	48.1	47.1	46.2	45	44.6
权益持有人应占权益回报率（%）	17.9	26.9	21.5	23.2	13.1	11.4	17.9	0.6	-33.7
资产效率：									
平均存货周转期（天）	58	54	68	68	78	80	82	100	109
平均应收贸易款项周转期（天）	14	13	17	21	36	52	64	69	71
平均应付贸易款项周转期（天）	42	47	65	63	74	83	87	93	84
资产比率：									
负债对权益比率（%）	38.3	43.5	68.0	76.2	50.0	44.3	69.7	109.7	198.3
每股资产净值（分人民币）	926.23	807.85	351.24	311.15	269.79	234.65	200.56	180.91	151.34

数据来源：根据李宁公司当年年报公告的数据（财务摘要和财务回顾）整理。

从盈利能力比率看，2022年和2014年比较，毛利率由44.6%上升到48.4%，这对于提高公司的盈利能力十分有利。权益持有人应占权益回报率也由2014年的−33.7%上升到2022年的17.9%，说明该回报率明显变好。

从资产效率看，公司的存货周转天数以及应收账款周转天数明显压缩，存货周转天数由2014年的109天降为2022年的58天，平均应收贸易款项周转期由2014年的71天降为2022年的14天。与此同时，平均应付贸易款项周转期也明显压缩，由2014年的84天缩短为2022年的42天，说明李宁公司的营业周期在缩短、应付款项支付能力在提升。

从资产比率看，负债对权益比率由2014年的198.3%降低为2022年的38.3%，说明公司的资产负债率随着经营业绩的变化在降低，公司资本结构优化。

上述改变提升了公司的净资产比例，从而使得公司每股净资产值自2014年开始进入上升通道。

四、案例启示与建议

（一）案例启示

本案例中的李宁公司基于树立民族品牌开启公司发展之路，虽经历战略定位波折，但在困难面前，公司继续致力于发展民族品牌，并从低谷崛起，反映了强大的民族精神以及对国潮品牌的热爱，也体现了公司强烈的社会责任感和对股东、员工、社会以及供应链上利益相关者的重视。本案例给予的启示是：

第一，要深刻认识公司战略对其业绩和股价的影响作用。

第二，要重视企业文化对公司的引领作用。

第三，一旦战略决策失误，要分析其原因，并寻找解决问题路径；对于亏损项目，不要轻易选择放弃。

第四，要根据公司的财务状况和资源解决融资问题。

第五，要在战略的指导下，分析各种产品的发展前景、合理分配资金，并通过事先规划，做好预算等各种安排。

第六，关注相关者利益。李宁公司无论是早期的公司设立以及长期以来对国潮品牌的引领，都体现了其家国情怀以及对民族品牌和扩展其影响的渴望。在2021年的新疆棉花事件中，李宁公司带头支持国货的行为就获得了消费者的高度支持。

（二）建议

当然，李宁公司在创新产品设计、提高品牌内涵、强化渠道建设、优化供应链管理，以及新业务的开展方面需要持续研讨和提升。

第三节　吸收借鉴先进企业预算管理的经验——GE的启示

一、公司简介

通用电气公司（General Electric Company，GE）是世界上最大的电气和电子设备制造以及提供技术和服务业务的跨国公司。GE是美国一家多元化的科技、媒体和金融服务公司，致力于为客户解决最棘手的问题。GE的产品和服务范围广阔，从飞机发动机、发电设备到金融、医疗成像、媒体、塑料产品以及水处理技术，客户遍及全球100多个国家，拥有30多万员工。GE的历史可追溯到托马斯·爱迪生，他于1878年创立了爱迪生电灯公司。1892年，爱迪生通用电气公司和汤姆森-休斯顿电气公司合并，成立了通用电气公司。GE是道·琼斯工业指数1896年设立以来唯一至今仍留在股票市场指数榜上的公司。

自1981年入主通用电气，杰克·韦尔奇（1935—2020）在短短20年里，将一个弥漫着官僚主义气息的公司打造成了一个充满朝气、富有生机的企业巨人。因为他的存在，通用电气的市值由他上任时的130亿美元上升到4 500亿美元，排名也从原来的世界第十位提升至第二位。他所推行的"六西格玛"标准、"数一数二"战略①、全球化和电子商务理念，几乎重新定义了现代企业。这位锐意改革的管理奇才还开创了一种独特的企业哲学和运营系统，该系统依靠一种"无边界"的管理模式，一种对员工的热情关注以及平等的、非正式的沟通风格，帮助多元化的商业帝国摆脱了成熟企业的痼疾——"金字塔式"的官僚体制，走上灵活主动、不拘一格的道路。

二、GE的预算管理思路

（一）预算管理的程序

一个公司如何实现价值创造，取决于公司所处的企业生命周期的位置。

GE对未来的规划是在环境分析的基础上围绕现有产品、新产品和新机会展开分析研究的。GE三年战略的基本流程如图2-5所示。

对于现有产品，GE在战略选择和预算安排上是这样考虑的：根据企业产品的生命周期所处阶段的不同，采取不同的管理策略。当产品处于引入期时，市场处于启动阶段，该阶段企业的工作重点包括两个方面：其一是关注市场准入工作，如入围、测试、准备好产品；其二是要考虑到销售增长缓慢的情况，观察市场反应。当产品处于成长期时，企业的销售额呈现上升趋势，此时企业应集中优势资源，在资金上给予必要支持，并建立竞争优势。当产品处于成熟期时，企业的销售平稳，但不再呈现上升的态势，此时的工作重点是控制成本，因此做好成本预算管理就很重要。在产品的衰退期，企业的产品走向衰落，不可能通过管理使销售收入和毛利大幅度提高，因此应将各项资源转向新产品的开发。

对于新产品，除了考虑上述因素外，GE也有新的战略定位和资源配置。参见图2-6。

---

① 在全球竞争激烈的市场中，只有领先对手才能立于不败之地，任何事业部门存在的条件就是在市场上"数一数二"，否则就要被砍掉、整顿、关闭或出售。保持市场占有率第一或是第二的原则是韦尔奇心中最具威力的经营管理理念。

市场战略形成	——政策信息了解 ——市场现有份额分析 ——竞争对手分析 ——新技术走向分析	——产品战略 ——市场战略 ——竞争战略 ——扩张战略	——发展方向 ——业绩目标
	参与人员：CEO、事业部经理、业绩目标责任人、其他部门人员等		
财务预算	销售部门　　　财务部门　　　　CEO　　　　公司最高层 各部门制订销售计划 → 汇总得到初步业绩目标 → 初步业绩目标审核，确定既定目标 → 初步业绩目标审核 ↓ 销售成本预算 ↓ 毛利预算		
人力资源配置计划	三年愿景人员配置计划，粗线条		

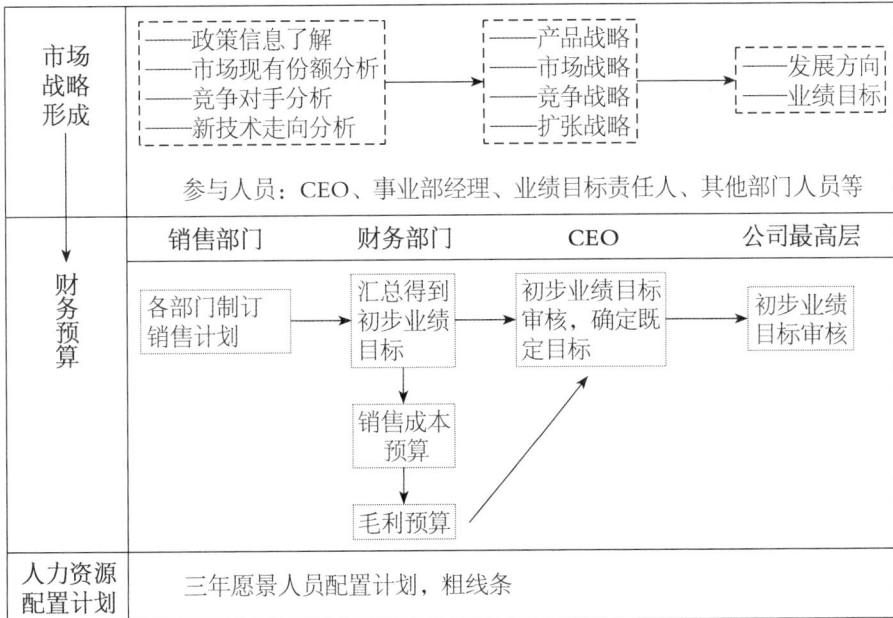

图2-5　GE三年预算战略的基本流程

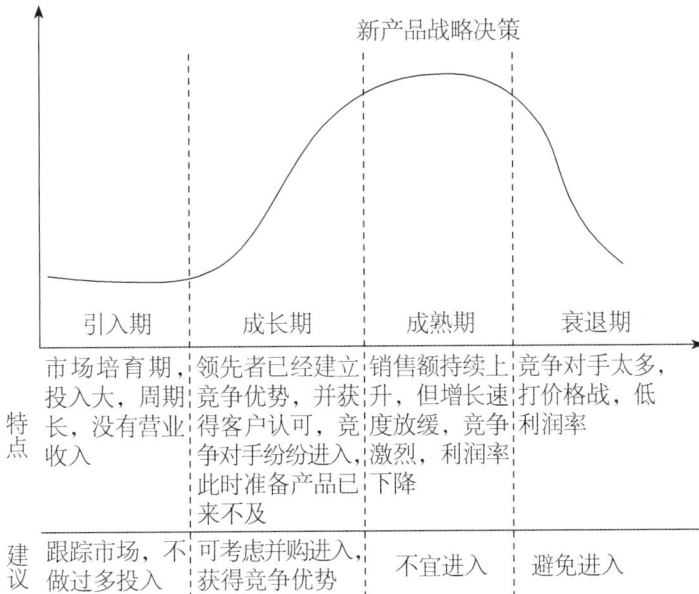

图2-6　产品生命周期

	引入期	成长期	成熟期	衰退期
特点	市场培育期，投入大，周期长，没有营业收入	领先者已经建立竞争优势，并获得客户认可，竞争对手纷纷进入，此时准备产品已来不及	销售额持续上升，但增长速度放缓，竞争激烈，利润率下降	竞争对手太多，打价格战，低利润率
建议	跟踪市场，不做过多投入	可考虑并购进入，获得竞争优势	不宜进入	避免进入

在引入期，由于市场处于培育期，投入大、周期长，没有营业收入，建议跟踪市场，不做过多投入。

在成长期，领先者已经建立竞争优势，并获得客户认可，竞争对手纷纷进入，此时准备产品已来不及，建议考虑并购进入，以获得竞争优势。

在成熟期，销售额持续上升，但增长速度放缓，竞争激烈，利润率下降，不宜进入。

在衰退期，竞争对手太多，打价格战，利润率低，建议避免进入。

（二）做好行业竞争分析

通常情况下，企业看好的，竞争者也会看好。在确立了重要的竞争对手以后，就需要对每一个竞争对手做出尽可能深入、详细的了解分析，揭示出每个竞争对手的长远目标、基本假设、现行战略和能力，并判断其行动的基本轮廓，特别是竞争对手对行业变化，以及当受到竞争对手威胁时可能做出的反应。GE在竞争分析方面主要考虑的是：（1）过去三年你的竞争对手做了什么；（2）同一时期你做了什么；（3）他们今后可能会怎样打击你；（4）你计划怎样来反击。GE认为，在市场分析中，通过分析可以了解一些重要的信息，如了解市场的细分情况、明确市场定位、明确竞争对手在哪里、明确自己的市场机会等。

（三）要关注预算中常见的错误

针对当前企业预算管理中存在的问题，GE认为，很多公司在预算管理中出现的常见错误导致了其预算的不成功。这些常见错误包括：（1）用一个简单的增长率来确定未来的目标，缺乏市场分析和竞争分析的依据；（2）过于乐观，对资源的有限性、环境的多变性估计不足；（3）什么都想干，缺乏重点，最后能落实的很少；（4）不愿意花时间来准备战略规划——只重视低头拉车，不重视抬头看路。

（四）预算目标的确定

紧接着session I ，GE的session II①从每年的7月底开始到年底结束，着重于衡量和控制。对当年做一个更加准确的预计，对下一年做一个更加精确的计划和承诺。这一阶段所确定的业绩目标已经是非常严肃的承诺了，其目的和作用在于：（1）使管理人员能准确、及时地了解公司运营情况；（2）由于处于可控状态，公司放权制度得以实现；（3）通过计划和预算实现资源优化配置；（4）客观、准确地实现战略；（5）用数据客观地对员工进行考评；（6）通过责权利下放，创造企业机制，淡化个人英雄主义。

GE在设定预算目标时，包含两个层次的目标，一个是保证目标，一个是奋斗目标。第一个是必须完成的，第二个是相对第一个目标有所提高的目标，即被称为奋斗目标（stretch，参见表2-7）。"stretch"常常是一种机会，使一些有潜力的领导借以证明自己和团队的能力，平衡承诺与挑战。stretch的结果是不但提高公司业绩，而且促进员工职业生涯的发展。

---

① GE在一年内把公司的管理分为四个阶段：session I 和session II主要指公司的发展目标，其中session I 指公司的三年业务规划；session II指公司第二年要完成的目标规划。session C是对公司人力资源工作进行的评估；session D是对遵纪守法与诚信的评估。

表2-7 GE的预算管理目标分类

衡量指标	保证目标	奋斗目标	Session目标	去年同期业绩	增长百分比
指标1 指标2 ⋮					

（五）预算考评与分析

每个季度末，GE都要进行预算考核。在考核过程中可能出现两种情况，一种是完成了预算，另一种是未完成预算。GE的考评与分析是按照图2-7所示的思路进行的。

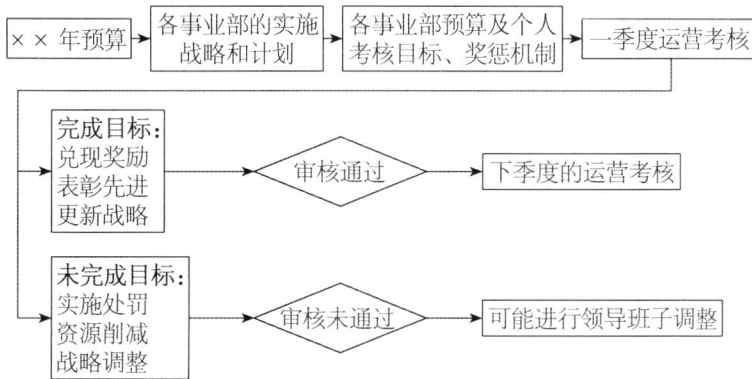

图2-7　GE公司预算考核与分析图

GE当期战略目标确定后，就形成了各事业部的实施战略和计划，同时也成为各事业部的预算以及个人考核的目标和奖惩机制。GE的预算实施季度考核，如果完成预算目标，就兑现奖励、表彰先进和更新战略并通过预算；如果未完成预算目标，就实施处罚、资源削减和战略调整，同时可能对领导班子进行调整。如果通过了考核，就开始实施下一季度的预算。

对于完不成目标计划的情况如何处理？在预算控制阶段应做好哪些工作？GE也有自己的一套办法。参见图2-8。

GE首先关注的是未完成预算的原因是战略问题还是战术问题。

如果是战略问题，就要做好以下三个方面的工作：（1）重新对市场进行分析调查；（2）全面分析竞争对手；（3）调整战略并有所创新。

如果是战术问题，则要求做好以下三个方面的工作：（1）与业内的领先企业进行业绩指标的对比；（2）对重大难题通过群策群力来解决；（3）用"六西格玛"方法改进管理、质量与服务。

在分析过程中，每个负责人都要对自己的误差原因做出分析，提出客观具体的改进方案，通过上级领导参与的严格方案审核，决定下一阶段的战略与战术，拿不出制胜方案的负责人必须撤换。

完不成目标怎么办？控制阶段做什么？

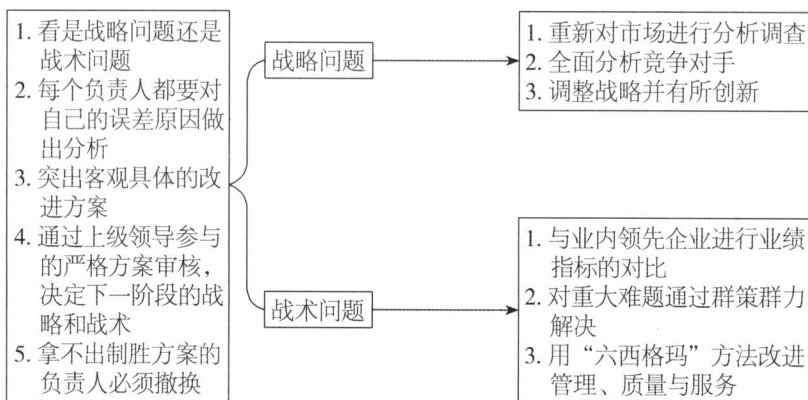

图2-8　GE公司解决预算目标差异的策略

从GE的管理案例中可以看出，GE是依据战略进行预算安排的，但预算执行结果一旦出现问题，就要运用对同行业标杆企业进行分析的方法。由此可见，预算的制定与财务分析具有密切关系。

（六）GE预算管理思路体现的管理思想

第一，要充分进行战略分析，并将企业的战略付诸经营规划，最终落实到预算。

第二，要明确财务分析的重要性，重视对公司自身和同业财务状况的分析。

第三，要关注比较本公司与同业间的发展战略。

第四，要在战略分析与财务分析的基础上制订经营决策方案。

第五，要根据预算完成情况分别进行战略和战术分析，并关注对标杆企业的分析，以做好战术管理。

虽然在21世纪第二个十年期间GE作为老牌工业企业在推进数字化转型方面的进展不太令人满意，但近一个半世纪可持续性发展的历程证明，其曾经的经营模式仍可资借鉴。

第四节　预算管理方案设计

一、预算方案形成的思路与步骤

（一）预算方案形成的总体思路

1.预算方案形成的依据

为了做好预算管理工作，在预算方案编制过程中要做好以下几个方面的工作：

（1）了解政策性要求，包括掌握国务院《企业国有资产监督管理暂行条例》、财政部《关于企业实行财务预算管理的指导意见》以及国资委关于预算管理的相关规定和要求等文件精神。

（2）了解单一企业或集团公司总部的管理制度，如企业或集团总部关于经营文化、发展战略、全面预算管理、风险控制、业绩考评等的制度和导向要求。

（3）进行问卷调查。调查资料包括对某企业或集团及其下属企业的调查、访谈资料。充分吸收企业或集团公司近年来在内部管理、业绩考核上的合理成分。

（4）完善理论依据。预算编制需要充分吸收公司战略、价值管理、财务管理、管理会计、组织制度、信息系统等实用、前沿的理论成果，以丰富预算管理思维。

（5）吸收借鉴同类企业在预算管理制度建设方面的经验。

2.基础准备工作

（1）明确预算单位现行的组织结构、职能部门、各部门业务范围以及投资关系。

（2）利用预算单位的财务和预算管理数据进行分析工作，以便为新的预算管理提供依据。

（3）利用问卷调查了解预算单位目前经营管理中的优势与问题，以便评价公司实施预算管理的必要性及管理重点。

（4）根据预算单位发展战略，制订与公司和部门发展相适应的规划与预算管理方案。

（二）预算方案形成的步骤

步骤一：

1.首先明确预算管理的重要性。

2.对公司现有预算执行情况进行分析评价。

3.对公司自身和同业的财务状况进行分析评价。

4.对公司按部门和个人进行问卷调查。

5.分析比较本公司与同业间的发展战略。

6.在战略规划基础上设计预算管理体系。

步骤二：

1.由预算公司提供关于公司未来发展的战略说明书

该战略说明书的具体内容包括：

（1）预算公司在编制新年度预算时基于公司战略的组织结构图。

（2）根据新的公司组织结构图说明各部门或新组建公司的业务范围、工作指南。

（3）说明新的公司组织结构下的成本中心、利润中心、投资中心的范围和基本考核指标。包括成本中心预算及考核指标、利润中心预算及考核指标、投资中心预算及考核指标。

2.编制部门预算及公司汇总预算

（1）以新组织结构下的各子公司或部门为单位编制各自基本的部门预算方案，以及各部门认为应对部门考核的指标。

（2）由公司预算管理部门汇总上报各部门预算，得出一个基本的预算方案。

（3）召开各部门预算管理会议，讨论和确定预算管理方案。

二、预算方案设计的起点——问卷调查

（一）调查目的

问卷调查法是调查者通过统一设计的问卷向被选取的调查对象了解情况或征询意见的调查方法。为了做好全面预算管理工作，了解公司经营管理中的优势和劣势，实现公司发展战略目标，应针对公司或集团内部各部门进行多方面的问卷调查。在将调查内容及观点进行统计汇总后，绘制公司的调查问卷饼状图，初步了解公司或集团在经营管理各个方面的问题，同时根据调查问卷的结果，对相关方面进行总结评价。认识公司的优势、劣势、机会与威胁的目的，在于为预算管理创造条件。问卷调查的基本内容如图2-9所示。

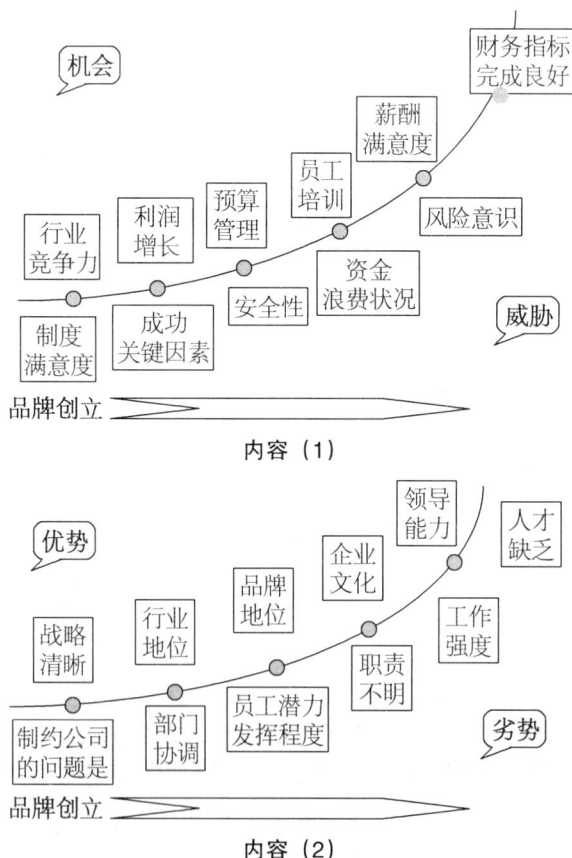

图2-9　问卷调查的内容

（二）主要调查内容

1.企业的战略目标

科学地制定企业发展战略是企业生存、发展和获利的前提，也是实施全面预算管理

的保障。年度目标应包括业务目标、销售目标、市场目标、人力目标、财务目标。首先从层次上应该包括总体战略、事业部战略、职能层战略；从时间上包括长期、中期和年度战略；从内容上则包括投资战略、竞争战略；从组成要素上还要明确预算单位的经营范围（不是指法律意义上的）、竞争优势、资源配置和协同作用，使每一位员工时刻明确并牢记企业的战略与战术、使命与愿景、预算与计划，这是规范员工行为准则的一条主线，也可称为企业运作过程中的"脊梁"。

2.企业文化及其作用

全面预算管理系统的设计、实施及监督执行亦应与企业文化的特点相吻合。虽然"企业最终能够决胜于千里之外的根本动因是企业文化"，但是，其他方面也很重要，诸如正确的战略、有效的执行力、相适应的组织架构、精细化的管理……

管理发展的"三段论"揭示了企业文化对现代化企业成败的重要性。目前，越来越多的企业不惜斥巨资来编写"文化发展纲要"，但其中很多企业只是流于形式，呈现出"文化在天上飞而行动在地上爬"的现象。与"齿亡舌存"的道理一样，最软的就是最硬的。企业文化还是一把双刃剑，既可推动，更可摧毁。现代企业应该明白企业文化只能借鉴、不能复制，形成引导自身健康发展的企业文化，使得每一位员工的潜力得到最大限度的发挥（尤其要在第三个层次上下功夫），尽量避免只停留在形式上的文化引导，绝非仅仅像改善办公条件、设计精美的徽标、组织几次踏青活动那样简单。

3.企业的优势、劣势、机会与威胁

（1）企业的优势与劣势

管理水平、研发能力、竞争优势是制约每个企业健康发展的共同因素，关键是如何改进和提高。

建议：详细地描述能够全面反映企业主体活动和支持活动的价值链，针对每个环节查找企业的优劣势及其动因，否则，优势可能变为劣势，劣势会变成"更大的劣势"。

（2）企业面临的机会与威胁

企业对问题的研究，不能仅仅停留在表面，对每一个可能的机会和威胁都要做出合理的判断。既要分析来自宏观的、中观的影响，又要判断来自微观的各种可能性。

4.企业管理活动满意度调查

（1）工作环境满意度

工作环境不仅包括物质环境，更重要的是人的环境，要关注是否会有部分员工仅将其理解为前者。除此之外，还要对人的环境、物的环境做进一步深入的细致分析和评价。

（2）薪酬满意度

职工薪酬待遇是企业最为敏感的也是艺术性较高的一项支出，按照马斯洛的"需求层次"理论，它也是物质社会中人们必不可少的生存条件，所以对这个"点"的把握就显得尤为重要。企业支付的薪酬高于员工的期望或同业水平，会丧失成本优势，而企业已支付的薪酬则是一种浪费,属于沉没成本,它不但起不到激发员工积极性的作用,相反会大大挫伤员工的积极性和创造性。

建议:企业首先对员工在回答这一问题时是否保持了相对客观的态度做出分析,同时将员工的薪酬与同业进行比较,结合"需求层次"理论,对每个员工做出进一步的剖析。如果员工未能持有客观态度,这已不是薪酬多寡的问题了,而是企业文化方面的深层问题。

(3)企业约束满意度

"以人为本"是有条件的,虽说"员工是上帝",但科学的管理制度也是必需的,对于"上班要考勤"这样的制度,既可一视同仁,也可因岗而定。

建议:企业应详细了解更多的来自员工的"不满"之处,并加以客观分析,建立起一套行之有效并能真正起到"制衡"作用的管理制度体系(造钟而不是报时)。

(4)领导能力满意度

对企业高层领导的责任心、执行力、领导力、管理能力的满意度进行调查,此项调查目的在于,了解绝大多数员工对目前的管理层是否充满信心,有无出现"怨声载道"或"万马齐喑"的兆头。

建议:企业应重点分析"不满意或不了解"的原因,不可因比率较低就加以忽视,按照危机管理的理论,危机的形成常常会经过一个漫长的潜移默化的过程,一旦显现,为时晚矣。

(5)员工潜力的发挥程度

统计资料表明,我国企业员工潜力发挥的平均程度不足50%,而从某种意义上说,人的潜力是无限的,未来企业的差别,更大程度上会体现在"潜力的发挥程度上",正可谓"市场竞争就是潜力之争"。

建议:企业首先进行文化引导;其次是加强绩效考核;再次是对员工进行分类管理,加大奖罚力度;还有就是要加强员工的专业与技能培训。人力资源管理部门应深入细致地分析每一群体甚至每个员工的需求,为员工潜力的充分发挥奠定坚实的基础。

(6)企业和部门信息透明度、满意度调查

企业是全员的企业,让员工去关心它、爱护它、建设它,使员工真正体会到主人翁的感觉至关重要。因此,建议企业管理者应善于与员工进行及时沟通,并做出快速反应。

5.企业存在的主要问题及其制约因素

"全盲定律"告诉我们,任何企业都存在管理当局尚未发现的潜在危机,定期或不定期地让全体员工挑毛病、找差距、提出批评和建议,已成为很多企业的一种制度(提得多的要予以奖励,不参与的还要重点关注)。全员参与管理也是实施全面预算管理的重要条件。

(1)部门协同作用的发挥情况

"协同作用"发挥得好与坏,能否达到"1+1>2"的效果,直接决定了企业的成败。我国很多企业既不缺资金、技术，也不缺人才和市场，缺的就是人与人之间、部门与部门之间的这种"协同"，尤其是国有改制企业（重点是多角化经营）更是甚之又甚，本位主义盛行，相互推诿、扯皮、拆台现象严重，企业经营中掺杂着很浓重的"官僚"色彩，或者企业仍然留有"机关、行政事业单位或者老国企"的痕迹。

建议：企业在明确责权利的基础上，要求每个部门和个人都要以企业整体利益为重，加大奖罚力度，同时加大企业文化的引导作用，提高团队战斗力。对每个部门或项目负责人甚至是每个员工的协同能力进行具体分析，找出影响"协同"的点与面，再利用"木桶定律"，制订出提高企业整体"作战"能力的有效方案。

（2）各部门的目标、职责的清晰度

需要了解各部门的目标、职责是否明确。"华盛顿定律"告诉我们，只有做到目标和责任明确，才能使各部门及员工各司其职、各尽其力。

建议：企业应重新审视公司或集团的组织架构，看横向分工及纵向分工是否明确，责任是否落实到了部门、项目组和个人。

（3）资金浪费现象及其严重程度

如果企业在水电、交通工具、通信、装修等方面存在浪费现象，就需要做进一步的费用明细分析和评价，在此，财务公开不失为一个好的举措。通过对此问题的调查分析，为未来预算管理中的费用控制等提供管理信息。

6.企业或部门成功的关键因素

该因素特指形成竞争优势的决定性原因，诸如技术、设计、市场、团队、文化等，是有别于其他行业或企业的某个因素。对企业成功因素的看法可能并不一致，因此，建议企业比照行业内领军企业并结合自身特点进行深层诊断。

（1）企业社会责任和价值观的形成

企业应对员工进行观念培训，帮助他们认识公司现有的价值观以及促使他们形成对理想价值观的正确认识，诸如"企业与员工共同发展""以人为本""加强协同""社会责任"等。我们推崇的是"社会责任"，这正是对所谓"戏在戏外"的深层理解。因此，建议在企业范围内迅速统一理想的价值观。企业文化再造的内容之一就是尽最大的可能去统一员工的价值观，让共同的价值观真正成为"见制度、成习惯、入心田"的原动力。

（2）对公司凝聚力的认识

如何看待企业领军者的领导能力和人格魅力，尤其是领军者自身的态度，对企业的兴衰意义重大（三种结果）。什么样的中层领导才算是合格的？是否具有第五代经理人的品质？将企业的凝聚力寄希望于领导者的"能力和魅力"上其实是很危险的，应该挖掘及总结凝聚力产生的深层原因，评价其在目前企业发展中的作用。

（3）对企业风险的认识

在目前的市场状态下，树立风险意识比健全管理制度更重要。所以，企业应该加强风险教育，提高全员的风险意识，增强企业抵御风险的能力。

7.对集权和分权的认识

集权和分权各有利弊。集权和分权是企业经营管理权限的分配方式。集权是把企业经营管理的权限较多集中在企业上层的一种组织形式。其特点是：经营决策权大多数集中在高层领导手中，对下级的控制较多，统一经营、统一核算。其优点是：有利于集中领导，协调各部门的活动，有利于管理工作的专业化，提高管理活动的效率。分权是把企业的经营管理权适当地分散在企业中下层的一种组织形式。在此，建议重新分析诊断现有的组织分工结构（横向和纵向），建立真正意义上的"现代法人治理结构"。根据公司股东的特点，成立一个具有与董事会相同作用的决策机构，本着精简化、公众化、专业化、国际化和制度化的原则，由6~9人组成，下设战略管理委员会、预算委员会、薪酬委员会、审计委员会，组成人员定期调换，这样，既可以增加投资者对公司的信心，保证公司长期战略的贯彻，使股东利益最大化，也可以尽量减少决策失误的可能性。具体内容可以参照国际惯例中的通行做法。

8.对预算管理作用和预算指标的认识

大部分人都认为全面预算管理一定是制度建设的一项重要内容，也认识到它是约束支出的一种规范，能够旗帜鲜明地去理解和支持，这也为实施全面预算管理奠定了坚实的基础。因此，企业在设计、编制、实施预算管理制度之前，应该宣传好它的必要性和重要性，了解员工对正在使用的财务预算指标的意见和建议，明晰其有效性与无效性。但仅靠简单的财务预算是不够的，有时反而会起消极作用，必须将其与全面预算、企业战略相结合。

以上只是普遍性地针对调查问卷所进行的归类，实务中，还应与企业的实际相结合，设计更具有针对性的调查问卷，以便及时发现企业管理中存在的问题，并在未来的预算管理工作中提出有效的管理建议。

第五节　改进企业预算管理的建议

一、转变观念，引导企业正确理解和认识预算的作用

正确认识和理解全面预算的内涵、本质及作用，应当把握以下几个方面：

（一）正确理解预算的本质

预算的本质是企业内部管理控制的一个工具，即预算本身不是最终目标，而是为实现企业目标所采用的管理与控制手段。"三分战略、七分执行"，企业战略制定得再好，如果得不到有效实施，终不能将美好的蓝图和"愿景"转变为现实，甚至可能因实际运营背离战略目标而导致经营失败。实施全面预算，将根据发展战略制定的年度经营目标进行分解、落实，可以使企业的长期战略规划和年度具体行动方案紧密结合，从而"化战略为行动"，确保企业发展目标的实现。

（二）正确认识预算对优化企业资源配置、提高经济效益的作用

全面预算是为数不多的能够将企业的资金流、实物流、业务流、信息流、人力流等相整合的管理控制方法之一。全面预算以经营目标为起点，以提高投入产出比为目的，其编制和执行过程就是将企业有限的资源加以整合，协调分配到能够提高企业经营效率效果的业务、活动、环节中去，从而实现企业资源的优化配置，增强资源的价值创造能力，提高企业经济效益。

（三）正确认识预算的制约和激励作用

全面预算可以将企业各层级之间、各部门之间、各责任单位之间等内部权、责、利关系予以规范化、明细化、具体化、可度量化，从而实现出资者对经营者的有效制约，以及经营者对企业经营活动、企业员工的有效控制和管理。通过全面预算的编制，企业可以规范内部各个利益主体对企业具体的约定投入、约定效果及相应的约定利益；通过全面预算执行及监控，可以真实反馈内部各个利益主体的实际投入及其对企业的影响并加以制约；通过对全面预算执行结果的考核，可以检查契约的履行情况并实施相应的奖惩，从而调动和激励员工的积极性，最终实现企业目标。

二、要从战略高度认识预算对企业核心竞争力和可持续发展能力的作用

全面预算作为一种全方位、全过程、全员参与编制与实施的预算管理模式，凭借其计划、协调、控制、激励、评价等综合管理功能，整合和优化配置企业资源，提升企业运行效率，成为促进实现企业发展战略的重要抓手。

为了促进企业增强核心竞争力和可持续发展的能力，企业应当在充分调查研究、科学分析预测和广泛征求意见的基础上制定发展目标，对现实状况和未来趋势进行综合分析，制定并实施长远发展目标与战略规划。企业在制定发展目标的过程中，应当综合考虑宏观经济政策、国内外市场需求变化、技术发展趋势、行业及竞争对手状况、可利用资源水平和自身优势与劣势等影响因素。战略规划应当明确发展的阶段性和发展程度，确定每个发展阶段的具体目标、工作任务和实施路径。同时，企业制定与实施发展战略至少应当关注下列风险：（1）缺乏明确的发展战略或发展战略实施不到位，可能导致企业盲目发展，难以形成竞争优势，丧失发展机遇和动力。（2）发展战略过于激进，脱离企业实际能力或偏离主业，可能导致企业过度扩张，甚至经营失败。（3）发展战略因主观原因频繁变动，可能导致资源浪费，甚至危及企业的生存和持续发展。由于经济形势、产业政策、技术进步与行业状况以及不可抗力等因素发生重大变化，确需对发展战略做出调整的，应当按照规定权限和程序调整发展战略。

三、吸收借鉴同行业企业或先进企业的经验，合理确定年度预算目标

企业应当根据新常态下的经济形势，坚持"稳中有进、创新驱动、转型发展"的总方针，以"效益优先、速度稳健、质量优化"为指导思想，科学制定年度预算目标。一要充分分析面临的国内外宏观经济形势，把握改革和发展所带来的机遇与挑战，坚持创新发展，加快结构调整，向创新转型要动力；二要充分分析企业所处行业的发展趋势，

积极主动地与行业先进企业对标，确立年度经营目标，向主业发展要增长；三要充分分析企业自身的优势和劣势，全面提升经营管理质量与效率，向管理提升要效益。

在预算和审核中，要重视对公司以往预算状况和与同业的对比分析，目的在于通过对预算数据及其指标的分析，寻找预算状况变动的趋势、原因及其与同业的差距，并寻找一些规律性信息。如在对利润表的分析中，会看到毛利率、期间费用占营业收入的比重、所得税税负等信息；通过与同业的对比也可以找到具有行业特点的信息，如总资产周转率、行业平均毛利率等，找到这样一些信息，可以参考行业先进数据等编制相应项目的预算方案。

四、正确认识预算过程、结果及其准确性问题

预算完全准确，或者基本准确，这是预算管理追求的一种很高的境界。如果预算能做到基本准确，这说明预算管理已经相当成熟，各级管理者的经营管控能力和水平已相当高，这是一种比较理想的状态，但这同时也是一个持续改进的过程。虽然预算的结果很重要，但过程则更加重要。预算树立了目标，只是明确了基准线，企业所有的经营管理活动都应该围绕这个目标，时刻与该基准线校准。只有这样，企业才能在纷繁复杂的经营活动中不忘初衷，从偏离轨道的状态返回正常的轨道。预算管理应按照"预算编制有目标、预算运行有监控、预算结果有评价、预算结果有反馈"的全过程管理模式加以实施。

五、注重提高预算绩效

绩效是企业预算的逻辑起点与终点，预算绩效是指预算资金所达到的产出和结果。预算绩效管理是指在预算管理中引入绩效理念，在关注预算投入的同时重视预算产出，将绩效目标设定、绩效跟踪、绩效评价及结果应用纳入预算编制、执行、考核的全过程，以提高企业资金配置的经济性、效率性和效益性为目的的一系列管理活动。

在企业层面，从2007年9月国务院提出实行国有资本经营预算的意见，到2017年9月围绕做强做优中央企业、建设具有国际竞争力的世界一流企业目标，国资委每年都选择若干家央企进行资本预算支出绩效评价，已经在进行预算绩效评价的深度探究。

目前，预算绩效的理念已经开始深入人心，政府也已经将预算管理上升到新高度，这对企业的预算管理具有深刻的引领作用。党的十六届三中全会首次提出要建立预算绩效评价体系，正式在国家战略层面提出"预算绩效评价"的概念。2015年的新《预算法》，将预算绩效管理正式上升到国家治理的层面。党的十九大报告中首次将"全面实施绩效管理"提升到新时代中国特色社会主义思想的高度。2018年中央全面深化改革委员会第三次会议通过的《关于全面实施预算绩效管理的意见》指出，全面实施预算绩效管理是政府治理方式的深刻变革，是推进国家治理体系和治理能力现代化的内在要求。2021年3月国务院印发的《国务院关于进一步深化预算管理制度改革的意见》（国发〔2021〕5号）明确要求"推动预算绩效管理提质增效"。为提高绩效目标管理科学化、规范化、标准化水平，财政部于2021年8月又下发了《关于印发〈中央部门项目支

出核心绩效目标和指标设置及取值指引（试行）〉的通知》（财预〔2021〕101号）。近年来，财政部不断加强绩效指标体系建设，指导、推动行业主管部门建立完善分行业、分领域、分层次的核心绩效指标和标准体系，完善现行共性绩效指标框架。从预算管理实践的角度，企业通过学习政府层面的预算绩效管理经验，将企业的预算绩效管理提升到新高度。当前在预算管理实际工作中需要重点关注和解决的问题是：如何树立预算绩效理念，转变重投入轻管理、重支出轻绩效的意识，挖掘绩效管理的广度和深度，解决资金低效无效、闲置沉淀、损失浪费等问题，强化绩效的激励约束作用。

六、逐步建立具有激励与约束作用的预算考核机制

预算的动力在于业绩考核与激励。预算执行结果考核是落实各预算责任主体权责的重要手段，是实现全面预算闭环管理、发挥全面预算管理价值创造功能的关键环节。为此，各企业应加强对预算执行结果的考核，实现预算闭环管理。鉴于目前部分企业的现实，还难以做到预算与业绩挂钩，但随着预算工作的进一步开展，必须逐步将预算与企业的业绩考核挂起钩来，只有这样才能发挥预算的激励与约束作用。

（一）应建立健全预算执行考核制度

一是建立严格的预算执行考核制度，对各预算执行单位和个人进行考核，将预算目标执行情况纳入考核和奖惩范围，切实做到有奖有惩、奖惩分明。二是制定有关预算执行考核的制度或办法，并认真、严格地组织实施。三是定期组织实施预算考核，预算考核的周期一般应当与年度预算细分周期相一致，即一般按照月度、季度实施考评，预算年度结束后再进行年度总考核。

（二）合理界定预算考核主体和考核对象

预算考核主体分为两个层次：预算管理委员会和内部各级预算责任单位。预算考核对象为企业内部各级预算责任单位和相关个人。界定预算考核主体和考核对象应当主要遵循以下原则：一是上级考核下级原则，即由上级预算责任单位对下级预算责任单位实施考核；二是逐级考核原则，即由预算执行单位的直接上级对其进行考核，间接上级不能隔级考核间接下级；三是预算执行与预算考核相互分离原则，即预算执行单位的预算考核应由其直接上级部门来进行，绝不能自己考核自己。

（三）科学设计预算考核指标体系

应主要把握以下原则：预算考核指标要以各责任中心承担的预算指标为主，同时本着相关性原则，增加一些全局性的预算指标和与其关系密切的相关责任中心的预算指标；考核指标应以定量指标为主，同时根据实际情况辅之以适当的定性指标；考核指标应当具有可控性、可达到性和明晰性。

（四）按照公开、公平、公正原则实施预算考核

一是考核程序、标准、结果要公开。企业应当将全面预算考核程序、考核标准、奖惩办法、考核结果等及时公开。二是考核结果要客观公正。预算考核应当以客观事实作为依据。预算执行单位上报的预算执行报告是预算考核的基本依据，应当经本单位负责人签章确认。企业预算管理委员会及其工作机构定期组织预算执行情况考核时，应当将各预算执行单位负责人签字上报的预算执行报告和已掌握的动态监控信息进行核对，确认各执行单位预算完成情况。必要时，实行预算执行情况内部审计制度。三是奖惩措施要公平合理并得以及时落实。预算考核的结果应当与各执行单位以及员工的薪酬、职位等挂钩，实施预算奖惩。企业设计预算奖惩方案时，应当以实现全面预算目标为首要原则，同时还应遵循公平合理、奖罚并存的原则。奖惩方案要注意各部门利益分配的合理性，要根据各部门承担的工作难易程度和技术含量合理确定奖励差距。要奖罚并举，不能只奖不罚，并防止奖惩实施中的人情添加因素。

重要概念

企业战略　预算偏离

复习思考

1.当前企业预算管理中主要存在哪些问题？形成预算偏离的实践动因是什么？

2.谈谈你对提高企业预算管理有效性的建议。

3.为了做好预算管理，在预算调查问卷中主要应包括哪些内容？

4.你从李宁公司两次不同的转型战略中获得了哪些启示？

5.GE在预算方案设计上有哪些可资借鉴的经验？

操作练习

1.请结合企业管理实践，设计一份对某企业预算管理情况的调查问卷，并通过问卷调查结果分析其预算管理中存在的问题及成因。

2.请收集整理宝钢集团、海尔集团、华润集团、IBM以及其他企业的预算管理经验。

第三章

预算管理与企业财务分析

【导语】本章的目的在于说明预算管理与企业财务分析之间的关系，以期从财务分析中发现企业管理中的问题和重点，提炼对预算管理有价值的信息。

本章内容要点

第一节　　预算管理与企业财务分析之间的关系

一、财务分析及其发展

分析是把事物分解成各个部分加以考察的方法。财务分析是依据一定的分析资料对企业的财务状况、经营成果和现金流量状况进行的分析。随着资本市场的建立、企业组织形式的改变和内部管理的需要，财务分析的用途、内容、方法也在不断发展和完善。

一般认为，财务分析产生于19世纪末20世纪初期。早期财务分析的目的是为银行信贷提供服务，这是由于当时企业的融资渠道主要是银行信贷。随着借贷资本在企业资本总额中的比重不断上升，银行需要对借款人的信用状况进行评价，以判断借款人的资信和偿债能力，减少贷款风险。这一时期的财务分析主要侧重于偿债能力分析。

资本市场的形成与发展，对财务分析产生了新的需求。此时财务分析不仅要为债权人提供信息服务，而且要为投资人提供投资服务。投资风险的客观存在，使投资人产生了对信息的更广泛需求。除了对偿债能力进行分析外，投资人更关心的是被投资方的资产管理能力、盈利能力和股利支付能力。出于服务目的的需要，此时财务分析的范围和内容更加广泛，分析体系更趋完善。

随着企业组织形式的变化、公司制企业的兴起，投资人对公司产生了更高的获利要求。为提高公司的盈利能力和偿债能力，满足公司筹资需求，公司的管理层需要利用内部信息获取分析数据，为管理服务。因此，财务分析成为企业加强内部管理的重要依据，并使财务分析由外部分析发展到内部分析。

能否根据分析资料做出正确的投资、借款和管理决策，取决于财务报表及其他相关资料的真实性。财务报表的失真将影响到财务分析的结果。主要脱胎于现代公司制的产生和资本市场发展的现代会计，不可避免地存在信息失真的现象。这是因为在现代公司制度下，财产的所有权和使用权实现了分离。两权分离不可避免地带来了信息的不对称问题。为了消除股东和经营者的信息不对称，便产生了现代公司财务报告制度，即公司管理者定期向股东提交反映公司财务状况、经营成果、现金流量状况的财务会计报告及其文字说明。即便如此，公司管理者和股东之间的信息不对称问题依然存在，因为财务报表是由公司编制的，管理层相对于外部投资者而言，具有信息知情上的优势，而且管理层为了自身利益有可能向投资者提供虚假信息。因此，财务分析还包括对财务报表真实性的分析。

从微观意义上说，财务数据是一个企业财务状况的反映，但微观意义上的财务数据却是处理国家与企业之间的财务关系、分析国民经济走向、制定宏观经济政策的重要依据。因此，政府也依赖财务分析。

从财务产生和发展的历史看，财务分析不仅包括外部分析，也包括内部分析；财务分析的内容不仅包括偿债能力分析，也包括资产管理能力分析、盈利能力分析以及成长能力分析等；财务分析的主体不仅包括企业自身，也包括企业的投资者、债权人、政府以及其他利益相关者。

二、财务分析的依据

（一）三张主要报表

财务分析的主要依据是资产负债表、利润表以及现金流量表。

1.资产负债表

资产负债表是提供企业在某一时点所拥有的全部资产、负债和所有者权益的存量及其结构的报表。资产负债表的作用体现在以下几个方面：

（1）了解某一时点上各类资产、负债和所有者权益的规模、结构及其数量对应关系。

（2）明确企业的责任和义务。

（3）做出优化资产结构、降低企业风险和提高运营效率的判断和决策。

2.利润表

利润表是提供企业在某一特定期间内所实现的盈亏情况的报表。其作用体现在以下几个方面：

（1）了解企业本期取得的收入、发生的成本、期间费用和纳税情况。

（2）了解企业的盈利总水平、利润来源及其结构。

（3）分析企业盈亏产生的原因。

（4）结合股东权益变动表等资料，了解企业的股利分配状况、股利分配政策以及股利支付形式。

3.现金流量表

现金流量表是以现金和现金等价物为基础编制的，提供企业在某一特定期间内有关现金和现金等价物的流入和流出信息的报表。这里的现金包括企业的库存现金、银行存款和其他货币资金。现金等价物是企业持有的期限短、流动性强，易于转换为已知金额的现金、价值变动风险很小的投资，一般指企业购买的期限在3个月以内的国库券。

我国现行的现金流量表主要是按直接法编制的反映企业经营活动、投资活动和筹资活动的现金流量以及汇率变动所产生的现金流量的财务报表。其中：投资活动所产生的现金流量是企业购建长期资产以及不包括在现金等价物范围内的投资及其处置活动所产生的现金流量；筹资活动所产生的现金流量是导致企业的资本、债务规模及其构成和结构发生变化的活动所产生的现金流量；经营活动所产生的现金流量是指除了投资活动和筹资活动以外的所有交易或事项产生的现金流量。现金流量表的作用主要体现在以下几个方面：

（1）了解企业净利润的质量。

（2）了解企业取得和运用现金的能力。

（3）了解企业偿还债务本息和支付股利的能力。

（4）预测企业未来的现金流量。

（二）其他依据

除了财务报表之外，下列资料也构成了财务分析的依据，主要有：

（1）财务报表附注。

（2）所采用的会计方法。

（3）管理者对经营情况的讨论与分析。

（4）审计报告。

（5）若干年份的比较财务数据。

（6）其他资料。

报表之外的其他资料是对财务报表有关信息的验证和详细说明，它对于了解报表中有关资产、负债和所有者权益及利润状况是非常有用的信息。

财务报表附注是对财务报表信息的补充说明，目的是使财务报表信息与财务信息使用者的决策更加相关，对其更加有用。

会计方法是对收入、费用的确认，是对资产、负债和所有者权益的计量所采用的处理依据。事实上，会计方法的变动是影响企业财务状况和经营成果变动的重要原因。如固定资产折旧方法的改变、权责发生制原则和收付实现制原则的交替使用等，都会因会计方法的变动引起财务状况和经营成果的变动。因此，在财务分析中要考虑会计方法的影响。如果不能排除会计方法的影响，不仅不能客观地评价企业的经营业绩，也不利于利用财务报表进行分析预测工作。因此，要对企业的财务状况和经营成果进行客观评价，必须在报表之外列明会计方法是否发生变化，如有变化，还要弄清楚变化的原因是什么、会计方法的变更对财务状况和经营成果的影响有多大等。

通常，企业的高层管理者对自身的经营情况比较了解，因此其对企业经营情况的把握与判断应是具有说服力的。企业管理者对财务成果的讨论和分析意见，反映了管理者对企业未来发展趋势的判断，而这种判断影响着企业未来的走向。因此，对企业财务状况的分析不能不借助于管理者对自身情况的分析。

应该说，企业自身编制的财务报表受到人为因素的影响，从而可能使财务报表失真。相对于企业自身编制的财务报表而言，审计报告能比较真实地反映企业的财务状况和经营成果。但需要注意的是，由于审计抽样及其他因素的影响，审计报告的公正性也是有其局限性的，不能认为审计报告就一定准确无误。但在财务分析中，审计报告还是具有重要的参考价值。

要对企业未来的发展趋势有总体把握，需要借助于若干年的财务资料，以便进行趋势分析和结构分析。因此，若干年份的比较财务数据也是进行财务分析不可缺少的因素。

三、财务分析的目的

财务分析的目的，因报表使用者需要了解信息的不同而不同。概括来说，财务分析的目的如下：

（一）评价企业的经营业绩

企业的经营业绩体现为一定期间的利润、现金净流量以及资产增值额。良好的经营业绩反映了企业的资产管理水平高、偿债能力和股利支付能力强。对企业经营业绩的评价，可以通过实际数与预算数或历史资料的对比进行。业绩评价不仅是对过去的总结，也是为未来的发展打下基础。

（二）分析企业的财务状况和经营成果产生的原因

企业的财务状况和经营成果受到多种因素的影响。这种影响可能是收入方面的原因，也可能是成本费用方面的原因，还有可能是资产结构不合理或者是会计方法改变等原因形成的。只有对影响因素进行客观分析，才能总结财务管理方面的好经验，找出经营管理中存在的问题，并在新的预算年度采取相应的对策。

（三）预测企业未来的发展趋势

要实现企业的管理目标，企业不仅要客观地评价过去，而且要科学地预测未来。企业要在历史资料的基础上进行财务预测，并在财务预测的基础上进行财务决策和编制全面预算。财务分析结果是企业进行财务预测、编制全面预算的重要依据。如果没有对财务资料的分析利用，就会使企业的预测缺乏客观依据，不能通过有效的管理手段和方法实现预期的管理目标。

四、财务分析的方法

从预算管理的角度，财务分析的目的不在于得出分析数据，而在于发现问题、挖掘潜力，缩小与同业之间的差距，建立科学的预测体系。财务分析要借助一定的方法来进行。财务分析包括定性分析和定量分析两个方面。定性分析主要是根据主观判断对财务状况及经营成果进行分析；定量分析主要是从量的角度，根据分析数据进行客观分析。在财务分析中，最主要的分析方法是定量分析法。定量分析法主要有以下几种：

（一）比较分析

比较分析法主要是根据不同时期财务资料的对比，分析本期实际数比预算数、历史数据的增减额、增减变动百分比。这种方法主要用于分析经济指标的执行结果是否达到预算的要求，或者与历史同期相比的增减变化情况。

（二）趋势分析

各个时期的财务状况及经营成果处于不断变化之中，这种变化的结果，表现为同一指标在不同时期会有不同的结果。对同一指标不同时期资料进行对比分析，就可以评价该项指标的变化趋势和发展前景。而这种变化趋势对预测未来是非常有用的。如将不同时期的营业收入加以列示和对比，可以分析了解营业收入的发展趋势，为进行收入预测提供相关资料。在实际工作中，这种分析方法往往要收集若干年度的财务资料，然后将某个年度的该项经济指标数据作为基数，其他各年度的数据与基数进行比较，分析该项经济指标的发展变化趋势。趋势分析可以通过编制不同时期的对比分析表来进行。

（三）结构分析

在财务分析中，要了解某项经济指标对总体指标的影响程度，可以通过个别指标占总体指标比重的大小，来了解个体对总体的影响程度，并根据影响程度采取不同的对策。以对收入的分析为例，企业的收入来源较多，通过对各项收入占全部收入比重的分析就可以了解收入管理的侧重点。同样道理，企业的成本费用也是由多个项目组成的，通过对各个成本费用项目占总成本费用比重的分析，也可以找出成本费用控制的重点。将不同时期各项指标占总体指标的比重进行对比分析，可以了解企业工作重点的转向和变化情况，及时分析原因，采取相应的对策。

（四）比率分析

财务报表中某些财务数据之间存在着某种联系，比率分析法就是将不同的相关经济指标进行比较，分析其相关关系。如将负债总额与资产总额进行对比，可以分析企业的资产负债比例；将流动资产和流动负债进行对比分析，可以分析企业偿还流动负债的能力。比率分析法是财务报表分析中应用最多的方法，它对于寻找财务状况和经营成果产生的原因很有帮助，在分析企业的偿债能力、资产营运能力、资产盈利能力方面具有广泛用途。一般来说，在进行财务报表分析时要分析的基本财务比率如表3-1所示。

表 3-1 基本财务比率

主要财务比率	计算公式	指标揭示的问题
偿债能力指标:		
流动比率	流动资产/流动负债	衡量用流动资产偿还流动负债的能力
速动比率	速动资产/流动负债	衡量用变现能力最强的流动资产偿还流动负债的能力
资产负债率	负债总额/资产总额	反映资产总额中负债筹资所占的比重
产权比率	负债总额/权益总额	反映负债受权益资本保障的程度
已获利息倍数	息税前利润/利息费用	反映偿付债务利息的能力 计算息税前利润是利息的倍数
营运能力指标:		
应收账款周转率	年度赊销收入净额/平均应收账款	反映年度内应收账款变为现金的次数
应收账款周转天数 （平均收现期）	360/应收账款周转率*	反映应收账款从获得权利到收回款项的平均天数
存货周转率	营业成本/平均存货	衡量年度内存货周转的次数 反映存货的流动性
存货周转天数	360/存货周转率	衡量存货是否有积压的趋势 存货销售转化为应收账款或现金的平均天数
流动资产周转率	营业总收入/平均流动资产	衡量用流动资产产生营业收入的能力
固定资产周转率	营业总收入/平均固定资产	衡量用固定资产产生营业收入的能力
总资产周转率	营业总收入/平均资产总额	衡量用总资产产生营业收入的能力
盈利能力指标:		
营业毛利率	（营业收入-营业成本）/营业收入	衡量营业收入的毛利水平，即1元的营业收入所提供的毛利
营业净利润率	净利润/营业收入	衡量营业收入的盈利水平，即1元的营业收入所提供的净利润
资产净利率 （投资回报率）	净利润/平均资产总额	衡量全部资产的盈利能力

续表

主要财务比率	计算公式	指标揭示的问题
权益净利率	净利润/平均所有者权益	衡量投资者账面投资资产的盈利能力
上市公司主要财务比率：		
每股收益*	净利润/年末普通股股份数	反映普通股股东每股实现的税后利润
每股股利**	现金股利/年末普通股股份数	衡量每股分配的现金股利
股利支付率	每股股利/每股收益	衡量公司的股利分配政策 衡量股利支付能力
市盈率	每股市价/每股收益	衡量股票价格是每股收益的倍数，公司的资信能力、发展前景及股票风险的大小
每股净资产	年末所有者权益/年末普通股股份数	衡量普通股每股所代表的账面净资产价值，在理论上应是股票的最低价值
市净率	每股市价/每股净资产	衡量市场对公司资产质量的评价
净资产收益率***	净利润/平均所有者权益	衡量股东投入资本实现的净利润

注：*为简化计算，在计算基本财务比率时，一年按360天计算，季度和月份分别按90天和30天计算。

**在计算每股收益和每股股利时，如果公司有支付的优先股股息，还要从分子中扣减。

***如果是合并报表，净资产收益率=归属于母公司股东的净利润/归属于母公司股东的净资产。

（五）因素分析

在企业管理中，影响财务状况和经营成果的因素是多方面的。当某种经济指标的实际数与预算数或历史数据产生差异时，需要分析造成这种差异的原因。如企业产品销售收入的变化，就受到单价、销售量、经济条件变化、消费者购买力、企业竞争力等多种因素的影响。运用因素分析法，就是要分析各种因素的影响程度，以便在新的预算年度采取措施消除不利影响。

五、预算编制前期进行财务分析的重要性

利特尔顿（1953）在《会计理论结构》中提出："正是因为财务报表能够以通俗易懂的方式反映企业的大量经济活动，所以人们通过财务报表就可能了解企业经营活动的基本情况。"[1]由此可见财务分析的重要性。

对公司财务状况评价的目的在于：（1）了解企业自身的发展战略和发展状况，如业务范围、收入增长趋势、获利能力等；（2）从财务角度发现自身经营管理的问题；

---

① 葛家澍，刘峰. 会计理论——关于财务会计概念结构的研究［M］. 北京：中国财政经济出版社，2003.

（3）寻找同业数据规律，为自身编制预算打下基础。

第二节　　　财务分析能够提供的价值信息

本节以宁德时代新能源科技股份有限公司（以下简称"宁德时代"）为例，介绍财务分析的方法。本案例来自宁德时代的再融资计划安排。宁德时代因投资规划而进行融资安排，但由于融资规模较大并与财务层面体现的信息不完全匹配，引起市场的质疑以及受到深交所的问询。本节想借此案例说明财务分析的必要性以及体现的信息价值，并为后期的预算编制打下基础。

一、宁德时代简介

宁德时代成立于2011年，2018年6月11日，宁德时代在深交所创业板上市。公司主要从事动力电池、储能电池和电池回收利用产品的研发、生产和销售业务。公司是全球领先的动力电池和储能电池企业。根据SNE Research统计，2022年公司全球动力电池使用量市占率为37.0%，连续六年排名全球第一；2022年公司全球储能电池出货量市占率为43.4%，连续两年排名全球第一。

宁德时代上市前后的盈利情况以及资产负债情况如下：

（一）盈利情况

图3-1反映了宁德时代上市前后的盈利变化情况。数据显示，宁德时代自2018年上市前后有比较大的变化，营业收入显著增长，并带来归属净利润以及扣非净利润的同趋势变动。2022年，宁德时代实现营业收入3 285.9亿元，同比增长152.07%，归母净利润307.29亿元，同比增长92.89%，扣非后的净利润为282.13亿元，同比增长109.88%。宁德时代表示，2022年业绩的驱动主要受两个因素影响。首先是新能源行业快速发展，其次是公司市场竞争力进一步增强。

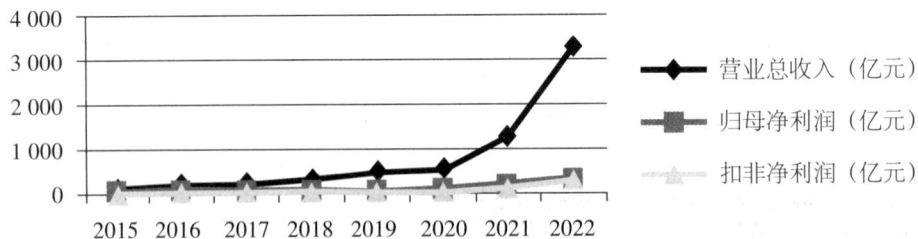

图3-1　宁德时代营收、归属与扣非净利润情况

（二）资产负债情况

收入的增长必然带来投资和流动性需求的增长。宁德时代2018年上市前后各年末的资产负债情况见表3-2。数据显示，宁德时代的资产和负债规模均大幅增长，特别是在2018年后增长明显，上市前公司的资产负债率由2015年的82.73%下降到2018年的52.36%，上市后随着公司规模的扩大以及融资结构的改变，2022年年末资产负债率上

第三章　预算管理与企业财务分析

升到70.55%，公司确实面临着降低资产负债率、优化资本结构的压力。

表3-2　　　　　宁德时代2018年上市前后各年年末的资产负债情况　　　　金额单位：亿元

年份	2022	2021	2020	2019	2018	2017	2016	2015
资产总额	6 010	3 077	1 566	1 014	738.8	496.6	285.9	86.73
负债总额	4 240	2 150	874.2	591.6	386.8	231.9	128	71.75
资产负债率	70.55%	69.87%	55.82%	58.34%	52.36%	46.70%	44.77%	82.73%

数据来源：公司公告。

二、再融资计划及其被质疑情况

（一）宁德时代的再融资计划

2021年8月13日，宁德时代公告了新一轮的定增方案，拟向不超过35名特定对象发行股票募集资金，总额不超过582亿元，将用于动力与储能电池的产能建设、先进技术研发与应用项目投入，进一步加深自身护城河，夯实其在动力电池和储能电池的全球领先地位。

但该公告一出，立即引起市场哗然。其一是因融资金额之巨大，此次融资既是创业板试点注册制以来上市公司最大的一笔再融资，也是A股民营上市公司募资额度最多的一次再融资。其二是因2020年7月宁德时代刚定向募资196亿元，两者相距仅一年。详情如表3-3所示。

表3-3　　　　　　　　宁德时代上市后的股权融资及其安排

次数	时间	金额（亿元）		主要资金用途
第一次	2018.6	53.52	33.52	宁德时代湖西锂离子动力电池生产基地项目
			20	宁德时代动力及储能电池研发项目
第二次	2020.7	196.18	略	
第三次	2021.8	582	152	福鼎时代锂离子电池生产基地项目
			117	广东瑞庆时代锂离子电池生产项目一期
			65	江苏时代动力及储能锂离子电池研发与生产项目（四期）
			54	宁德蕉城时代锂离子动力电池生产基地项目（车里湾项目）
			31	宁德时代湖西锂离子电池扩建项目（二期）
			70	宁德时代新能源先进技术研发与应用项目
			93	补充流动资金

数据来源：公司公告。

上市短短3年时间，包括IPO在内，宁德时代就进行了3次股权融资。更重要的是，在宁德时代披露582亿元再融资预案时，该公司并不缺钱。2021年半年报显示，截至2021年6月底，宁德时代账面上的货币资金高达747亿元，完全能够"覆盖"此次再融资金额。也正因为如此，深交所下发问询函，要求宁德时代说明此次再融资的必要性与规模的合理性，以及是否存在过度融资的情形。尽管此后宁德时代将融资规模缩减至450亿元，但仍然被市场贴上过度融资的标签。

经典的公司财务理论认为，在有效市场中，投资决策依据的标准是项目的净现值，只有扣除融资成本后的投资项目净现值大于零，同时企业的自有现金不足以支持投资项目时，企业才需要从资本市场融资以进行投资。有学者认为，对能带来正净现值的某一项目进行融资决策，如果融资规模超过了完成该项目所需的资金，就可以认为上市公司进行了过度股权融资，即"所融大于所需"。

定向募资是资本市场再融资的重要方式，对于上市公司正常的再融资行为，市场理应支持。但过度融资，不仅会扭曲资本市场的融资与优化资源配置功能，而且在某种意义上讲也是对市场宝贵资源的一种浪费。因此，对于过度融资现象，有必要采取措施加以应对。

（二）深交所的质疑点

2021年9月30日，深交所发布了《关于宁德时代新能源科技股份有限公司申请向特定对象发行股票的审核问询函》，就5个问题向宁德时代提出了质询，并要求其在15个工作日内进行回复。5个问题概括如下：

1.要求宁德时代详细说明在持有大额货币资金、较高现金流入，且持续大额对外投资的情况下，本次发行融资的必要性及规模合理性；

2.分析说明报告期内毛利率下滑的原因及合理性，说明存货规模持续增长、存货构成中库存商品和发出商品占比发生变化的原因及合理性；

3.针对宁德时代公告的募资用途，深交所要求其对募投项目的具体情况进行说明，包括项目募投规模是否合理、项目建设是否存在重大不确定性等；

4.宁德时代的子公司于2021年2月被出具行政处罚，要求进行整改，宁德时代需结合相关处罚依据条文说明上述处罚所涉违法行为是否属于重大违法行为，本次发行是否符合《上市公司证券发行注册管理办法》第十一条的规定；

5.要求针对其对外投资情况进行说明。

在上述5个问题中，问题3属于投资项目可行性研究的内容，问题4属于行政司法管辖的范畴。基于财务分析的角度，本部分主要侧重于对问题1、问题2和问题5进行分析说明。

三、深交所质疑点的财务证据分析

（一）对深交所问题1的分析

1.资产规模及结构

截至2021年6月30日，宁德时代的资产总额为2 078亿元，其中货币资金高达

746.9亿元，长期股权投资和其他权益工具投资分别为92.41亿元和35.22亿元，在具有大量货币资金余额以及对外投资金额的背景下，宁德时代募资582亿元的合理性确实容易遭到质疑。宁德时代拟再融资时的资产结构状况见表3-4。

表3-4　　　　　　　　宁德时代拟再融资时的资产结构状况　　　　　　　　单位：亿元

项目	2021.6.30	2021.3.31	2020.12.31	2020.9.30	2020.6.30	2020.3.31
资产总额	2 078	1 733	1 566	1 378	1 000	1 014
货币资金	746.9	716.8	684.2	664.4	375.7	371.1
应收账款	139.8	122.6	112.9	89.88	77.72	78.45
长期股权投资	92.41	55.75	48.13	23.12	15.28	15.21
其他权益工具投资	35.22	21.82	19.97	14.89	12.72	12.55

数据来源：公司公告、东方财富网。

2.财务性投资及类金融业务情况

宁德时代2021年半年报数据显示，截至2021年6月末，公司与财务性投资及类金融业务相关的资产科目及其中具体财务投资金额情况如表3-5所示。

表3-5　　　　　　宁德时代财务性投资及类金融业务相关资产情况　　　　　　单位：亿元

项目	账面金额	其中：财务性投资金额
交易性金融资产	22.15	
衍生金融资产	11.84	
其他应收款	40.59	
其他流动资产	31.50	
长期股权投资	92.41	16.78
其他权益工具投资	35.22	
其他类金融资产	1.00	1.00
合计		17.78

数据来源：宁德时代《向特定对象发行股票并在创业板上市募集说明书（修订稿）》公告。

（1）交易性金融资产。截至2021年6月末，公司交易性金融资产为22.15亿元，主要系宁德时代为盘活暂时闲置存量资金，提高资金使用效率而购买的短期理财产品。上述短期理财产品安全性高、流动性好、单项产品期限最长不超过一年，不属于收益波动大且风险较高的金融产品，不属于财务性投资。

（2）衍生金融资产。截至2021年6月末，宁德时代持有的衍生金融资产金额为11.84亿元，主要由期货合约和远期外汇合约构成。公司持有期货合约主要系受宏观经济和大宗商品价格波动影响，公司上游原材料价格存在一定波动，为减少生产经营相关原材料价格波动给公司经营带来的影响，公司开展一定的商品套期保值业务。公司持有远期外汇合约主要是因为随着公司海外业务不断发展，外币结算需求有所上升。为更好地规避和防范外汇汇率波动风险，增强财务稳健性，公司与银行等金融机构开展外汇套期保值业务。公司持有的上述衍生金融工具主要系为合理规避与经营相关的风险而进行的套期保值业务，不属于为获取收益而进行的财务性投资。

（3）其他应收款。截至 2021 年 6 月末，宁德时代其他应收款账面金额为 40.59 亿元，主要由应收员工款项、保证金及押金、应收投资意向款等构成，不属于财务性投资。

（4）其他流动资产。截至 2021 年 6 月末，宁德时代其他流动资产账面金额为 31.50 亿元，主要包括进项税额、待认证进项税等，不属于财务性投资。

（5）长期股权投资。截至 2021 年 6 月末，宁德时代长期股权投资账面金额为 92.41 亿元，主要围绕产业链布局、市场拓展等开展，除小康人寿保险有限责任公司、重庆蚂蚁消费金融有限公司以及上海融和电科融资租赁有限公司外，其他均不属于财务性投资。

（6）其他权益工具投资。截至 2021 年 6 月末，公司其他权益工具投资账面金额为 35.22 亿元，属于为加强产业链合作及协同而进行的产业链相关投资，均不属于财务性投资。

（7）其他类金融资产。根据中国证监会发布的相关规定[①]，除中国人民银行、银保监会（现为国家金融监督管理总局）、证监会批准从事金融业务的持牌机构为金融机构外，其他从事金融活动的机构均为类金融机构。类金融业务包括但不限于：融资租赁、商业保理和小贷业务等。与公司主营业务发展密切相关，符合业态所需、行业发展惯例及产业政策的融资租赁、商业保理及供应链金融，暂不纳入类金融业务计算口径。

截至 2021 年 6 月末，除长期股权投资科目中的上海融和电科融资租赁有限公司外，公司类金融资产主要为 2019 年 12 月设立的宁德时代融资租赁有限公司。设立宁德时代融资租赁有限公司主要是为了推动公司动力电池、储能电池等主营业务发展，通过经营性租赁、融资性租赁等方式为下游或终端客户提供相关服务。开展融资租赁业务与公司主营业务发展密切相关，符合业态所需、行业发展惯例及相关产业政策。上述投资属于财务性投资。

综上，截至 2021 年 6 月末，宁德时代持有的交易性金融资产、衍生金融资产、其他应收款、其他流动资产、其他权益工具投资，均不属于财务性投资；长期股权投资当中，除小康人寿保险有限责任公司、重庆蚂蚁消费金融有限公司以及上海融和电科融资租赁有限公司，基于谨慎性原则，认定为财务性投资外，其他投资均围绕产业链布局、市场拓展等开展，不属于财务性投资；其他类金融资产为持有的宁德时代融资租赁有限

---

① 《再融资业务若干问题解答》（2020 年 6 月修订）

公司股权，该投资属于财务性投资。

截至2021年6月末，宁德时代合并报表归属于母公司净资产为687.58亿元，公司的财务性投资及类金融业务账面金额合计17.78亿元，占归属于上市公司股东的净资产比例为2.59%，占比较低，不足30%。

3.现金流入结构

表3-6反映了宁德时代经营活动产生的流入量和净额情况，截至2021年6月30日，经营活动产生的现金流量净额高达147.8亿元，说明公司经营活动产生的现金流量净额中有多余的资金可以进行对外投资和偿还债务。

表3-6　　　宁德时代经营活动产生的现金流入量、净额与营业收入的匹配情况　　　单位：亿元

年份	2021年1—6月	2020	2019	2018	2017	2016	2015
营业收入	249.1	503.2	457.9	296.1	200	148.8	57.03
销售商品、提供劳务收到的现金	313.9	540	521.5	338.5	188.7	115.2	41.54
经营活动产生的现金流量净额	147.8	184.3	134.7	113.2	24.49	21.09	6.645

数据来源：公司公告、东方财富网。

将上述数据绘制成图3-2，可以看出，宁德时代上市前后的经营活动现金流量净额一直为正数，且现金流总体状况不断变好，销售商品、提供劳务收到的现金线与营业收入线基本接近，说明有一元的营业收入基本就有一元的销售商品、提供劳务收到的现金。

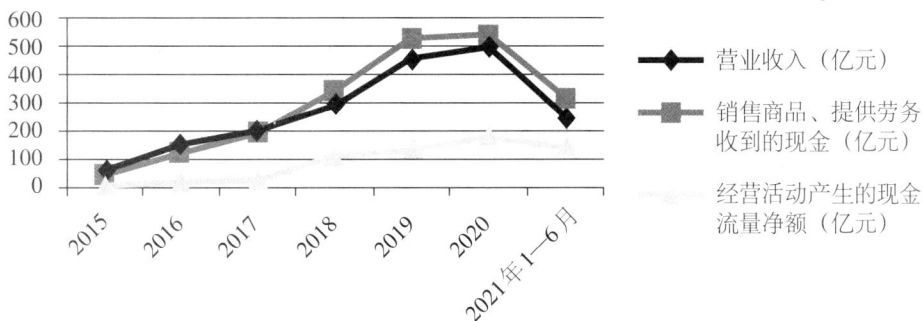

图3-2　宁德时代经营活动产生的现金流入量、净额与营业收入的匹配情况

数据来源：公司公告、东方财富网。

（二）对深交所问题2的分析

1.毛利率变动情况

表3-7数据显示，2018年之前宁德时代的销售毛利率呈现出从低点到高点再逐步下降的趋势。最高峰的2016年宁德时代的综合销售毛利率高达43.7%，此后降至2021年6

月末的27.26%，受此影响，公司的销售净利率也从2017年的20.97%降至2021年6月末的12.08%。

表3-7 　　　　　　　　　　　　宁德时代销售毛利率及其变化情况

时间	2021.6.30	2020	2019	2018	2017	2016	2015	2014
销售毛利率（%）	27.26	27.76	29.06	32.79	36.29	43.7	38.64	25.73
销售净利率（%）	12.08	12.13	10.95	12.62	20.97	19.61	16.67	6.41

数据来源：东方财富网。

深交所关注了宁德时代的销售毛利率及其变动情况。销售毛利率为营业收入减去营业成本之后的差额与营业收入之比。在成本一定的条件下，如果公司毛利率提高，则意味着公司具有较高的定价权，反之定价能力较低。如果毛利率降低同时受到收入端和成本端两个因素的影响，就意味着公司同时面临着双重压力。市场关注到宁德时代的毛利率在降低，这是否意味着原材料涨价或者宁德时代的产品议价能力在降低呢？如苹果、贵州茅台等公司产品都有着较强的定价能力，而宁德时代的毛利率下降似乎与其行业地位不符。

2.存货规模及其构成情况

表3-8反映了宁德时代2021年半年报的存货概况。数据显示，截至2021年6月30日，宁德时代账面的存货规模为241.66亿元，较年初增加了109.41亿元，增加82.73%。结构上存货资产占总资产的比例也由年初的8.44%上升到了6月末的11.63%。

表3-8 　　　　　　　　　　宁德时代2021年半年报的存货概况 　　　　　　金额单位：亿元

项目	2021.6.30	2020.12.31	增减额	增减变动趋势（%）	2021.6.30占总资产比例（%）	2020.12.31占总资产比例（%）
存货	241.66	132.25	109.41	82.73	11.63	8.44

数据来源：根据公司半年报整理。

深交所关注到宁德时代一方面毛利率下降，另一方面又大幅度增加存货似乎有所矛盾。当然大家最关心的是宁德时代的哪类存货资产在增长。原材料、半成品、成品这些不同类型的存货增加，向市场传递的信号是不一样的。自然，深交所要求宁德时代说明存货规模持续增长、存货构成中库存商品和发出商品占比发生变化的原因及合理性不无道理。

（三）对深交所问题5的分析

截至2021年6月30日，宁德时代对外投资额达到127.63亿元，其中长期股权投资和其他权益工具投资分别为92.41亿元和35.22亿元，见表3-9。

市场关注的是，既然宁德时代有多余的资金对外投资，说明其资金量是充足的，为什么还要再进行高额度定向募资呢？

第三章 预算管理与企业财务分析

表3-9 宁德时代截至2021年6月30日的对外投资概况 金额单位：亿元

项目	2021.6.30	2020.12.31	增减额	增减变动趋势（%）	2021.6.30占总资产比例（%）	2020.12.31占总资产比例（%）
长期股权投资	92.41	48.13	44.28	92.00	4.45	3.07
其他权益工具投资	35.22	19.97	15.25	76.36	1.70	1.28

上述分析表明，公司的每项重大投融资规划与决策，都要做好财务分析工作，特别是上市公司尤其要关注财务信息背后的信号传递作用。

四、宁德时代对相关问题的回复

2021年10月18日，宁德时代发布了对问询函的回复公告，主承销商（中信建投证券）、会计师事务所（致同会计师事务所）、律师事务所（通力律师事务所）也分别就相关问题进行了回复。其中，主承销商对5个问题及其他说明事项进行了全面阐释，会计师事务所则针对问题2、3中的有关财务会计的问题进行了专项说明，律师事务所主要针对问题3、4、5出具了法律意见书。

（一）对宁德时代融资必要性及规模合理性问题的回复

首先针对是否过度融资问题，宁德时代的保荐机构认为，发行人前期募集资金已基本使用完毕，本次发行符合《发行监管问答——关于引导规范上市公司融资行为的监管要求》中关于融资间隔期的规定，不存在过度融资的情形。

针对货币资金以及对外长期股权投资情况，宁德时代认为，在加快推进实现"双碳"目标的背景下，新能源行业将迎来广阔的发展空间，而在新能源行业持续增长的背景下，公司未来业务发展资金需求较大，增强产业链投资是公司保障及促进业务发展的必要方式。同时，即使公司财务状况良好，也要为未来的业务发展提供基础，但公司现有资金无法完全满足未来业务发展的需要。

（二）对宁德时代毛利率下滑以及存货增长问题的回复

1.毛利率下滑问题

宁德时代综合毛利率、动力电池业务毛利率与同行业的比较情况分别见表3-10和表3-11。

表3-10 宁德时代综合毛利率与同行业可比公司的比较 单位：%

公司名称	2021年1—9月	2020年	2019年	2018年
亿纬锂能	23.70	29.01	29.72	23.74
欣旺达	16.22	14.86	15.35	14.83
国轩高科	18.30	25.23	32.54	29.19
孚能科技	0.54	15.92	23.49	5.59
平均值	14.69	21.26	25.27	18.34
宁德时代	27.51	27.76	29.06	32.79

表3-11　　　　宁德时代动力电池业务毛利率与同行业公司可比产品的比较　　　　单位：%

公司产品	2021年1—6月	2020年	2019年	2018年
亿纬锂能——锂离子电池	22.95	26.13	23.76	17.64
欣旺达——汽车及动力电池类	6.76	-14.85	11.31	13.44
国轩高科——动力锂电池	19.27	24.72	33.37	28.80
孚能科技——动力电池系统	-7.53	9.81	22.72	3.56
平均值	16.33	20.22	22.79	15.86
宁德时代动力电池毛利率	23.00	26.56	28.45	34.10

注：同行业公司类似业务毛利率平均值计算剔除了为负的情形，数据来源于相关公司的年报、半年报、招股说明书，同行业公司未披露2021年1—9月可比产品毛利率，因此采用2021年1—6月数据比较。

数据显示：宁德时代的综合毛利率下滑，但与同行业可比公司变动趋势基本一致。报告期内，宁德时代动力电池毛利率与同行业公司可比产品毛利率均值变动趋势基本一致。受益于客户优势、品牌优势及规模效应、技术优势带来的成本竞争力，宁德时代动力电池毛利率高于同行业可比公司毛利率均值。

对于毛利率下降的原因，会计师事务所也做了解释。报告期内，宁德时代动力电池毛利率有所下降，主要是由于销售单价、单位成本均有所下降，但受补贴退坡、行业竞争加剧、原材料价格波动等因素的影响，销售单价下降幅度大于单位成本下降幅度。报告期内，公司动力电池销售单价变动分别为-17.72%、-17.18%、-7.47%和-12.59%，单位成本变动分别为-16.26%、-10.09%、5.02%和-7.78%。

2.存货增长及构成问题

针对深交所要求的结合在手订单、产销率变化情况等，说明存货规模持续增长、存货构成中库存商品和发出商品占比发生变化的原因及合理性，会计师认为宁德时代的存货周转情况、产销率、客户关系均良好。

（1）存货周转情况良好

报告期内，公司生产规模随着订单的增加而增长，相应各期末存货账面价值也在增加，见表3-12。在满足客户订单和安全库存的前提下，公司结合市场需求，适度生产备货。公司的存货增长规模与业务发展规模相匹配。

报告期内，宁德时代存货周转情况见表3-13。

报告期内，公司产品需求旺盛，存货周转速度较快。公司存货周转周期为3～4个月，库存商品和发出商品周转周期为2～3个月。2020年，受疫情影响，新能源车行业发展有所放缓，存货周转率略有下降。2021年1—6月，随着新能源车行业快速发展，存货周转率有所回升。

表3-12　　　　　　　　　　宁德时代公司存货与营业成本情况　　　　　　　金额单位：亿元

项目	2021年6月末/2021年1—6月		2020年年末/2020年度		2019年年末/2019年度		2018年年末/2018年度
	金额	增幅	金额	增幅	金额	增幅	金额
存货	241.66	82.73%	132.25	15.19%	114.81	62.24%	70.76
营业成本	320.62	133.74%	363.49	11.90%	324.83	63.21%	199.02

表3-13　　　　　　　宁德时代存货周转率及库存和发出商品周转率情况

财务指标	2021年1—6月（年化）	2020年	2019年	2018年
存货周转率（次）	3.43	2.94	3.50	3.79
库存商品和发出商品周转率（次）	5.49	4.64	5.40	6.33

（2）产销率情况良好

报告期内，宁德时代动力电池和储能电池生产量、销售量及产销率情况见表3-14。

表3-14　　　宁德时代动力电池和储能电池生产量、销售量及产销率情况　　　单位：GWh

项目	2021年1—6月	2020年	2019年	2018年
生产量	60.34	51.71	47.26	26.02
销售量	44.42	46.84	40.96	21.31
产销率	73.62%	90.58%	86.67%	81.90%

公司综合考虑客户订单和市场需求情况制订产品生产计划，在满足客户订单和安全库存的前提下，公司结合市场需求，适度储备原材料并进行生产。2018年至2020年，公司产销率均高于80%且逐年上升，公司产销率情况良好。

2021年以来新能源车行业快速发展，公司为下半年的销售进行备货，因此2021年1—6月产销率略低于以前年度，但仍处于较高水平。

报告期各期末，公司产成品（库存商品及发出商品）合计占存货金额的比例分别为63.53%、65.64%、61.38%和63.10%，占比基本稳定。存货构成中发出商品占比分别为46.52%、35.36%、27.79%和18.66%，发出商品占比有所下降。报告期内发出商品的余额略有增加，其占存货比例变化受到公司经营规模、生产备货安排、物流和客户验收等多方面因素影响，2021年6月末发出商品的占比有所降低，主要是因为公司为下半年销售备货，库存商品余额和占比提升。

（3）客户关系良好

宁德时代与特斯拉（Tesla）、标致雪铁龙（PSA）、上汽、蔚来等客户建立了长期稳定的合作关系，拥有业内最广泛的客户基础。宁德时代已与多家国内外知名整车企业建立定点供应关系，销售部门根据定点客户的具体订单需求，按照公司业务流程签订供货合同，并向客户提供相应产品及售后服务。

综上，会计师得出了如下分析结论：

①报告期内，公司毛利率下降主要是动力电池毛利率下降所致，即报告期内动力电池销售价格下降幅度超过单位成本下降幅度。

②在新能源汽车大规模推广应用的行业趋势下，受技术进步、产能快速提升等因素推动，动力电池成本及价格下降，是新能源车产业发展的重要推动力。此外，原材料供需不平衡导致的价格波动也对公司毛利率有一定影响。

③报告期内，公司动力电池毛利率与同行业公司可比产品毛利率均值变动趋势基本一致。公司动力电池毛利率高于同行业公司可比产品毛利率均值，与公司领先的竞争优势和市场地位相符，具有合理性。

④随着业务规模的增长，发行人存货规模持续增长；结合在手订单及产销率变化情况，公司存货规模及结构的变化具有合理性。

（三）针对宁德时代募投项目进行具体说明的回复

首先律师从法律上解释了募投项目的相关问题，并针对宁德时代各项目建设及实施的相关资质许可是否已全部取得等法律风险进行了相关说明，认为排污许可证等证件的申请或变更不存在重大不确定性。

会计师将宁德时代本次募投项目与行业可比公司募投项目进行了对比，认为宁德时代本次募投项目投资规模测算合理、谨慎。同时对募投的六个项目的资金运用状况进行了详细说明。

（四）针对宁德时代子公司违规整改问题说明的回复

律师事务所和保荐机构对子公司的两项行政处罚的整改措施进行了详细描述，认为其述处罚所涉违法行为不属于重大违法行为，且发行符合《上市公司证券发行注册管理办法》第十一条的规定。

（五）对宁德时代对外投资问题的回复

保荐机构认为：宁德时代最近一期期末①不存在持有金额较大的财务性投资（包括类金融业务）的情形。同时，公司展开产业链投资，主要目的聚焦如下：加强公司原材料供应链安全保障、保障核心生产设备供应稳定、加强与下游新能源车及储能等市场应用端企业合作、积极推动商业模式及技术创新、提升产业服务能力。因此，发行人对外投资具有合理的行业及业务背景，发行人基于长期战略发展及保障供应链安全的长远考虑，紧密围绕主营业务开展投资。

五、募资计划的财务影响

2021年10月18日，宁德时代公告了《向特定对象发行股票并在创业板上市募集说

---

① 这里的最近一期期末指的是2021年半年报期间。

明书（修订稿）》，对募资带来的财务影响进行了必要说明。

募资将对宁德时代财务状况、盈利能力及现金流量的变动情况影响如下：

（一）对公司财务状况的影响

本次发行股票募集资金到位后，公司总资产及净资产规模将相应增加，资产负债率也将有所下降，公司资本结构将得到优化，从而有效降低公司的财务风险，改善公司财务状况。

（二）对公司盈利能力的影响

本次发行股票募集资金投资项目建成后，公司生产经营规模将大幅扩大，规模经济效应将随之增强，公司的盈利能力将显著提升。考虑到项目建设周期的影响，本次发行后由于公司净资产将大幅度提高，在上述募集资金投资项目建成投产前，短期内公司净资产收益率会有所降低。随着项目的陆续投产，公司的主营业务收入与利润水平将有相应增长，盈利能力和净资产收益率随之提高。

（三）对公司现金流量的影响

本次发行完成后，募集资金的到位使得公司筹资活动现金流入大幅增加；在资金开始投入募集资金投资项目后，投资活动产生的现金流出量也将相应提升；随着募集资金投资项目陆续投产以及经济效益的产生，公司经营活动产生的现金流量将得以增加，从而进一步改善公司的现金流量状况。

六、定向募资计划修订稿通过情况

宁德时代定向募资修订稿最终通过深交所审核。2022年1月12日，深交所发行上市审核机构对公司向特定对象发行股票的申请文件进行了审核，认为宁德时代符合发行条件、上市条件和信息披露要求。

七、案例启示

本章通过对宁德时代案例的分析，可以为预算管理带来如下启示：

（一）企业的投资与筹资是相伴而生的

只要有投资活动，企业必然要考虑融资活动安排。我们可以做出最优的投资预算，但没有资金支持的预算是无法成功的，所以企业的投资预算一定要与筹资预算相结合。企业的投融资要适度，上市公司尤其要关注投融资活动所传递的信号价值。

（二）要重视对公司以往财务状况和与同业的对比分析

其目的在于通过对财务数据及其指标的分析，找出财务状况变动的趋势、原因及其与同业的差距，并寻找一些规律性信息。

例如，在对公司自身利润表的分析中，会看到毛利率、期间费用开支占营业收入的比重、所得税税负等信息；通过与同业的对比也可以找到具有行业特点的信息，如总资产周转率、行业平均毛利率等。找到这样一些信息，可以参考行业先进数据等编制相应项目的预算方案。如根据总资产周转率体现的资产与收入之间的关系，可以依据预算年度的资产总规模测算营业总收入；根据营业总收入与毛利率的关系可以测算公司的毛利润；根据营业总收入和净利润之间的关系可以测算净利润。分析以往年度的期间费用占营业收入比例，就能预测出各项期间费用的数据；根据实际税负能测算出公司的税金数据。将以上数据综合后即可编制出假设环境不变的情况下的预计利润表。

根据笔者的经验，在收入测算方面，流动资产周转率、固定资产周转率以及总资产周转率等指标反映出的各类资产和收入之间的关系，对于依据各类资产测算收入十分有用。

（三）要从财务分析中发现公司在战略定位方面的问题

公司要根据发现的问题，及时进行战略更新与调整。应仔细分析公司未来的经营走势会继续扩大还是逐渐收缩，这影响到预算资金的支持以及预算资金的压缩。所以，要编制公司未来年度的预算，必须考虑有关公司的战略定位问题。

（四）要从财务分析中寻找预算控制的目标

要了解企业管理的信息，并依据财务分析的结果发现预算控制的目标，如财务目标和非财务目标。在财务目标、财务指标的设计方面，必须将存货的周转以及应收账款的周转作为预算考核的指标。在非财务层面，也要围绕企业的产品管理、信息沟通设计相关指标，只有将财务与非财务层面的指标结合起来考虑，才能真正通过预算管理实现企业价值增长的最终目标。

重要概念

偿债能力　营运能力　盈利能力　成长能力

复习思考

1.你认为利用财务报表可以对公司经营中的哪些能力进行评价？

2.财务报表分析对企业预算管理有哪些借鉴价值？

3.如何从财务报表分析中发现企业经营管理中存在的问题？

操作练习

目的：掌握财务分析方法

资料：为提升财务分析能力，这里仍以宁德时代2022年年报为例加以分析，在分析过程中，大家可以查看东方财富网或者新浪网中宁德时代历年的财务数据。宁德时代2022年度的合并资产负债表、合并利润表和合并现金流量表分别如表1、表2和表3所示。

表1	宁德时代合并资产负债表	单位：万元
项目	2022年12月31日	2021年12月31日
流动资产：		
货币资金	19 104 340.95	8 907 188.97
交易性金融资产	198 132.81	136 397.29
衍生金融资产	57 563.80	24 310.51
应收票据	352 608.37	146 382.80
应收账款	5 796 651.69	2 375 354.82
应收款项融资	1 896 571.46	648 638.08
预付款项	1 584 328.44	646 643.93
其他应收款	867 837.99	311 490.96
其中：应收利息		
应收股利		
存货	7 666 889.88	4 019 969.19
合同资产	17 486.30	7 728.55
一年内到期的非流动资产	40 371.15	20 165.59
其他流动资产	1 190 702.86	529 223.19
流动资产合计	38 773 485.70	17 773 493.87
非流动资产：		
长期应收款	4 431.61	61 928.24
长期股权投资	1 759 520.74	1 094 903.36
其他权益工具投资	2 049 126.42	1 130 685.32
其他非流动金融资产	264 530.66	171 486.53
固定资产	8 907 083.47	4 127 533.33
在建工程	3 539 765.06	3 099 815.95
使用权资产	84 913.40	67 862.53
无形资产	953 996.32	447 960.64
商誉	70 406.52	52 785.07

续表

项目	2022年12月31日	2021年12月31日
长期待摊费用	229 477.60	126 433.91
递延所得税资产	948 366.04	554 255.44
其他非流动资产	2 510 131.65	2 057 541.91
非流动资产合计	21 321 749.49	12 993 192.23
资产总计	60 095 235.19	30 766 686.09
流动负债：		
短期借款	1 441 540.25	1 212 305.69
应付票据	12 622 946.82	5 840 575.13
应付账款	9 453 497.60	4 878 428.63
预收款项		
合同负债	2 244 478.53	1 153 791.53
应付职工薪酬	947 601.84	512 278.78
应交税费	479 244.12	240 379.75
其他应付款	1 501 407.06	617 621.44
其中：应付利息		
应付股利	831.96	659.08
一年内到期的非流动负债	723 222.44	354 853.28
其他流动负债	162 203.26	124 249.03
流动负债合计	29 576 141.93	14 934 483.26
非流动负债：		
长期借款	5 909 935.84	2 211 907.88
应付债券	1 917 788.86	1 585 505.20
其中：优先股		
永续债		
租赁负债	57 235.02	39 530.40
长期应付款	105 000.00	101 000.00

续表

项目	2022年12月31日	2021年12月31日
预计负债	1 969 737.46	995 376.27
递延收益	1 996 670.17	1 209 935.91
递延所得税负债	180 781.30	103 857.69
其他非流动负债	691 028.41	322 872.04
非流动负债合计	12 828 177.06	6 569 985.38
负债合计	42 404 318.99	21 504 468.64
所有者权益：		
股本	244 251.45	233 085.12
其他权益工具		
其中：优先股		
永续债		
资本公积	8 890 437.21	4 316 369.65
减：库存股	25 399.10	44 353.49
其他综合收益	893 130.00	420 831.98
盈余公积	121 430.29	115 847.12
未分配利润	6 324 275.31	3 409 546.75
归属于母公司所有者权益合计	16 448 125.16	8 451 327.13
少数股东权益	1 242 791.04	810 890.32
所有者权益合计	17 690 916.20	9 262 217.45
负债和所有者权益总计	60 095 235.19	30 766 686.09

表2　　　　　　　　　　　宁德时代合并利润表　　　　　　　　　　单位：万元

项目	2022年度	2021年度
一、营业总收入	32 859 398.75	13 035 579.64
其中：营业收入	32 859 398.75	13 035 579.64
二、营业总成本	29 374 563.20	11 136 729.06
其中：营业成本	26 204 960.92	9 609 372.23

续表

项目	2022年度	2021年度
税金及附加	90 748.45	48 653.42
销售费用	1 109 940.12	436 786.94
管理费用	697 866.94	336 893.71
研发费用	1 551 045.35	769 142.76
财务费用	−279 998.58	−64 120.00
其中：利息费用	213 237.54	116 110.04
利息收入	398 736.52	232 326.20
加：其他收益	303 734.48	167 345.41
投资收益（损失以"−"号填列）	251 453.86	123 269.90
其中：对联营企业和合营企业的投资收益	261 451.70	57 583.69
以摊余成本计量的金融资产终止确认收益	−53 039.69	−32 833.18
汇兑收益（损失以"−"号填列）		
公允价值变动收益（损失以"−"号填列）	40 024.13	
信用减值损失（损失以"−"号填列）	−114 624.79	−1 330.16
资产减值损失（损失以"−"号填列）	−282 692.66	−203 443.78
资产处置收益（损失以"−"号填列）	−532.27	−2 319.03
三、营业利润（亏损以"−"号填列）	3 682 198.31	1 982 372.92
加：营业外收入	15 942.68	18 303.97
减：营业外支出	30 855.36	11 963.98
四、利润总额（亏损总额以"−"号填列）	3 667 285.62	1 988 712.91
减：所得税费用	321 571.27	202 639.90
五、净利润（净亏损以"−"号填列）	3 345 714.35	1 786 073.01
（一）按经营持续性分类		
1.持续经营净利润（净亏损以"−"号填列）	3 345 714.35	1 786 073.01
2.终止经营净利润（净亏损以"−"号填列）		
（二）按所有权归属分类		

续表

项目	2022年度	2021年度
1.归属于母公司股东的净利润	3 072 916.35	1 593 131.79
2.少数股东损益	272 798.01	192 941.23
六、其他综合收益的税后净额	504 651.05	301 398.72
归属母公司所有者的其他综合收益的税后净额	472 298.02	308 132.69
（一）不能重分类进损益的其他综合收益	334 067.69	402 603.59
1.重新计量设定受益计划变动额		
2.权益法下不能转损益的其他综合收益	−6 323.79	16 144.45
3.其他权益工具投资公允价值变动	340 391.48	386 459.14
4.企业自身信用风险公允价值变动		
5.其他		
（二）将重分类进损益的其他综合收益	138 230.33	−94 470.90
1.权益法下可转损益的其他综合收益	704.01	545.97
2.其他债权投资公允价值变动		
3.金融资产重分类计入其他综合收益的金额	−2 782.56	−1 496.35
4.其他债权投资信用减值准备		
5.现金流量套期储备	25 711.57	−77 100.91
6.外币财务报表折算差额	114 597.31	−16 419.60
7.其他		
归属于少数股东的其他综合收益的税后净额	32 353.03	−6 733.97
七、综合收益总额	3 850 365.40	2 087 471.74
归属于母公司所有者的综合收益总额	3 545 214.36	1 901 264.47
归属于少数股东的综合收益总额	305 151.04	186 207.26
八、每股收益		
（一）基本每股收益	12.9178	6.876
（二）稀释每股收益	12.8795	6.8392

表3 宁德时代合并现金流量表 单位：万元

项目	2022年度	2021年度
一、经营活动产生的现金流量		
销售商品、提供劳务收到的现金	30 577 524.84	13 061 657.56
收到的税费返还	947 868.99	41 454.28
收到其他与经营活动有关的现金	1 455 721.46	1 429 854.93
经营活动现金流入小计	32 981 115.29	14 532 966.77
购买商品、接受劳务支付的现金	23 532 710.40	8 639 387.63
支付给职工以及为职工支付的现金	1 815 735.20	942 318.30
支付的各项税费	1 052 973.34	412 778.90
支付其他与经营活动有关的现金	458 812.01	247 681.07
经营活动现金流出小计	26 860 230.96	10 242 165.90
经营活动产生的现金流量净额	6 120 884.33	4 290 800.87
二、投资活动产生的现金流量		
收回投资收到的现金	130 799.62	57 174.51
取得投资收益收到的现金	74 037.23	22 863.88
处置固定资产、无形资产和其他长期资产收回的现金净额	59.39	322.31
处置子公司及其他营业单位收到的现金净额		5 841.44
收到其他与投资活动有关的现金	153 130.75	409 431.40
投资活动现金流入小计	358 026.99	495 633.53
购建固定资产、无形资产和其他长期资产支付的现金	4 821 526.81	4 376 777.08
投资支付的现金	1 276 466.07	1 172 571.89
质押贷款净增加额		
取得子公司及其他营业单位支付的现金净额		29 580.03
支付其他与投资活动有关的现金	674 018.24	294 810.47
投资活动现金流出小计	6 772 011.12	5 873 739.47
投资活动产生的现金流量净额	−6 413 984.13	−5 378 105.94

项目	2022年度	2021年度
三、筹资活动产生的现金流量		
吸收投资收到的现金	4 745 520.73	155 141.28
其中：子公司吸收少数股东投资收到的现金	209 225.93	79 520.00
取得借款收到的现金	5 095 772.66	2 627 658.25
收到其他与筹资活动有关的现金	520 817.76	323 502.84
筹资活动现金流入小计	10 362 111.15	3 106 302.36
偿还债务支付的现金	1 760 577.05	545 790.79
分配股利、利润或偿付利息支付的现金	355 146.94	156 802.51
其中：子公司支付给少数股东的股利、利润		
支付其他与筹资活动有关的现金	19 744.04	37 851.26
筹资活动现金流出小计	2 135 468.04	740 444.56
筹资活动产生的现金流量净额	8 226 643.12	2 365 857.80
四、汇率变动对现金及现金等价物的影响	278 814.89	−71 177.82
五、现金及现金等价物净增加额	8 212 358.20	1 207 374.92
加：期初现金及现金等价物余额	7 550 573.52	6 343 198.60
六、期末现金及现金等价物余额	15 762 931.72	7 550 573.52

要求如下：

（一）资产负债表部分

1.进行资产结构分析，并回答2022年年末下列问题：

（1）宁德时代的资产主要分布在哪三类资产中？

（2）宁德时代哪些资产项目变动幅度比较大？

2.进行资金来源结构分析，并回答2022年年末下列问题：

（1）宁德时代来自负债和股东权益的资金比例分别是多少？

（2）宁德时代主要采用了哪几种负债筹资方式？

（3）宁德时代来自银行信用和商业信用的资金比例分别为多少？

（4）宁德时代来自留存收益的资金占全部资金来源的比例是多少？

（5）宁德时代是否发生了增资扩股的行为？

（6）宁德时代哪些负债项目变化比较大？

（二）利润表部分

1.趋势分析

（1）2022年度宁德时代的营业收入与营业成本发生了怎样的变化？

（2）2022年度宁德时代的营业利润、利润总额和净利润分别发生了怎样的变化？

2.结构分析

（1）2022年度宁德时代的营业毛利率是多少？与2021年相比是提高了还是降低了？

（2）2022年度宁德时代的税金及附加占营业收入的比例是多少？

（3）2022年度宁德时代的期间费用是否得到了控制？可能的原因是什么？

（4）2022年度宁德时代的营业利润、利润总额和净利润占营业收入的比例与2021年度相比发生了哪些变化？

（5）宁德时代2022年度和2021年度的企业所得税税负分别是多少？

（6）2022年度宁德时代有哪些对利润产生重大影响的项目？

（三）现金流量表部分

1.现金流量总体情况分析

（1）2022年度宁德时代现金流量哪些项目变化比较大？

（2）2022年度宁德时代经营活动是否有多余资金对外投资或偿债？

2.现金流入结构分析

（1）2022年度宁德时代的现金流入主要来自经营活动还是筹资活动？

（2）2022年度宁德时代的现金流入主要来自哪些具体项目？

（3）2022年度宁德时代的投资活动是否给公司带来较大比重的现金流入？可能的原因是什么？

3.现金流出结构分析

（1）2022年度宁德时代的现金主要用于经营活动还是筹资活动？

（2）2022年度宁德时代的现金流出主要用于哪些具体项目？

（3）2022年度宁德时代的投资活动占现金流出的比例是多少？

第四章

预算管理与企业对标分析

【导语】古人云："夫以铜为镜，可以正衣冠，以史为镜，可以知兴替，以人为镜，可以明得失。"[①]针对预算管理中企业战略和目标难以确定的问题，本章旨在探索和研究如何将对标管理的理论与方法应用于预算目标的确定。

本章内容要点

第一节　　　　　对标管理及其基本理论

一、对标管理的含义

目前很多企业已经将对标管理作为其日常管理的重要工具。什么是对标管理？对标管理的实质是什么？对标管理能帮助企业解决哪些实际问题？这些都是值得企业认真思考的问题。

对标管理法于1979年由美国施乐公司首创。当时施乐公司的复印机市场受到了国内外企业尤其是日企全方位的挑战，市场份额从82%降到了35%。面对竞争威胁，施乐公司决定向日本企业学习，深入开展全方位的对标管理，通过对比分析寻找差距，调整公司发展战略和经营战略，重组企业管理流程，以此提高企业的经营管理水平和核心竞争力，最终取得了非常好的经营业绩。

对标管理法出现后，在业界和学术界引起了广泛关注。

1989年，罗伯特·C.坎普（Robert C. Camp）在其经典对标管理著作《对标管理——寻求超常绩效之行业最佳实践》中从"书本定义"（Formal Definition）和"工作定义"（Working Definition）两个角度，为对标管理下了定义。

---

① 出自《旧唐书·魏徵传》。

书本定义：对标管理是通过对照最强竞争对手或行业中公认的领先企业，对产品、服务以及企业运作所进行的延续性检测流程。

工作定义：对标管理是寻求行业中超常绩效之最佳实践方式（该定义最终被国际对标管理中心采用）。

1993年，著名的战略对标管理专家格雷戈里·H.沃森（Gregory H. Watson）将对标管理定义为："对标管理是一个系统、持续的测量流程。这个流程用以对照世界范围内的领先者，不间断地测量和比较本组织机构的业务流程，获取信息，以便帮助本组织机构采取行动提升自己的绩效。"有国外学者指出，如果企业能够实施对标管理，则可以创造出竞争优势，并且能够使其得到持续不断的改进。

关于对标管理，目前比较一致的观点是：对标管理是指企业以行业内外的一流企业作为标杆，从各个方面与标杆企业进行比较并分析判断，通过学习他人的先进经验来改善自身的不足，从而赶超标杆企业，不断追求优秀业绩的良性循环过程。我国对标管理领域最有成就的研究者和倡导者陈泓冰指出，对标管理是不断寻找和研究一流组织的最佳实践，以此为基准进行比较、分析、判断，从而使自身得到不断改进，进入创造优秀业绩的良性循环过程。

对标管理在欧美流行后，在亚太地区也得到快速发展，不仅在企业层面，而且在政府、大学以及医院等非营利组织层面也被发现具有巨大价值，使得对标管理也逐渐成为企业乃至政府的一种流行选择。由于对标管理较好地体现了现代管理中追求竞争优势的本质特性，因此具有巨大的实效性和广泛的适用性。西方管理学界将对标管理与企业再造、战略联盟并称为20世纪90年代的三大管理方法。

目前，对标管理已经在人力资源管理、新产品开发、市场营销、成本管理以及教育管理等各个方面得到广泛的应用。通过对标管理，企业可以自上而下地梳理和规范其生产管理流程、管理方法和基础工作，平衡分配模式，完善指标体系和考核办法，客观地评价各部门的经营业绩和管理工作。对标管理可以增强企业的核心竞争力、提升企业价值和行业影响力。

二、对标管理的基本思路与步骤

（一）对标管理的基本思路

对标管理可以概括为立标、对标、达标、创标四部分内容。

1. 立标，即选择行业内外的最佳企业为标杆，并以此为基准进行管理努力，做到持续改善。麦肯锡法则认为，正确地做事不如做正确的事。立标是一个方向性问题，方向错误，则谬之千里。

2. 对标。它就是对比标杆找差距。推行对标管理，就是要找出行业内外最高水平的标杆企业，找寻自身与标杆对象的差距，明确工作的总体方向。标杆不仅包括业界内外的最高水平，也可以是企业自身的最高水平，通过比较，不断超越自我，从而有效地推动企业持续改进。

第四章 预算管理与企业对标分析

在对标管理中，有以下几种对标方法：

第一种，内部对标。这就是寻找企业内部或集团内企业进行对标管理。德鲁克在《有效的管理者》一书中认为，有效的管理者的目标是如何有效地管理自己。内部对标就是寻找企业历史数据和集团内优秀企业或部门的管理数据，吸收、借鉴企业内部或集团内部成员企业的管理理念，进行对标管理。建立在可持续发展基础上的企业，内部积累了很多管理数据和经验，这为内部对标管理获取和利用信息创造了条件。

第二种，与同行业竞争对手对标。通过对同行业竞争对手的系统性研究，分析同行业标杆企业成功的关键因素和业绩指标，从中找到差距和改善路径。竞争优势是一个企业由技术、管理、品牌、劳动力成本等带来的利润或效益优势。由于企业与竞争对手有着相似的产品和市场，因此与竞争对手对标能够看到差距，但不足的是难以获得竞争对手最有效的信息和内部管理资讯。对标管理首先必须在全行业推行"同业对标"，明确所有与各方面业绩有关的关键指标项，如各项财务指标、客户满意度指标、工作周期指标、员工能力指标等。

第三种，功能对标。它是指企业与处于同一行业但不在一个市场的企业对标。由于我国的市场特性，国有垄断或半垄断的大型企业很多，这为同行业之间的相互学习提供了先天资源。这种对标的好处是，很容易找到愿意分享信息的标杆对象，因为彼此不是直接竞争对手。但现在不少大公司承受不了太多这样的信息交换请求，开始就此收费。

第四种，跨行业对标。对标管理的最高境界是跨行业对标。如果企业想取得管理突破，除了同业对标之外，还必须进行跨行业对标，从其他行业获取并分享管理经验。如订单管理系统可以学习航空公司的管理经验，新产品开发管理可以仿效快速换版套牌服装企业的经验，物流管理可以研究冷链行业的管理方法，医院服务体系建设可以借鉴酒店服务模式等。

至于企业选择何种对标方式，是由对标内容所决定的。

3.达标。企业对如何达标进行规划分析，研究尝试达到或超越标杆水平的具体方法。

4.创标。企业在达标和不断改进的基础上形成新的更高效的标准或模式。对标管理的真正意义在于对标准的不断完善与创新。所以，只有当社会各类组织都关注标准的制定时，对标管理才能达到高级阶段，进而带来社会的创新与发展。

（二）对标管理的步骤

第一步，建立对标团队。团队的结构取决于对标范围的大小、公司规模、对标预算、对标程序和环境等要素。而后就对标程序、分析工具和技术、交流能力、公司背景和系统对团队人员进行培训。除了领导能力外，对标团队还应当具备分析、程序处理和图书馆/电脑搜索等技能，以3～5人最为理想。

第二步，制订对标计划，确保对标计划与公司发展战略相一致。

第三步，选择标杆对象。标杆对象可以按照前述方法进行筛选。

第四步，收集数据。首先，要收集本公司的各种相关管理信息。其次，找到适合的模仿对象。可按行业地位和影响力选择排名领先的公司，也可以选择获奖公司，在商业杂志或者其他媒体尤其是年度行业报告中得到公认的公司，或由供应商、客户、咨询师推荐的公司。最后，对这些公司进行调查，筛选出3~5个公司作为信息交换和对标合作的对象。

第五步，分析差距。对标的目的在于帮助公司确立合适的战略定位和目标。企业要通过财务与非财务层面的对标衡量自己与其他企业业绩的差距，可用的指标包括利润率、投资回报、产品周期、员工销售量、各种服务/产品成本，或者如何开发一种新产品或服务等。比较时，必须考虑可比性因素，应进行聚类对比。同时，根据不同企业的规模大小、管理思路和市场环境做出调整。

第六步，持续改进。制定改进目标和寻求改进机会是一个持续的过程，对标管理也是一个持续的过程，要不断完善。由于标杆企业本身也会持续发展与改进，因此企业在缩小与标杆企业的差距时，需时常用新的衡量标准来监测实施的有效性。

三、对标管理的关键

实施对标管理，首先要解决两个关键性问题：一是学什么；二是如何学。对标管理的关键在于选择和确定学习、借鉴的对象、标准，要在企业管理实践中"优中选优"。企业要想达到最优模式和标准，必须提高全员管理意识，紧盯世界先进水平，变压力为动力，提高企业整体的凝聚力和竞争力。

企业要想提升其综合竞争力，并增强管控能力，除了通过对标研究主要竞争对手的优势、获取经验、寻找并缩小差距外，还要进行自身的标杆创建。企业需要通过标杆思想来整合、共享各种资源，使有效的管理模式内部推广化、扩大化，全面激发人员潜能。改变企业的管理思维，才能使战略有效落地。

企业组织在走向成功的过程中不可避免地要向他人学习，吸取他人的长处为己所用。需要注意的是，企业在选择标杆对象时，必须切合实际，有针对性地加以选择。如果不了解对标管理的深层运作原理以及企业所处的环境，仅仅盲目地去进行浅层次的对标管理，结果往往适得其反。如国内很多企业都去学习海尔的OEC（全方位优化管理法）、模仿肯德基等知名企业的管理方法，却没有对标杆企业的各项指标进行到位的分析。在这种情况下，对标管理不但无法帮助企业更好地发展，反而会招来更多的麻烦。

老鹰与乌鸦的故事可以很好地说明对标管理的哲理。故事的大意是，一只老鹰从半空俯冲下来，抓住了一只绵羊，一只乌鸦也想这样做，可它不但没有抓住绵羊，还被绵羊的毛缠住了，结果弄巧成拙。

乌鸦的初衷并没有什么错，错就错在它实现目标的方法——模仿了错误的对象。乌鸦并不具有老鹰的力量，所以，不管它的俯冲姿势有多优美，也不可能抓走一只绵羊。乌鸦用失去自由的代价给企业管理以启示：要选择正确的模仿对象并认清自己与对方的差距，这样才不会出现东施效颦的结果。

选择了切合实际的标杆对象之后，企业必须客观地分析自己与对方在本质上的差距。如故事中的乌鸦把老鹰作为标杆之后，对其进行客观深入的分析就会发现，自己真正欠缺的是鹰的力量，而不是表面上的飞行姿势。只有把重点放在加强和提高自己的内在能力上，而不是停留于表面，才能取得真正的进步，才可能最终超越标杆对象。

第二节　对标管理在企业中的应用情况

一、对标管理在国外企业中的应用情况

20世纪80年代以来，对标管理在世界各国日益得到重视，美国、欧洲诸国、日本、加拿大、墨西哥等均成立了政府性质或准政府性质的对标管理专门机构，以组织协调对标管理工作。

对标管理产生后，杜邦、Kodak、通用、Ford、IBM等知名企业在日常管理活动中均应用了对标管理法。根据《全球对标网络》（Global Benchmarking Network）的调查，对标管理已成为最受企业欢迎的三大战略管理方法之一。美国1997年的一项研究表明，1996年世界500强企业中有近90%的企业在日常管理活动中应用了对标管理。也有研究称，进入21世纪，全球财富500强中90%以上的企业都将对标管理作为一项常规的成本、预算及绩效管理工具[①]。在美国，甚至政府和军队部门都在积极应用对标管理，它对企业及组织提升业绩与工作效能起着至关重要的作用。比如，新泽西州的汉密尔顿医院全面导入对标管理之后，仅用几年的时间就从一家濒临倒闭的医院变成利润率、医疗质量等各项指标在行业内都领先的医院。美国空军也通过对标管理将F16战斗机的作战效能提高了1/3，从而大大降低了第二次海湾战争的作战成本。这样的例子还有很多。

二、对标管理在我国企业中的应用情况

为推进改革、提升企业竞争力，改革开放后，我国企业引入并推广了多种多样的现代管理方法，如全面质量管理（TQC）、全面预算管理、TPM、目标管理（MBO）、本量利分析、看板管理、精细化管理、6S、邯钢的成本倒算法等。这些方法对提升我国企业的管理水平起到了重要作用。但在我国，对标管理无论在理论还是在实践领域都处于起步与探索阶段。

在理论层面，对标管理的研究工作主要集中在对标管理的定义、实施步骤以及常见问题并提出相应的化解对策方面，关于对标管理的研究多数不够深刻、透彻，远没有纳入日常的管理体系和形成管理习惯。

在实践领域，对标管理正式成为管理学理论是在20世纪90年代，但直到21世纪初才逐步受到一些大型国有企业的重视，如中国移动、中国电信、国家电网、南方电网等；一些具有国家垄断性质的行业，如烟草行业、石油化工行业等也对对标管理兴趣渐

---

① 何雪锋，王秀霞. 用"对标管理"提升管理会计实践水平 [N]. 财会信报，2015-07-08.

浓,纷纷在行业内推行对标管理;我国海尔、联想等知名企业采用对标管理法取得了巨大成功,其他各行各业也积极探索和研究对标管理的经验。

如自2006年开始,中国兵器装备集团公司(兵装集团)以精益思想构建制造管理标准,夯实管理基础,有力地支撑集团公司做优做强。目前,兵装集团正在以加强对标管理为抓手,致力于建立健全以价值创造为核心的对标管理体系,每年向各企业下发EVA和EVA率对标标杆值,指导企业抓住对标中存在的"短板",实施有针对性的改进措施。对于差距较大的企业,集团会发出预警通知或限期整改令,还将EVA对标改进情况与经营业绩考核挂钩。

2009年,烟草行业确立了一切以量化管理为基础、以PDCA循环(质量环)进行对标的原则,开展对同行业30个一级指标、48个二级具体指标的对标管理,通过树立"立标、对标、达标、创标"意识,营造人人参与对标、事事进行对标和"比、学、赶、超"的良好氛围,找到了一条基层烟草企业对标管理的新思路,在成本、预算及绩效管理方面取得了显著成效。

2012年以来,中粮集团有限公司(中粮集团)各单位积极推进对标管理工作,组织大规模的专业培训,并通过研讨进一步明确和细化对标指标体系、标杆企业、工作计划等,还制定并发布了《中粮集团关于全面推行标杆管理的指导意见》,并发布了"践行标杆管理八步法"①。

中粮集团还专门组建了对标管理推进小组办公室,明确要求全面实行对标管理,深入推进管理提升工作;提出要将对标管理工作系统化、制度化、精细化,以管理提升活动为契机,自上而下地组织大规模的对标管理培训,强化对标管理理念,推广集团内部和外部优秀企业的对标管理实践,形成统一的对标管理方法。

在强化对标管理的过程中,集团要求将对标管理的理念和方法应用于6S管理体系,优化管理制度,修订管理模板,实行逐级对标,将对标管理融入企业管理的全过程,时刻紧盯标杆企业和竞争对手,对标到每一滴油、每一粒米。

一是建立基于对标管理的战略规划框架。深化对竞争环境的分析,细化对竞争对手的分析;基于行业竞争形势和竞争对手状况,不断调整业务战略定位和战略目标;在投资论证、投资审核和投资后评价等投资管理各个环节引入对标分析,建立分析框架。

二是建立基于对标管理的预算管理体系。通过对行业、竞争对手和标杆企业的分析建立预算分析和预算编制框架体系,开展预算编制和预算审核,按照参与市场竞争的要求确定预算目标。

三是建立基于对标管理的运营管理体系。从关注财务结果对标转向更深入地关注市场份额、运营效率、成长性、产品、客户满意度、研发创新等过程性指标的对标;通过过程对标,看到差距,分析原因,寻求改进路径,让对标管理渗透到运营管理的全

---

① 佚名. 中粮集团:践行标杆管理八步法 [EB/OL]. (2015-02-24). http://www.bpmnet.cn/new_view.asp?id=2109.

过程。

四是在业绩考核中实施对标考核和市值考核。建立竞争对手数据库和对标指标库，不断扩大数据来源和对标考核指标的范围，加大对标考核指标的权重（与竞争对手全面对标能够体现业务核心竞争力的KPI指标）；对上市公司全面进行市值考核。

五是建立基于对标管理的经理人评价体系。将对标管理理念纳入经理人综合评价指标体系，把超越竞争对手和提升行业地位作为经理人选拔、任用的重要因素，形成彻底按市场化标准选人、用人的机制和文化。

六是将对标分析纳入内部审计体系。对落后于行业和竞争对手的业务，进行重点审计，并运用对标管理工具，督促其改进和提升。

再如，自对标世界一流管理提升行动开展以来，中铝集团高度重视，瞄准建设具有全球竞争力的世界一流有色金属企业目标，聚力构建全要素对标管理新模式，企业管理水平和综合实力全面提升。

中铝集团提出的全要素对标管理新模式，是指以世界一流企业为标杆，聚焦资本结构、现金创造、现金管理、资金筹集、资产配置（以下统称5C）价值管理关键要素，实施全领域、全过程、全级次、高标准、严细实的全要素对标管理，通过"立标、对标、达标、创标"，持续改善，不断提升企业价值创造能力。

通过推进全要素对标管理新模式，中铝集团对标提升行动取得了显著成效。2021年1—9月，集团对标提升行动工作清单中33项重点任务、91项主要措施按计划推进，6个战略单元、33家实体企业跑赢标杆企业，管理体系不断完善，管理能力明显增强。价值创造能力显著增强，实现净利润同比增长4.1倍，全要素对标实现降本增效35.29亿元。

华润集团按照国资委对标世界一流管理提升工作的部署安排，全面梳理价值链、深化标杆管理、精益改善，全力打造具有华润特色的卓越运营管理体系，不断增强企业经营活力和动力，推动效益效率指标持续优化。2021年，华润集团总资产首次突破2万亿元大关，营收和利润再创历史新高，全员劳动生产率同比显著提升。

对标管理特别适合分、子公司众多的大型企业，尤其是我国的大型国有企业；在企业适用范围上，适用于战略、市场、财务、人力资源、生产研发等企业管理的各个方面，并能在较短时间内给企业带来实效。

三、政府引导下的对标管理

除了企业层面外，2005年以后，面对国内经济形势的急剧变化，我国各地政府也开始主导通过对标管理引导地方企业和经济发展，如河北、福建、陕西、广东等省下大力气推动省属企业的对标活动。政府行业主管部门或行业协会也对对标管理寄予厚望，如质量与技监部门、工信部、中国质量协会等。

作为中央企业主管部门的国资委，更是把对标管理视为促进央企大幅提升管理能力的重要理论和实践工具，近些年连发多个文件，剑指对标管理。

早在 2008 年度的中央企业负责人经营业绩考核中，国资委就提出，石油石化、电信、矿业开采等企业规模大、国内同类企业户数较少的中央企业，要与国际大型企业开展对标；军工、冶金、建筑、商贸、电力、科研等行业的中央企业，则开展中央企业间的相互对标；其他中央企业依据 2008 年国资委制定的《2008 企业绩效评价标准值》开展行业对标。

2012 年 3 月，国资委发布《关于中央企业开展管理提升活动的指导意见》，决定从 2012 年 3 月起用 2 年时间在中央企业中全面开展管理提升活动，明确提出"通过广泛开展与国内外先进企业、先进指标及国资委分批推出的管理典型对标，明确差距和提升方向，细化专项提升措施，认真整改，以点带面，推动管理提升活动深入开展"的工作思路和方法。

2013 年 1 月 7 日，国资委印发《关于认真做好 2013 年中央企业经营业绩考核工作的通知》，要求积极探索对标考核制度。2013 年 1 月 31 日，国资委印发《中央企业做强做优、培育具有国际竞争力的世界一流企业对标指引》，要求中央企业全面开展对标工作。2013 年 12 月 17 日，国资委印发《关于加强中央企业品牌建设的指导意见》，要求中央企业转型升级，实现做强做优中央企业、培育具有国际竞争力的世界一流企业的目标。

2014 年 1 月 10 日，国资委印发了《国资委关于认真做好 2014 年度中央企业负责人经营业绩考核工作的通知》，开始加大对央企对标考核工作的力度。

2018 年，国资委在考核分配工作时继续强化国际对标和行业对标，推进和完善企业绩效评价、职工薪酬调查等工作，指出：各中央企业要树立全面对标管理理念，主动以世界一流企业为标杆，通过选标找差距、追标补短板、越标扩优势，逐步实现从追跑、跟跑到并跑、领跑的目标；要建立健全科学对标体系，坚持全面对标和重点对标相结合、结果对标和过程对标相联系、外部对标和内部对标相衔接，不断扩大对标范围，构建全方位、多层次的对标体系；要深化对标结果应用，完善对标管理与考核分配工作的联动方式，不断扩大结果应用的广度与深度，将对标管理应用于业绩考核与薪酬分配的全过程，致力于企业经营管理的全面提升。

2020 年 6 月 13 日，国资委制定印发的《关于开展对标世界一流管理提升行动的通知》进一步明确，拟用 2~3 年的时间，推动中央企业和地方国有重点企业基本形成系统完备、科学规范、运行高效的中国特色现代国有企业管理体系，总体管理能力明显增强，部分企业管理达到或接近世界一流水平。

2023 年，国资委下发《关于开展对标世界一流企业价值创造行动的通知》，要求把对标作为出发点和立足点，瞄准世界一流企业和行业先进企业，聚焦价值创造中体现质量效益效率的核心指标和要素，开展科学对标、精准对标，确保对标措施可操作、效果可量化、过程可检查。深化研究交流，及时评估分析，持续动态优化，把对标评价贯穿价值创造行动全过程。

目前，对标管理已经全面引入企业管理体系中，成为中央企业公认的做强做大的有效管理方法。中石化、中石油、中海油、宝钢集团、中国电信、中国网通、中国移动、国家电网、五大发电等都已建立了对标管理体系。如中石化以竞争规模能力、技术创新能力、市场开拓能力、资产营运能力、人力资源能力、持续盈利能力等八大能力与国际石油巨头全面对标；中国移动确立了从优秀到卓越的新跨越战略，集团建立了卓越对标体系。

在我国，对标管理无论在政府部门、企业还是在学校、医院等，都具有广阔的应用前景和使用空间。

对标管理不仅具有企业层面，而且具有国家层面的积极意义。研究表明，对标管理可以帮助企业节省30%~40%的开支，或者产生5倍以上的投资收益[①]。从国家层面来说，如果统计部门能将所有部门的具体业绩指标、技术指标进行排序找优，列出所有模块最优的标杆单位，再通过标杆分析，将最优部门的方法在组织内部推广，将有助于各部门掌握最优的管理模式与方法，提升我国企业的整体竞争力。

第三节　预算管理中的对标分析

一、预算管理中引入对标分析的作用

从我国企业预算管理的实践来看，目前我国企业预算执行率较低是不争的事实，无论在大型企业还是在中小型企业中都是如此。部分企业在编制预算时未结合企业的战略定位，过于主观，依据不充分，没有针对性，存在"拍脑袋"预算的情况，较容易出现预算目标不准确、预算偏离度大等问题，如何制定科学合理的预算目标是一个重要问题。所以，应用对标管理协助确定预算目标是更好地发挥预算作用的有效方法。

（一）有助于企业正确制定公司发展战略

在企业预算管理实践中，预算是按照"企业战略—经营规划—预算形成"的逻辑开展管理活动的，企业要以战略为基础制定经营规划，以经营规划为蓝本编制预算。

威廉·科恩认为，战略基本上就是一个资源配置问题，成功的战略必须将主要的资源用于最有决定性的机会。约翰·W.蒂兹认为，战略制定者的任务不在于看清企业目前是什么样子，而在于看清企业将来会成为什么样子。战略层面的失败，会直接导致企业资源的浪费和风险的发生。在战略定位之前，若通过对标管理的方式研究企业自身、竞争对手或行业内外标杆企业的经验，将有助于战略管理的科学定位，减少战略决策失误，提高预算执行效率。如果企业忽视战略与预算的衔接，就会使预算目标与企业长期发展规划相脱节，不切实际的预算目标会导致企业短期行为，失去支持企业长远发展的力量。

意大利经济学家维尔弗雷多·帕累托在19世纪末20世纪初提出了帕累托效应理

① 佚名. 深圳标杆学习之旅——对标卓越房地产企业，提升管理能力［EB/OL］.（2015-12-18）. http://blog.sina.com.cn/s/blog_606828020101nffx.html.

论，他指出，为了实现利益最大化，需要关注少数且影响结果的重要因素，而对于不重要且多数的因素则不必花费太多精力去研究，只要抓住了重点，对全局进行把控，就能起到决定性作用。发展战略的轮廓勾勒出来后，主要目标已经确定，企业可根据价值链各环节进行对标管理。

集团公司通常组织结构庞大而层次复杂，其业务覆盖面较广，很难为每个层级、每家公司制定详细的发展战略和行动目标，进而导致集团预算准确度受制于基层；如果基层预算不准确，最终将影响集团预算的执行效率。例如，每年根据国资委要求填制的久其预算报表[①]，就是集团公司通过下属公司一级一级上报预算，总部进行预算汇总平衡和审核工作来完成的。上级单位在预算汇总和审核过程中要耗费大量的人力物力和时间成本，如果下级单位在上报的预算报表之外附列对标企业的基本财务指标数据，将大大减少上级单位的审核工作量，并提高预算的相对准确性。

（二）有助于正确确定预算目标

德鲁克认为，一个企业不是由它的名字、章程和公司条例来定义，而是由它的任务来定义的。企业只有具备了明确的任务和目的，才可能制定明确和现实的企业目标。

预算目标的确定是全面预算的开始，也是最为关键的一点。预算目标是企业目标或战略意图的体现。按照现代企业制度的要求，任何预算目标的确定，都是公司股东、董事会、经营者等利益相关者之间相互协调的过程。它体现了财务分层管理思想，同时体现了现代企业制度下的决策、执行与监督三分立的原则。预算目标的确定，事实上是一个各个不同利益集团间讨价还价的过程。特别是对于业务规模庞大的集团公司来说，由于业务的多样性及复杂性，更难以制定预算目标，如果可以利用对标管理的方法协助集团公司进行预算目标的确定，制定更为科学合理的目标，无疑可以帮助企业集团把控发展方向，实现战略目标，使全面预算管理更好地发挥其作用。

对标管理，作为一种新颖的管理方式，可以帮助企业找到更适合的成本、预算及绩效管理榜样，并通过与榜样对标，发现成本、预算及绩效管理中存在的问题，及时优化流程与变革组织，持续改进，大力提升管理会计水平。将对标管理融入预算管理当中，可以使预算目标的确定更加科学合理，既能避免出现"拍脑袋"预算的产生，也能避免在制定目标的过程中各级各部门之间不断讨价还价，难以确定准确目标的情况。参照标杆公司，可以使决策者站在更高层次上看待企业自身的发展，从而使制定出的预算目标有助于公司战略目标的实现。

（三）有助于企业合理配置资源和进行成本管控

资源从本质上讲就是生产要素的代名词，即生产什么、如何生产和为谁生产的问题。对标管理能将预算目标自上而下地布局，从而合理分配资源、节约资源，做到整体利益与局部利益的协调统一，也为未来企业的业绩考核提供合理依据。

---

① 利用久其报表软件编制的预算报表。

第四章　预算管理与企业对标分析

目前成本战略已经成为企业发展中必须考虑的战略之一，加之国家调控政策和监管的需要，成本管理已引起企业的高度重视。对标管理通过优化组织结构、整合营销资源、削减资源消耗等控制支出，有助于企业科学确定成本预算目标，并为产品和服务定价奠定基础。

（四）有助于提高企业预算管理效率

当前，企业越来越强调预算管理，加强内部控制体系建设、落实企业发展战略、全方位调动资源对预算的依赖作用愈发明显。预算管理是将企业制定的发展目标层层分解并下达到企业内部各个经济单位，以一系列的预算、控制、协调、考核为内容建立的一整套完整、科学的数据处理系统。全面预算在企业中的推行，不仅可以在一定程度上防范风险，促进计划工作的开展与完善，还可以进一步加强部门间的合作与交流，因而越来越受到企业的高度重视。企业重视并做好预算管理，制定准确的目标，能够有效地引导企业的发展方向，提高企业的效率，促进战略目标的达成。

（五）有助于政府宏观政策的落实和目标的实现

随着市场经济的发展和环境的变化，为了强化企业管理，赢得竞争优势，创造更好的业绩，提升企业价值，政府鼓励企业积极探索适合国情和企业自身发展的预算管理模式。倡导企业树立全面预算管理理念，提高全面预算的科学化水平，要把对标管理理念引入全面预算管理，探索对标管理与全面预算管理的有机结合。按照全面预算管理理论，采取有针对性的措施，不断完善组织体系，改进编制流程，强化战略引领和价值导向，加强执行监督与考核，不断提升全面预算管理水平，最终实现提升企业质量的目标。

二、预算管理中实施对标管理的关键路径和步骤

（一）预算管理中对标管理的关键路径

虽然现实中我国企业一直在摸索和研究怎样做好对标管理工作，但是有些企业并没有深刻领会和认识到对标管理的含义，对关键路径认识模糊。有的企业为了对标而对标，从没想到要梳理企业战略和目标；有的集团企业虽制定了系列对标指标体系，但下属各子公司只机械地"对指标"、排名次，忽视了指标背后的因素，更没有把重心放在管理改进上；还有的企业没有认识到或者根本没想到基层岗位在对标管理中的决定性作用，满足于向上级汇报等好大喜功的需求，浪费了企业的资源。上述现象都大大削弱了对标管理的功效，使企业失去了发展壮大的宝贵机会。因此，企业应关注对标管理的关键路径，探索适合企业自身发展的对标管理路线。

具体来说，要做好以下几方面：

1.确定企业发展战略

战略是企业为自身发展设计的各种策略的集合，包括行业发展战略、区域发展战略、品牌战略、竞争战略、人才战略、产品战略以及营销和市场战略等。企业战略确立了企业成长和发展的整体、长期、基本的方向和策略，因此，实施对标管理应从企业战略入手。实施对标管理的企业一方面要与标杆对象在战略层面上对标，确认和发现自身发展战略设计的优势和不足；另一方面要借助对标管理嵌入契机，通过SWOT、PESTEL（政治、经济、社会、技术、环境、法律制度分析法）分析、波特五力模型等工具重新梳理企业战略，做好企业战略的经常性对标，重新审视和修订工作。这是企业发展必不可少的过程和环节，也是对标管理的基础。

2.明确战略目标

战略目标是企业针对战略设计的预定成果的期望值，包括一组定性或定量的描述，是对企业宗旨、经营目的、使命和价值观等企业战略的展开、具体化说明及具体设定。在对企业战略对标和审定的基础上，企业对战略目标也要做相应的审定，这些战略目标构成了对标指标体系的核心和基准，是对标管理标准化、数据化、模板化、系统化的起点。

3.做到总目标与分目标的协调一致

对目标进行细化有助于更轻松地实现总目标。但是，分目标全部实现却不代表总目标就一定能够实现。企业组织结构中包含子公司、部门、业务板块、管理模块等众多模块。模块是企业或集团内部可以组合和变换的标准单元。模块中的各部分要承担从企业战略目标中分解的指标，只有当模块的各部分都完成了各自承担的指标，才能保证整体战略目标的实现。模块的各部分要选定行业内外的标杆对象，发现自身的短板和落后指标，寻找差距和原因。

为实现总分目标的协调一致，在实施模块目标分解时，应遵循以下几个原则：

第一，按照整分原则对目标进行分解，把目标落实到不同模块。但各个模块分目标的综合要能体现总目标，并能保证总目标的实现。

第二，各模块分目标与总目标要保持方向一致，内容上下承接、相互关联。

第三，分解总目标时，要考虑各模块分目标所需要的条件及限制因素，如人、财、物、协作条件和技术保障等。

第四，各模块分目标的表达要简明扼要，有具体的目标值和完成时限要求，保证各模块分目标之间的工作量大小以及处理时间等各方面的协调、平衡。

4.关注执行层

通常营利组织可以划分为决策层、管理层和执行层三个层次。决策层是组织的实权机关，主要负责确定组织的目标、纲领和实施方案，进行宏观控制；管理层是决策层的下属机构，其职责是把决策层制定的方针、政策贯彻到各个职能部门的工作中去，对日常工作进行组织、管理和协调；执行层在决策层的领导和管理层的协调下，通过各种技术手段，把组织目标转化为具体行动。这三个层次各自独立又彼此联系，共同维系着组织自身的发展。

对标管理强调全员参与，执行层的正确执行，是对标管理实施成功的决定性环节和过程。执行层承担着战略目标的岗位分解指标，通过对这些战略目标的岗位分解，重新定义岗位职责和任务，分析成功的关键要素，内外部对标，持续改进。这是企业通过导入对标管理实现发展并成为行业标杆的根本保证。

市场的需求格局与经营环境往往决定着企业的生存模式。随着客户需求和应用的增加，执行层的作用正在受到重视。执行层是企业战略目标真正得到实现的唯一环节。没有具体的操作执行，管理就成了空中楼阁，企业的战略也就流于形式。因此，重视执行层就显得尤为重要。

5.采取有效的措施和行动

措施是指针对某种情况而采取的处理办法，行动是为达到某种目的而开展的活动。对标管理执行在基层、行动在岗位，保证措施和行动的有效执行，是企业系统性管理水准和能力的体现。对标管理是企业持续提升能力最好的理论和实践工具。对标管理从企业战略到岗位、措施和行动，这一关键路径不是直线和单向的，中间的每一步骤和过程都是相互作用、相互影响的，需要在具体实施中把握。

（二）预算管理中对标管理的步骤

在预算管理中，进行对标管理一般有以下五个步骤：

第一，对标杆企业在生产、经营、管理、科技创新与企业文化等方面进行全面系统的分析，并找出自身存在的问题、差距以及原因，理清公司实现对标管理的思路，将指标逐步分解，不断细化，最终完成全面的对标管理。

第二，建立一个科学合理的数据库，以此树立标杆作为学习的榜样。

第三，对照标杆对象，对一些关键的有差距的指标进行分析，找出问题及原因所在，并制定相应的措施加以改善。

第四，紧紧围绕相关的预算目标及其行动方案，认真贯彻落实，并定期指导、监督检查，以确保有效实施、做出成绩。

第五，培养追求卓越的意识。对标不是目的，目的是通过不断地进行改善、创新，逐渐缩小与标杆企业的差距甚至形成优势，并努力将自身建成本行业的标杆企业。

第四节　预算管理中的对标分析案例——以B地产公司为例

对标就是寻找一个具体的先进样板企业（也即标杆企业），解剖其各个先进指标，研究其背后的成功要素，向其学习，发现并解决企业自身的问题，最终赶上和超越该标杆企业的一个持续渐进地学习、变革和创新的过程。随着全球化和互联网的发展，对标学习越来越成为企业实施流程再造、持续改善及建立核心竞争优势的关键管理方法。本文以B地产公司作为样本公司，研究其预算管理中的对标情况。

一、B地产公司简介

（一）公司发展战略

B地产公司成立于2004年，于2007年在中国香港联合交易所正式上市（股票代码：

HK 00817）。公司业务由地产开发、物业经营、酒店投资三大板块组成。凭借独特的发展理念和极具竞争力的产品品质，在短短几年间便成为中国商业地产界的佼佼者。B地产公司秉承母公司"创造价值、追求卓越"的核心理念，坚持高端定位和精品路线，实施地产开发和物业持有协同发展战略，致力于成为中国领先的高端地产开发商和运营商。

2014年，国内房地产行业由高速增长转向自发调整的新常态，市场观望情绪累积，多数城市住宅市场呈现量价齐跌的局面，面临较大的去库存压力。写字楼、零售商业、酒店等业态在风险基本可控的同时亦存在结构性失衡的隐忧。面对行业调整，2015年，B地产公司决定以提高股东回报率为核心开展对标分析，从而在行业外部环境多变的情况下，提升公司价值。

（二）主要财务状况

近些年来，B地产公司通过对标确定预算目标的做法，取得了积极的成效。截至2021年12月31日，B地产公司实现营业总收入900.6亿元，实现净利润77.05亿元。B地产公司2013—2021年的盈利状况如图4-1所示。尽管房地产业受宏观调控的影响，但B地产公司营收在增长，盈利状况虽然在2020年有所下降，但总体呈现增长态势。

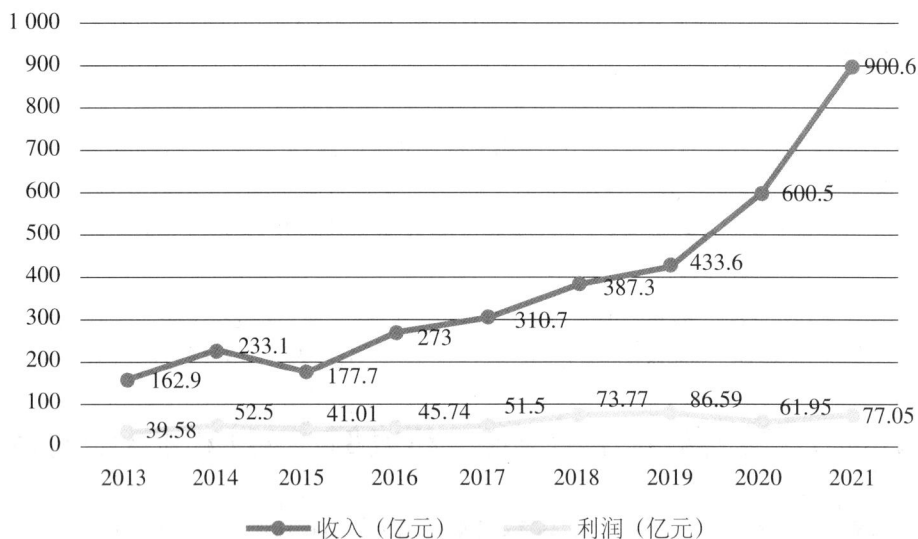

图4-1　B地产公司的盈利状况

二、B地产公司实施对标分析的原因

（一）去库存和加强应收账款管理的压力

表4-1和表4-2分别反映了B地产公司对标前的主要资产结构和应收账款占营业收入的比重情况。

表4-1中的数据显示，B地产公司2014年年底存货占总资产的比例达到21.31%，应收账款占总资产的比例为2.60%。表4-2中的数据显示，B地产公司的应收账款占营业

第四章　预算管理与企业对标分析

收入的比例由2010年的1.57%上升到2014年的12.16%，说明应收账款的逐步高企已成为企业发展中不可忽视的问题。2015年，B地产公司重点立足于已有及已锁定资源的消化，"去库存，快回款，往前赶"成为B地产公司2015年度的主题词。

表4-1　　　　　　　　　　　**B地产公司的主要资产结构**　　　　　　　　　　单位：%

项　　目	2010年	2011年	2012年	2013年	2014年
资产合计	100.00	100.00	100.00	100.00	100.00
现金及现金等价物占比	21.87	17.52	15.62	11.99	9.02
应收账款占比	0.19	0.15	2.43	3.48	2.60
存货占比	4.10	15.09	24.47	18.06	21.31
不动产、厂房和设备占比	13.25	9.88	8.43	9.03	9.00

资料来源：根据B地产公司各年度报告分析计算得出。

表4-2　　　　　　　**B地产公司应收账款占营业收入百分比分析**　　　　金额单位：千元港币

项　　目	2010年	2011年	2012年	2013年	2014年
应收账款	99 497	105 113	2 003 074	4 202 014	3 593 182
营业额（收入）	6 348 001	6 591 692	17 175 666	20 718 913	29 548 154
应收账款占营业收入的比例	1.57%	1.59%	11.66%	20.28%	12.16%

资料来源：根据B地产公司各年度报告分析计算得出。

（二）行业转型战略的影响

B地产公司转型前所从事的行业为房地产业。房地产业作为我国的支柱性产业，在国民经济中的地位不断攀升。2014年房地产开发投资占全社会固定资产投资的比重为18.5%，房地产业对经济增长的贡献率也一直处于高辐射状态，实现了跨越式发展。

房地产业作为资本密集型产业，离不开资本的支持和融通。但是，伴随着国家宏观政策的调整，2013年新"国五条"细则出台，房产税试点扩容确定，"限房价、竞地价"政策落地，国家对房地产业的管制屡出重拳，销售回款不畅、融资渠道收紧等种种不利因素使得房地产企业的生存空间受到制约。2015年部分限购解除，贷款松绑，国家宏观财政政策宽松，虽然改善了房地产企业的相关业绩，但仍不能抵挡房地产业的下滑趋势，一直以来为业界所推崇的盈利模式也不断受到挑战。房地产业面对结构性过剩、市场形势的风云变幻、竞争格局的调整，不得不寻求新的发展路径。

由于单纯开发的盈利空间不断缩减，因此，房地产业开始了跨界转型战略。业内某龙头地产集团的总裁在2015年的业绩发布会上提出："我们必须在10年内完成彻底转型，找到能够替代住宅的新盈利模式。"在地产界言必谈转型的2015年，B地产公司更名，公司决意通过"去地产化"转型为城市运营商，实现未来公司营业收入5年翻一番的战略目标。"公司名称的改变，不仅给公司品牌赋予了更加深远的价值内涵，更代表着公司开启了战略升级的新历程。"公司将由传统意义上的地产开发商向城市运营商转变。未来，该公司的全新目标是逐步去地产化，转型为中国绿金城市运营商。

房地产业正由黄金时代转入白银时代，而移动互联网正在颠覆整个商业社会的运行规则。在白银时代，中国住宅价格不会发生断崖式的下跌。住宅开发仍将是巨大而且可持续的产业。但房价单边高速上涨的时代已经结束，行业整体规模高速膨胀的时代已经结束。为了保持公司良好的增长态势，房地产企业需要进行新业务的探索和布局，确定新的商业模式。进入稳定的发展阶段，关键在于提升经营效率和竞争力，进而获得更大的发展空间和更好的回报水平。

（三）行业龙头A集团对标管理成效的影响

对标管理能通过规范且连续的比较分析，帮助企业寻找、确认、跟踪、学习并超越自己的竞争对手。21世纪初，美国最优秀的房地产开发商Pulte Homes公司的营业收入是A集团的12倍，利润接近A集团的10倍，净资产收益率则约为A集团的1.6倍。2003年，A集团提出以美国最优秀的房地产开发商Pulte Homes公司为标杆企业，以该公司为参照，对其进行全方位的研究与学习。

经过认真的对标分析和学习，A集团提出了以下对标方案：

1.关注投资者利益。A集团提出了投资者关系管理的四个基本做法：第一，保持持续良好的增长性；第二，给投资者长期稳定的回报；第三，在资本市场运作及公司融资策略制定时充分听取中小股东的意见；第四，重视投资者关系。毫无疑问，关注投资者利益、对全体股东负责，已经成了A集团向Pulte Homes公司看齐时的一项主要指标。

2.细分客户市场。对于进行大规模跨地域经营的Pulte Homes公司与A集团来说，同样面临着每一个局部地区内强势企业品牌对全国性企业品牌的有力挑战。客户的品牌忠诚度如何，往往是开发商在日益激烈的市场竞争中成功与否的一个关键。在不断变化的市场环境中，确立Pulte Homes公司这一标杆，对其进行全方位的研究、理解和学习，为A集团提供了一个有助于在提高企业效益的基础上实现规模增长的更为理想的参照系。

对标管理的成果是，A集团很快实现了规模增长和效益提升，最终成为全球最大的房地产企业。A集团开展对标管理取得的成果，引起了B地产公司的关注。

（四）提高股东回报率的需要

在白银时代，住宅行业的利润率和回报率将逐渐回归到社会平均水平。房地产企业如何实现"逆生长"，做到回报增速高于规模增速？如何创造股东回报率的新高度？股权投资是有成本的，而且成本远远高于债权资本。只有扣除股权资本成本之后的经济利润，才是企业为股东创造的真正价值。

作为上市公司，B地产公司高度重视对投资者的回报，并致力于提高对投资者的现金分红比例，积极探索回报股东的方法。B地产公司分析后认为，国内经济面临下行压力，房地产业仍处于深度调整期，房企将面临利润空间收窄、竞争白热化等挑战，要想健康、快速地发展，实现其战略目标，提高竞争力，就必须提高管理能力。为此，B地产公司决定以提高股东回报率为着眼点，依据杜邦分析法，深入分析影响股东回报率的因素，并通过对标管理寻找提高股东回报率的关键要素和节点。在分析的基础上，最终明确了公司发展战略，并通过对各个模块的规划确定了未来的努力方向和预算目标。

三、B地产公司预算对标管理的做法

（一）指标选取

1.以提高股东回报率为出发点

在国外，很多公司已经采用经济增加值（EVA）或现金回报率（CFROE）作为衡量公司业绩的指标，也有公司广泛采用平衡计分卡或类似于计分卡的业绩考核方法来进行公司业绩考核。研究发现，很多公司特别是私营公司和中小企业还不习惯用净资产收益率（ROE）来体现股东价值回报，公司主要关注的是利润水平、销售收入、毛利水平等指标。实际上，合理运用净资产回报率进行企业管理是一种非常便捷的手段，能够帮助公司管理人员很好地发现公司运营过程中存在的问题，并寻求改进方法。

企业运营管理的核心所在是财务指标，对房地产企业来说，最重要的财务指标是净资产收益率，它反映了股东投资的利润水平，是衡量上市公司盈利能力的重要指标。

股东权益报酬率是反映股东财富增值水平最为敏感的内部财务指标，受盈利能力、资金周转水平以及财务杠杆的影响。股东权益报酬率为管理层提供了一张明晰的考察公司资产管理效率和是否最大化股东投资回报的路线图。所以，B地产公司在设计和运用杜邦分析法时就把股东权益报酬率作为分析的核心指标。其计算公式为：

股东权益报酬率=净利润÷平均股东权益

=（净利润÷销售收入）×（销售收入÷平均总资产）×（平均总资产÷平均股东权益）

=销售净利率×总资产周转率×权益乘数

杜邦分析法反映的股东回报率是综合因素作用的结果，其中既有财务层面因素的影响，也有非财务层面因素的影响。在信息时代，顾客、供应商、雇员、技术创新等因素对企业经营业绩的影响越来越大。杜邦分析法在确认关键业绩指标特别是运用财务指标反映公司业绩时，能够很好地帮助确认成功因素对综合指标的影响。使用这个模型，在公司管理中，可以依据这种层层分解的方法来进行各个分部的分析，并寻找解决问题的思路。

杜邦分析法给予的启示是：

（1）要提高股东权益报酬率，必须提高销售净利率、总资产周转率和权益乘数。

（2）要提高销售净利率，必须增加收入、降低成本、增加毛利、控制期间费用，进行合理的税收筹划，从而增加税后利润。

（3）要提高总资产周转率，必须提高销售收入，减少资产占用尤其是存货、应收账款和固定资产的占用水平，加快各项资产的周转。

（4）要提高权益乘数（财务杠杆水平），必须合理安排负债比重，发挥财务杠杆效应，控制财务风险。对地产业务而言，就是要结合地产行业的特点，以杜邦分析图为线索，找到影响关键指标的具体因素，并通过行业对标，达到增收节支、提高股东回报率的目的。

2.指标选取的原则

由于将股东回报率的内涵进行了分解，能更多地折射出B地产公司运营管理的标准要求，因此，B地产公司按照合理回报、快速周转、快速回流的要求，结合地产行业的实际，将开发业务运营管理工作总结归纳为十大指标，涵盖财务、进度、成本、营销、客服类，力争体现"运营能力均好"的发展要求。B地产公司最终确定的开发业务运营管理的十大指标见表4-3。

表4-3   B地产公司开发业务运营管理的十大指标

对比指标	具体指标
财务类指标（4个）	销售毛利率
	销售净利率
	股东投入回收期
	全投资IRR
进度类指标（2个）	拿地至首期开盘
	关键节点达成率
营销类指标（1个）	开盘日去化率
成本类指标（2个）	建造成本控制偏差率
	销售管理费用控制率
客户满意类指标（1个）	客户满意度（从销售服务、收楼交房、小区环境和规划、房屋设计、房屋质量、维修服务、物业管理、投诉处理8个维度进行评价）

有关指标具体解释如下：

（1）财务类指标

销售毛利率指标：是物业销售收入扣除营业成本、税金和附加，不扣除土地增值税的销售毛利率。

销售净利率指标：是净利润与销售收入净额的比率。目的是控制费用，合理避税，达到较高盈利水平，满足资本市场的需要。

股东投入回收期指标：是指从土地支付开始计算，销售回款等于股东投入（土地款及前期启动资金）时所需要的时间。该项指标的主要影响因素包括前期销售回款速度、土地成本占比、可售面积体量大小。

全投资 IRR 指标：是指项目在整个计算期内各年财务净流量的现值之和等于零时的折现率，也就是使项目的财务净现值等于零时的折现率，或者称内含报酬率，是投资项目能够实际达到的投资报酬率。

（2）进度类指标

拿地至首期开盘指标：是指从拿地（公开竞价项目从签订成交确认书之日算起，收购项目从支付首笔款项之日算起）到首期开盘所用时间。

关键节点达成率指标：是指项目各项关键节点完成情况，确保工程规划证、施工证、预售证、结构封顶、竣备、入伙等节点按计划推进完成。

（3）营销类指标

开盘日去化率指标：是指新楼盘在开盘当天的销售率。重点考核项目的销售情况。其计算公式为：

开盘日去化率=开盘当日售出房屋套数÷开盘当日供应房屋套数

（4）成本类指标

建造成本控制偏差率指标：是指对建造过程中的成本控制偏差进行把控，目的是做好动态成本过程控制。

销售管理费用控制率指标：是指对项目销售期间所产生的管理费用予以把控，目的是合理安排营销推广、合理控制管理费用。

（5）客户满意类指标

客户满意度指标：反映的是顾客的一种心理状态，来源于客户对企业某种产品、服务的消费所产生的感受与自己的期望的对比，可通过第三方调研机构相关年度数据中提供的行业标杆得分、行业平均得分，并与本公司现有得分比较，了解公司存在的差距及主要问题。

（二）标杆企业及其十大指标分析

1.标杆企业的甄选

标杆企业的选取原则：

（1）行业内规模领先。按照行业排名，选择房地产企业 TOP 30，名单包括万科、绿地、万达、保利地产、中海、碧桂园、恒大、华润、世贸、绿城、融创、龙湖、金地、中信、招商、富力、华夏、雅居乐、远洋、中铁、世纪金源、荣盛、保利置业、佳兆业、金科、首开、新城、阳光城、融侨等。

（2）企业自身能力均好。选择万科、绿地、万达、保利地产、中海、碧桂园、恒大、华润、世贸、绿城、融创、龙湖、中信、招商、富力、华夏和远洋等。

（3）企业发展模式具备可参考性。例如，万科的行业龙头地位，龙湖的先进客户服务体系，融创的开发与快周转，碧桂园的快周转与营销，华润的央企身份等。

公司最终选定的标杆企业是万科、龙湖、融创、碧桂园和华润5家企业。

2.标杆企业的十大指标

B地产公司选定5家标杆企业后，依据十大分类指标，分别列示出行业内最好的标杆标准，见表4-4。

表4-4 **5家标杆企业的十大类指标参考值**

对比指标	具体指标	标杆企业相关要求
财务类指标（4个）	销售毛利率	融创30%、龙湖30%
	销售净利率	万科15%、龙湖13.4%～17.9%
	股东投入回收期	融创12个月
	全投资IRR	融创20%
进度类指标（2个）	拿地至首期开盘	碧桂园6～8个月，龙湖8个月，融创、万科9个月，华润10～12个月
	关键节点达成率	标杆企业全部达到100%
营销类指标（1个）	开盘日去化率	万科60%
成本类指标（2个）	建造成本控制偏差率	3%以内
	销售管理费用控制率	万科销售费用占销售额的1.5%，管理费用占1.4%；龙湖销售费用为1.8%
客户满意类指标（1个）	客户满意度（从销售服务、收楼交房、小区环境和规划、房屋设计、房屋质量、维修服务、物业管理、投诉处理等8个维度进行评价）	行业标杆81分（2014年分数）

注：以上指标为标杆企业对项目的相关要求，非考核用刚性指标。

（三）公司对自身十大指标的现状分析

《孙子兵法》云："知己知彼，百战不殆。"B地产公司深刻认识到在十大指标方面与标杆企业存在差异，通过深入对比，进一步明晰了公司的短板和不足，为经营目标的制定提供了现实参考。B地产公司十大指标的管理现状见表4-5。

重要提示：表4-5中的现状主要描述现有项目存在的共性特征，数字仅供参考。因各住宅项目地处不同的城市，产品类型与定位存在较大差异，因此指标标准也可能与实际数字存在一定的差异。

表4-5中之所以要关注客户满意度，是因为对客户好是永恒不变的商业逻辑。在移动互联网时代，它只会变得更重要，而且，信息更对称、更透明，货比三家更容易；一切竞争性行业都将进入买方市场；产品、服务必须更有竞争力，并切中客户"痛点"。而移动互联网时代对房地产业的具体影响主要应关注以下三点：

表4-5　　　　　　　　　　　B地产公司十大指标的管理现状

对比指标	具体指标	B地产公司目前状况
财务类指标 （4个）	销售毛利率	视城市与项目情况，介于20%～35%
	销售净利率	视城市与项目情况，介于15%～20%
	股东投入回收期	视城市与项目情况，介于1.5～3年
	全投资IRR	视城市与项目情况，介于15%～20%
进度类指标 （2个）	拿地至首期开盘	10～12个月
	关键节点达成率	90%～100%
营销类指标 （1个）	开盘日去化率	50%～100%（不同项目有不同表现）
成本类指标 （2个）	建造成本控制偏差率	3%以内
	销售管理费用控制率	销售费用2%，管理费用3%～5%（占建造成本）
客户满意类指标 （1个）	客户满意度（从销售服务、收楼交房、小区环境和规划、房屋设计、房屋质量、维修服务、物业管理、投诉处理等8个维度进行评价）	目前实际水平47分，行业平均水平65分

第一，在住宅地产方面，客户关注的将不仅是房子本身，还有围绕居住的一系列生活服务，以及邻里间互动的社区氛围。

第二，在消费地产方面，电商全面颠覆传统零售渠道，购物中心走向没落，但面向体验和展示的新一代消费中心将兴起。新生代将追求更丰富的人生体验，度假需求将迅速增长，并取代原来单一的观光旅游模式。

第三，在产业地产方面，创客文化兴起，中小、小微企业创业将成为中国未来经济增长的主要动力。原有物流地产难以适应现代物流的要求，需全面升级换代。

（四）B地产公司十大指标标准的确定原则和具体标准

1.B地产公司十大指标标准的确定原则

B地产公司通过对自身及其与对标企业的对比分析，提出了B地产公司十大指标标准的确定原则。这些原则是：

第一，必须与公司自身的发展阶段相匹配。如客户满意度指标达到行业平均水平。

第二，各城市需要考虑差异性区别对标。在标准方面，销售管理费用控制率指标中的管理费用，一线城市1.5%、其他城市2%。

第三，不同产品类型、不同体量特点，其标准也会存在一定差异。如销售毛利率指标：一线城市府、墅类为30%，其他类为25%，部分周转快的项目为20%。

第四，标准需具有挑战性，且可以达成。如关键节点达成率均达到100%。

第五，各标准之间的内在逻辑需要梳理，确保标准无重叠、不跑偏。如销售毛利率、销售净利率之间的内在逻辑、关系与侧重点需要厘清。

2.B地产公司十大指标的确定标准

在上述原则的基础上，B地产公司建议选择的指标、目标标准和最终目标见表4-6。

表4-6　　　　　　　　B地产公司建议选择的指标、目标标准和最终目标

指　标		B地产公司		
		目标标准		最终目标
财务类	1　销售毛利率	一线城市府、墅系列	30%	实现较高盈利水平，满足资本市场及公司的发展要求
		其他类	25%	
		部分周转快的项目	20%	
	2　销售净利率	一线城市府、墅系列	18%	控制费用、合理避税，达到较高盈利水平，满足资本市场需要
		其他类	15%	
		部分周转快的项目	10%	
	3　股东投入回收期	可售商品房面积20万平方米，且土地成本占开发成本的比例为40%	20个月	加快销售回款进度，实现资金快速回流
		可售面积每增减5万平方米	周期增减3个月	
		土地成本占比每增减5%	周期增减2个月	
	4　全投资IRR	18%		加快回款进度，实现资金快速回流
进度类	5　拿地至首期开盘	预售条件为主体结构±10	≤8个月	缩短开发周期，尽早实现资金回流
		预售条件为主体结构10层或以下	≤10个月	
		预售条件为主体结构完成10层以上	视层数而定，最多控制在12个月以内	
	6　关键节点达成率	100%		确保工程规证、施工证、预售证、结构封顶、竣备、入伙等节点

续表

指　标		B地产公司	
		目标标准	最终目标
营销类	7　开盘日去化率	60%	做好蓄客，科学定价，提高溢价
成本类	8　建造成本控制偏差率	3%以内	做好动态成本过程控制
	9　销售管理费用控制率	销售：1.8%	
		管理：一线城市1.5%，其他城市2%（占销售收入的比例）	提高管理效率，降低管理费用
客户满意类	10　客户满意度（从销售服务、收楼交房、小区环境和规划、房屋设计、房屋质量、维修服务、物业管理、投诉处理等8个维度进行评价）	行业平均水平	提高客户满意度

（五）建立跟踪与评价机制

1.基本思路与原则

B地产公司跟踪与评价机制的思路是：第一，与B地产公司战略相匹配；第二，与行业特点及指标相吻合；第三，鼓励高业绩标准。

B地产公司跟踪与评价机制的原则是：第一，考核标准按照重要性、与公司战略的契合度及市场对标等多个因素，最终分为列入考核、鼓励标准和日常点评三种。第二，按重要程度和指标特点将上报周期划分为月度、季度、年度、项目开发周期等几个维度。第三，跟踪与评价机制与现有绩效管理、运营体系、成本管控等系统有机结合，整体配合推动综合管理能力提升。

按照上述思路和原则，对各项指标的考核时间、具体指标和考核建议，B地产公司给出了指标跟踪与评价建议（见表4-7）。

在上述标准确立的基础上，针对月度跟踪指标、季度跟踪指标和项目开发全周期指标又分别给出以下具体建议：

（1）对月度需要跟踪与评价的指标的具体说明（见表4-8）。

（2）对季度需要跟踪与评价的指标的具体说明（见表4-9）。

（3）对项目开发全周期跟踪与评价指标的具体说明（见表4-10）。

表4-7　　　　　　　　　　　　B地产公司各指标跟踪与评价建议

指标分类	指标	考核建议
月度指标 （月度上报）	关键节点达成率	列入考核
	建造成本控制偏差率	列入考核
季度指标 （季度上报）	拿地至首期开盘	列入考核
	销售管理费用控制率	鼓励标准
	开盘日去化率	日常点评
	客户满意度*	日常点评
全周期指标 （项目开发全周期后上报）	销售毛利率	鼓励标准
	销售净利率	鼓励标准
	股东投入回收期	鼓励标准
	全投资IRR	鼓励标准

注：*客户满意度分值仅在2015年第三季度上报集团。

表4-8　　对月度需要跟踪与评价的指标（分月度、季度和年度进行）的具体说明

指标		目标与要求	指标标准	跟踪项目	考核标准建议
进度类	关键节点达成率	确保工程规证、施工证、预售证、结构封顶、竣备、入伙等节点	100%	北京亦庄金茂悦、广州南沙金茂湾	列入考核
成本类	建造成本控制偏差率	做好动态成本过程控制	3%以内		列入考核

表4-9　　对季度需要跟踪与评价的指标（分季度、半年和年度进行）的具体说明

指标		目标与要求	指标标准	跟踪项目	考核标准建议
进度类	拿地至首期开盘	缩短开发周期，尽早实现资金回流	10~12个月	杭州黄龙金茂悦、广州广钢项目	列入考核
成本类	销售管理费用控制率	合理安排营销推广，控制管理费用	1.5%~2%		鼓励标准
营销类	开盘日去化率	做好蓄客，科学定价，提高溢价	60%	杭州黄龙金茂悦、广州广钢项目	日常点评
客服类	客户满意度	提高客户满意度水平	基本达到行业平均水平	杭州黄龙金茂悦	日常点评

表4-10　　　　　　　　对项目开发全周期跟踪与评价指标的具体说明

（以项目完成开发全周期工作为节点进行）

指　标		目标与要求	指标标准	跟踪项目	考核标准建议
财务类	销售毛利率	实现较高盈利水平，满足资本市场及公司发展的要求	20%～30%	暂无	鼓励标准
	销售净利率	控制费用、合理避税，达到较高盈利水平，满足资本市场的需求	10%～18%		鼓励标准
	股东投入回收期	加快销售回款进度，实现资金快速回流	20～25个月		鼓励标准
	全投资IRR	加快回款进度，实现资金快速回流	18%		鼓励标准

2.数据提供和上报要求

B地产公司各指标跟踪与评价的数据提供和上报要求见表4-11。

（六）预算方案确定

当上述各种对标指标和行动方案确定后，即可编制相应的项目预算、子分公司预算和集团汇总预算。

（七）对标实施效果检验

2022年3月29日，B地产公司发布2021年业绩报告。业绩报告显示，2021年B地产公司保持了稳健发展节奏，录得合同销售金额2 356亿元，创下历史新高，销售回款率超95%；公司平均借贷成本下降至3.98%，为3年以来最低纪录。B地产公司全年实现营业收入900.6亿元，同比上升50%；毛利167.58亿元，同比上升38%；股东应占利润（扣除投资物业公平值收益后）48.27亿元，较上年大增49%。在2021年行业深度调整的背景下，B地产公司保持了"三道红线"全绿档的安全态势，延续了其稳健精益的增长模式。

B地产公司2015年以来的主要财务指标及其变化情况见表4-12，从中可见2015年实施对标后B地产公司所发生的变化。

主要财务指标数据显示，2015年至2019年5年间，B地产公司平均净资产收益率指标和年化投资回报率指标都发生了积极的变化，趋势向好。2020年受房地产行业环境以及"三道红线"调控的影响变化较大，但2021年又开始有所好转。在具体分析时我们不能仅仅看表面数据的变化，还要结合公司当时所处的内外环境，并且结合行业对比分析才能评价得更加客观合理。

表4-11　　　　　B地产公司各指标跟踪与评价的数据提供和上报要求

指标分类	指　　标	数据提供	上报要求
月度指标（月度上报）	关键节点达成率	项目单位提供，B地产公司战略运营部审核后上报	结合B地产公司的绩效与运营管理体系，对该指标进行专项考核
	建造成本控制偏差率	B地产公司成本合约部、项目公司提供，B地产公司战略运营部审核后上报	结合B地产公司的绩效管理与成本管控体系，对该指标进行专项考核
季度指标（季度上报）	拿地至首期开盘	项目公司提供，B地产公司战略运营部上报	对该项目指标进行专项考核，结合B地产公司的绩效与运营管理体系，以季度为单位统一上报
	销售管理费用控制率	B地产公司成本合约部、项目公司提供，B地产公司战略运营部上报	结合B地产公司的绩效管理与成本管控体系，以季度为单位进行上报，该项指标列入鼓励标准范畴
	开盘日去化率	B地产公司营销管理部、项目公司提供，B地产公司战略运营部季度上报	
	客户满意度*	由聘请的第三方调研机构提供，B地产公司战略运营部2015年第三季度上报	
全周期指标（项目开发全周期后上报）	销售毛利率	B地产公司财务部、项目公司财务管理部提供，B地产公司战略运营部上报	数据上报周期：项目开发全周期完成后统一上报指标数据
	销售净利率	同上	同上
	股东投入回收期	同上	同上
	全投资IRR	同上	同上

表4-12　　　　　　　B公司2015年以来的主要财务指标

主要财务指标	2021年	2020年	2019年	2018年	2017年	2016年	2015年
平均净资产收益率（%）	9.7	8.37	17.17	15.18	12.34	7.78	9.75
年化净资产收益率（%）	9.7	8.37	17.17	15.18	12.34	7.78	9.75

数据来源：东方财富网。

四、案例启示与建议

1.对标管理要注意选择合理的对标对象

对标管理是产品改进、企业发展、击败竞争对手、保持竞争优势的重要工具。它是以行业内外的标杆企业为榜样，通过与其进行比较、分析、判断、学习来改善自身的不足，从而超越标杆企业的过程。对标管理的核心在于挖掘并找到企业预算管理的路径。

企业管理者要把对标管理视为一项经常性活动，恰当地利用好对标管理方法，选对标杆，向业界最好的企业看齐，并逐渐超越标杆企业，发挥管理的力量。对标管理要注意结合企业自身的实际情况，谨防标杆企业为迷惑追赶企业披露虚假的信息，从而误导企业，甚至给其带来不可估量的损失。

2.对标管理应分清主次、分步骤进行

对标的目的在于争创先进，但这并不意味着企业的每个方面都要进行对标。企业经营模式、文化、管理理念等有其特殊性，考虑到成本因素，设定对标指标时，要在全面提升企业竞争力的基础上，区分主次、突出重点。有些企业在没完全理解自己的程序之前，就急忙实施对标，最终效果不理想；有些企业试图用对标一蹴而就地解决很多问题，使业务的方方面面都得以提升，结果可能是欲速不达，员工士气低落；还有些企业在对标内容上过分关注价格，忽视了有关客户和员工方面的对标；有的企业没有将对标目标与企业的主要使命联系起来，招致高层领导的反对，并影响了公司其他计划的落实……所有这些都值得注意。

3.对标管理需要全员参与

对标管理不是某个部门或者某个环节的事情，而是一个全局性、全员性的工作，要求全员参与。对标管理优于其他管理工具的原因之一是，员工通过参与对标管理和进行管理创新，会不自觉地提高工作质量、完善工作标准。只要员工在实践中能够以结果为导向积极创新，就一定能够不断超越、持续提升。对标管理可以在所有的职能部门、所有的管理模块和业务模块中实施。

4.持续改进是预算和对标管理的内在需求、灵魂实质

对标管理要做到持续改进，从思想根源上追求精细化的思维方式。建立健全对标体系是一项长期系统性的工程。对标以博大精深的内涵指明了企业"做什么"的方向，兼容了目标管理、预算管理、平衡计分卡、知识管理等多种现代管理工具，以强大的功能导引并帮助优秀的企业走向卓越。持续改进，是增强满足要求的能力的循环活动。从管理角度来看，对标管理应突出重点，不同规模、不同企业、不同阶段甚至不同产品档次，管理改进的侧重点都应有所区分。不能只是重对比、轻改善，而是要将通过对标发现的问题及时落实到优化流程与组织变革上，并形成完整的持续改进循环系统。

5.要注重对标管理的创新

创新是指以现有的思维模式提出有别于常规或常人思路的见解并以此为导向，利用现有的知识和物质，在特定的环境中，本着理想化需要或为满足社会需求而改进或创造

新的事物、方法、元素、路径、环境，并能获得一定有益效果的行为。对标不是完全模仿，需要在企业文化、预算、成本收益约束下进行一定的调整。如果公司受到资本限制，可以先实施标杆企业中最关键或者受到资本约束最小的要素。同时，对标管理不是一成不变的，随着时间的推移，在实施过程中会不断改进和提高。

重要概念

对标管理　战略对标　跨行业对标

复习思考

1.什么是对标管理？对标管理在国内外企业中可以应用于哪些方面？

2.为什么在预算目标确定中应关注对标管理？

3.当前我国企业对标管理主要存在哪些问题？

4.在预算目标确定中运用对标管理应注意哪些问题？

操作练习

一、案例分析

资料：施乐公司的对标管理①

1976年前后，一直保持着世界复印机市场垄断地位的施乐公司遭遇了来自国内外同业特别是日本竞争者的挑战，如佳能、NEC等公司以与施乐公司相同的成本销售产品仍能够获利，而产品的开发周期、开发人员则分别比施乐公司短或少50%。面对竞争者的威胁，施乐公司最先发起了向日本企业学习的运动，开展了广泛、深入的对标管理。

在对标管理中，施乐公司的做法是：首先，广泛调查客户对公司的满意度，并比较客户对产品的反应，将本公司的产品质量、售后服务等与本行业领先企业作对比。公司派雇员到日本的合作伙伴——富士和其他日本公司考察，详细了解竞争对手的情况，并对竞争对手的产品展开反求工程。其次，分析确定竞争对手是否领先，为什么领先，自己与其之间的差距怎样才能消除。对比分析的结果使公司确信从产品设计到销售、服务和雇员参与等诸多方面都需要加以改变。最后，公司为这些环节确定了改进目标，并制订了达到这些目标的计划。

对标管理的效果是明显的。施乐公司通过对标管理，其制造成本降低了50%，产品开发周期缩短了25%，人均创收增加了20%，公司的产品开箱合格率从92%上升到99.5%，公司重新赢得了原先的市场占有率；在行业内有关机构连续数年的评定中，在复印机6大类产品中，有4类产品的可靠性和质量均名列第一。

此后，施乐公司的对标管理对象，不仅仅着眼于同行业的竞争对手，而且扩大到非同行业的竞争

---

① 陈泓冰. 标杆管理经典案例——施乐公司的标杆管理案例［EB/OL］.（2013-04-18）. http：//blog.sina.com.cn/s/blog_c136cb570101iood.html.

对手，或对其他行业的产品进行比较研究。研究项目既可以某种产品为目标，也可以管理过程中的某个环节为目标，一切均以改进管理水平、提高产品质量为前提条件。

目前，施乐公司一直把对标管理作为产品改进、企业发展、赢得竞争对手和保持竞争优势的重要工具。公司的最高层领导都把对标管理看作全公司的一项经常性活动，并指导其所属机构和成本中心具体实施。施乐公司本身也因在对标管理方面取得的引人注目的成就，于1989年获得Malcolm Baldrige国家管理奖。该奖项设于1987年，近些年来其评判打分的标准越来越看重对标管理。施乐公司深信对标管理是赢得质量竞争的关键要素之一。现在施乐公司制定战略性和战术性规划都要进行对标管理分析。

要求：仔细阅读施乐公司的资料并回答下列问题：

（1）施乐公司为什么要进行对标管理？

（2）施乐公司的对标管理是不是仅考虑同业对标？

（3）施乐公司为什么要进行跨行业对标？

（4）到网上查找资料，分析对标管理对施乐公司预算管理的影响。

二、设计对标管理方案

要求：结合自己选取的上市公司数据，按照B地产公司对标管理的思路去构建以ROE为基础的对标管理体系。

第五章

预算管理与企业财务预测

【导语】市场经济条件下，企业理财环境和经营的不确定性与复杂性，决定了企业面临着越来越大的风险，为此，企业必须做好财务预测工作。财务预测是企业编制财务计划和预算的前提条件。本章的目的在于了解财务预测的作用，并在成本习性分析的基础上，说明企业利润预测和外部融资需求预测的方法，这将为企业预算目标的确定与编制打下基础。

本章内容要点

第一节　　财务预测的概念与作用

一、财务预测的概念

预测是研究和预估未来将会发生的事件及结果，是指通过调查和分析，对事物的动态和发展趋势事先做出估计和评价。预测按其内容，可划分为科学和技术预测、自然环境预测、经济预测；按其性质，可划分为定性预测和定量预测。

财务预测属于经济预测。由于财务预测的内容涉及面广，因此，对财务预测的定义有不同的解释。一般来说，财务预测是对企业预算期内的利润、现金收支情况以及财务状况等各个方面做出的预测。按照企业财务活动的内容划分，财务预测包括以下内容：

（一）投资预测

投资活动是企业以获取收益为目标的理财活动。从经济意义的角度，投资是以让渡其他资产而换取另一项资产的行为。在管理实务中，企业经常要对投资项目进行可行性研究并做出投资决策。企业应否投资某个项目，事先要对项目的投资额、项目寿命期内的营业现金流量，以及终结现金流量进行预测，并在预测的基础上通过可行性研究做出是否投资的决策。投资预测的方法与资本预算的编制原理是一致的。

（二）筹资预测

筹资与企业的投资和经营活动具有密切的关系，投资和经营活动会产生对筹资的需求，同样也会产生资金来源。就一个持续经营的企业而言，企业资金的来源途径主要有两个：一是企业积累的留存收益；二是企业的外部融资，包括权益融资和债务融资。由于留存收益取决于企业实现的税后利润及其利润分配政策，并由此影响到企业外部的融资数额，因此，筹资预测最终可归结为外部融资需求预测，它是建立在利润预测基础上的预测。

（三）利润预测

经营活动是企业最基本的财务活动，经营的最终结果是形成企业利润。利润预测包括企业经营活动过程中一切与利润形成有关的项目的预测。具体包括：（1）销售收入预测；（2）成本费用预测；（3）税金及附加预测；（4）营业利润预测；（5）投资收益预测；（6）营业外收支预测；（7）利润总额预测。其中销售收入预测是利润预测的关键，也是企业进行其他财务预测的前提。

（四）现金收支预测

在企业的筹资、投资和经营活动中，会产生现金流入和现金流出。现金收支预测是对企业一定时期内的现金收支及其结余进行的预测。预测结果可以反映出企业的现金流入结构、现金流出结构以及现金流量净额的变化情况。现金收支预测的数据来源于其他项目的预测，预测的方法与现金收支预算的编制原理相同。

二、财务预测的作用

预测作为一门科学，是以科学的原理为基础的。财务预测在企业财务管理中的作用表现为：

第一，财务预测是确定企业财务计划的关键所在。预测实际上具有预见性。早在六七十年前就有人把预见性作为管理的精髓，把计划看作各种预测的综合体，而不论这些计划是长期的还是短期的，是专门的还是其他形式的。要确定一定时期的财务计划，企业首先要对计划实现的前提条件进行预测，预测是确定企业财务计划前提条件的关键。如果能准确预测未来，计划工作就会变得简单。预测在计划工作中所起的关键作用，充分说明了预测的必要性。

第二，财务预测能帮助管理者认识到未来的不确定性因素，使其对未来环境的茫然程度降到最低，以使他们能够面向未来。准确的财务预测，不仅能够推测出事物发展和环境变化的趋势，而且能够描述未来一定时期内其发展变化可能达到的状态和程度，从而为决策提供预期环境。

第三，财务预测可以帮助管理者提高计划与决策的可行性。财务预测能够揭示环境发展变化的趋势，预测变化环境中可能出现的有利和不利因素，从而提高财务计划与决策的可行性，防止片面性。

第四，财务预测可以帮助管理者事先估计计划实施后可能产生的结果，从而为选择优化方案、实现最终目标提供依据。

第五，财务预测可以帮助企业找出管理环节的漏洞和不足。

企业要做好财务预测工作，一般要通过以下步骤来实施：（1）确定预测目标；（2）收集和分析数据；（3）选择预测的技术方法和计算公式；（4）评定事物内部和外部各种条件的变化；（5）计算和整理数据，并做必要的修正等。

第二节　　　　　　　　　　成本习性分析

一、成本习性

成本习性，即"成本性态"，是指成本总额变动与业务量变动之间的依存关系。研究成本习性的目的是从数量上掌握成本与业务量之间的规律性联系。成本习性分析对于企业研究本量利三者之间的关系、进行成本预测、编制成本预算、加强成本管理都具有重要的作用。本节内容也是为后面的利润预测打基础。

成本按其总额与业务量变动之间的关系，分为固定成本、变动成本、混合成本三种类型。

（一）固定成本

凡是成本总额在一定时期和一定业务量范围内，不随着业务量的增减变动而变动，而是保持固定不变，就为固定成本。房屋及设备租金、折旧费、保险费、管理人员工资等都属于固定成本，它们一般不随着业务量的变动而变动。固定成本总额与销售量大小之间的关系如图5-1所示。

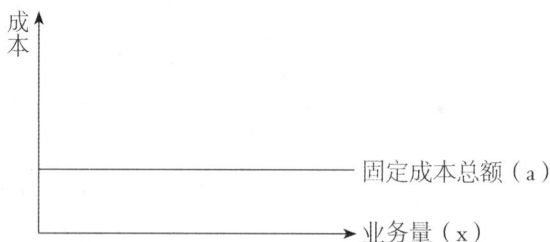

图5-1　固定成本习性模式

虽然在一定时期和一定业务量范围内，固定成本总额是固定不变的，但单位业务量的固定成本则随着业务量的增减呈下降或上升趋势。单位固定成本与业务量之间的关系如图5-2所示。

从图5-2中可以看出，单位固定成本线是一条随着业务量不断增长而向下递减的曲线。因此，在一定范围内增加业务量是降低单位业务量中固定成本的一项基本措施。

实际工作中，固定成本按其能否被管理者所控制，还可以进一步划分为可控性固定成本和不可控性固定成本两类。

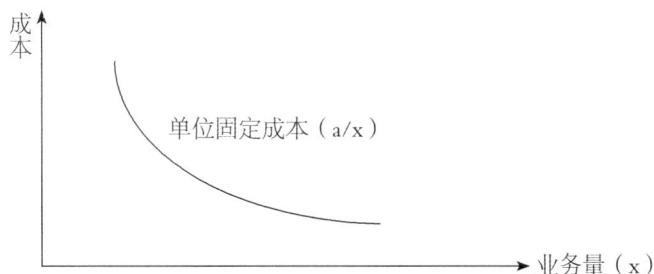

图5-2 单位固定成本习性模式

可控性固定成本，是指通过管理层的决策行动能改变其数额的固定成本，如业务宣传费、职工培训费、广告费等就属于可控性固定成本。这些成本的开支对企业有好处，但其开支受到企业资金来源及成本控制目标的制约。要降低可控性固定成本，办法是节约绝对额。

不可控性固定成本，是指不能改变其数额的固定成本，如固定资产折旧费、保险费、房屋及设备租金、最基本的管理人员工资等，这些都是维持整个企业正常经营不可缺少的最低成本，具有很大的不可控性，稍加削减，就会影响企业的长远发展目标，因该项成本为不可控性成本，即使业务经营中断，该成本仍保持不变。要降低不可控性固定成本，只有从提高固定资产利用率和人均工作效率入手。

正确地划分可控性固定成本和不可控性固定成本，对企业财务管理来说具有十分重要的意义。因为消除或削减可控性固定成本要比消除或削减不可控性固定成本容易得多，所以对不可控性固定成本的管理一定要慎重，以免成为日后难以摆脱的经济负担。

（二）变动成本

凡成本总额随着业务量成正比例变动的成本就为变动成本，如原材料成本、销售成本、计件工资等。变动成本总额与业务量大小之间的关系如图5-3所示。

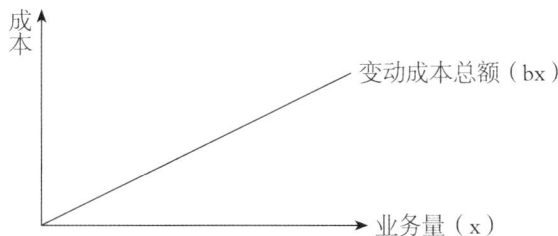

图5-3 变动成本习性模式

从图5-3中可以看出，变动成本总额是一条与业务量保持正比例关系的直线。但单位变动成本则具有相对的稳定性。单位变动成本与业务量大小之间的关系如图5-4所示。

从变动成本习性的分析中可以看出，要降低变动成本，主要应从降低单位业务量的成本入手。

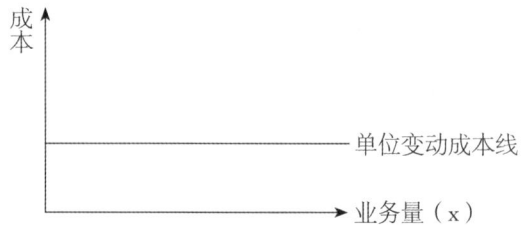

图5-4　单位变动成本习性模式

（三）混合成本

在实际工作中，经常会碰到一些成本项目同时兼有固定成本和变动成本的性质，也即在一个成本项目中，固定成本和变动成本都存在。

1.半变动成本

这种成本通常有一个基数，一般不变，类似于固定成本。但在这个基数之上，随着业务量的增减，成本也相应地成比例增加，这部分成本性质类似于变动成本，如所有公用事业费（电费、水费、煤气费、电话费、暖气费、有线电视费）等。半变动成本的习性模型如图5-5所示。

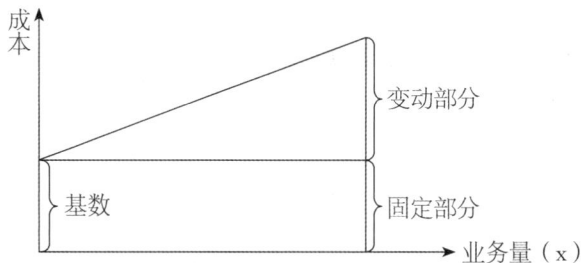

图5-5　半变动成本习性模式

2.阶梯形成本

这类成本在一定业务量范围内固定不变，但当业务量增加到一定量时，其发生额会突然跳跃到一个新水平，然后在业务量增长的一定限度内，发生额又保持不变，直到另一个新的跳跃发生为止。保养费、运费、设备修理费等就属于这类成本。阶梯形成本的习性模式如图5-6所示。

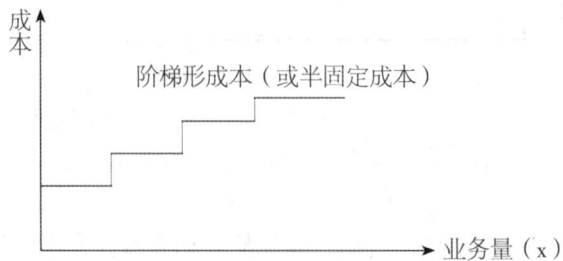

图5-6　阶梯形成本习性模式

需要注意的是，对成本习性的研究是以两个重要的假设为前提条件的，一个是关于时间范围的假设，一个是关于业务量范围的假设。如固定成本是指成本总额在一定时期和一定的业务量范围内保持不变，这个范围为相关范围，不能离开这个相关范围去探讨各种成本的习性模式。在实际工作中，有些变动成本总额也并非保持严格的线性关系，它们之间的正比例变动，也只能在一定的相关范围内，超过这个范围，它们之间就变成非线性关系了。

当根据成本习性将企业的全部成本划分为变动成本和固定成本后，反映总成本的公式必然是：

总成本=固定成本总额+变动成本总额

=固定成本总额+（单位变动成本×业务量）

以 Y 代表总成本、a 代表固定成本总额、b 代表单位变动成本、x 代表业务量，则上述总成本公式可以写作：

$$Y=a+bx$$

此公式是一个很重要的方程式，它对于混合成本的分解，对于成本的预测、决策和编制弹性预算都有重要作用。

二、成本习性分析的作用

（一）成本习性分析是企业进行成本控制的基础

要企业提高盈利水平，成本的管理与控制是关键，因而受到企业管理层的关注和重视。虽然企业的成本构成项目很多，但根据成本与业务量之间的关系分类，全部成本均可分为固定成本和变动成本两类。由于固定成本在一定的业务量范围内不随着业务量的变动而变动，因此，要控制固定成本，只能是降低单位业务量的固定成本。由于变动成本随着业务量的变动而变动，因此，要降低变动成本总额，关键是要降低单位变动成本，并通过成本效益分析决定变动成本水平。因此，进行成本习性分析，对于企业根据成本与业务量之间的关系进行成本控制具有重要意义。

（二）成本习性分析为本量利分析奠定了基础

本量利分析是研究成本、业务量和利润之间相互关系的一种分析方法，其基础就是将全部成本按照成本习性分为固定成本和变动成本两部分，然后再根据成本、业务量、利润三者之间的相互关系进行预测、决策和计划工作。如果不经过成本习性分析，就不可能确定反映成本习性的成本函数，也就无法进行本量利分析。

（三）成本习性分析也是正确评价各部门经营业绩的基础

在企业的经营活动中，业绩评价的一个重要内容是成本控制。就成本控制而言，为了正确评价各部门有关责任人的成本控制绩效，就应将成本区分为可控成本和不可控成本两部分。大多数变动成本是可控成本。评价一个部门的经营业绩，最主要的是看它对可控成本控制得如何，是否达到了预期的目标。

第三节　　　　　　　利润预测

利润预测就是为保证目标利润的实现，对企业一定时期经营活动的规模和水平做出的预测。利润预测涉及与利润形成有关的所有因素，如业务量、单价、单位变动成本、固定成本及税率等。利润预测不仅决定着企业一定时期财务管理的目标，而且可以通过对业务量、成本和利润之间相互关系的研究，寻找财务管理的重点，同时也为企业编制期间预算打下基础。利润预测的方法很多，此处仅介绍如何利用本量利分析进行利润预测。

一、本量利分析的基本概念

本量利分析，全称是成本-业务量-利润分析，它是研究成本、业务量和利润之间的变量关系的一种专门方法。其中：本，是指企业的成本；量，是指企业的业务量，如生产量、销售量；利，是指企业经营活动所获得的利润。成本、业务量和利润之间的关系极为密切，研究它们之间的关系对于改善企业的经营管理，进行科学的预测和决策，提高企业经济效益具有重要意义。

本量利分析是管理会计中一种重要的定量分析方法，目前在西方发达国家和我国的企业实际工作中已经得到广泛应用，特别是在合理规划、科学决策和有效控制方面具有广泛的用途。本量利分析的用途表现为以下几个方面：

第一，预测保本点。

第二，预测保证目标利润实现的销售量和销售收入。

第三，通过利润的敏感性分析，分析销售量、单价、单位变动成本、固定成本总额水平的变动对目标利润的影响，抓住管理的重点。

第四，规划目标利润，编制全面预算和责任预算。

第五，对全面预算和责任预算的执行情况进行业绩评价。

总之，本量利分析是利用成本习性的基本原理，协助企业管理者搞好经营决策的一种方法。

二、本量利分析的基本方法

本量利分析的基本方法包括公式计算法和图解法两种。两种分析方法在实际工作中都具有广泛的用途。

（一）公式计算法

1.方程式法

方程式法是根据成本、业务量与利润之间的关系进行分析的一种方法。这里的业务量指的是销售量。反映本量利三者之间关系的方程式为：

销售收入=变动成本总额+固定成本总额+目标利润

上述公式也可以表达为：

销售量×单价=销售量×单位变动成本+固定成本总额+目标利润

利用本量利分析方程式可以进行盈亏平衡分析，预测保本点的销售量、销售收入及企业可能的盈利区。

保本点，也叫盈亏平衡点、损益平衡点，是指企业处于盈亏平衡的那一点。在这一点上，企业的销售收入总额恰好与成本总额相等，不盈不亏，所以简称保本点。保本点是企业管理中一个很重要的信息，它是企业获利的基础，只有超过保本点，企业才有可能获利。

在企业只生产一种产品的情况下，保本点的销售量及销售收入计算公式如下：

$$保本点的销售量=\frac{年固定成本总额}{单价-单位变动成本}$$

保本点的销售收入=保本点的销售量×单价

【例5-1】假设某企业只生产一种产品，全年的固定成本总额为150万元，单件产品销售价格为0.04万元，单位变动成本为0.01万元。则计算的保本点的销售量为：

$$保本点的销售量=\frac{150}{0.04-0.01}=5\,000（件）$$

保本点的销售收入=5 000×0.04=200（万元）

即该企业在销售产品5 000件时达到保本点，也即只有当销售量超过5 000件时，企业才有可能获利。保本点的销售收入为200万元，企业要取得盈利，其销售收入必须超过200万元。

2.边际贡献法

边际贡献法是用边际贡献计算保本点的方法。边际贡献是销售收入减去变动成本以后的差额，是销售收入扣除变动成本以后为企业所做的贡献，它首先用于收回固定成本，如还有剩余则为利润；如果边际贡献不足以收回固定成本，企业就要发生亏损。单位边际贡献是单价减去单位变动成本后的差额。

引用了"边际贡献"的概念后，表达本量利之间关系的方程式为：

目标利润=销售量×单位边际贡献-固定成本总额

边际贡献率是边际贡献与销售收入之间的比例，或者说是单位边际贡献与单价之间的比例。边际贡献率的计算公式如下：

$$边际贡献率=\frac{边际贡献总额}{销售收入总额}=\frac{单位边际贡献}{单价}$$

利用边际贡献率计算保本点时的销售收入公式如下：

$$保本点的销售量=\frac{固定成本总额}{单位边际贡献}$$

$$保本点的销售收入=\frac{固定成本总额}{单位边际贡献}×单价$$

$$=\frac{固定成本总额}{单位边际贡献÷单价}$$

$$=\frac{固定成本总额}{边际贡献率}$$

仍以【例5-1】为例，按边际贡献法计算的保本点销售收入为：

$$保本点的销售收入=\frac{150}{(0.04-0.01)\div0.04}=200（万元）$$

企业生产或销售的产品一般不止一种，当企业生产产品的种类较多时，固定成本总额要在各种产品之间进行分配，在此情况下，就不能用公式直接计算出各种产品保本点的销售量及销售收入，只能先计算出保本点综合的销售收入，然后再按某种产品销售收入占全部产品销售收入的比重，倒算出该种产品保本点的销售量及销售收入。其计算步骤为：

第一步，计算某种产品占全部产品销售收入的比重，这是在产品种类较多情况下计算多种收入来源保本点的关键所在。

第二步，按某种产品占全部产品销售收入的比重和边际贡献率，计算平均的边际贡献率。计算公式为：

$$平均的边际贡献率=\sum（个别边际贡献率\times某种产品占全部产品销售收入的比重）$$

第三步，根据固定成本总额和平均的边际贡献率，计算全部产品保本点的销售收入总额。计算公式为：

$$全部产品保本点的销售收入总额=\frac{固定成本总额}{平均的边际贡献率}$$

第四步，按某种产品占全部产品销售收入的比重，计算出该种产品保本点的销售收入和销售量。计算公式为：

$$某种产品保本点的销售收入=全部产品保本点的销售收入总额\times某种产品占全部产品销售收入的比重$$

$$某种产品保本点的销售量=\frac{某种产品保本点的销售收入}{某种产品的单价}$$

【例5-2】某企业生产甲、乙、丙、丁四种产品，上年各种产品的销售收入，本年预计的各种产品的单价、单位变动成本、固定成本总额见表5-1。

表5-1　　　　　　　　　　　　　某企业产品基本信息　　　　　　　　　　单位：万元

摘　要	甲产品	乙产品	丙产品	丁产品
上年销售收入	9 000	600	100	300
本年预计单价	0.12	0.04	0.02	0.05
预计单位变动成本	0.09	0.02	0.015	0.04
预计固定成本总额	1 500			

假设本年的各种产品占全部产品的结构保持不变。要求根据上述资料计算各种产品保本点的销售收入及销售量。

根据上述资料及多种产品保本点的计算方法，计算的过程和结果见表5-2。

表5-2　　　　　　　某企业产品保本点及保本点销售收入计算表　　　　　金额单位：万元

摘　要	收入来源				合计
	甲产品	乙产品	丙产品	丁产品	
上年销售收入	9 000	600	100	300	10 000
占全部销售收入比重	90%	6%	1%	3%	100%
单价	0.12	0.04	0.02	0.05	
单位变动成本	0.09	0.02	0.015	0.04	
单位边际贡献	0.03	0.02	0.005	0.01	
边际贡献率	25%	50%	25%	20%	
平均的边际贡献率					26.35%
固定成本总额					1 500
全部产品保本点的销售收入总额					5 692.60
某种产品保本点的销售收入	5 123.34	341.56	56.93	170.77	5 692.60
某种产品保本点的销售量（件）	42 694.5	8 539	2 846.5	3 415.4	

根据表5-2中有关资料计算如下：

平均的边际贡献率=25%×90%+50%×6%+25%×1%+20%×3%=26.35%

全部产品保本点的销售收入总额=$\dfrac{\text{固定成本总额}}{\text{平均的边际贡献率}}$

$$=\frac{1\,500}{26.35\%}=5\,692.60（万元）$$

甲产品保本点的销售收入=5 692.60×90%=5 123.34（万元）

甲产品保本点的销售量=5 123.34÷0.12=42 694.50（件）

其他产品的计算方法依此类推。全部计算结果可通过表5-3加以验证。

表5-3　　　　　　　　某企业各种产品的销售收入和边际贡献　　　　　　金额单位：万元

收入来源	销售收入	边际贡献率	边际贡献
甲产品	5 123.34	25%	1 280.84
乙产品	341.56	50%	170.78
丙产品	56.93	25%	14.23
丁产品	170.77	20%	34.15
合计	5 692.60		1 500

经验证明，在保本点下，边际贡献总额与固定成本总额相等。

从上例的计算公式中可以看出，边际贡献应包含两部分内容，一部分应是单位销售量中包含的固定成本，另一部分应是单位销售量提供的利润。可见，边际贡献首先应用于弥补固定成本，如有余额才是利润。因此，边际贡献也可用来反映单位销售量的盈利能力。企业在一定期间的经营成果可能有三种情况：

第一种情况，边际贡献额等于固定成本总额，企业只能保本。

第二种情况，边际贡献额大于固定成本总额，企业将会盈利。

第三种情况，边际贡献额小于固定成本总额，企业将发生亏损。

边际贡献和盈利是两个不同的概念，它们之间的关系可用下列公式表示：

销售收入−变动成本总额=边际贡献额

边际贡献额−固定成本总额=利润或亏损

需要说明的是，随着企业产品销售收入结构的变化，上述保本点及保本点的收入也会发生相应变化。因此，企业应根据各种可能的收入结构，分别计算不同收入结构下的保本点及保本点销售收入。

（二）图解法

本量利分析除了借助公式进行计算外，还可以运用图解法，就是绘制盈亏分析图。

1.盈亏分析图的绘制

采用图解法进行本量利分析，一般可分为两个基本步骤：第一步，绘制一个直角坐标图，以横轴表示销售量，以纵轴表示销售收入和成本的金额；第二步，根据单价、单位变动成本和固定成本总额，在图上绘出反映销售收入和总成本递增情况的两条直线，其交点即为保本点。因为这种图可以确定保本点，并能显示出成本、销售量和利润之间的相互关系，所以叫作盈亏分析图或保本分析图。绘制盈亏分析图的方法主要有三种：

（1）标准式盈亏分析图

标准式盈亏分析图是最常用的一种。现以【例5-1】中某企业的有关资料，绘制标准式盈亏分析图（如图5-7所示），步骤如下：

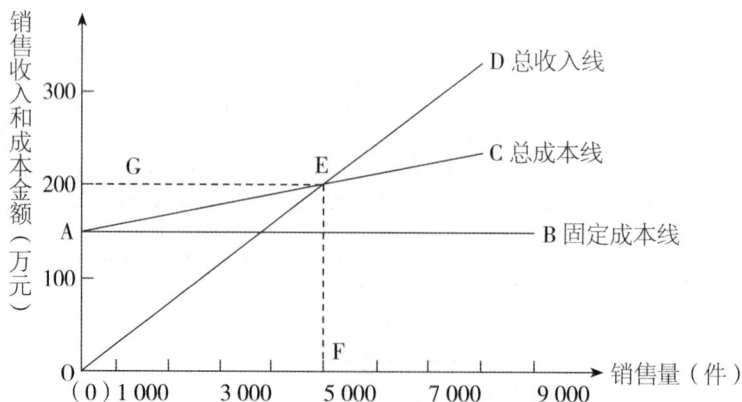

图5-7　标准式盈亏分析图

第一步，在纵轴150万元处画一条平行于横轴的固定成本线AB。

第二步，从A点起，以单位变动成本0.01元为斜率画一条AC线为总成本线。

第三步，过原点以单价0.04元为斜率画一条OD线为总收入线。

第四步，AC与OD相交于E点，即为保本点，过E点向横轴作垂直虚线交于F点为5 000件，过E点向纵轴作水平虚线交于G点为200万元，这就是所求得的保本点的销售量和销售收入。

（2）边际贡献式盈亏分析图

根据【例5-1】的有关资料，绘制边际贡献式盈亏分析图（如图5-8所示），步骤如下：

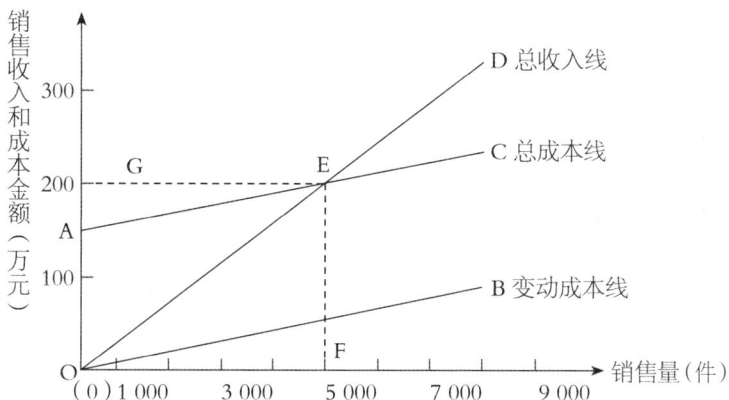

图5-8　边际贡献式盈亏分析图

第一步，先从原点以单位变动成本0.01元为斜率画出变动成本线OB。

第二步，在纵轴150万元处画出一条与变动成本线平行的总成本线AC。

第三步，过原点以单价0.04元为斜率画出总收入线OD。

第四步，AC与OD相交于E点，即为保本点，向横轴作垂直虚线交于F点为5 000件，向纵轴作水平虚线交于G点为200万元，即为所求得的保本点的销售量和营业额。

根据上述步骤绘制出来的就是边际贡献式盈亏分析图。

以上两种图形虽然不同，但所得的结果是一致的。它们的主要区别表现在两个方面：

第一，具体绘制方法不同。标准式盈亏分析图是先绘制固定成本线，在此基础上再绘制变动成本线；边际贡献式盈亏分析图是先绘制变动成本线，然后在此基础上再绘制固定成本线。两者对比，标准式易于理解，符合传统的观念；但边际贡献式也有优点，它将变动成本线直接与销售收入线相比较，能把不同销售量下的边际贡献额清晰地显示出来（如图5-8中OB和OD这两条射线的夹角部分），很醒目，盈亏区也更加突出。

第二，理论依据不同。标准式盈亏分析图的理论依据是：当销售收入总额等于总成本时，即可保本；边际贡献式盈亏分析图的理论依据是：当企业提供的边际贡献总额等于固定成本总额时，即可保本。尽管理论依据不同，但二者的计算结果是一样的。

（3）利量图

利量图，是从盈亏分析图演变而来的，它是用来反映盈亏数额与销售量变动之间相互关系的分析图。绘制利量图的基本步骤是：

第一步，在直角坐标图上，以横轴为销售量，纵轴为利润额。由于企业的经营结果可能是盈利，也可能是亏损，因此在纵轴上取正值表示盈利，取负值表示亏损。

第二步，取两点，一点在纵轴上是射线的起点，就是当销售量为0时，固定成本总额的负值点，即亏损点；另一点在横轴上，就是根据固定成本总额和边际贡献额计算保本点的销售量。连接这两点的射线，即为盈亏线。销售量在保本点以下时，企业发生亏损；销售量在保本点以上时，企业将有盈利。

按【例5-1】的有关资料，绘制利量图（如图5-9所示），步骤如下：

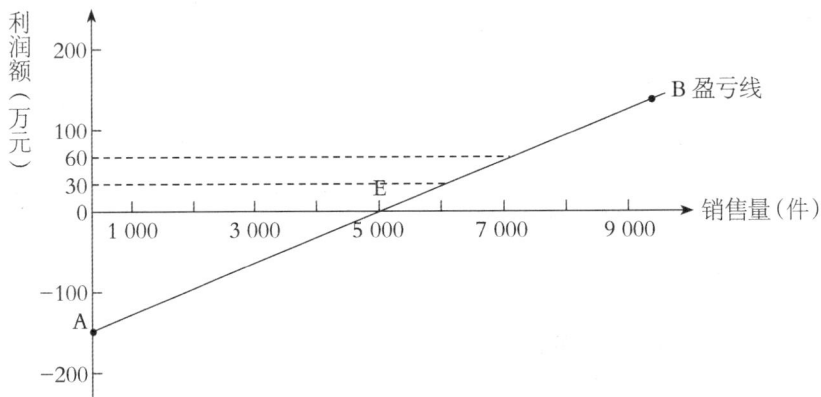

图5-9　利量图

第一步，在纵轴上按固定成本总额150万元取负值A点，表示当销售量为零时企业亏损150万元。

第二步，根据该企业保本点的销售量5 000件在横轴上取E点，即保本点。

第三步，连接AE画出一条射线至B点，AB即为盈亏线。有了AB这条盈亏线后，就可十分方便地求得在不同销售量水平下的盈亏数额。

当企业的销售量增大到6 000件时，从利量图上即可求得利润为30万元。如果该企业要获得的目标利润为60万元，也可从利量图上求得应达到的销售量为7 000件。验证如下：

利润=销售收入总额-总成本

　　=销售量×单价-（固定成本总额+单位变动成本×销售量）

当销售量达到6 000件时，则：

利润=6 000×0.04-（150+6 000×0.01）=30（万元）

当销售量为7 000件时，则：

利润=7 000×0.04-（150+7 000×0.01）=60（万元）

利量图与盈亏分析图相比，具有以下三个优点：

第一，绘制过程简单。盈亏分析图要画出三条线才能看出保本点，即盈亏区；而利量图只要画出一条线即可看出盈亏区。

第二，利量图把固定成本置于横轴之下的亏损区，把盈亏线与横轴的交点作为保本点，只有当盈亏线超出横轴才能进入盈利区，这样，更加突出了固定成本的位置和保本点。

第三，利量图更清晰地把盈亏数额与销售量的变动之间的内在联系表现出来。

利量图的主要缺点是看不出销售量变动对成本的影响，但它能使管理者掌握盈利数额随销售量变动而变动这个要害问题，因此，在实际工作中也具有广泛的用途。

2.图解法的优缺点

运用图解法预测保本点，由于提供的是形象化的信息，因此，往往比用数字或语言表达的信息更能收到良好的效果。图解法的主要优点表现在：

（1）它提供的是在一定范围内的动态信息，比固定状态下的静态信息更为有用。

（2）它不用许多数字加以说明，就能使管理者一目了然地掌握很多有用的信息。

（3）它直观、形象，更易理解。

图解法也存在不足之处，它的主要缺点是不够准确。但由于在依据预计数进行决策分析时，一般不要求十分精确，因此，这一缺点并不妨碍其在决策分析中被广泛应用。

3.盈亏分析图的应用

盈亏分析图对企业的经营管理具有十分重要的作用。从盈亏分析图可以看出，提高企业的盈利水平有两个基本途径，一是扩大销售量，二是降低保本点。

在其他因素不变的条件下，扩大销售量会增加企业的利润。但是，销售量的增减变动与利润的增减变动并不成正比例关系。其实，由于固定成本的存在，利润的增减变动幅度一般总是大于销售量变动的幅度。

根据成本习性分析已知，在一定的销售量范围内，销售量的增加一般不会改变固定成本总额，但它会使单位固定成本降低，从而提高单位销售量利润，并使利润的增长率大于销售量的增长率；反之，销售量的减少，会使单位固定成本升高，从而降低单位销售量利润，并使利润的下降率大于销售量的下降率。在没有固定成本的条件下，边际贡献总额应等于利润，在此条件下，利润的变动百分比才有可能与销售量的变动百分比同步增减。实际上，在现实经济生活中，固定成本是客观存在的，只要销售量有较小幅度的变动就会引起利润较大幅度的变动，这就是经营杠杆的作用。关于经营杠杆的含义以及经营杠杆的影响程度将在后面的章节中介绍。

在销售量稳定的条件下降低保本点，也是企业增加盈利的一个途径。保本点的高低取决于固定成本总额、单位变动成本和单价三个基本因素。保本点与固定成本总额和单位变动成本呈正比例关系，与单价呈反比例关系。因此，通过降低保本点来增加盈利，就要从减少单位变动成本、压缩固定成本和提高单价入手。降低保本点主要应从压缩固定成本入手。对于不可控性固定成本要认真分析其是否必要，是否经济合理；对于可控性固定成本，要按照实际需要编制好预算。为了压缩固定成本，应积极推广零基预算。

三、利润敏感性分析

用本量利分析法预测了保本点后，企业就要预测利润，规划最优的利润目标。为保证利润目标的实现，就必须对利润进行敏感性分析。

利润敏感性分析，是分析有关因素变动对利润变动影响程度的一种方法。企业管理者掌握各种因素变动对利润影响的灵敏度，将有助于提高经营决策的水平。在管理实务中可以通过计算利润的敏感系数来进行。其计算公式为：

$$某因素对利润的敏感系数=\frac{利润变动百分比}{某因素变动百分比}$$

下面举例说明各因素变动对利润变动的敏感程度的计算方法。

【例5-3】假设某企业计划年度某产品销售量为5 000件，单位产品销售价格为0.14万元，单位变动成本为0.09万元，固定成本总额为150万元。则：

计划年度可实现的利润=5 000×（0.14-0.09）-150=100（万元）

现在假设销售量、单位变动成本、固定成本总额和单价各变动1%，各因素变动对利润的影响以及对利润的敏感系数计算如下：

（一）销售量变动对利润的影响

当销售量增加1%时，对利润的影响计算如下：

销售量变动后的利润=5 000×（1+1%）×（0.14-0.09）-150=102.5（万元）

销售量变动影响的利润=102.5-100=2.5（万元）

利润变动百分比=2.5÷100×100%=2.5%

销售量对利润的敏感系数=利润变动百分比÷销售量变动百分比=2.5%÷1%=2.5

（二）单价变动对利润的影响

当单价提高1%时，对利润的影响计算如下：

单价变动后的利润=5 000×［0.14×（1+1%）-0.09］-150=107（万元）

单价变动影响的利润=107-100=7（万元）

利润变动百分比=7÷100×100%=7%

单价对利润的敏感系数=利润变动百分比÷单价变动百分比=7%÷1%=7

（三）单位变动成本变动对利润的影响

当单位变动成本增加1%时，对利润的影响计算如下：

单位变动成本变动后的利润=5 000×［0.14-0.09×（1+1%）］-150=95.5（万元）

单位变动成本变动影响的利润=95.5-100=-4.5（万元）

利润变动百分比=-4.5÷100×100%=-4.5%

单位变动成本对利润的敏感系数=利润变动百分比÷单位变动成本变动百分比=-4.5%÷1%=-4.5

（四）固定成本总额变动对利润的影响

当固定成本总额增加1%时，对利润的影响计算如下：

固定成本总额变动后的利润=5 000×（0.14-0.09）-150×（1+1%）=98.5（万元）

固定成本变动影响的利润=98.5-100=-1.5（万元）

利润变动百分比=-1.5÷100×100%=-1.5%

固定成本对利润的敏感系数=利润变动百分比÷固定成本变动百分比=-1.5%÷1%=-1.5

将以上计算结果列表，见表5-4。

表5-4　　　　　　　**各因素变动对利润的敏感系数计算表**　　　　　　金额单位：万元

影响因素	变动程度	变动后利润	影响利润额	利润变动	对利润的敏感系数
销售量	+1%	102.5	2.5	2.5%	2.5
单价	+1%	107	7	7%	7
单位变动成本	+1%	95.5	-4.5	-4.5%	-4.5
固定成本总额	+1%	98.5	-1.5	-1.5%	-1.5

从表中的计算结果可以看出，销售量每增加1%，利润将以2.5%的速度递增，即利润变动是销售量变动的2.5倍；单价每提高1%，利润将以7%的速度递增，即利润变动是单价变动的7倍；单位变动成本每增加1%，利润将以4.5%的速度下降，即利润变动是单位变动成本变动的4.5倍；固定成本每增加1%，利润将下降1.5%，即利润变动是固定成本总额变动的1.5倍。通过以上分析可以看出，各因素对利润影响的程度是不同的，其中影响最大的是单价和单位变动成本，其他依次为销售量和固定成本总额。

利润敏感性分析实际上给出了这样一个信息：各因素变动对利润的影响程度是不同的，在管理工作中必须抓住主要影响因素，因为这些因素对利润的影响程度较大，它们每发生一点变化对利润的影响都是不可忽视的。

四、目标利润预测

目标利润是企业在计划期内从事经营活动必须保证实现的经营成果总目标。它是根据管理层的宏观调控以及企业对市场预测的有关信息，运用本量利分析法，对影响利润的各种因素经过反复测算后确定的。目标利润预测包括两方面内容：

（一）利用本量利分析基本公式预测

用本量利分析法进行利润预测的基本公式为：

目标利润=销售收入-变动成本总额-固定成本总额

　　　　=销量×（单价-单位变动成本）-固定成本总额

【例5-4】假设某企业的固定成本总额为150万元，某产品的年销售量为5 000件，单位产品销售价格为0.05万元，单位变动成本为0.01万元。估计计划年度销售量比上一年度增长5%，假设其他因素不变，要求预测目标利润。

将上述有关因素代入本量利分析关系式，则有：

计划实现利润=5 000×（1+5%）×（0.05-0.01）-150=60（万元）

对计划期可能实现的利润进行预测以后，就可以把企业的目标利润确定下来。

（二）各因素逐个变动对目标利润实现的影响的分析

从前面计算的各因素变动对利润的影响可知，各因素变动对利润的影响程度是不同的。企业从经营角度出发，假设将计划年度原定的目标利润提高一定数额或比例，为保证目标利润的实现可通过本量利分析的基本公式对有关因素逐个进行分析，然后结合各个企业的具体情况做出最优决策。

【例5-5】假设某企业计划年度销售量为5 000件，单价为0.12万元，单位变动成本为0.09元，固定成本总额为10万元，原定的目标利润为140万元。现根据市场预测，决定将目标利润定为145万元，要求对影响利润的四个因素逐个进行预测，计算它们如何变动才能保证目标利润的实现。其基本方法是：

1.提高销售量

$$目标利润下的销售量=\frac{固定成本总额 + 目标利润}{单价 - 单位变动成本}$$

$$=\frac{10 + 145}{0.12 - 0.09}=5\ 167（件）$$

即，当固定成本、单位变动成本、单价不变时，只要销售量增加到5 167件，即销售量提高3.34%，就可保证目标利润的实现。

2.降低单位变动成本

$$目标利润下的单位变动成本=\frac{销售收入总额 - 固定成本总额 - 目标利润}{销售量}$$

$$=\frac{5\ 000 \times 0.12 - 10 - 145}{5\ 000}=0.089（万元）$$

即，其他因素不变，只要将单位变动成本降到0.089万元，即单位变动成本降低1.11%，就可保证目标利润的实现。

3.降低固定成本总额

目标利润下的固定成本总额=销售量×（单价-单位变动成本）-目标利润

$$=5\ 000×（0.12-0.09）-145$$

$$=5（万元）$$

即，其他因素不变，只要固定成本降到5万元，即固定成本降低50%，也可保证目标利润的实现。

4.提高单价

$$目标利润下的单价=\frac{固定成本总额 + 目标利润}{销售量} + 单位变动成本$$

$$=\frac{10 + 145}{5\ 000} + 0.09=0.121（万元）$$

也就是说，其他因素不变，只要将单价提高到 0.121 万元，即单价提高 0.83%，也可保证目标利润的实现。

第四节　外部融资需求预测

外部融资需求预测，是指测算企业一定时期的外部融资数额，以满足企业对资金的需要。外部融资需求预测的方法主要包括销售百分比法、现金收支预算法和回归分析法等。

一、销售百分比法

销售百分比法，是根据销售收入与资产、负债、收入、成本、税金之间的关系，进行外部融资需求预测的方法。以销售百分比法进行外部融资需求预测，是建立在销售收入与其他因素之间存在着稳定关系的基础上的。按销售百分比法确定企业的外部融资需求时，首先要将企业的资产和负债按其与销售收入之间的关系，区分为随着销售收入变动的项目和不随着销售收入变动的项目。在随着销售收入变动的资产、负债项目中，各项目与销售收入变动之间的比率关系也是不同的，企业需要根据对历史数据的对比分析，找出各项目与销售收入之间的函数关系，然后再根据预计的销售收入以及选定的资产、负债项目与销售收入之间的关系，确定预测期的总资产、总负债、留存收益的增加额，然后根据其相互之间的关系，测算预测期的外部融资数额。

按销售百分比法预测的外部融资需求额的计算步骤如下：

第一步，确定预测期的销售收入。

第二步，确定资产负债表中资产、负债项目与销售收入之间的函数关系。

第三步，根据资产、负债项目与销售收入之间的关系，测算预计的总资产、总负债。

第四步，根据预测的销售收入以及营业净利率和股利支付率，测算企业的留存收益增加额。

第五步，预测企业的外部融资需求额。其计算公式为：

外部融资需求额=预计的总资产−预计的总负债−（留存收益增加额+上年股东权益总额）

预计的总资产=预计的销售收入×确定的资产销售百分比

预计的总负债=预计的销售收入×确定的负债销售百分比

留存收益增加额=预计的销售收入×营业净利率×（1−股利支付率）

下面举例说明按销售百分比法进行财务预测的方法。

【例5-6】假设某企业基年的资产负债表中各个项目及其金额见表5-5，企业上年的利润表项目、辅助信息项目及其金额见表5-6。

表5-5   某企业基年的资产负债表   单位：万元

资产	金额	负债及所有者权益	金额
货币资金	6 510	短期借款	500
应收账款	995	应付账款	4 500
其他应收款	2 000	预收账款	500
预付账款	1 020	应付职工薪酬	1 095
存货	870	流动负债合计	6 595
流动资产合计	11 395	长期借款	5 000
长期股权投资	1 200	非流动负债合计	5 000
固定资产净值	4 000	负债合计	11 595
在建工程	5 000	实收资本	6 000
非流动资产合计	10 200	资本公积	—
		盈余公积	2 500
		未分配利润	1 500
		所有者权益合计	10 000
资产总计	21 595	负债及所有者权益总计	21 595

表5-6   某企业基年的利润表及附表信息   单位：万元

项目	金额
利润表项目：	
一、营业收入	16 000
减：营业成本	11 000
税金及附加	400
销售费用	800
管理费用	300
财务费用	200
研发费用	100
加：投资收益	500
二、营业利润	3 700

续表

项目	金额
加：营业外收入	600
减：营业外支出	600
三、利润总额	3 700
减：所得税费用（考虑纳税调整因素）	1 200
四、净利润	2 500
辅助信息项目：	
一、净利润	2 500
加：年初未分配利润	800
盈余公积转入	—
二、可供分配利润	3 300
减：提取法定盈余公积	250
三、可供股东分配的利润	3 050
减：提取任意盈余公积	250
应付普通股股利	1 300
四、未分配利润	1 500

根据对有关资料的分析，该企业的流动资产、固定资产、应付账款、预收账款与营业收入之间存在着一定的函数关系，且为正比例关系。按上年末资产负债表以及利润表的有关数据，计算确定的有关资产、负债项目与营业收入之间的关系见表5-7。

表5-7 　　　　　　　　　**某企业资产、负债占销售百分比计算表** 　　　　　　金额单位：万元

项　　目	金额	基年的营业收入*	各项目占营业收入百分比
流动资产	11 395		71.2188
固定资产（不含在建工程）	4 000	16 000	25
应付账款	4 500		28.125
预收账款	500		3.125

注：*本例中的"营业收入"为主营业务收入。

当资产、负债项目占销售百分比关系确定后，按照预计的营业收入，即可测算出未含留存收益增加额前的融资需求（见表5-8）。本例假设预计的营业收入为20 500万元。

表5-8　　　　　　　　　　　　某企业未含留存收益增加额的融资需求　　　　　　　　　单位：万元

项　目	基年实际	各项目占销售百分比	预计的营业收入	预计期末资产负债表项目金额	比上年增加
资产：					
流动资产	11 395	71.2188	20 500	14 599.85	3 204.85
固定资产	4 000	25		5 125	1 125
在建工程	5 000			5 000	
长期股权投资	1 200			1 200	
资产合计	21 595			25 924.85	4 329.85
负债及股东权益：					
短期借款	500			500	
应付账款	4 500	28.125		5 765.63	1 265.63
预收账款	500	3.125		640.63	140.63
应付职工薪酬	1 095			1 095	
长期借款	5 000			5 000	
负债合计	11 595			13 001.26	1 406.26
实收资本	6 000			6 000	
盈余公积	2 500			2 500	
未分配利润	1 500			1 500	
股东权益合计	10 000			10 000	
负债及股东权益合计	21 595			23 001.26	
融资需求额				2 923.59	

　　根据表5-8的计算结果可知，该企业计划期预计的总资产为25 924.85万元，预计的总负债为13 001.26万元，未考虑留存收益前的股东权益总额为10 000万元，预计的融资需求额为2 923.59万元。

　　一般来说，企业筹资首先要利用企业内部积累的留存收益等资金，其次是负债筹资，最后是通过发行股票方式筹集资金。因此，当企业的资金不能满足资产增加对资金的需求时，首先要考虑在预测期能够形成的留存收益增加数。

　　留存收益增加额，取决于企业预计的营业收入、营业净利率以及股利支付率。其计算公式为：

留存收益增加额=预计的营业收入×营业净利率×（1–股利支付率）

其中，营业净利率一般可按基年或根据历史资料计算。本例按基年的营业净利率确定。基年的营业净利率计算如下：

$$基年的营业净利率=\frac{基年的净利润}{基年的营业收入}=\frac{2\,500}{16\,000}\times100\%=15.63\%$$

股利支付率的高低取决于企业的股利分配政策。本例假定的股利支付率为40%，则留存收益增加额计算如下：

留存收益增加额=20 500×15.63%×（1–40%）=1 922.49（万元）

当确定了预测期的留存收益增加额后，即可预测出企业的外部融资需求额。本例的外部融资需求额计算如下：

外部融资需求额=未考虑留存收益增加额之前的融资需求–留存收益增加额

=2 923.59–1 922.49=1 001.1（万元）

或者　　　　　　　=25 924.85–13 001.26–（10 000+1 922.49）=1 001.1（万元）

以上分析说明，该企业要实现20 500万元的营业收入，需要增加资产占用4 329.85万元，其中负债的自然增加形成资金来源1 406.26万元，留存收益增加形成资金来源1 922.49万元，本企业应再从外部融资1 001.1万元。

从上例的计算中可以看出，一个企业的外部融资需求额，不仅受到营业收入的影响，而且受到营业净利率和股利支付率的影响。营业净利率越高，外部融资需求就越少；股利支付率越高，外部融资的需求就越大。

按上例，当其他因素不变时，即使营业净利率相同，也会因股利支付率的不同（股利支付率为100%的特殊情况除外），引起不同的外部融资需求。当营业净利率不同时，即使股利支付率相同，也会引起不同的外部融资需求。参见表5-9。

表5-9　　　　　　　　**外部融资需求与净利率、股利支付率的关系**　　　　　　　单位：万元

项　目	预计总资产	预计总负债	留存收益增加额	预计总权益	外部融资需求额
营业净利率10%： 股利支付率为0	25 924.85	13 001.26	2 050	12 050	873.59
股利支付率为40%	25 924.85	13 001.26	1 230	11 230	1 693.59
股利支付率为100%	25 924.85	13 001.26	0	10 000	2 923.59
营业净利率15.63%： 股利支付率为0	25 924.85	13 001.26	3 204.15	13 204.15	–280.56
股利支付率为40%	25 924.85	13 001.26	1 922.49	11 922.49	1 001.1
股利支付率为100%	25 924.85	13 001.26	0	10 000	2 923.59

注：表中预计总资产、总负债、留存收益增加额的计算方法，参见前文的计算公式。

表5-9的计算结果显示，当营业净利率为15.63%，股利支付率为0时，测算出的企

业外部融资需求为-280.56万元，这说明企业不需要从外部筹集资金，而企业多余的资金可用于对外投资。此时，企业的总资产为26 205.41万元（25 924.85+280.56）。

根据表5-9中的数据，可绘制出融资需求与营业净利率、股利支付率三者的关系图，如图5-10所示。

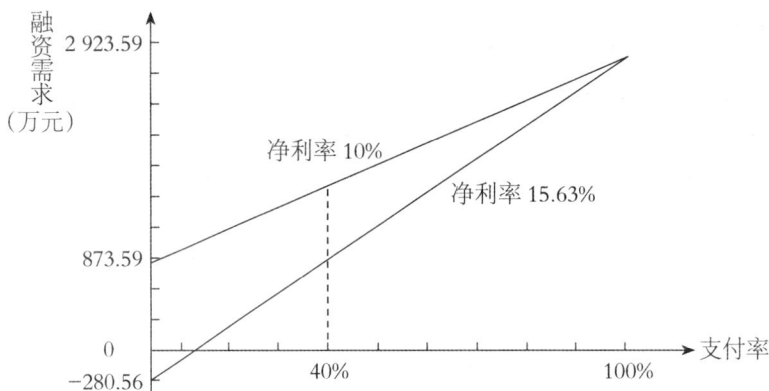

图5-10　融资需求与营业净利率、股利支付率的关系

在按销售百分比法预测外部融资需求时，关键是要确定资产、负债项目与销售收入之间的关系，如果此比例确定得不合理，会出现预测结果偏离实际的情况。当销售与资产、负债项目与实际存在较大差异时，对企业的融资决策会产生错误的导向，因此，在确定销售收入与资产、负债项目之间的关系时，应寻找规律，以免预测结果出现失误。

二、现金收支预算法

现金收支预算反映了企业一定时期的现金收支及其结余数，它在企业的管理中具有十分重要的作用。因此，按现金收支预算法进行财务预测比用销售百分比法进行的财务预测更符合企业的实际情况。

三、回归分析法

回归分析法是研究一个受到随机变量影响的随机变量与另一个随机变量（或一般变量）之间的依赖关系的统计分析方法。利用回归分析法进行外部融资预测，就是根据历史资料求出资产负债表各个项目与销售收入之间的函数关系，以此预测资产和负债数额，然后预测外部融资需求。

使用回归分析法，要以销售收入与资产负债存在着线性关系为基础。例如，假设存货（Y）与销售收入之间存在线性关系，则可列出直线方程式如下：

$$Y=a+bx$$

根据历史资料和回归分析的最小二乘法求出直线方程的系数a和b，然后根据预计的销售收入和直线方程式测算出存货金额。其他与销售收入之间存在着线性关系的资产、负债项目都可以比照存货方法求得。当所有的与销售有关的资产、负债项目都确定了之后，可利用销售百分比法进行财务预测。

此外，还可以利用其他分析方法进行财务预测。

重要概念

财务预测 成本习性分析 本量利分析 固定成本 变动成本 边际贡献 保本点

复习思考

1.销售预测的方法主要有哪些?

2.成本习性分析在企业的经营管理中有什么作用?

3.什么是利润的敏感性分析? 如何计算各因素变动对利润的影响?

4.什么是外部融资需求预测? 一般有哪些预测方法?

5.什么是销售百分比法? 按销售百分比法进行外部融资需求预测一般要经过哪些步骤?

操作练习

目的：掌握用销售百分比法进行外部融资需求预测的方法。

资料：某企业上年的简易资产负债资料见表1。根据以往的经验，该企业的流动资产、固定资产和应付账款与销售之间呈现一定的比例关系（即为敏感项目）。企业上年度实现的销售收入为4 000万元，净利润为600万元，本年预计实现销售收入5 000万元。假设本年的营业净利率保持上年水平，公司适用的所得税税率为25%，公司确定的本年度税后利润分配率（股利支付率）为40%。

要求：根据上述资料测算企业本年度需要从外部融资的数额（填入表1中）。

表1
外部融资需求预测表

项　目	上年预计 （万元）	占销售百分比 （上年销售4 000万元）	本年计划 （本年销售5 000万元）
资产：			
流动资产	800		
固定资产	1 200		
资产合计	2 000		
负债：			
短期借款	65		
应付账款	160		
其他应付款	35		

续表

项 目	上年预计（万元）	占销售百分比（上年销售 4 000 万元）	本年计划（本年销售 5 000 万元）
长期应付款	800		
负债合计	1 060		
所有者权益：			
实收资本	100		
资本公积	16		
留存收益	824		
所有者权益合计	940		
外部融资需求：			
负债及所有者权益总计	2 000		

预算管理的工具方法

【导语】在预算实务中，企业可以选择不同的工具方法进行预算编制。本章的目的在于介绍不同的预算管理工具及其应用范围，并通过举例说明如何应用该工具方法，以便为后期的企业预算编制奠定基础。

本章内容要点

第一节　预算管理的工具方法及其适用范围

一、固定预算和弹性预算

这是按照业务量基础的数量特征来分类进行预算编制的方法。

（一）固定预算

固定预算又称静态预算，是指以预算期内正常的、最可能实现的某一业务量水平为固定基础，不考虑可能发生的变动的预算编制方法。业务量，是指企业的销售量、产量、作业量等与预算项目相关的弹性变量。我们通常做的生产预算、销售预算，是按预计的某一业务量水平来编制的，就属于固定预算。固定预算是一种较为传统的预算编制方法。

固定预算的主要优点是编制较为简便；缺点是实际业务水平与预算业务水平相差较大时，就难以发挥预算应有的作用，难以进行控制、考核、评价等。因此，在市场变化较大或较快的情况下，不宜采用此法。一般来说，固定预算只适用于业务量水平较为稳定的企业或非营利组织。

（二）弹性预算

由于受主客观因素的影响，各月份、各季度之间的业务量往往会发生较大变化，当实际发生的业务量与编制预算所依据的业务量出现较大差异时，按固定预算编制出的各成本项目的实际数与预算数之间会缺少可比的基础。为此，有必要依据实际业务量的变动对原预算数进行调整。为弥补传统预算编制方法的缺陷，可通过编制弹性预算的方法来解决。

我国财政部发布的《管理会计应用指引第203号——弹性预算》中对弹性预算及其适用范围、应用环境、应用程序以及该工具方法评价都做了说明。

1.弹性预算及其适用范围

弹性预算，顾名思义，是一种具有伸缩性的预算。弹性预算是在不能准确预测未来业务量的情况下，根据成本性态及业务量、成本和利润之间的依存关系，按预算期内可能发生的业务量编制的一系列预算。弹性预算是相对于固定预算的一种编制方法。弹性预算适用于企业各项预算的编制，特别是市场、产品等存在较大不确定性，且其预算项目与业务量之间存在明显的数量依存关系的预算项目。

2.应用环境

（1）企业应用弹性预算工具方法，应遵循《管理会计应用指引第200号——预算管理》中对应用环境的一般要求。

（2）企业应用弹性预算工具方法，应合理识别与预算项目相关的业务量，长期跟踪、完整记录预算项目与业务量的变化情况，并对二者的数量依存关系进行深入分析。

（3）企业应用弹性预算工具方法，应成立由财务、战略和有关业务部门组成的跨部门团队。

（4）企业应合理预测预算期的可能业务量，借助信息系统或其他管理会计工具方法，匹配和及时修订弹性定额。

3.应用程序

企业应用弹性预算的工具方法，一般要按照以下程序来进行：

（1）确定弹性预算适用项目，识别相关的业务量并预测业务量在预算期内可能存在的不同水平和弹性幅度；分析预算项目与业务量之间的数量依存关系，确定弹性定额；构建弹性预算模型，形成预算方案；审定预算方案。

（2）企业选择的弹性预算适用项目一般应与业务量有明显的数量依存关系，且企业能有效分析该数量依存关系，并积累了一定的分析数据。

（3）企业在选择成本费用类弹性预算适用项目时，还要考虑该预算项目是否具备较好的成本性态分析基础。

（4）企业应分析、确定与预算项目变动直接相关的业务量指标，确定其计量标准和方法，作为预算编制的起点。

（5）企业应深入分析市场需求、价格走势、企业产能等内外因素的变化，预测预算期可能的不同业务量水平，编制销售计划、生产计划等各项业务计划。

（6）企业应逐项分析、认定预算项目和业务量之间的数量依存关系、依存关系的合理范围及变化趋势，确定弹性定额。

（7）确定弹性定额后，企业应不断强化弹性差异分析，修正和完善预算项目和业务量之间的数量依存关系，并根据企业管理需要增补新的弹性预算定额，形成企业弹性定额库。

（8）企业通常采用公式法或列表法构建具体的弹性预算模型，形成基于不同业务量的多套预算方案。

公式法下弹性预算的基本公式为：

预算总额=固定基数+（与业务量相关的弹性定额×预计业务量）

应用公式法编制预算时，相关弹性预算定额可能仅适用于一定的业务量范围，当业务量变动超出该适用范围时，应及时修正，更新弹性定额，或改为用列表法来编制。

列表法，是指企业通过列表的方式，在业务量范围内依据已划分出的若干个不同等级，分别计算并列示该预算项目与业务量相关的不同可能预算方案的方法。应用列表法编制预算，首先要在确定的业务量范围内划分出若干个不同的水平，然后分别计算各项预算值，汇总列入一个预算表格（见表6-1）。

表6-1　　　　　　　　　　　　　列表法下的弹性预算　　　　　　　　　　　　　单位：元

项　目	单位变动费用	5 500件	6 000件	6 500件	7 000件
变动费用					
销售佣金	2	11 000	12 000	13 000	14 000
运输费	0.42	2 310	2 520	2 730	2 940
业务费	1.58	8 690	9 480	10 270	11 060
小　计	4	22 000	24 000	26 000	28 000
固定费用					
广告费		9 000	9 000	9 000	9 000
人员工资		25 000	25 000	25 000	25 000
保险费		6 000	6 000	6 000	6 000
财产税		2 000	2 000	2 000	2 000
小　计		42 000	42 000	42 000	42 000
合　计		64 000	66 000	68 000	70 000

列表法的优点是：不管实际业务量是多少，不必经过计算即可找到与业务量相近的预算成本；混合成本中的阶梯成本和曲线成本，可按总成本性态模型计算填列，不必用数学方法修正为近似的直线成本。但是，运用列表法编制预算，在评价和考核实际成本时，往往需要使用插补法来计算"实际业务量的预算成本"，比较麻烦。

（9）企业预算管理责任部门，应审核、评价和修正各预算方案，根据预算期最可能实现的业务量确定预算控制标准，并上报企业预算管理委员会等专门机构审议后报董事会等机构审批。

4.工具方法评价

弹性预算的主要优点在于：考虑了预算期可能的不同业务的业务量水平，更贴近企业经营管理的实际情况。弹性预算的主要缺点在于：一是编制工作量大；二是市场及其变动趋势预测的准确性、预算项目与业务量之间依存关系的判断水平等会对弹性预算的合理性造成较大影响。

二、增量预算和零基预算

这是按照预算出发点的特征不同来分类进行预算编制的方法。

（一）增量预算

增量预算，是指以历史期间实际经济活动及其预算为基础，结合预算期经济活动及相关影响因素的变动情况，通过调整历史期间经济活动项目及金额形成预算的预算编制方法。

其计算公式为：

某项预算指标=基期实际指标×（1± %）

【例6-1】某公司上年度印刷费支出50 000元，预计新年度印刷业务量将增加20%，而公司希望在上年费用水平的基础上按照压缩10%的幅度做新年度的费用预算。

根据已知条件和计算公式，新年度的印刷费预算为：

50 000×（1+20%）×90%=54 000（元）

增量预算的基本假定是：（1）现有的业务活动是企业必需的；（2）原有的各项开支都是合理的；（3）增加费用预算是值得的。

增量预算的缺点在于：（1）受原有费用项目限制，可能导致保护落后；（2）滋长预算中的平均主义和简单化；（3）不利于企业未来的发展。

（二）零基预算

零基预算的思想源于1952年美国人维恩·刘易斯在《预算编制理论新解》中所提出的观点。他认为，在资本限量约束下编制公共支出预算时，依据不同的标准或方法进行资金分配将导致不同的结果。因此他认为，只有通过"非传统的编制方法"才能解决这一问题，而这种"非传统的编制方法"就是后来的零基预算编制法。

20世纪60年代，美国联邦政府农业部曾试图在本部门推行零基预算，但最终无果而终。1970年，美国得克萨斯仪器公司人事研究部门在部门预算编制中成功地利用了零基预算编制方法，此后该公司的所有部门在编制预算时都成功地采用了零基预算。随后，零基预算便先在美国的私营企业界广泛推广，不久美国联邦政府决定在公共部门全面使用零基预算。之后，世界其他一些国家的政府也陆续采用了该方法。

我国财政部发布的《管理会计应用指引第202号——零基预算》中对零基预算及其适用范围、应用环境、应用程序以及该工具方法评价都做了说明。

第六章 预算管理的工具方法

1.基本概念及适用范围

零基预算，是指企业不以历史期间经济活动及其预算为基础，而是以零为起点，从实际需要出发，分析预算期经济活动的合理性，经综合平衡形成预算。零基预算是相对于增量预算而言的一种预算编制方法。

零基预算适用于企业各项预算的编制，特别是不经常发生的预算项目或者预算编制基础变化较大的预算项目。

2.应用环境

（1）企业应用零基预算工具方法，应遵循《管理会计应用指引第200号——预算管理》中对应用环境的一般要求。

（2）企业应结合预算项目的实际情况、预算管理要求和应用成本，选择使用零基预算工具方法。

（3）企业应用零基预算工具方法，应明确预算管理责任部门和预算编制责任部门，预算管理责任部门负责组织各部门确定和维护各预算项目的编制标准，组织各具体预算项目的编制；预算编制责任部门具体负责本部门业务计划和预算的编制。

3.应用程序

（1）企业应用零基预算工具方法编制预算，一般要按照明确预算编制标准、制订业务计划、编制预算草案、审定预算方案等程序进行。

（2）企业应收集和分析对标单位、行业等外部信息，结合内部管理需要形成企业各预算项目的编制标准，并在预算管理过程中根据实际情况不断地分析评价、修订完善预算编制标准。

（3）预算编制责任部门应依据企业战略、年度经营目标和内外环境变化等安排预算期经济活动，在分析预算期各项经济活动合理性的基础上制订详细、具体的业务计划，作为预算编制的基础。

预算编制责任部门应以相关业务计划为基础，根据预算编制标准编制本部门相关预算项目，并报预算管理责任部门审核。

预算管理责任部门应在审核相关业务计划合理性的基础上，逐项评价各预算项目的目标、作用、标准和金额等。按战略相关性、资源限额和效益性等进行综合分析和平衡，汇总形成企业预算草案，上报企业预算管理委员会等专门机构审议后报董事会等机构审批。

4.工具方法评价

零基预算的主要优点：一是以零为起点编制预算，不受历史期间经济活动中的不合理因素影响，能够灵活应对内外环境的变化，预算编制更贴近预算期企业经济活动的需要；二是有助于增加预算编制的透明度，有利于进行预算控制。

零基预算的主要缺点：一是预算编制工作量较大、成本较高；二是预算编制的准确性受企业管理水平和相关数据标准准确性的影响较大。

零基预算是以零为基础编制计划与预算的方法。在零基预算法下，编制成本费用预算时，不考虑以往会计期间所发生的费用项目或费用数额，而是以所有的预算支出均为零作为出发点，一切从需要与可能出发，逐项审议预算期内各项费用的内容与开支标准是否合理，在综合平衡的基础上编制费用预算。

三、定期预算和滚动预算

这是按照预算期的时间特征不同来分类进行预算编制的方法。

（一）定期预算

定期预算是指在编制预算时以不变的会计期间（如日历年度）作为预算期的一种编制预算的方法。目前大多数企业的预算都采用定期预算法编制。

定期预算的唯一优点在于，使预算期与会计年度相配合，便于考核与评价预算的执行结果。其缺点则表现为具有短期行为性、滞后性与间断性。

（二）滚动预算

财政部发布的《管理会计应用指引第201号——滚动预算》中，对滚动预算及其适用范围、应用环境、应用程序以及该工具方法评价都做了说明。

1. 基本概念

滚动预算，是指企业根据上一期预算执行情况和新的预测结果，按照既定的预算编制周期和滚动频率，对原有的预算方案进行调整和补充，逐期滚动、持续推进的预算编制方法。

预算编制周期，是指每次预算编制所涵盖的时间跨度。滚动频率，是指调整和补充预算的时间间隔，一般以月度、季度、年度等为滚动频率。滚动预算一般由中期滚动预算和短期滚动预算组成。中期滚动预算的预算编制周期通常为3年或5年，以年度作为预算滚动频率。短期滚动预算通常以一年为预算编制周期，以月度、季度作为预算滚动频率。

按照滚动的频率不同，可以分为逐月滚动、逐季滚动和混合滚动。滚动预算的编制可采取长计划、短安排的方式进行，也就是在编制预算时，先把年度划分为四个季度，并将第一季度按月划分，建立各月的明细预算，以便监督预算的执行，其他三个季度可以粗略一些。第一季度结束后，再将第二季度的预算数按月细分，依此类推。滚动预算图示如图6-1所示。滚动预算与其说是一种预算编制方法，还不如说是一种预算编制思想。

2. 应用环境

企业应用滚动预算工具方法，应遵循《管理会计应用指引第200号——预算管理》中对应用环境的一般要求。

（1）企业应用滚动预算工具方法，应具备丰富的预算管理经验和能力。企业应建立先进、科学的信息系统，及时获取充足、可靠的外部市场数据和企业内部数据，以满足编制滚动预算的需要。

第六章　预算管理的工具方法

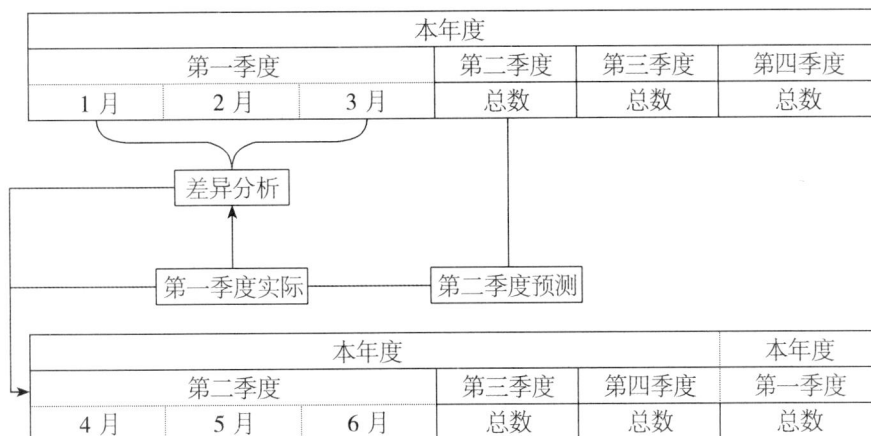

本年度			第二季度	第三季度	第四季度
第一季度			总数	总数	总数
1 月	2 月	3 月			

差异分析

第一季度实际　　第二季度预测

本年度			本年度
第二季度			第三季度 第四季度	第一季度
4 月	5 月	6 月	总数　总数	总数

图6-1　滚动预算图示

（2）企业应重视预算编制基础数据，统一财务和非财务信息标准，确保预算编制以可靠、翔实、完整的基础数据为依据。

3.应用程序

（1）企业应遵循《管理会计应用指引第200号——预算管理》中的应用程序实施滚动预算。

（2）企业应研究外部环境变化，分析行业特点、战略目标和业务性质，结合企业管理基础和信息化水平，确定预算编制的周期和预算滚动的频率。

（3）企业应遵循重要性原则和成本效益原则，结合业务性质和管理要求，确定滚动预算的编制内容。

（4）企业通常可以选择编制业务滚动预算，对于管理基础好、信息化程度高的企业，还可选择编制资本滚动预算和财务滚动预算。

（5）企业应以战略目标和业务计划为依据，并根据上一期预算执行情况和新的预测信息，经综合平衡和结构优化，作为下一期滚动预算的编制基础。

（6）企业应以战略目标和业务计划为基础，研究滚动预算所涉及的外部环境变化和内部重要事项，测算并提出预算方案。

（7）企业实行中期滚动预算的，应在中期预算方案的框架内滚动编制年度预算。第一年的预算约束对应年度的预算，后续期间的预算指引对应后续年度的预算。

（8）短期滚动预算服务于年度预算目标的实施。企业实行短期滚动预算的，应以年度预算为基础，分解编制短期滚动预算。

（9）企业应分析影响预算目标的各种动因之间的关系，建立预算模型，生成预算编制方案。

（10）企业应对比分析上一期的预算信息和预算执行情况，结合新的内外部环境预测信息，对下一期预算进行调整和修正，持续进行预算的滚动编制。

（11）企业可借助数据仓库等信息技术的支撑，实现预算编制方案的快速生成，减少预算滚动编制的工作量。

（12）企业应根据预算滚动编制结果，调整资源配置和管理要求。

4.工具方法评价

滚动预算的主要优点是：通过持续滚动预算的编制、逐期滚动管理，实现动态的市场反馈，建立跨期综合平衡，从而有效地指导企业运营，强化预算的决策与控制职能。

滚动预算的主要缺点：一是预算滚动的频率高，对预算沟通的要求越高，预算编制的工作量越大；二是过高的滚动频率容易增加管理层的不稳定感，导致预算执行者无所适从。

但在实践中，采用滚动预算必须要有与之相适应的外部条件，如材料供应时间等。此外，实行滚动预算的自动延伸工作比较耗时，代价太大。

因此，这种方法主要适用于规模较大、时间较长的工程类或大型设备采购项目。

四、确定性预算和不确定性预算

这是根据预算期内是否存在不确定性因素来分类进行预算编制的方法。

（一）确定性预算

这是指根据预算期内可以预见的变量进行确定性预测和决策并编制预算，如固定预算和增量预算都属于确定性预算。

（二）不确定性预算

不确定性（uncertainty）是经济学中关于风险管理的概念，指的是经济主体对于未来的经济状况尤其是收益与损失的分布范围以及状态不能确知。此时，可通过编制概率预算加以解决。

概率预算是对具有不确定性的预算项目，估计其发生各种变化的概率，根据可能出现的最大值和最小值计算其期望值，从而编制的预算，一般适用于难以预测变动趋势的预算项目，如销售新产品、开拓新业务等。

期望值的计算公式为：

期望值=$\sum$某种状态下的预算指标水平 × 该种状态的概率

概率预算的格式见表6-2。

表6-2　　　　　　　　　　　　　　**概率预算的格式**

营业状态	营业额	概率	期望值
最好	8 000	0.1	800
较好	6 000	0.5	3 000
一般	4 000	0.3	1 200
较差	2 500	0.1	250
合计		1	5 250

五、作业预算

财政部发布的《管理会计应用指引第204号——作业预算》，对作业预算及其适用范围、应用环境、应用程序以及该工具的方法评价都做了说明。

（一）概念及适用范围

1.作业的概念与类别

这里的作业，是指企业基于特定目的重复执行的任务或活动，是连接资源和成本对象的桥梁。一项作业既可以是一项非常具体的任务或活动，也可以泛指一类任务或活动。按消耗对象不同，作业可分为主要作业和次要作业。主要作业是被产品、服务或客户等最终成本对象消耗的作业。次要作业是被原材料、主要作业等介于中间地位的成本对象消耗的作业。成本对象是指企业追溯或分配资源费用、计算成本的对象。成本对象可以是工艺、流程、零部件、产品、服务、分销渠道、客户、作业、作业链等需要计量和分配成本的所有项目。

企业可按照受益对象、层次和重要性，将其作业分为以下五类，并分别设计相应的作业中心：

（1）产量级作业，是指明确地为个别产品（或服务）实施的，使单个产品（或服务）受益的作业。该类作业的数量与产品（或服务）的数量呈正比例变动。包括产品加工、检验等。

（2）批别级作业，是指为一组（或一批）产品（或服务）实施的，使该组（或批）产品（或服务）受益的作业。该类作业的发生是由生产的批量数而不是单个产品（或服务）引起的，其数量与产品（或服务）的批量数呈正比例变动。包括设备调试、生产准备等。

（3）品种级作业，是指为生产和销售某种产品（或服务）实施的，使该种产品（或服务）的每个单位都受益的作业。该类作业用于产品（或服务）的生产或销售，但独立于实际产量或批量，其数量与品种的多少呈正比例变动。包括新产品设计、现有产品质量与功能改进、生产流程监控、工艺变换需要的流程设计、产品广告等。

（4）客户级作业，是指为服务特定客户所实施的作业。该类作业保证企业将产品（或服务）销售给个别客户，但作业本身与产品（或服务）数量独立。包括向个别客户提供的技术支持活动、咨询活动，以及独特包装等。

（5）设施级作业，是指为提供生产产品（或服务）的基本能力而实施的作业。该类作业是开展业务的基本条件，其使所有产品（或服务）都受益，但与产量或销量无关。包括管理作业、针对企业整体的广告活动等。

2.作业成本法

作业成本法，是指以"作业消耗资源、产出消耗作业"为原则，按照资源动因将资源费用追溯或分配至各项作业，计算出作业成本，然后再根据作业动因，将作业成本追溯或分配至各成本对象，最终完成成本计算的成本管理方法。

这里的资源费用是指企业在一定期间内开展经济活动所发生的各项资源耗费。资源费用既包括房屋及建筑物、设备、材料、商品等有形资源的耗费，也包括信息、知识产权、土地使用权等各种无形资源的耗费，还包括人力资源耗费以及其他各种税费支出等。

如上文所述，这里的成本对象，是指企业追溯或分配资源费用、计算成本的对象。它可以是工艺、流程、零部件、产品、服务、分销渠道、客户、作业、作业链等所有需要计量和分配成本的项目。

作业成本法的主要优点：一是能够提供更加准确的各维度成本信息，有助于企业提高产品定价、作业与流程改进、客户服务等决策的准确性；二是改善和强化成本控制，促进绩效管理的改进和完善；三是推进作业基础预算，提高作业、流程、作业链（或价值链）管理的能力。

作业成本法的主要缺点：部分作业的识别、划分、合并与认定，成本动因的选择以及成本动因计量方法的选择等均存在较大的主观性，操作较为复杂，开发和维护费用较高。

3.作业预算

作业预算，是指基于"产出消耗作业，作业消耗资源"的原理，以作业管理为基础的预算管理方法。作业、资源费用等有关定义参见《管理会计应用指引第304号——作业成本法》。

作业预算主要适用于具有作业类型较多且作业链较长、管理层对预算编制的准确性要求较高、生产过程多样化程度较高，以及间接或辅助资源费用所占比重较大等特点的企业。

（二）应用环境

1.企业应用作业预算工具方法，应遵循《管理会计应用指引第200号——预算管理》《管理会计应用指引第304号——作业成本法》中对应用环境的一般要求。

2.企业应具有满足作业管理、资源费用管理要求的信息系统，能通过外部市场和企业内部，可靠、完整、及时地获取作业消耗标准、资源费用标准等基础数据。

（三）应用程序

1.企业应遵循《管理会计应用指引第200号——预算管理》中的应用程序实施作业预算管理。

2.企业编制作业预算一般按照确定作业需求量、确定资源费用需求量、平衡资源费用需求量与供给量、审核最终预算等程序进行。

3.企业应根据预测期销售量和销售收入预测各作业中心的产出量（或服务量），进而按照作业与产出量（或服务量）之间的关系，分别按产量级作业、批别级作业、品种级作业、客户级作业、设施级作业等计算各类作业的需求量。作业类别的划分参见《管理会计应用指引第304号——作业成本法》。企业一般应先计算主要作业的需求量，再计算次要作业的需求量。

（1）产量级作业：该类作业的数量一般与产品（或服务）的数量呈正比例变动。有关计算公式如下：

$$产量级\atop 作业需求量 = \sum 各产品(或服务)预测的产出量(或服务量) \times 该产品(或服务)作业消耗率$$

（2）批别级作业：该类作业的数量一般与产品（或服务）的批量数呈正比例变动。有关计算公式如下：

$$批别级作业需求量 = \sum 各产品(或服务)预测的批次 \times 该批次作业消耗率$$

（3）品种级作业：该类作业的数量一般与品种类别的数量呈正比例变动，有关计算公式如下：

$$品种级作业需求量 = \sum 各产品(或服务)预测的品种类别 \times 该品种类别作业消耗率$$

（4）客户级作业：该类作业的数量一般与特定类别客户的数量呈正比例变动。有关计算公式如下：

$$客户级作业需求量 = \sum 预测的每类特定客户 \times 该类客户作业消耗率$$

（5）设施级作业：该类作业的数量在一定产出量（或服务量）规模范围内一般与每类设施投入的数量呈正比例变动。有关计算公式如下：

$$设施级作业需求量 = \sum 预测的每类设施能力投入量 \times 该类设施作业消耗率$$

4.作业消耗率，是指单位产品（或服务）、批次、品种类别、客户、设施等消耗的作业量。企业应根据作业消耗资源的因果关系确定作业对资源费用的需求量。有关计算公式如下：

$$资源费用需求量 = \sum 各类作业需求量 \times 资源消耗率$$

资源消耗率，是指单位作业消耗的资源费用数量。

5.企业应检查资源费用需求量与供给量是否平衡，如果没有达到基本平衡，需要通过增加或减少资源费用供给量或降低资源消耗率等方式，使两者的差额处于可接受的区间内。

资源费用供给量，是指企业目前经营期间所拥有并能投入作业的资源费用数量。

企业一般以作业中心、作业类别为对象编制作业资源费用预算。有关计算公式如下：

资源费用预算=各类资源需求量×该资源费用预算价格

资源费用的预算价格一般来源于企业建立的资源费用价格库。企业应收集、积累多个历史期间的资源费用成本价、行业标杆价、预算市场价等，建立企业的资源费用价格库。

6.作业预算初步编制完成后，企业应组织相关人员进行预算评审。预算评审小组一般应由企业预算管理部门、运营与生产管理部门、作业及流程管理部门、技术定额管理部门等组成。评审小组应从业绩要求、作业效率要求、资源效益要求等多个方面对作业预算进行评审，评审通过后上报企业预算管理决策机构进行审批。

7.企业应按照作业中心和作业进度进行作业预算控制，通过把预算执行的过程控制精细化到作业管理层次，把控制重点放在作业活动驱动的资源流动上，实现生产经营全过程的预算控制。

8.企业预算作业分析主要包括资源动因分析和作业动因分析。资源动因分析主要揭示作业消耗资源的必要性和合理性，发现减少资源浪费、降低资源消耗成本的机会，提高资源利用效率；作业动因分析主要揭示作业的有效性和增值性，减少无效作业和不增值作业，不断地进行作业改进和流程优化，提高作业产出效果。

（四）工具方法评价

作业预算的主要优点：一是基于作业需求量配置资源，避免了资源配置的盲目性；二是将资源充分应用于增值作业，通过总体作业优化实现最低的资源费用耗费，创造最大的产出成果；三是作业预算可以促进员工对业务和预算的支持和拥护，有利于预算的执行。

作业预算的主要缺点：预算的建立过程复杂，需要详细估算生产和销售对作业量以及资源量的需求，并测定作业消耗率和资源消耗率，数据收集成本较高。

综上所述，我们可将各种预算的适用范围和应用说明列示在表6-3中。

表6-3　　　　　　　　　　　　　　**各种不同类别的预算**

方　法	适用范围	应用说明
固定预算	适用于固定成本费用预算的编制	固定成本费用的划分
弹性预算	适用于变动成本费用预算的编制	变动成本费用的划分，某些选择性固定成本费用预算也可考虑用这种方法编制
增量预算	适用于影响因素简单和以前年度基本合理的预算指标的编制	合理使用增量法，可以减少预算编制的工作量，但应详细说明增减变动的原因
零基预算	适用于以前年度可能存在不合理或潜力比较大的预算指标的编制	使用周期不宜过短，否则会增加工作量
定期预算	适用于固定资产、部门费用、咨询费、保险费、广告费等预算指标的编制	合理使用定期预算，可以减少预算编制的工作量
滚动预算	适用于定期预算以外的预算指标的编制	通常按季度滚动，每季度第三个月中旬着手预算工作
概率预算	适用于预算期变化大的预算的编制，也适合长期预算的编制	运用加权平均法计算期望值
确定性预算	适用于预算期稳定的预算指标的编制	合理使用此方法，可以减少预算编制工作量
作业预算	适用于作业类型较多且作业链较长以及间接或辅助资源费用所占比重较大的企业	使用此方法，可以减少作业环节的费用消耗

第二节　　预算管理的工具方法应用举例

一、在成本费用预算中的应用

（一）利用弹性预算原理编制企业成本预算

在不能准确预测预算期业务量的情况下，企业可根据成本习性（性态）以及本量利之间的关系，按预算期内可能发生的业务量，编制出一套适应多种业务量（一般是每间隔5%或10%）的预算。它主要用于编制成本预算和利润预算。

编制弹性预算的基本程序是：

1.选择业务量的计量单位，如机器工时或人工工时、生产量等。

2.确定业务量的范围，其相关范围一般在正常生产能力的70%～110%。

3.按成本习性将成本分解为固定成本、变动成本和混合成本。

4.确定预算期内各业务活动的水平。

5.编制弹性预算。

以列表法反映的弹性成本预算的格式见表6-4。

表6-4　　　　　　　　　　　　某公司销售费用弹性预算

预算人工工时：50 000　　　　　　　预算产量：25 000件　　　　　　　　　　　单位：元

项　目	单　位 变动成本	工　时			
		30 000	40 000	50 000	60 000
变动成本：	1.5	45 000	60 000	75 000	90 000
固定成本：					
折旧		100 000	100 000	100 000	100 000
销售人员工资		160 000	160 000	160 000	160 000
保险费		40 000	40 000	40 000	40 000
固定成本合计		300 000	300 000	300 000	300 000
销售费用总额		345 000	360 000	375 000	390 000

由于固定成本在相关范围内一般不随着业务量的增减而变动，因此，在编制弹性预算时，只需将变动成本部分按业务量的变动加以调整即可。如果成本项目中有属于混合成本性质的，应将混合成本分解为固定成本和变动成本两部分。

当弹性预算编制完成后，就可根据实际业务量水平，选用相应业务量水平的成本预算数与实际发生数进行对比，为管理人员在事中控制成本费用开支水平、事后进行成本超支或节约分析提供依据。

（二）利用零基预算原理编制企业费用预算

传统的编制成本预算的方法，一般是以基期的实际开支数为基础，然后结合预算期内可能影响成本升降的因素，如业务量的增减、成本指标控制要求等加以考虑，从而确定预算期应增减的数额。传统的预算编制方法虽然简便易行，但受到基期预算的约束，由于基期预算执行的结果中含有不合理因素，因此，按传统预算方法编制的预算不能很好地节约成本开支。于是，为克服传统预算的缺陷，产生了零基预算。

零基预算与弹性预算不同，其基本原理是：对于任何一个预算期，任何一种费用的开支，不是从原有的基础出发，即根本不考虑基期的费用开支水平，而是从"零"开始对各项费用进行分析，并在此基础上编制预算。

1.零基预算与传统预算的主要区别

（1）零基预算注重整体利益原则，不论是新增加的业务还是原有的业务，都视为整体的一部分，要按重要性程度分配预算。

（2）零基预算要求对一切业务活动都进行成本效益分析。

（3）零基预算是从零开始，根据预测的未来业务量及费用水平、收益率等来确定各种预算。

2.零基预算的编制步骤

第一步，各职能部门编制一套费用开支方案。由各职能部门及管理人员根据企业经营的总体目标及各部门的任务，详细讨论在预算期内可能发生的费用开支项目，并为每一费用项目编制一套开支方案，提出需要某种开支的原因及需要开支的数额。

第二步，将固定成本分为两类。对可控性固定成本的每一费用项目进行成本效益分析，将费用开支与其可能产生的收益进行对比，并对各种费用开支方案进行对比和评价；然后将费用开支按照成本效益分析的结果，提出开支的先后顺序。显然，成本效益较优的应该优先安排支出。

第三步，在第二步确定了费用开支顺序的基础上，结合预算期可动用的资金来源，分配资金、落实预算。

下面举例说明零基预算的编制方法。

【例6-2】假定某公司采用零基预算法编制管理费用预算。其编制方法如下：

首先，由公司各职能部门管理者及相关个人，按照公司下达的目标利润和各部门的具体任务，经充分讨论协商，提出开支方案。一致认为预算期内将发生的费用开支如表6-5所示。

其次，将可控性固定成本中的业务宣传费及培训费根据历史资料进行成本-效益分析，其分析结果如表6-6所示。

最后，将这六项费用按照它们的具体性质和轻重缓急，排出费用开支的层次及顺序：

第一层次为房屋租金、电脑购置费、工资费、保险费，它们属于不可控固定成本，在预算期内必不可少，应予以全额保证，将其列作第一层次和优先的费用开支项目。

表6-5　　　　　　　　　　　费用开支预算申请表　　　　　　　　　单位：元

业务宣传费	100 000
培训费	50 000
房屋租金	60 000
办公用电脑	35 000
工资费	25 000
保险费	15 000
合　计	285 000

表6-6　　　　　　　　　　　成本-效益分析表　　　　　　　　　　　单位：元

明细项目	成本金额	收益金额
业务宣传费	1	25
培训费	1	15

第二层次为业务宣传费，它属于可控性固定成本，可根据预算期公司的财力可能，酌情增减。由于业务宣传费的成本收益率大于培训费的成本收益率，因此，将其列为第二层次。

第三层次为培训费，它也属于可控性固定成本，可根据预算期公司的财力可能，酌情增减。由于其成本收益率小于业务宣传费，所以应列为第三层次。

假定该公司有260 000元可分配资金，可根据以上排列的层次和顺序，分配资金、落实预算。按零基预算落实的资金情况见表6-7。

表6-7　　　　　　　　　　按零基预算落实的资金情况　　　　　　　　单位：元

房屋租金	60 000
办公用电脑	35 000
工资费	25 000
保险费	15 000
合　计	135 000

分析可见，对表中的费用开支应全额落实。同时，尚余可分配资金125 000元，应按成本收益率的高低顺序，按比例分配为业务宣传费及培训费。

业务宣传费可分配数额=125 000×25÷（25+15）=78 125（元）

培训费可分配数额=125 000×15÷（25+15）=46 875（元）

综上所述，零基预算是从零开始编制预算，其编制工作量较为繁重。但其优点是不受基期预算的约束，能够充分调动多级费用管理人员节约费用支出、合理使用资金的积极性。结合我国实际情况，用零基预算法编制成本预算，对提高企业效益、减少浪费具有积极意义。

二、作业预算在B公司的应用探索

（一）B公司简介

B公司是一家有影响力的电视剧制作企业，公司成立30年来，经历了电视剧节目由卖方市场向买方市场的逐步转变。B公司作为国有电视传媒企业，承载着重要的社会责任而不能一味地追求商业价值，这导致其毛利率在行业中不具优势。毛利率低意味着在收入一定的条件下，成本控制需要进一步改进。因此，以B公司为例进行作业预算研究，具有一定的代表性和借鉴价值。

（二）B公司实施作业预算的动因

1.克服传统成本管理的局限性

电视剧节目制作企业具有作业链条长、作业内容繁多、需要提高成本核算能力以及间接费用较多的特点。传统的成本管理是粗口径下的预算管理，常忽略对细节的把控，间接费用分配标准单一，只计算产品生产成本，忽略了产品生产的各环节，对节目制作企业而言，这样做并不能很好地核算和分析每部电视剧的作业成本和比较其作业链条环节上的真实成本耗费，因此也就不能充分衡量其作业链条的成本收益和进行管理决策。

2.发挥作业预算的优势

B公司尝试推行作业预算的目的在于：

一是基于作业成本管理和作业预算直接探究成本发生的本源。

二是基于受托责任观，保证受托责任的履行和信息输出。B公司期待依赖公司良好的信息化特长，保证电视剧制作环节各作业点的成本信息真实可靠。

三是基于决策有用观，及时有效地提供对于决策有用的信息，确保管理者在众多电视剧中选择更为优秀的合作方案。

四是挖掘企业生存空间。当前影视行业总体内外承压，如何突破行业困局和压力，满足客户需求，获得资本市场支持和竞争优势，实现企业良性发展，是B公司极为关注的问题，并认为需要探寻新的盈利模式和发展空间。

（三）B公司具备实施作业预算的条件

财政部有关作业预算的管理规定要求作业预算具备四个条件，B公司认为自己具备这些条件。

1.B公司具有作业类型较多且作业链较长的特点

电视剧制作企业的上游端主要是通过选题策划立项、剧本创作、摄影、美工、剪辑、照明及其他配套专业服务、演艺等相关劳务形成电视剧作品，下游端是通过电视台、新媒体、音像、海外等环节将电视剧作品发送至受众、购买者以及发行商手中（如

图6-2所示[1]）。完善的产业链布局为B公司电视作品的制片制作、发行播出提供了强大而完善的平台，有利于全产业链的规模化与集约化经营，同时也使得公司能够保持在各个环节对影视产品的控制力。

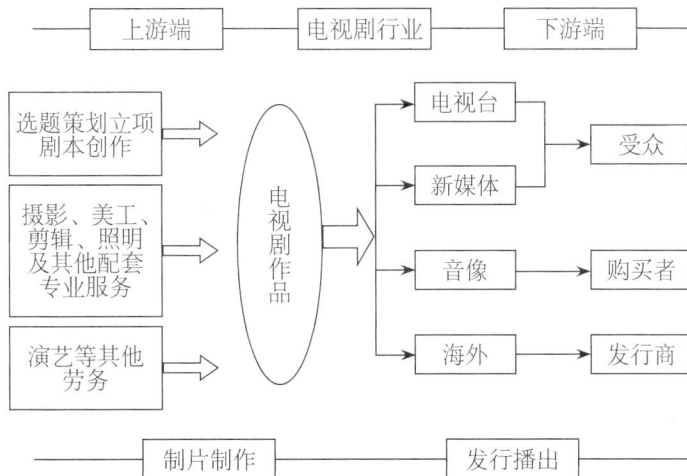

图6-2 电视剧产业链条

2.管理层对预算编制准确性的要求较高

面对竞争，B公司高层认识到预算管理对企业管理的价值提升和推动作用，同时也认识到作业预算是降低电视剧制作成本，提高资金使用效率，转变管理方式，借以实现对股东的责任以及社会责任的载体。因此，B公司有意愿推动作业预算工具的应用。

3.生产过程多样化程度较高

B公司作为国内实力较强的电视剧制作企业，为了整合全产业链的资源，强化盈利能力，加强对产业链各资源要素的控制能力，发挥各产业环节的协同效应、增强市场竞争力，建立了包括上游内容制作、下游宣传发行、终端播出、广告招揽和衍生品投资的完整产业链，所以其创作过程呈现出多样化程度高的特点。

4.间接或辅助资源费用所占比重较大

对电视剧制作企业而言，间接或辅助资源费用是指不能直接归属于某一特定节目的制作成本，包括设备折旧费、场地演播室租赁费、辅助生产人员以及管理人员的薪酬和管理成本等。随着电视节目对科技投入的要求增强，设备成本和编辑软件成本上升，人工成本降低，间接成本等费用逐步增加并且占有较大的比重。间接费用的作业项目可以分别以使用次数、维护次数、人工小时数和审片次数等作为作业动因。

（四）B公司对作业预算的编制与审核

企业编制作业预算一般按照确定作业需求量、资源费用需求量、平衡资源费用需求量与供给量、审核最终预算等程序来进行。为了说明作业预算的内容及其确定方法，现

---

① 作者根据B公司的产业链绘制。

以B公司某电视剧预算为例加以简要说明。

该电视剧共30集，每集45分钟，完成周期总计210天，其中筹备周期30天、拍摄周期120天、后期制作60天。按照作业预算的要求，其路径如下：

1. 确定作业需求量和资源费用需求量

作业是指企业基于特定目的重复执行的任务或者活动，是连接资源和成本对象的桥梁。电视剧的作业点包括选题策划立项、剧本创作、导演、剪辑、摄影、美术、照明、造型、录音、制片、剧务、音乐作曲、演员演出、视频特技制作、电编、宣传发行等相关事项。根据作业点和资源消耗情况，可以测算出各项资源费用的总需求量。

为了说明各作业点的作业资源耗费数据来源，现以录音组劳务费和录音设备租赁为例加以说明（见表6-8），录音过程中的集数、人数和天数就是资源费用的需求量，单价和单位就是资源消耗率，金额就是分配的作业资源费用。

表6-8　　　　　　　　　　　**××电视剧作业预算明细表**

（第10号——录音作业费用）

序列	作业点	作业动因	集数	人数	天数	单价	单位	金额
I	录音组 劳务费	录音	30	1		9 000	元	270 000
		录音助理		2	125	600	元	150 000
		音频工作站技师		1	120	900	元	108 000
		小计						528 000
	录音 设备 租赁	调音台		1	120	450	元	54 000
		话筒		2	125	240	元	60 000
		无线话筒		2	100	150	元	30 000
		撑杆		2	125	90	元	22 500
		录音机		1	120	30	元	3 600
		小计						170 100
		总计						698 100

编制预算，关键是能科学衡量各项资源耗费及其价格标准，这样才能很容易地编制出以作业为基础的作业预算，并为后期的预算对标和审核提供依据。电视剧制作企业消耗的各种资源的预算价格一般来源于企业建立的资源费用价格库。

依照上述办法测算的该电视剧各作业点从选题策划立项（产品设计）到宣传发行（最终销售）资源耗费的总金额为4 006.27万元，这就是该电视剧的总成本（见表6-9）。

表6-9　　　　　　　　　　　　　××电视剧作业预算的实例　　　　　　　　　　金额单位：元

序号	作业点	集数	作业点资源耗费金额	占总预算的比例（%）	备注（详见各序号明细表）
A	选题策划立项	30	500 000	1.25	
B	剧本相关费用	30	2 250 000	5.62	
C	导演劳务费	30	1 413 000	3.53	
D	剪接劳务费	30	351 000	0.88	
E	摄影组劳务及设备租赁费	30	2 204 250	5.50	
F	美术组劳务费	30	1 263 000	3.15	
G	照明组劳务及设备租赁费	30	693 750	1.73	
H	造型组劳务及设计费用	30	757 500	1.89	
I	录音组劳务及设备租赁费	30	698 100	1.74	第10号
J	制片组劳务费	30	1 488 750	3.72	
K	剧务费、办公费	30	4 941 650	12.33	
L	音乐作曲演唱费	30	450 000	1.12	
M	演员劳务费	30	13 360 000	33.35	
N	场景及场景设置道具费	30	1 470 000	3.67	
O	视频特技制作费	30	720 000	1.80	
P	电编机房费用	30	351 680	0.88	
Q	保险、税费、机动费用	30	2 650 000	6.61	
R	宣传发行费	30	4 500 000	11.23	
	总　计	30	40 062 680	100.00	

2. 平衡资源费用需求量与供给量

电视剧制作中的总成本投入，需要来自各方面的资金支持。不管是哪种类型的资金投入都应做好资金规划。当前电视剧制作企业往往同时投拍多部电视剧集，如果没有其他的资金供给，就要进行资本限量决策，通过成本收益分析，选择合适的项目。

3. 审核最终预算

作业预算初步编制完成后，企业应组织相关人员进行预算评审。预算评审小组一般应由电视剧制作企业的预算管理部门、运营与生产管理部门、作业及流程管理部门、技术定额管理部门等组成。评审小组应从业绩要求、作业效率要求、资源效益要求等多个方面对作业预算进行评审，评审通过后上报企业预算管理决策机构进行审批。同样，国拨资金项目也需要进行相应的预算审核。

（五）企业实施作业预算应注意的问题

1.作业预算必须建立在切实可行的基础上

企业应具有满足作业管理、资源费用管理要求的信息系统，能通过外部市场和企业内部可靠、完整、及时地获取作业消耗标准、资源费用标准等基础数据。

作业预算应该是切实可行的，一方面要求预算编制人员尽可能地对各部门在电视剧制作和销售过程中所发生的费用有所了解并进行精确计算；另一方面预算编制人员要本着实事求是的精神和严谨的工作态度，从实际出发，认真调查研究，使预算方案切合实际。预算编制人员在制订预算方案时首先要把注意力放在那些对电视剧质量及市场有重大影响的项目上，如包括剧本方面的花费以及包括主要演员在内的主创人员的酬金等；另外还要努力协调各部门和各方面之间的关系，保持剧组工作的正常运行。

2.做好预算控制和分析

电视剧制作企业应按照电视剧制作的作业点和作业进度进行作业预算控制，将预算执行的过程控制精细化到作业管理的每个层面，把控制重点放在作业活动驱动的资源上，实现电视剧制作全过程的预算控制。在电视剧运作中，每部电视剧的制片人应作为成本控制主体并对其成本控制效果承担相应的责任。

电视剧制作企业所做的作业预算分析，主要包括资源动因分析和作业动因分析。资源动因分析主要是分析电视剧制作过程中的作业消耗资源的必要性和合理性，发现减少资源浪费、降低资源消耗成本的机会，提高资源利用效率；作业动因分析主要是分析揭示电视剧作业各环节的有效性和增值性，减少无效作业和不增值作业，不断地进行电视剧制作过程的改进和流程优化，提高每部电视剧的产出效果。

3.要克服作业预算的消极作用

实践证明，作业预算具有必要性和可行性的一面，为企业的成本管理与决策带来了明显的成效。但随着经济环境的变化，作业预算也暴露出了较为明显的缺陷，主要表现为对实施企业的信息系统要求高，预算的建立过程复杂，实施成本高、周期长，获取相关信息难度大，数据收集成本较高等，作业预算的应用也受到挑战。如何克服作业预算的缺陷，完善和发挥作业预算的功能，仍将是理论及实务工作者所面临的重要研究课题。

重要概念

固定预算　弹性预算　增量预算　零基预算　滚动预算　作业预算

复习思考

1.预算编制方法通常可以划分为哪些类别?

2.请说明固定预算的适用范围及其优缺点。

3.请说明弹性预算的适用范围及其优缺点。

4.请说明增量预算的适用范围及其优缺点。

5.请说明零基预算的适用范围及其优缺点。

6.请说明滚动预算的适用范围及其优缺点。

7.请说明作业预算的适用范围及其优缺点。

操作练习

1.结合某公司行业特点设计一份弹性预算方案。

2.为你所在的集团公司或部门设计一份费用预算方案。

3.假如你所在的部门有收入,请设计一份部门年度利润预算表。

第七章

预算的组织与目标设定

【导语】"没有目标而生活，恰如没有罗盘而航行。"预算管理工作是在组织内进行的，因此，预算编制前的首要工作是进行预算组织机构的设置和职责分工。在组织机构和职责明确的情况下，预算目标应如何确定和分解，本章给予了总结和论述。

本章内容要点

第一节 　　　　　　预算组织管理机构及其权限划分

一、预算组织管理机构的设置

预算是一种"权力共享下的适度分权"，预算目标的确定、分解、实施与业绩评价，关系到预算管理中每个部门或个人的经济利益。因此，必须做好预算的组织和管理工作，明确预算管理中的管理决策机构、管理机构、编制机构、执行机构以及预算信息反馈机构。而这些组织管理机构共同构成了预算管理的组织体系。

预算组织是预算机制运行的基础环境，它以企业自身的组织结构为基础。企业内部的组织结构是由两部分组成的：一部分是企业内部的公司治理结构，包括股东大会、董事会、监事会以及经理层之间的权力架构；一部分是集团或企业内部不同层级所体现的利益分配与分工合作关系。依据公司法的规定，预算管理的主要责任被授予董事会，而董事会下设的预算管理委员会以及预算管理机构对确保董事会预算责任的实现至关重要。

（一）预算管理委员会与预算管理部

为了做好预算管理工作，西方和我国的一些大中型企业通常通过设置预算管理委员会来负责预算的相关工作。预算管理委员会是专门为预算管理而设置的机构，预算管理的组织、协调工作由该委员会全面负责。

预算管理委员会成员构成是这样的：由公司最高领导任主席，使之真正成为预算管理的最高权力机构；预算管理委员会成员一般由公司各管理部门主要领导组成，但负责计划、财务、人事、业务等部门的主要领导必须参加，其他成员可依据工作需要适时增减、调整（即董事长或总经理任主任，由财务总监、副总经理、主要职能部门负责人等人员组成）。

预算管理委员会和预算管理部的主要职责见表7–1。

表7–1   预算管理委员会和预算管理部的主要职责

部门	主要职责
预算管理委员会	（1）审议通过有关预算管理制度 （2）组织有关部门或聘请有关专家进行财务预测 （3）审议通过预算目标、预算编制方法和程序 （4）审查整体预算方案及各部门编制的预算草案 （5）协调和解决预算编制过程中的矛盾 （6）将经过审查的预算提交董事会审批，董事会通过后下达正式预算 （7）检查、监督和分析预算执行情况，提出改善措施 （8）提出修订和调整预算的建议，对于预算执行中出现的矛盾进行调解和仲裁 （9）审定公司年度决算，并提出考核奖惩意见
预算管理部	（1）传达预算的编制方针、程序，具体指导分厂、部门预算案的编制 （2）根据预算编制方针，对分厂、部门编制的预算草案进行初步审查、协调和平衡、汇总后编制集团公司的预算案，一并报预算管理委员会审查 （3）在预算执行过程中，监督、控制分厂、部门的预算执行情况 （4）每期预算执行完毕，及时形成预算执行报告和预算差异分析报告，交预算管理委员会审议 （5）遇有特殊情况时，向预算管理委员会提出预算修正建议 （6）协助预算管理委员会协调、处理预算执行过程中出现的一些问题

预算管理部有两种设置方式：独立设置或在财务部内部设置。

（二）预算执行组织

预算执行组织是企业内部承担预算方案实施任务的各个职能部门，即企业的各责任中心，包括战略层投资中心、经营层利润中心、作业层成本费用中心等。战略层投资中心的职责是提出预算总目标，包括财务目标和非财务目标；经营层利润中心的职责是建立多维预算指标体系；作业层成本费用中心的职责是承担成本费用的控制责任。各责任中心第一负责人对本中心预算承担第一责任，其主要职责是：

（1）提供编制预算的各项基础资料。

（2）编制本责任中心预算草案。

（3）监督本单位、部门预算的执行情况并及时反馈。

（4）根据内部和外部的环境变化提出预算调整申请。

（5）协调本单位、部门内部资源及单位以及部门之间的预算关系。

（6）定期分析和考核本单位、部门预算执行情况。

二、预算管理权限的划分

（一）股东大会与董事会

股东大会由全体股东组成，决定公司经营管理的各重大事项。股东大会是公司最高权力机构，其他机构都由股东大会产生并对其负责。

董事会作为公司内部最高决策机构，至少拥有对公司预算的以下决策权：

（1）公司资本性投资预算。

（2）公司年度整体经营目标和基本方针。

（3）公司年度全面预算方案。

（4）公司年度财务决算。

（5）整体预算考评与奖惩方案等。

（二）预算管理委员会

预算管理委员会是单纯的智囊议事机构，没有预算决策职权。当然，从效率的角度考虑，通过清晰的授权制度，预算管理委员会也拥有一定的投资决策权限，在得到董事长批准后实施也是可行的。但预算管理委员会不能干预企业经营层的正常经营业务。预算管理委员会的人员组成应坚持权威、全面代表和效率原则。

（三）预算办公室

作为日常性工作机构，预算办公室可单独设立，也可直接挂在财务部。考虑到预算所涉及的财务属性更多，由财务部部长兼任预算办公室主任效果可能会更好。

（四）预算执行组织及其权责界定

预算执行组织大致有两类：一类是业务性的预算执行组织，如从事销售、生产、采购、运输的事业部、分厂或分公司等；另一类是管理性预算执行组织，如财务、计划、技术、信息、质检、劳动人事以及企业其他必要的管理性的组织，其中也包括专司预算管理工作的各预算管理组织。预算执行组织的构建过程实际上是如何明晰相应的权责利关系并使之对称的过程。国际上较为流行的做法是自上而下由"投资中心""利润中心""成本（费用）中心"三个基本的层面构成预算责任体系，如图7-1所示。

（1）投资中心及其职责。投资中心是指不仅能控制成本和收入，而且能控制占用资产的单位或部门的责任机构。也就是说，在以目标利润为导向的企业预算管理中，该责任中心不仅要对成本、收入、利润预算负责，还必须对其与目标投资利润率或资产利润率相关的资本预算负责。考核指标为资产利润率与剩余收益等。

（2）利润中心及其职责。利润中心是既能控制成本，又能控制收入的责任单位，因

图7-1 三大责任中心的划分

此，它不但要对成本和收入负责，也要对收入与成本的差额即利润负责。利润中心有两种类型：自然的利润中心和人为的利润中心。利润中心的考核指标主要是利润类指标。

（3）成本（费用）中心及其职责。成本（费用）中心又可以分成两种：标准成本中心和费用中心。成本（费用）中心的考核指标包括可控成本与责任成本，可控成本是各级责任人所能控制的各自责任范围内的成本；责任成本是各责任人应当承担的成本。当然，考核责任成本时要关注责任转移问题。

（五）财务部和财务人员的职责

预算专职部门的角色一般都由财务部门担当。这是因为财务部门具有信息系统、分析评价、资金管理等方面的优势：

（1）预算管理需要强有力的信息网络支持，财务部门恰恰有企业最全面的信息系统。

（2）预算管理要达到科学管理决策的目的，财务部门有完整、系统的分析评价团队。

（3）预算管理要达到管理控制有力的目的，而财务管理是企业管理的核心，尤其对资金的管控和配置直接影响企业调控措施的实施力度。

（六）其他职能部门的职责

企业预算管理有两项职能即管理决策和管理控制，不同职能对预算管理体系的设计提出了不同要求。因此，为了解决上述职能之间及部门之间的矛盾，在预算管理实践中，应当让各部门参与到预算的制定中来，促进信息最大范围地流动，使预算编制的沟通更为细致，增加预算的科学性和可操作性。预算责任分工情况可参看某公司各级单位预算责任分工一览表（见表7-2）。

表7-2　　　　　　　　某公司各级单位预算责任分工一览表

	预算管理委员会	预算领导	职能部门	直线部门
人员	董事会有关成员、总经理等高级领导	总经理、财务总监等	财务、会计、人事等部门	采购、营销、生产等部门

续表

	预算管理委员会	预算领导	职能部门	直线部门
预算管理责任	(1) 提出公司预算总目标、总方针和预算编制的基本要求 (2) 提出预算组织工作的改进方案 (3) 审查、批准公司重大项目预算、年度预算 (4) 协调公司预算冲突 (5) 审核预算修正方案 (6) 批准预算奖惩办法	(1) 设计整体预算制度 (2) 组织预算的编制、分解 (3) 向预算管理委员会提出预算报告 (4) 组织预算的实施、培训、教育 (5) 监控预算实施过程 (6) 处理或报告预算差异 (7) 提出决算报告和奖惩方案	(1) 财务部是预算管理机构 (2) 会计部负责提供预算资料，对预算执行进行实时报告 (3) 人事部门负责预算评价和报酬计划 (4) 提供专业性协助、督导 (5) 提出预算改进建议	(1) 熟悉公司预算方针、方案 (2) 分解部门预算 (3) 组织预算实施 (4) 提出预算修正提案 (5) 编制分部预算报告

第二节　预算目标的确定与分解

一、预算目标的确定

目标是企业预期要达到的目的与结果，具有可计量性与可操作性的特点，目标是企业预算管理的前提和基础。事实上，预算目标的准确性在很大程度上影响着预算管理的效果。预算目标是企业战略发展目标在本预算期的具体体现。其中，战略目标应作为一种目标导向，引导年度预算目标的确定；年度预算目标则应强调可操作性，能通过预算的编制体现出来。

企业在确定预算目标时，必须关注以下与预算目标确定相关的方面，具体包括：(1) 确定预算目标时应考虑的因素；(2) 预算目标确定的原则；(3) 预算目标确定的方法；(4) 预算目标确立的步骤；(5) 预算目标体系的设计及符合性测试；(6) 确立预算目标时应注意的问题。

（一）确定预算目标时应考虑的因素

企业是由众多利益相关者所组成的，因此，企业预算目标的确定在很大程度上是由企业内部起关键作用的利益相关者所决定的。

1.股东期望"底线"与企业预算目标

股东期望从被投资公司中所分得的收益总是要大于业主制下的所得或债权固定收益。这就是股东之所以成为股东的理由，是股东投资于企业最基本的经济逻辑和法则，它构成了企业预算目标的"底线"，直接体现为预算目标的最低要求，我们可称之为基础预算目标。股东及股东大会对预算目标确定合理性与否的关注，主要借助于两种机制：外部市场机制和董事会机制。

2.董事会期望与企业预算目标

在股权高度集中的情况下，股东收益期望也就是董事会的收益期望，这两者间的代理矛盾很小，家族式公司即为典型代表。在现代企业制度下，股权结构分散，所有权与控制权几乎是彻底分离的，使得公司内部控制权拥有者与外部股东间存在无法回避的利益冲突。

3.高级管理层期望与企业预算目标

高级管理层在确定预算目标时，更多的是考虑其实现预算目标的可行性及客观限制，包括市场潜力、现有各种可利用资源以及预算行为的经济后果等。总经理出于主观与客观等多方面条件与因素的考虑，在预算目标形成中起着重要作用，其往往从目标的现实性、可操作性方面对预算目标的主观性提出修正，并从个人利益与个人行为角度来看待预算目标。

当以企业战略为导向确定其预算目标时，企业通常需要考虑的因素如表7-3所示。

表7-3　　　　　**以企业战略为导向的预算目标确定时应考虑的因素**

关注的要素	具体关注点
市场结构方面	（1）企业当前的市场结构是否合理 （2）应该重点发展哪些市场 （3）是否应该开发新的市场
客户结构方面	（1）企业当前的客户结构是否合理 （2）应该重点发展哪些老客户，开发哪些新客户 （3）企业将为新老客户提供哪些新的、更加优质的服务
商品或业务结构方面	（1）企业当前的商品或业务结构是否合理 （2）应该侧重于哪些商品或业务 （3）企业应否整合某些商品或业务 （4）是否应该开发新的商品或业务

（二）预算目标确定的原则

预算目标的确定原则包括市场原则、股东期望原则和充分挖潜原则。

市场原则是指预算目标的确定必须符合市场客观需求，以市场预测为基础。这里所强调的市场包括产品市场、劳务市场和资本市场。

股东期望原则是指公司生存和发展的最终目标在于实现股东价值最大化，股东价值增长目标在近期体现为权益利润率或每股收益，一般要求股东回报不得低于行业平均水平。因此，预算目标的确定必须考虑行业权益利润率平均水平。

充分挖潜原则是指以市场为基础，考虑行业权益利润率平均水平，在充分挖潜的前提下确定预算目标。

（三）预算目标确定的方法

一般企业预算目标的确定方法和集团企业预算目标的确定方法既有相同点又存在差异。下面分别以一般企业和集团企业的利润预算为例说明其方法。

1.一般企业利润预算目标的确定方法

预算目标的确定程序与企业不同生命周期阶段所选择的预算编制基础有关。以利润预算为例，利润预算目标的确定一般要经过以下程序：

（1）根据市场占有率、销售增长率、市场价格和产品盈利水平确定目标利润。

（2）以行业平均或先进的权益利润率为基准计算目标利润。

（3）通过充分挖潜尽可能使（1）和（2）程序计算的目标利润贴近。

（4）以企业历年实际和外部同行业标准评估预算总目标，评估其是否切实可行，并具有先进性。

2.集团公司及其子（分）公司利润预算目标的确定方法

（1）集团公司总部利润预算目标的确定方法

控股型母公司总部收益完全来自其从子公司所分得的红利，母公司股东收益或目标利润主要由母公司股东确定，同样存在着董事会与总经理之间的讨价还价机制。母公司利润预算指标可按下列公式确定：

母公司利润=母公司股东期望收益率÷（1−所得税税率）+母公司管理费用

因此，母公司预算指标的确定包括两个方面，一是母公司股东期望收益率的确定，二是母公司总部管理费用预算。

（2）子公司或分部利润预算目标的确定方法

从操作上看，控股型母公司利润预算指标的分解有两种基本方法，一种是目标资产报酬率法（ROA法），一种是目标资本报酬率法（ROE法）。两种方法分别从资产角度和权益角度确立。目标资产报酬率法是从资产角度确立预算目标；目标资本报酬率法是从权益资本角度确立预算目标。

目标资产报酬率法适用于母公司对子公司采用筹资集权管理的集团公司。子公司利润预算目标的确定包括确定ROA预算比率和目标利润两部分。其中：

ROA预算比率=总预算目标利润÷集团公司所占用资产总额

子公司预算目标利润=ROA预算比率×子公司所占用资产总额

目标资本报酬率法适用于母公司对子公司采用筹资分权管理的集团公司。按此方法确定的目标利润计算公式如下：

ROE预算比率=总预算目标利润÷集团公司所占用净资产总额

子公司预算目标利润=ROE预算比率×子公司所占用净资产总额

（四）预算目标确立的步骤

预算目标的确立无非是与财务指标相关的各要素的确定。无论是以销售为基础的预算模式、以利润为基础的预算模式、以成本为基础的预算模式，还是以现金流量为基础的预算模式，其预算目标的确立都要按步骤进行，见表7-4。

表7-4　　　　　　　　　　　　　　预算目标确立的路径

目标起点	目标确定
销售	（1）企业根据市场销售预测，参考企业预算期间的目标利润，采用适当的方法，科学、合理地确定预算期间企业的销售指标 （2）各部门在销售预测的基础上，编制采购、生产、库存和成本费用预算 （3）财务部门根据这些预算，结合所掌握的各种信息，在销售预算、成本费用预算等预算的基础上，编制利润预算，确定企业预算期内可望获取的利润
利润	（1）母公司确定各子公司的利润预算数并下达给子公司。母公司确定各子公司利润预算数通常有两种方法——权益利润率法、基期完成调整法 （2）子公司与母公司就母公司初拟的利润目标进行协商 （3）子公司根据母公司正式下达给各子公司的年度利润指标编制预算，子公司以其与母公司协商后确定的目标利润为起点，编制财务预算及其他重要的业务预算，将目标利润层层分解、层层落实，并将预算情况上报母公司 （4）母公司汇总各子公司的预算，编制全公司预算
成本	（1）设定目标成本：收入-目标利润=目标成本 （2）分解目标成本：按部门、人员、项目、产品结构、工序等分解
现金流量	（1）资金管理部门根据各组织单位的责任范围，下达现金预算应包括的内容和格式。预算的内容至少应包括有关现金收入和支出的金额和时间，预算的详细程度视管理的需要而定 （2）各责任部门根据资金管理部门的要求和自身的实际情况编制相应的现金流量预算并上报，逐级汇总 （3）资金管理部门将各组织单位编制的现金流量预算进行汇总，按照"量入为出"的原则进行统筹安排，并将预算调整数与各下级预算编制单位进行协商

为说明预算编制的步骤，表7-5演示了A、B、C三家分公司以销售为起点直至最后确立资金利润率的预算目标的确定步骤。

（五）预算指标体系的设计及符合性测试

1.预算指标包括的内容

预算指标包括核心指标、辅助指标、修正指标、关键非财务指标以及否决指标。

核心指标是反映公司发展战略和经营目标的综合财务业绩指标，主要包括权益利润率、剩余利润和营业净现金流等。

辅助指标是反映公司核心指标内容并延伸至经营活动过程的指标，主要包括市场占有率、劳动效率和不良资产损失率等。

表7-5　　　　　　　　　　A、B、C分公司预算目标的确定　　　　　　　金额单位：万元

具体指标	A分公司		B分公司		C分公司	
	上年实际	本年预算	上年实际	本年预算	上年实际	本年预算
销售额	1 000	1 100	1 200	1 250	1 300	1 320
变动成本	700	750	816	850	871	885
边际利润	300	350	384	400	429	435
固定成本	150	145	160	165	170	170
利润总额	150	205	224	235	259	265
净利润	80	100	130	140	150	160
资金占用	1 000	1 200	1 400	1 300	1 100	1 150
变动成本率（％）	70	68	68	68	67	67
销售利润率（％）	15	19	19	19	20	20
净利润率（％）	8	9	11	11	12	12
资金周转率（次数）	1	0.92	0.86	0.96	1.18	1.15
资金利润率（％）	8	8.3	9.3	10.8	13.6	13.9

修正指标是反映公司预算编制准确程度的指标，即预算准确率指标。

关键非财务指标是反映公司发展战略和经营目标实现过程中关键成功因素的非财务指标，根据各预算责任中心的特点确定。

否决指标是反映各种可能发生的、对公司发展战略和经营目标的实现产生重大影响的特别责任事项指标，如重大安全指标、质量指标和其他责任事故指标。

2.预算指标体系的构成

预算指标体系由财务指标和非财务指标构成。

财务指标是反映企业盈利能力、资产管理能力、成长能力和偿债能力的指标。该系列指标分别从不同角度反映了企业预计实现的财务状况和奋斗目标（见表7-6）。

非财务指标从表面上看对企业业绩没有直接影响，但实际上客户满意率、企业员工的服务意识、员工与企业的社会责任感、法律诉讼观念、纳税意识、环境保护与安全意识等指标，往往是影响企业成败的关键所在，因此，应将非财务指标引入到预算管理中来。

在实际操作时，应结合企业历年的销售（营业）水平、企业市场占有情况、行业未来发展及其他影响企业发展的潜在因素进行前瞻性的预算指标预测，或者结合企业前三年的销售（营业）收入增长率做出趋势性分析判断。

表7-6   预算指标体系中的财务指标

财务指标	具体指标
盈利能力指标	权益净利率 营业利润率
资产管理能力指标	存货周转率 应收账款周转率
成长能力指标	销售收入增长率
偿债能力指标	流动比率 资产负债率

（六）确立预算目标时应注意的问题

1.应对财务资源与非财务资源统筹考虑

对财务资源和非财务资源分别予以一定的权重，然后决定最终的目标利润，参见图7-2。

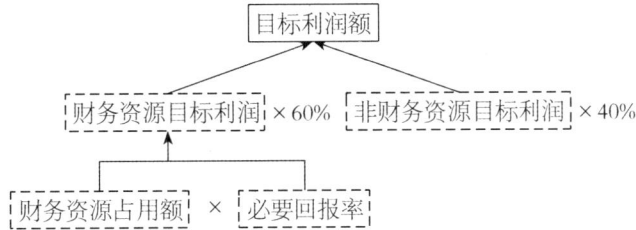

图7-2　财务与非财务资源的协调

2.应充分挖掘盈利能力实现的潜力

图7-3反映的是以资产净利润率为核心的盈利能力及挖潜体系。以资产净利润率为核心的盈利能力体系告诉我们，企业要提高股东的回报率，一是要提高销售净利润率，二是要提高总资产周转率。从股东角度出发还要考虑在控制财务风险的情况下，合理安排负债比重。

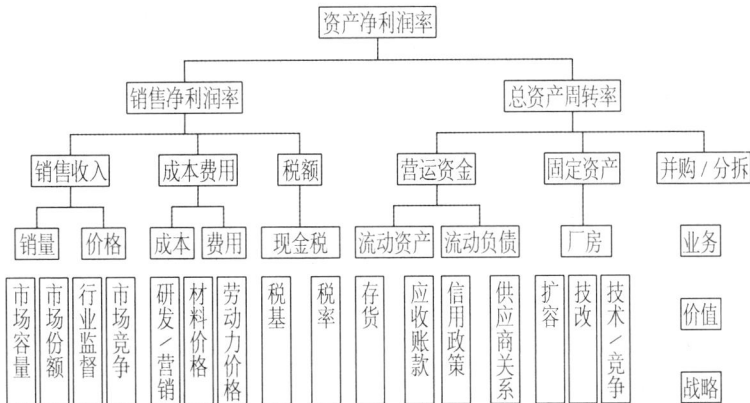

图7-3　以资产净利润率为核心的盈利能力及挖潜体系

要提高销售净利润率，需要：一是关注收入增长方式；二是降低成本和期间费用；三是合理的税负。

要提高总资产周转率，需要：一是提高营运资本周转率；二是提高固定资产周转率；三是通过并购活动实现企业资本增值目标。

至于权益乘数，若要提高的话，就需要安排好资本结构，适度负债。

企业的盈利能力与关注重点详见表7-7。对有关数据的分析确定则可通过预算总目标测算表（见表7-8）进行。

表7-7　　　　　　　　　　　　　　盈利能力与关注重点

指　标	主要驱动因素分析	关注重点
销售净利润率	收入增长方式	（1）原有市场，原有产品（竞争或并购） （2）原有市场，新产品（研发能力、营销及分销、品牌和用户忠诚度等） （3）新市场，原有产品（品牌、资金实力、营销能力、目标市场竞争、市场容量等） （4）新市场，新产品（产品和技术创新、开拓市场能力等）
	降低生产成本	产品设计、原材料价格、供应商管理、设备产出率、劳动力价格、劳动效率、成本控制水平等
	降低期间费用	物流管理、营销策略、市场竞争、管理费用控制、合理负债率等
	合理税负	税收政策、纳税筹划
总资产周转率	提高营运资金效率	（1）存货周转率主要取决于产品、内部管理、营销能力和市场环境等 （2）应收应付款主要取决于客户质量、市场竞争、信用政策和管理、供应商关系等
	提高固定资产效率	行业特点、设备先进性、利用率和产出率等
	兼并收购	并购对象独立价值和协同效应
权益乘数	资产负债率	融资规模、融资渠道和方式、资金成本、财务风险等

二、预算目标的分解

预算目标的分解实践中有以下几种方法：

1.倒挤法

首先把不确定性因素较小的责任单位和个人的具体预算目标确定下来，然后从企业整体预算管理目标中逐一扣除，逐步倒挤出企业内部各级责任单位和个人的具体预算目标。

2.固定比例法

充分考虑企业内部各级责任单位和个人以往在实现企业整体预算管理目标中的贡献能力的大小，合理确定一套固定的分配比例，据以将已经确定的企业整体预算管理目标按比例分解、落实。

表7-8　　　　　　　　　　预算总目标测算表（企业潜力分析）

编制单位：　　　　　　　　　　　　　　年度

指标	行次	影响因素	差距	潜力
权益利润率				
销售净利润率				
	销售增长			
	降低成本			
	节约费用			
	合理税负			
资金周转				
	存货周转天数			
	应收账款周转天数			
	固定资产利用率			
权益乘数				
	融资规模			
	资产负债率			
	融资渠道、方式			
	财务风险			
编制说明	（1）本表由预算部门会同企业管理部门编制 （2）编制依据：根据相关表格组织有关部门讨论分析 （3）另附企业案例分析说明			
制表人	审核人	审批人		

3.基数法

基数法是以各级责任单位和个人上年完成预算目标或前几年完成预算目标的平均数为基础，预测预算期发展速度，在此基础上分解、确定预算目标的方法。这种方法简便易行、应用面广。

4.因素分析法

将有可能影响各级责任单位和个人预算期间预算目标完成情况的各有关因素综合起来，采用一定的分析方法进行分析，最终合理分解，落实企业整体预算管理目标，确定各级责任单位和个人的具体预算目标。这种方法需要分析影响企业的各种因素，看似准确，其实可靠性不强。原因在于一方面它的分析计算工作量大、程序烦琐、效率较低；另一方面由于面面俱到，往往顾此失彼或者抓不住主要矛盾，从而影响目标分解的准确性和合理性。

5.自主申报

自主申报的方式是指由企业预算管理委员会召集各级责任单位和个人（或代表），在说明预算期间企业整体预算管理目标和相关企业内外部环境的背景下，动员各级责任单位和个人根据自身实际能力与实际状况自主申报其在企业整体预算管理目标中愿意承担的份额，经过预算管理委员会的修正，据以进行分解的方法。利润中心预算目标分解表的格式见表7-9。

表7-9 　　　　　　　　　　　　　　利润中心预算目标分解表

编制单位：　　　　　　　　　　　年度　　　　　　　　　　金额单位：元

指标	行次	历史平均水平	上年实际水平	公司预测水平	与历史水平差异	与公司预测差异	调整	预算目标
经营指标：								
营业额								
营业收入增长率（%）								
毛利率（%）								
变动费用率（%）								
固定费用								
所得税税率（%）								
利润净额								
销售净利润率（%）								
⋮								
资金指标：								
存货周转天数（天）								
账款回收天数（天）								
固定资产利用率（%）								
总资产周转率（次）								
资金成本：								
剩余利润								
资产负债率（%）								
权益利润率（%）								
营业现金净流量								

续表

指标	行次	历史平均水平	上年实际水平	公司预测水平	与历史水平差异	与公司预测差异	调整	预算目标
⋮								
其他指标：								
市场占有率（%）								
人均收入								
人均利润								
预算准确率（%）								
不良资产损失								
责任事故（次）								
编制说明	（1）本表由预算部门会同企业管理部门负责编制 （2）编制依据：根据相关表格组织有关部门讨论分析 （3）另附企业案例分析说明							
制表人	审核人		审批人					

重要概念

预算组织管理机构　预算目标　预算目标的分解

复习思考

1.在设置预算管理委员会的企业，其预算管理机构的权限是如何划分的？

2.预算目标的确定与分解有哪些基本方法？

操作练习

请根据某些上市公司在沪深交易所公告的财务决算和财务预算方案，结合其年度报告，分析其预算目标的偏离度、偏离原因，说明在新年度预算目标确定中应关注的问题。

提示：

1.可对佳电股份2023年财务预算与2022年财务决算案例进行分析。

2.可对西部建设2023年财务预算与2022年财务决算案例进行分析。

第八章

预算的编制与执行

【导语】本章论述了从预算的编制、合同签订、信息反馈、预算调整直至最后的预算考核都要经过哪些程序，以及需要关注什么问题。

本章内容要点

第一节　　预算编制的依据、步骤与程序

预算编制是实施全面预算管理的关键环节，编制质量的高低直接影响预算执行结果。预算编制应遵循以下三个基本原则：一是要以明确的经营目标为前提；二是要做到全面和完整；三是预算要积极可靠，留有余地。

预算编制要在公司董事会和全面预算管理委员会制定的编制方针指引下进行。预算编制方针应包括：

（1）企业利润规划；

（2）生产经营方针；

（3）部门预算编制方针；

（4）投资与研究开发方针；

（5）资本运营方针；

（6）其他基准（集团公司费用分摊基准、业绩评价基准等）。

一、预算编制的依据

预算编制是一项比较复杂、涉及面广、政策性和专业性很强的工作。要编制出完整有效的预算，需要积累很多资料。在预算编制的过程中主要应收集以下资料作为编制的依据：

（一）预算期企业经营管理的总目标

预算期企业经营管理的总目标决定着企业的经营方向及努力目标。从财务管理的角度看，企业预算期的经营管理目标一般包括利润目标、资产管理目标及其他相关目标。

利润目标是企业经营管理的最主要目标，其他各项目标都是建立在利润目标的基础上的。只有确定了利润目标，企业才能根据利润目标的要求，确定收入目标和成本费用目标。

资产管理目标包括资产总量及资产结构目标，它是企业测算收入、成本和利润目标的主要依据。

（二）各种计算标准指标

企业的计算标准指标主要包括收入指标、成本费用指标、投资收益率指标等。这些指标是企业计算收入和确定成本费用的主要依据。企业编制收入预算要事先确定产品的销售价格，编制成本预算要事先确定单位产品材料消耗标准、工时、计件工资等，编制费用预算要事先确定费用定额标准。企业进行对外投资活动时要计算确定可能实现的投资收益，因此，要根据投资项目的不同分别确定其投资收益率作为计算依据。

（三）人力资源计划

企业相当部分的支出是工资及相关费用支出，而这种支出是企业成本和期间费用的重要组成部分。工资及相关费用支出受到职工人数、工资标准及其他相关费用标准的影响。其他相关费用标准是指职工教育经费、工会经费、福利费等项目的计提标准。因此，企业要测算与工资项目有关的支出，必须首先拥有人力资源管理部门所预制的预算年度内的人力资源计划以及工资变化情况资料。

（四）历史或同行业先进资料

财务预算不是无根据地随意编制而成的，而是建立在客观基础之上的。历史资料作为过去期间预算执行的结果，是新预算年度编制财务预算的基础资料，只有建立在历史资料基础上的预算才具有可操作性和客观性。新设立的企业由于无历史资料可寻，无法以历史资料作为编制依据，但企业必须确定预算目标，为此，可收集同行业先进资料作为本企业编制预算的依据，从而使预算在编制之初就建立在先进可靠的基础之上。

二、预算编制的步骤与准备工作

（一）预算编制的步骤

为发挥预算应有的作用，预算的编制应遵循以下六个步骤：

1.确立企业的发展目标

确立企业的发展目标以及实现目标的方针和原则，可以为预算编制确定大的方向。企业目标的层次性决定了该目标不仅应包括企业的总目标，也应包括分目标，因此，企业在确定目标时也应分别确定企业的总目标以及下级单位的分目标。具体来说，企业的发展目标应包括以下三个方面的内容：

（1）确定目标的内容和顺序。

对于一个特定企业来说，其目标可能是多种多样的。但就某个特定的时间和条件而言，其目标往往只有一个。不同的目标内容和顺序将导致不同的决策行动，会引起不同的资源配置，因此，企业首先应对目标进行排序，尤其是要确定目标的内容。而目标排序往往受到企业高层管理者价值观的影响。

（2）选择适当的目标实现时间。

当目标确定后，企业要对目标的实现时间做出预先安排，是短期目标还是长期目标，是按年、按季还是按月确定计划目标。如果是长期计划目标，目标实现时间应与采用某一投资方案的投资能充分收回的时间相一致。

（3）目标应具有可操作性。

企业的目标应尽可能数量化，在目标的确定上，不仅要有数量指标，而且要有质量指标；不仅要有绝对指标，而且要有相对指标，以便进行计量和指标控制，目标应具有管理上的可操作性。

2.拟定前提条件

计划的实现需要一定的条件，既有内部条件，也有外部条件。影响企业实现计划目标的外部条件是非常复杂的，因此，企业在草拟计划方案时，应该对计划实现所需的条件予以规划，以保证计划的协调性。

在拟定计划实现的前提条件时需要注意的是，如果不同的主管人员使用不同的计划工作前提，就会造成计划工作不能协调一致。在一定时期内，要使各要素之间协调一致，实行的计划只能使用一套前提。使用一套前提对于保证计划的协调一致是至关重要的。企业的高层管理者应该在制订计划前，确保下级管理人员了解其做计划依据的前提条件。

3.确定可选择的方案

当计划目标确定后，企业应根据实现计划的前提条件，寻找可供选择的用于行动的计划方案，以便为方案的决策提供比较基础。

在确定可供选择的方案时，应注意以下两点：

一是要减少可供选择方案的数量。企业发现可供选择的方案并不困难，但应减少可供选择方案的数量，以便将注意力放在最有希望的方案上。

二是要对那些不是一下子就能看清楚的方案予以特别的关注。通常情况下，一个并不太显眼的方案，其结果常常被证明是最好的。

4.评价和选择方案

评价方案的目的，是通过对各种可供选择的方案的比较，选择最优方案。在可供选择的方案中，有的投资方案虽然利润率较高，但其风险有可能比较大，需要投入的资金比较多；有的投资方案利润率虽然不是很高，但风险却很小。在大多数情况下，可供选择方案的数量是比较多的，而影响每个方案的因素又很多，因此，要正确评价各个方案也是比较困难的。运筹学、数学、计算机技术在管理领域的应用，为进行方案的评价提供了帮助。

对方案进行评价之后，就要选择行动方案。根据评价结果，当存在两个或两个以上可供选择的方案时，主管人员可以决定同时采取几个行动方案，而不仅仅是一个行动方案。

5.拟订派生计划

当行动方案确定后，围绕着方案的实行可能会产生一系列派生计划，如随着生产规模的扩大，新技术和管理方法的应用，企业会拟订招聘计划、人员培训计划、设备购置计划、资金筹集计划、保险计划等。拟订派生计划的目的是保证新选取方案的有效实施。

6.编制预算

编制预算的目的，在于使计划数字化，为企业的管理提供量化的管理标准。预算把计划目标数字化，并把计划分解成与企业组织结构相一致的各个组成部分，从而把各个部门的计划工作联系起来，这实际上是预算实现了不失去控制权下的授权。预算目标的确定，有利于主管人员分配权力，在预算规定的范围内实行计划。预算编制后，将成为企业管理的依据和手段。

（二）预算编制前需要做好的准备工作

为做好预算编制工作需要各个部门的密切配合，因此，凡是与预算编制有关的责任部门和单位都要为编制预算做好基础性的准备工作。各个部门应准备的内容因企业所在行业的不同、组织结构的不同、集权和分权关系的不同而存在差异。

以制造业为例，各个部门预算编制前需要做好的准备工作见表8-1。

三、预算编制的程序

预算编制的程序是指财务预算形成的过程，其编制程序与一般预算的编制程序是相同的。

（一）三种不同的预算编制程序

企业作为组织，即使是在单一的企业内部也存在上下级的结构，在预算编制过程中有自上而下、自下而上和上下结合三种预算编制程序。

（1）自上而下的预算编制程序。

其体现的是战略观念、集权思想，上级下达预算编制的相关规定，下级单位按规定进行预算的编制。

（2）自下而上的预算编制程序。

其体现的是作业基础、民主思想，下级单位先编制预算，然后将预算送报给上级，由上级单位予以审批。

（3）上下结合的预算编制程序。

其体现的是上下博弈、集权为主的思想，编制预算的方针政策由上级单位预先下达，下级单位的预算编制完成后再自下而上进行汇总，经上级单位审批后，成为一个具有可操作性的预算方案。

表 8-1　　　　　　　　　　　　预算编制前需要做好的准备工作

部　门	编制前准备
财务部门	财务分析报告； 预算目标测算方案； 投融资预算草案； 产品成本、固定资产、应收账款等数据
销售部门	销售情况分析及市场反馈； 销售预测； 已签订的预算年度合同； 销售行动方案； 销售费用基础数据
生产部门	生产情况及生产能力； 产品质量及合格率； 库存情况； 产品成本基础数据； 劳动生产率情况等
技术部门	新产品开发情况； 技术改造和设备更新情况； 技术发展规划； 开发计划； 研发项目计划和估算； 项目要求及人员配置； 产品质量分析等
设备动力部门	设备维修和保养情况； 设备更新改造和装备情况； 维修、更新改造费用估算
人力资源部门	人员需求和素质要求； 培训情况和计划； 职工构成及有关情况； 业绩评价和薪酬制度调整； 劳动力成本和劳动效率
采购部门	原材料消耗情况； 市场供应分析和预测； 供应商变动等

以上三种模式实际上是三种管理思想的体现。自上而下的方式体现的是集权思想，是战略导向型的，没有协商的余地。自下而上的方式体现的是民主思想，它以作业为基础，导向非常明确。上下结合可以说是前两种方式的综合，它是一个上下博弈的过程，以集权思想为主，需要设计好，否则会影响到预算编制的效率和预算的组织安排。

（二）不同编制程序及其要点

1.自上而下，层层分解编制预算

这种方法首先是由企业的计划职能部门制订出总体计划，汇编成总预算，然后分解到各级、各部门，各级、各部门再按分解的计划制订本部门的计划，编制本部门的预算。

这种编制方法的优点是编制预算的时间比较短，总体工作量比较少；缺点是预算容易脱离各部门的实际，执行起来比较困难。

2.自下而上，层层平衡编制预算

这种方法首先是由基层单位或各部门制订出自己的计划或预算，然后交由企业的计划职能部门进行综合平衡，形成总体计划和总预算。该方法的优点在于制订出的计划和预算比较切合部门的实际，执行起来比较顺利；缺点是制订计划和预算的时间比较长，平衡工作量大。

在实际工作中，预算的编制程序一般是由基层管理人员自编本身的预算，然后递交给上级主管单位审核，经过反复比较、权衡之后，再逐级上报汇总至最高决策机构。

由于自编预算来源于基层的管理人员，而基层管理人员直接接触具体业务，因此，其自编的预算比较切合实际，按预算能够实现其控制目标，容易调动基层管理人员完成预算目标的积极性和创造性，从而比自上而下的预算编制程序更能发挥预算的作用。

在某些企业中，预算的编制往往要通过单独设立的预算管理委员会来完成，该委员会审核、协调各部门上报的自编预算，并进行最后的修改定稿和综合平衡工作。该委员会通常由企业的财务主管、各职能部门负责人及总会计师组成。其主要任务是：

第一，提出企业在预算期内的经营总目标（如利润目标）和对各职能部门的工作要求。

第二，审查并协调各部门自编的预算，解决在预算编制过程中出现的问题。

第三，对各部门上报的自编预算，经过反复协调平衡后，最后汇总成为整个企业的预算，并报请最高决策层领导审批。

第四，经常监督、检查预算的执行情况，以保证各部门共同努力完成预算所规定的目标及任务。

第五，定期分析预算执行的结果，提出对编制下期预算的改进意见等。

在企业设置预算管理委员会的情况下，预算编制程序为：

（1）最高领导机构根据长期计划提出企业预算总目标，并下达计划指标。

（2）最基层组织草拟预算，使预算较为可行，切合实际。

（3）各部门汇总部门预算，初步协调本部门预算，编制业务预算。

（4）预算管理委员会审查、平衡预算，汇总出企业的总预算。

（5）最高行政机构审议、批准，并上报董事会。

（6）将批准后的预算下达给各部门执行。

3.上下结合的预算编制程序的要点

上下结合编制预算的程序一般是：

（1）企业总经理召开市场预测和分析会，提出下一年的经营思路和方针目标。

（2）各部门单位开始编制有关预算，如销售预算、采购预算、销售费用预算、利润预算、现金流量预算等。

（3）企业的预算管理委员会或具体责任部门（如财务部）的责任人（如财务总监）审查、平衡、协调各部门预算，汇总出企业的总预算。

（4）经过行政最高领导批准，审议机构通过或者驳回修改预算。

（5）主要预算指标报告给董事会或上级主管单位，讨论通过或者驳回修改。

（6）批准后的预算下达给各部门执行。

上下结合的预算编制程序的要点详见表8-2。

表8-2 上下结合的预算编制程序的要点

程 序	工作要点
下达目标	财务部门预测分析，向董事会提出预算目标； 董事会批准预算目标及编制政策； 下达预算目标和编制政策
编制上报	各职能部门进行预算执行情况分析； 研究预算总目标和编制政策； 分析影响预算的各种因素； 提出部门预算目标及确定依据并编制部门预算； 上报预算方案
审查平衡	财务部门分析、审查、汇总、平衡各部门预算，提出调整建议； 召开预算会议讨论、修改预算方案，然后汇总上报
审议批准	上报公司董事会审议批准
下达执行	公司财务部门分解预算指标，逐级下达预算

总之，要想真正发挥预算的作用，就必须做到：

（1）领导重视、组织落实；

（2）制度化、规范化，职责明确，做好分工与协作；

（3）"自下而上"与"自上而下"有机结合；

（4）充分发挥信息化的作用。

在上下结合的预算编制过程中，对于预算编制基本方法的运用，通常体现为以下的过程：

1.提出财务标准。

预算管理部门通常会根据各责任中心近几年的预算实际执行情况，考虑预算期主客观因素的变化，提出财务审核的预算标准，与各责任中心进行协商以确定预算指标。通常财务标准主要有趋势比率、相关比率、构成比率、定额指标和制度规定标准等。

2.提出作业标准。

所谓作业标准，主要是指为规范员工操作规程而制定的，对各项工作的统一要求和规范化规定，这在以后的标准化工作中要重点研究。从预算的角度看，作业标准就是将预算用标准制定下来，明确在作业中先做什么、后做什么以及如何做。

3.上下协商。

预算管理部门与各责任中心就各自测算的依据交换意见，上下协商、达成共识。为了提高预算编制工作效率，各责任中心对于变动较大的预算指标要事先做出详细说明，以便预算管理部审核。

第二节　　两种不同的预算编制的思路

因预算编制基础的不同，预算的编制主要有以下两种方法：

一、以报告期实际数为基础编制预算

企业的经营活动是建立在原有经营活动基础之上的，企业对未来经营活动所做出的规划不能脱离实际。

在预算的编制方法上，传统的编制方法通常是以报告期实际发生数为基础编制财务预算。按此方法，一般以报告期的实际数为基础，然后结合计划期内可能影响利润升降的因素，如销售量的增减、单价的变动、成本费用的上升或下降、税率的变动等确定预算期的利润水平。

此种编制财务预算的方法，从编制程序上看，首先是确定预算期的收入及相关的税金，其次是确定预算期的成本费水平，最后通过收支配比计算出企业预算期的利润，编制出完整的预算。

以报告期实际数为基础编制财务预算，通常适用于有历史资料的企业。

例如，某年3月26日，上市公司W发布了上年度财务决算报告和本年度财务预算报告公告，其中对本年度的财务预算主要指标、预算编制基础、基本假设和确保财务预算完成的措施做了说明。

根据公司生产经营发展计划确定的经营目标，W公司编制的本年度财务预算方案如下：

（一）本年度财务预算主要指标

W公司确定的本年度财务预算主要指标见表8-3。

表8-3　　　　　　　　　　　主要财务指标　　　　　　　　　　单位：万元

项　目	本年度预算	上年度预算	增减变动（%）
一、营业总收入	157 570.19	92 051.65	71.18
其中：营业收入	157 570.19	92 051.65	71.18
二、营业总成本	137 338.74	79 117.20	73.59
其中：营业成本	105 917.92	61 044.15	73.51
税金及附加	1 053.71	513.09	105.37
销售费用	13 832.29	8 091.85	70.94
管理费用	13 479.82	7 242.97	86.11
财务费用	1 417.04	980.79	44.48
资产减值损失	1 637.96	1 244.37	31.63
加：投资收益		103.07	−100.00
资产处置收益		35.88	−100.00
其他收益	750.00	807.28	−7.09
三、营业利润	20 981.45	13 880.68	51.16
加：营业外收入		48.23	−100.00
减：营业外支出		5.94	−100.00
四、利润总额	20 981.45	13 922.96	50.70
减：所得税费用	4 940.79	3 264.89	51.33
五、净利润	16 040.66	10 658.07	50.50
归属于母公司所有者的净利润	14 083.72	9 384.74	50.07
少数股东损益	1 956.94	1 273.33	53.69

（二）预算编制基础

1.本年度的财务预算方案，是根据公司前三个年度的实际运行情况和结果，在充分考虑下列各项基本假设的前提下，结合公司各项现实基础、经营能力以及年度经营计划，本着求实稳健的原则编制的。

2.本预算包括W公司及下属的子公司。

（三）基本假设

1.公司所遵循的国家和地方的现行有关法律、法规和制度无重大变化。

2.公司主要经营所在地及业务涉及地区的社会经济环境无重大变化。

3.公司所处行业形势及市场行情无重大变化。

4.公司本年度业务模式及目标市场无重大变化。

5.公司主要服务的市场价格不会有重大变化。

6.公司主要原料成本价格不会有重大变化。

7.公司生产经营业务涉及的信贷利率、税收政策将在正常范围内波动。

8.公司现行的生产组织结构无重大变化，公司能正常运行，计划的投资项目能如期完成并投入生产。

9.无其他不可抗拒力及不可预见因素造成的重大不利影响。

（四）确保财务预算完成的措施

本年度，公司将采取以下措施确保预算任务的完成：

1.充分认识公司内外环境的变化因素，对本年度经营工作进行系统安排，对市场开发工作进行重点规划，确保既有市场稳中有升、新项目市场有较大进展，从而奠定公司产值利润增长的基础。

2.继续做好全面预算管理工作，加强对集约化设备资产的管理。对于公司生产经营过程中发生的主要投入，严格按照预算的项目及金额进行合同的签订、资金的审批支付，实现对投入产出、全面预算的精细化管理。

3.继续推进公司内控工作流程优化，建立全面内控制度和全面预算管理体系的长效监管机制，使公司生产经营活动得到有力保障。

4.推进公司信息一体化工程，形成固定模板和操作手册，所有子公司均严格按公司软件管理要求进行操作，降低财务和经营风险，保证公司战略目标的实现。

5.全面建立部门绩效考核制度，调动各部门全体员工全身心投入工作中，履行好岗位职责。以服务客户为中心、以强化管理为手段、以绩效考核为突破，全方位提升公司核心竞争力。

6.继续完善全面内控管理制度，特别是投资项目和成本控制的内核基础工作，对于公司投资的项目和经营过程的每个环节，严格按照公司内控管理制度进行控制，实现有效率的精细化管理。

上述财务预算、经营计划、经营目标并不代表公司对下年度的盈利预测，能否实现取决于市场情况的变化、经营团队的努力程度等多种因素，存在不确定性。

二、按目标利润编制预算

以报告期实际数为基础编制的财务预算，并不是最先进合理的预算。为了充分挖掘企业增收节支的潜力，采用目标利润法编制预算是比较合理的。按目标利润编制财务预算，首先是确定预算期的利润目标，然后根据收入的可能确定预算期应实现的销售收入和缴纳的税金，最后确定预算期的成本总水平作为预算期的经营目标。

按目标利润编制财务预算的步骤如下：

第一步，由企业根据上年的利润水平、同业竞争以及预算期可能的变动因素，分析确定预算期的目标利润。

第二步，确定预算期内企业可能实现的销售收入以及应缴纳的相关税金。企业可根据销售预测结果，确定预算期内的销售收入，然后根据税法规定测算应缴纳的税金及附加。

第三步，测算目标总成本。目标总成本是企业为保证目标利润的实现而确定的企业在预算期内总成本的控制限额，或者说是经过努力可以实现的成本奋斗目标。当企业确定了预算期的目标利润、销售收入、税金及附加后，即可倒算出目标总成本。其计算公式为：

目标总成本=销售收入-税金及附加-目标利润

第四步，将目标总成本分解为固定成本和变动成本。当目标总成本确定后，首先要确定变动成本。随着销售收入的增加，企业的变动成本也会相应增加。当变动成本确定后，就可以确定固定成本总水平。固定成本总额确定后，再按成本是否可控确定可控的固定成本和不可控的固定成本，并编列成本预算，作为固定成本的控制依据。

与以报告期实际支出数为基础编制财务预算的方法相比，虽然按目标利润编制的财务预算也是以历史资料为基础的，但预算的编制程序却不同。按报告期实际支出数编制财务预算，首先要确定预算期的销售收入、税金及附加；其次要确定预算期的成本水平；最后通过收支配比，计算确定预算期的利润水平。而按目标利润编制财务预算，从编制程序来说，首先要确定企业预算期的利润目标，其次要根据收入的可能确定预算期内可能实现的销售收入、税金及附加，最后倒算成本。

从表面上看，两种编制财务预算的方法只是程序上的差别，但实际上编制程序的差别对企业产生了不同的效果。按报告期实际数编制财务预算，利润的实现是被动的；而按目标利润编制财务预算，利润的实现则是主动的。为了实现目标利润，企业除了要积极增加收入来源外，更重要的是降低成本，不仅要降低变动成本，还要降低固定成本。在无法增加收入的情况下，企业只能通过降低成本的方法确保目标利润的实现。按目标利润编制财务预算的方法，有利于企业控制各种成本费用，压缩不必要的开支，最终确保利润目标的实现，从而更具有积极和现实意义。

三、预算编制过程中应注意的问题

预算对企业的管理控制具有重要作用，但预算能否发挥作用，取决于预算编制的合理有效性。为充分发挥预算在企业管理中的作用，在财务预算的编制过程中应注意以下几个方面的问题：

（一）预算编制期间的选择

各部门在具体编制预算时，要考虑到预算编制时间长短对企业经营活动的影响。

一方面，销售收入、销售成本、期间费用和利润预算通常期限为一年，这种预算编制方法有利于比较实际数与预算数的差异，但由于这些预算通常在计划年度开始前2~3个月进行，那时对预算期的经营活动还不能确定，因此会使汇编预算与实际相脱节。

另一方面，以一年为期编制的预算，会使管理者的工作重点只能着眼于眼前，缺乏长远打算，行为短期化，为此，在编制财务预算时可采用滚动预算法。它的基本原理是使预算期永远保持12个月，每过1个月，立即在期末增列1个月的预算，逐期向后滚动，因而可以在任何一个时期都使预算保持12个月的时间跨度，所以，滚动预算也称连续预算。滚动预算能使各级管理人员永远保持对未来12个月的思考与规划，从而使企业的经营管理能稳定而有秩序地进行。

为发挥滚动预算的作用，如前文所述，滚动预算的编制实行长计划、短安排，按此方式编制的预算有利于管理人员对预算资料做经常性的分析研究，并能根据当前的预算执行情况及时加以修订，因此，滚动预算具有传统预算所不具备的优点。

（二）预算的灵活性

编制预算的目的是充分发挥预算的控制管理作用，但预算并不是越复杂越好。有些企业编制的预算过于完整、过于详细，甚至显得累赘，就没有意义了。如果预算过于细致，甚至每一项费用的开支计划都列得很详细，就会束缚主管人员管理本部门的权力，降低他们的积极性。

在企业的各项成本开支方面，有些费用支出属于消耗性支出，如办公用品支出、水电费等；有些费用支出属于收益性支出，如广告费、职工培训费。因此，在预算的编制上要注意预算的灵活性，对于那些收益性支出，如果该项费用支出产生的收益大于其支出，预算就不必严格遵循控制原则，以致一点都不允许超支。

另外，在预算的编制上还要注意预算编制过于频繁带来的编制成本，有时，人们花费很高的成本编制出了烦琐的预算，而预算控制本身产生的收益却远远低于预期的收益，这就得不偿失。

（三）预算目标与企业目标之间的关系

预算本身是为了实现企业的目标，但预算目标不等同于企业目标，不能用预算目标取代企业目标。虽然预算目标要分解到各职能部门，分解的目的是切实保证总预算目标的实现，但实际上，各个部门之间为了完成部门预算目标，会存在利益上的冲突，并最终影响企业目标的实现。

如有的企业制订了详尽的预算控制计划，预算确定后，市场上可能存在扩大销售的机会，但广告部门为了控制预算不愿意增加广告费投入，导致销售部门无法扩大销售，企业也因此损失了可能产生的收益。

当全局与局部的控制目标发生冲突时，那些独立性过强的部门如果不能很好地处理预算数与其可变性之间的关系，不能很好地协调部门利益，就会损害企业的整体利益。

因此，预算应该是相互联系、相互支持、相互促进的预算系统，每一个预算指标应当以系统的形式在预算中得到反映。

（四）预算隐蔽的效能低下

采用基数法编制预算，可能存在隐蔽的效能低下的问题。由于按基数法编制的预算常常是依据过去的情况来编制的，过去的某项费用可能成为现在和将来这一费用合理性的证据，过去某项费用的支出数可能成为今后编制预算的起点。在费用预算方面，有些主管人员考虑到上报的预算可能被削减，因此，有可能提出超过实际需要的预算。如果预算审批制度不规范，就有可能使不应该发生的成本费用被列入预算，从而降低预算管理的效果。

在以上应注意的事项中，尤其要注意预算的灵活性。预算编制中最大的风险是缺少灵活性，当影响计划的前提条件发生变化时，完全按预算办事，就会失去市场机会。因此，预算的灵活有效是避免预算风险、发挥预算作用的关键。这实际上也说明了，企业编制的财务预算必须考虑到一些变量因素的影响。弹性预算、零基预算就是预算灵活性的一种体现。

第三节　　预算执行

预算执行涉及从签订预算合同直至考核的全部环节，其内容包括签订业绩合同、预算信息反馈与监控、预算调整、预算考评等。

一、签订业绩合同

（一）业绩合同的内容

集团公司预算执行流程如图8-1所示。

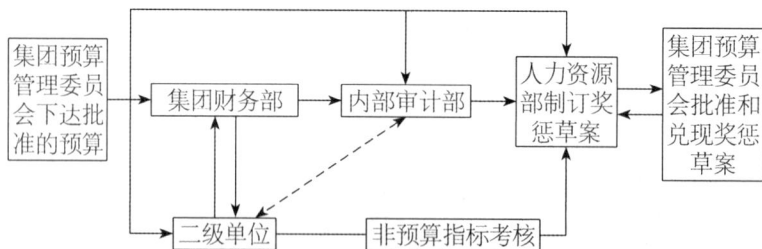

图8-1　集团公司预算执行流程

为了做到预算的有效执行，集团公司与各责任单位之间应签订业绩合同，签订业绩合同的目的和原则见表8-4。

在进行业绩评价时要兼顾财务和非财务指标。表8-5反映了某集团公司的财务和非财务指标的权重，从中可见该集团公司对非财务指标的重视不够。

表8-4   签订业绩合同的目的和原则

目 的	原 则
业绩合同是管理者与被管理者之间的有效承诺	合同由管理者与被管理者共同商讨、认同并签订
业绩合同应与公司战略相符	计划部门与企业发展部门按战略目标对考核权重提出建议
业绩目标应与经营计划相一致	财务、计划部门根据经营计划、预算目标将具体额度分解下去
业绩合同应使业绩考核及其管理顺利进行	人力资源部门提供业绩合同样板，推动业绩合同的签订
业绩合同应突出被考核者对公司价值的贡献	每个岗位都应有财务指标，但不对经营直接负责的岗位财务类指标权重较小

表8-5   某集团公司业绩合同中指标权重分配比例

职务等级	权重分配（100）		
	效益类	营运类	组织类
集团总经理	60	30	10
集团副总经理	40	50	10
子公司经理	60	30	10
子公司副经理	40	55	5
生产部门负责人	30	65	5
销售部门负责人	40	55	5

（二）业绩合同中应体现平衡计分卡思想

预算发展到今天，预算指标已经超出了纯财务指标的范畴，转为财务和非财务指标的融合，并在预算管理中应用了综合平衡的思想，体现了预算与企业规划和战略的关系，同时也体现了业绩评价的先进思想。发达国家在企业管理实践中引入平衡计分卡，已经收到了很好的管理效果。

将预算管理与业绩评分机制有效衔接起来，就是一种管理创新。而在设计业绩评价指标体系时，可以引入平衡计分卡的管理理念。

平衡计分卡（balance score card，BSC）是由美国人卡普兰和诺顿提出来的，后经不断发展，现已成为战略业绩评价的重要工具之一。

平衡计分卡是针对传统以财务业绩为主的评价系统提出来的，它强调非财务业绩和非财务指标的重要性，通过对财务、顾客、内部作业、创新与学习四个各有侧重又相互影响的方面来评价业绩，以达到目标、战略与企业经营活动三者间关系和谐的目的，实现短期利益与长期利益、局部利益与整体利益的协调发展，追求企业的可持续发展。

表8-6反映的就是某公司指标体系的平衡计分卡内容及权重。

表8-6　　　　　　　　　　**某公司平衡计分卡指标体系的内容及权重**

指标类型	具体指标	权重
学习与成长	员工技能和个人发展计划	1
	员工勤奋度	1
	培训	2
	小计	4
内部经营过程	顾客订单及时处理率	3
	顾客服务，1小时内处理顾客问题	5
	顾客服务，4小时内解决顾客问题	5
	管理效率	3
	学习先进	1
	存货周转率	4
	销售业绩良好天数占总天数比	2
	服务优良率	2
	安全	2
	担保	8
	房产状况	3
	其他项目	3
	小计	41
客户	顾客满意度	4
	传统市场份额	28
	新市场份额	6
	环境保护	2
	小计	40
财务	息税前利润，以销售额的百分比表示	4
	经营活动现金流量，以销售额的百分比表示	2
	销售增长率	9
	小计	15
总计		100

在确定业绩评价指标时，国有企业可以借鉴我国现行的国有资本金效绩评价指标体系进行财务指标权重设定（参见表8-7）。

表8-7　　　　　　　　　　我国现行的国有资本金效绩评价指标体系

评价内容	基本指标	修正指标	评议指标
财务效益状况（42%）	净资产收益率 总资产报酬率	资本保值增值率 销售（营业）利润率 成本费用利润率	领导班子基本素质 产品市场占有能力 基础管理水平比较 在岗员工素质状况 技术装备更新水平 行业或区域影响力 企业经营发展战略 长期发展能力预测
资产营运状况（18%）	总资产周转率 流动资产周转率	存货周转率 应收账款周转率 不良资产比率 资产损失比率	
偿债能力（22%）	资产负债率 已获利息倍数	流动比率 速动比率 现金流动负债比率 长期资产适合率 经营亏损挂账比率	
发展能力（18%）	销售增长率 资本积累率	总资产增长率 固定资产成新率 三年利润平均增长率 三年资本平均增长率	

对于评价指标，也可以结合企业实际进行个性化的改造。

图8-2就是某公司基于预算和发展战略相结合的业绩指标设计体系。

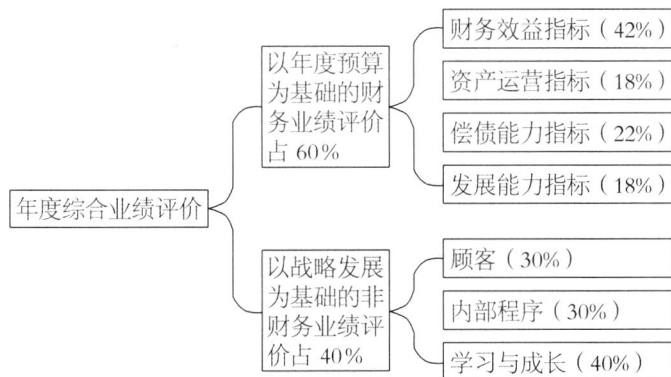

图8-2　预算考核与综合业绩评价指标

二、预算信息反馈与监控

预算管理的本质要求是企业的一切生产经营活动都围绕企业预算目标而展开，在预算执行过程中落实经营战略。预算目标一经确定，即具有"法律效力"。

各预算单位要按照预算目标和管理要求，严格执行预算政策，实施预算控制，及时反映和监督预算执行情况，确保预算目标的最终实现。

（一）预算分析报告的主要内容

为了反映预算执行情况，可充分利用预算分析报告。

预算分析报告的主要内容包括：

1.进度分析。

累计计算并汇总各月完成预算情况，以收入预算完成进度为起点分析成本和费用进度，为调整计划和控制提供指导。

2.业绩分析。

根据各部门预算完成情况，通过差异分析的方法，评价部门业绩，为考核提供依据。

（二）预算控制与差异分析

1.预算控制原则上依金额进行管理，同时运用项目管理、数量管理等方法。

金额管理：从预算的金额方面进行管理。

项目管理：以预算的项目进行管理。

数量管理：对一切预算项目除进行金额管理外，从预算的数量方面进行管理。

2.在管理过程中，对纳入预算范围的项目由子公司、部门负责人进行控制，预算部门负责监督，并借助计算机系统进行管理。预算外的支出由公司或集团主管领导直接控制。

3.子公司、部门包括预算部门都要建立全面预算管理簿，按预算项目详细记录预算额、实际发生额、差异额、累计预算额、累计实际发生额、累计差异额。

4.利润全面预算管理中，必须本着"先算后花，先算后干"的原则，以预算为依据进行控制，一般情况下，没有预算的费用要坚决控制其发生。对各子公司、部门的费用预算实行不可突破法，节约奖励，超预算计算机自动拒付，且预算项目之间不得挪用。

5.费用预算如遇特殊情况需要突破时，必须提出申请，说明原因，经公司或集团主管领导批准纳入预算外支出。如支出金额超过预备费，必须由预算管理委员会和公司董事会审核批准。

6.预算剩余可以跨月转入，但不能跨年度。

7.预算执行过程中，由于市场变化或其他特殊原因阻碍预算执行时，进行预算修正。

8.提出预算修正的前提。当某一项或当几项因素向着劣势方向变化，影响目标利润的实现时，应首先挖掘与目标利润相关的其他因素的潜力，或采取其他措施来弥补，只有在无法弥补的情况下，才能提出预算修正申请。

9.预算修正的权限与程序。预算的修正权归属预算管理委员会和公司董事会。当遇到特殊情况需要修正时，必须由预算执行单位提出修正分析报告，详细说明修正原因并对今后的发展趋势做出预测，提交预算管理委员会审核并报公司董事会批准，然后执行。

10.预算的差异分析。预算执行过程中，预算责任单位要及时检查、追踪预算的执行情况，形成预算差异分析报告，于每月3日将上月预算差异分析报告交上一级管理部门，最后由预算部门形成总预算差异分析报告，交预算管理委员会，为预算管理委员会对整个预算的执行进行动态控制提供资料依据。

11.预算差异分析报告包括以下内容：本期预算额、本期实际发生额、本期差异额、累计预算额、累计实际发生额、累计差异额；对差异进行的分析；产生不利差异的原因、责任归属、改进措施以及形成有利差异的原因和今后巩固、推广的建议。

三、预算调整

（一）预算调整的原则

1.不随意调整原则。

预算方案一经批准，一般情况下不得随意调整。

2.内部挖潜原则。

当不利于预算执行的重大因素出现后，应首先通过内部挖潜或其他措施弥补，只有在无法弥补的情况下，才能提出预算调整申请。

3.积极调整原则。

当外部环境和内部条件发生重大变化时，应积极主动地提出预算调整申请，以保证预算方案符合客观实际情况。

（二）预算调整的条件

当有下列情况之一，而且严重影响预算执行时，可按规定程序申请进行预算调整：

1.董事会调整公司发展战略，重新制订公司经营计划。

2.客观环境（如市场需求、行业发展、竞争对手和国家政策等）发生重大变化，需要调整有关预算指标。

3.公司内部条件发生重大变化。

4.发生不可抗力事件。

5.发生董事会或预算管理委员会认为必须调整预算的其他事项。

（三）预算调整的方式

1.自上而下的预算调整。

当外部环境与内部条件等客观因素导致公司全局性重大变化，经董事会和经理层协商一致后，可提出预算调整申请。

其审批的具体程序是：由董事会和经理层提出预算调整意向，审计预算部门编制预算调整申请表，提交预算执行情况分析报告，说明调整内容和原因，上报预算管理委员会审议批准。对于重大预算调整（调整金额超过预算总金额10%的），应提交董事会审批。董事会或预算管理委员会批准的预算调整申请，交由审计预算部门下达（编写预算调整通知书）。

2.自下而上的预算调整。

当外部环境与内部条件等客观因素导致公司局部重大变化，而且符合预算调整条件时，可以由各责任中心提出预算调整申请。

（四）预算调整的时间

1.定期调整。

如每季度20日后，可由总经理负责组织有关责任中心负责人参加预算分析协调会，讨论预算调整事宜。

2.不定期调整。

当公司外部环境、内部条件等方面发生重大变化时，可以根据情况随时提出预算调整申请。

（五）预算调整的程序

第一步：需调整预算的单位填写申请表，列明需要调整的项目、金额和理由。

第二步：预算办公室根据申请表的内容，确定预算归口管理部门进行专业审核。

第三步：预算归口管理部门对预算调整申请提出初审意见，上报预算办公室。

第四步：预算办公室根据预算归口管理部门的初审意见，填写意见上报预算管理委员会。

第五步：预算管理委员会批准后传达给预算办公室。

第六步：预算调整一经批准，由预算办公室下达调整通知书，集团财务结算中心根据调整后的金额进行控制。

四、预算考评

（一）预算考评的原则

预算的考评具有两层含义：一是对整个全面预算管理系统进行评价，即对企业经营业绩进行评价；二是对预算执行者进行考核与评价。

预算考评是发挥预算约束与激励作用的必要措施，通过预算目标的细化分解与激励措施的付诸实施，达到"人人肩上有目标，项项指标连收入"的目的。

预算考评是对预算执行效果的一个认可过程。预算考评制度是预算管理工作的一个终极环节。

没有考评的预算制度肯定是一个空泛的制度。只有把预算列入考评之中，这个预算制度才是一个有效、完整的制度。

预算考评应体现的原则包括五项：目标原则、激励原则、时效原则、例外原则、分级考评原则。

第八章　预算的编制与执行

1.目标原则。

以预算目标为基准，按预算完成情况评价预算执行者的业绩。

2.激励原则。

预算目标是对预算执行者业绩评价的主要依据，考评必须与激励制度相配合。

3.时效原则。

预算考评是动态考评，每期预算执行完毕应立即进行。

4.例外原则。

对一些阻碍预算执行的重大因素，如产业环境的变化、市场的变化、重大意外灾害等，考评时应作为特殊情况处理。

5.分级考评原则。

预算考评要根据组织结构层次或预算目标的分解层次进行。

为调动预算执行者的积极性，公司应制定一系列激励政策，设立经营者奖、效益奖、节约奖、改善提案奖等奖项。

（1）经营者奖。

根据部门利润实际完成情况，将实际完成的利润额与利润预算的差额按一定比例奖励部门领导。

（2）效益奖。

根据部门实际利润完成情况，将实际完成利润额与利润预算的差额按一定比例奖励员工。

（3）节约奖。

根据部门费用的实际支出与工作完成情况，公司或集团按一定比例奖励费用发生部门；物资采购方面，在相同质量的情况下，将实际比预算降低的部分按一定比例奖励购买人。

（4）改善提案奖。

对优秀员工提出的改善性建议进行奖励，对每项改善提案按一年内所节约费用或所创利润的一定比例奖励提案人。

以上奖励的实施、兑现，全部以业绩考核作为基础。

（二）预算考评指标的构建

预算考评指标的构建需要注意以下几点：

1.预算考评指标应与预算目标和责任指标相对应。

2.预算考评的重心必须体现预算目标层次。

3.考评指标应是财务业绩指标与非财务业绩指标的融合。

上述分析说明，在预算管理中应注意以下几个问题：

第一，目标的制定要符合实际，协调一致。

第二，加强预算的可操作性和硬约束。

第三，预算考核应全面，激励措施要得当。

第四，预算编制方法要与企业集团的内部环境相适应。

第五，预算管理要提倡人本主义。要保障预算管理的成功，首先要有高层管理者的认同和支持；其次要强调全员的参与及认同；再次要保证预算数据具有正确性和相当的精确性；最后要关注信息技术对保证预算运作的重要性。

重要概念

预算编制程序　自上而下的预算编制程序　自下而上的预算编制程序　上下结合的预算编制程序　预算调整　预算控制　预算考评　预算信息反馈

复习思考

1. 预算编制的程序、原则以及需要做的准备工作有哪些？

2. 根据预算编制基础的不同，预算编制的方法主要有哪两个类别？

3. 为什么说预算编制中最大的危险是预算不具有灵活性？

4. 预算调整的情形有哪些？

操作练习

目的：了解财务预决算报告的内容，分析预算目标实现的原因以及新年度预算目标面临的挑战。

资料：2022年11月，Z公司召开2023年全面预算编制会。会议强调，高质量运营是高质量发展的基础，在实际工作和预算编制过程中要突出降低"两金"占用，强化存货清理，加强应收账款、预付款和呆坏账管理，加速资金周转，确保资金有效利用。要加强财务分析和财务管理，及时发现和把握相关数据背后所反映的趋势性、倾向性问题，促进企业健康运行。

要求：根据表1的资料，分析Z公司在2023年度财务预算执行中可能面临的挑战与需要关注的项目。

表1　　　　　　　　　　　　　**Z公司若干年份的基本财务数据**

科目 ＼ 年度	2022年	2021年	2020年	2019年	2018年
成长能力指标：					
营业总收入（亿元）	238.9	231.3	199.0	131.7	105.1
归属净利润（亿元）	1.032	1.684	1.305	1.287	1.287
扣非净利润（万元）	1149	1.360	-9462	-7671	-2.942
营业总收入同比增长（%）	3.28	16.21	51.18	25.25	2.53

续表

年度 科目	2022年	2021年	2020年	2019年	2018年
成长能力指标：					
归属净利润同比增长（%）	-38.68	29.05	1.34	0.03	52.89
扣非净利润同比增长（%）	-91.55	243.71	-23.35	73.93	-1 920.9
盈利能力指标：					
净资产收益率（加权）（%）	0.9	1.5	1.17	1.17	0.6
营业毛利率（%）	10.44	8.86	9.83	11.49	15.76
营业净利率（%）	0.43	0.58	0.66	0.98	0.63
财务风险指标：					
流动比率	1.319	1.263	1.521	1.155	1.366
速动比率	1.043	1.079	1.274	0.96	1.173
资产负债率（%）	71.24	69.86	65.76	66.27	67.57
营运能力指标：					
总资产周转天数（天）	599.5	553.9	596.6	918	1155
存货周转率（次）	1.941	2.672	3.388	3.27	2.5
应收账款周转率（次）	2.661	2.996	1.907	0.949	0.749

第九章

投资预算的编制

【导语】本章将在介绍投资预算的概念、特点以及分类的基础上，总结投资预算评价方法，并在发现问题的基础上，从项目预算中获取经验，最后通过案例演示说明投资预算的编制方法及要考虑的要素。

本章内容要点

第一节　　投资预算及应关注的问题

一、投资预算的概念

从企业的角度看，投资预算是资源在企业内部各投资项目之间进行配置的预算。由于投资项目通常支出金额较大、风险较高、影响时间长、直接关系到企业未来的竞争力和发展能力，因此投资预算对企业的生存和发展意义重大。

越来越多的企业在其发展壮大过程中实施了有效的投资预算。但是，一些企业由于预算不当和项目选择错误，导致企业与不断变化的环境严重脱节，大额的资本支出无法与市场需求有效匹配，最终导致投资项目失败甚至使整个企业陷入危机。

二、投资预算的特点

投资预算是建立在企业战略目标和长期发展计划的基础上，对企业人、财、物等长期或重大资源进行的统筹安排。它实质上是资本资源在企业内各投资项目之间进行分配的预算，即企业内部项目间的资本配置方案，主要解决投资项目可行性及项目选择问题。这种资本配置方案的效率和效果直接决定了企业未来的产品或劳务的产出能力。

一个成功的投资预算能够优化企业的资源配置，使未来一定期间的产出能力与市场需求相匹配，实现企业的持续稳定发展。反之，一个不当的投资预算则可能会使企业陷入困境。

投资预算一般具有以下特点：

1.投资额度大、占用资源多，会对企业的当期现金流量和财务状况产生重大影响。

2.回收时间长，尤其是那些要经过几年现金流出后才可能产生现金流入的项目，将会给企业带来很大的财务压力。

3.在做出初始投资决策时，企业对于未来的投资回收情况是不能准确预知的，并且影响回收期内现金流量的因素多，不确定性强，投资存在风险。

4.投资决策一旦做出，中途很难退出，或者说中途退出代价极大。

5.任何一个投资项目的目的都是提高企业长期的产出能力和获利水平，这与企业的长期发展息息相关，是实现企业战略的重要步骤。因此，投资预算对企业的生存发展具有至关重要的影响。

有实证研究结果表明[1]，美国企业项目投资失败率为35%，而在中国，这项数据为85%，存在如此显著差距的原因在于是否存在投资预算和投资预算水平的高低。美国企业进行项目投资之前一般都会做预算，而中国不少企业要么凭决策者的感觉投资，要么预算管理水平低，基本上都是简单的财务数据的堆砌，使投资预算流于形式。

好的投资预算能够提高投资项目的成功率，降低企业的投资风险，有助于企业的生存与健康发展。

三、投资预算的分类

对企业投资可以按照不同的标准进行分类，与之相适应，投资预算也就分为不同的类别。具体来说，投资预算有以下几种分类方式：

（一）按投资的目的划分

1.扩张型项目预算。

扩张型项目是指企业能够扩充已有的产品和项目或进入一个新的市场生产新产品的项目。当一个公司决定扩展它的产品和市场时，经常要开拓一条新的销售或者分销渠道，在这种情况下公司必须设法准确评估对产品和服务的需求。扩张型项目在某种意义上风险最大，因为它要进入一个企业之前从未涉及的领域。正因为如此，一般情况下，扩张型项目的评估往往使用一个相对较高的收益率，对项目的最低收益率有要求，同时也会取得高于其他项目的投资回报。

2.调整型项目预算。

调整型项目就是与法律法规相一致的项目。社会责任的约束与调整型项目的决策有很大的关系。例如，在很多情况下环保部门会制定环保标准，任何项目都必须遵守这些标准。调整型项目并不是简单地追求股东利益的最大化，而是要首先遵守部门制定的行为标准。调整型项目最优先考虑的应该是将遵守规则的成本降到最低。

① 谢获宝，王梦媛．我国企业资本支出预算中的问题及解决策略 [J]．今日工程机械，2010（12）：124-126．

3.研发型项目预算。

研发型项目是公司保证其长期发展能力的关键，特别是那些生产科技产品和提供科技服务的公司。对在研发型项目上的支出所能带来的效益估计起来是十分困难的，很多情况下研发型项目的经济效益要在将来的某个时刻才能得以实现，所以，此类项目需要相当大的投资规模。由于其现金流入的不确定性和较高的投资水平，研发型项目被列入最具风险性的资本项目之一。

（二）按项目之间的关联关系划分

1.相互独立的项目预算。

相互独立的项目是指为达到投资目的，对一种投资项目的选择不影响对其他项目的选择。

对于投资项目是否可行的决策需要在两种方案中进行，即投资此项目和不投资此项目的选择。投资决策的本质就是选择做或不做。

2.相互排斥的项目预算。

相互排斥的项目是指为达到投资目的，可供选择的投资项目有两种以上，而公司在一定时期的投资规模是有限的，或者资本限量，不可能将可行的全部项目都加以实施，只能选取满足公司需要的最佳组合项目。

3.相互关联的项目预算。

相互关联的项目处于以上两者之间，是相互之间既存在某些影响又不能完全排斥对方的项目。

在相互关联的情况下，一个项目的市场份额会影响到其他项目的市场份额。

例如，如果项目A生产一种新款的自行车而项目B生产的是旧款自行车，且两个项目都可以接受并进行生产，则旧款自行车的一部分潜在顾客可能会被吸引购买新款自行车。这两个项目就是相互关联的，因为一个项目收入的增加会引起另外一个项目收入的减少。

四、资本支出项目评价的方法

（一）投资项目效益评价理论和方法的变化与发展

从发展历程看，投资项目效益评价理论和方法经历了4个不同的发展阶段：

（1）1750—1930年，这一时期侧重于工程项目的技术咨询和评价；

（2）1931—1950年，这一时期侧重于大型投资项目的经济可行性研究和成本效益分析（CBA）；

（3）1951—1980年，这一时期开始过渡到对投资项目的宏观经济效益的评价；

（4）1981年至今，发展到将实物期权应用于投资项目效益评价。

投资项目效益评价理论和方法的发展趋势体现在4个方面：

（1）投资项目评价的方法从工程技术评价向工程技术和经济效益评价相结合转变；

（2）从企业微观财务效益评价向宏微观经济效益评价相结合转变；

（3）从技术和经济可行性评价向技术、财务、宏观经济、环保等可行性评价相结合转变；

（4）从应用静态和确定性评价方法向应用动态和不确定性评价方法转变。

（二）投资项目可行性和效益评价的内容

投资项目可行性和效益评价的内容包括：

（1）技术可行性和效益；

（2）市场需求可行性和效益；

（3）财务可行性和效益；

（4）宏观经济可行性和效益；

（5）环境保护可行性和效益；

（6）社会、法律、政治等可行性和效益。

（三）投资项目经济效益可行性研究报告

投资项目经济效益可行性研究报告包括以下7个方面的内容：

1.项目概况。

其包括项目名称、执行单位、投资地点、产品或服务、作用、投资总额、预计效益等。

2.项目产品、服务的市场分析。

其包括目标市场和客户、潜在需求量和价格、现实需求量和价格、竞争对手、市场占有率、市场（需求量和价格）变化趋势等。

3.项目的投资总额、资金筹措和资本成本。

其包括固定资产和流动资金、各种资金来源及其比例、各种资金的成本、加权平均资本成本（WACC）等。

4.项目的有关财务报表。

其包括投资项目的利润表、现金流量表、资产负债表、还贷计划表。

5.项目经济效益的评价与决策原则（见表9-1）。

表9-1 **项目经济效益的评价与决策原则**

回收期（PBP）	PBP<项目经济生命周期
保本点（BEP）	BEP<项目的设计能力
净现值（NPV）	NPV>0
内含报酬率（IRR）	IRR>WACC
净现值指数	用于不同项目比较分析

6.影响项目效益的主要因素和弹性分析。

其包括售价变动幅度、成本变动幅度、销售量变动幅度、其他因素变动幅度等及其对回收期（PBP）、保本点（BEP）、净现值（NPV）、内含报酬率（IRR）的影响。

7.项目研究的结论和政策性建议。

其包括是否可以投资，投资和经营中应注意哪些问题，如何克服投资和今后经营中出现的问题或防范相应的风险。

（四）投资项目的效益评价程序

投资项目的效益评价程序一般包括以下方面：

1.进行项目的目的判断。

要了解项目的投资是为了满足规模扩张还是为了追求效益，是为了主业转型还是为了占领市场。

2.进行市场需求分析。

要了解谁是市场上的产品或服务购买者，销售变化的总体趋势和价格变动方向与趋势如何等。

3.进行筹资政策分析。

要了解为满足项目的资金需求，筹措项目的资金主要是利用权益资本还是债务资本，不同资金来源的资金成本和综合资本成本将对项目产生哪些影响。

4.要进行投资项目的经济效益分析。

要明确项目的投资回收期、NPV和IRR，确定项目有无投资价值。

5.要进行投资项目的风险分析。

主要是对项目的敏感性及主要因素影响程度的分析。

6.对拟投资项目进行论证与决策。

要明确是基于战略价值还是基于经济效益角度进行项目决策。

（五）项目投资管理决策中应注意的问题

1.要关注投资项目可行性研究报告中的"数据质量"。

这比关注其"结论"更加重要，如测算的数据来自何方，测算的数据是否真实、可靠。

2.要关注"市场需求分析"。

这比关注"经济效益分析"（NPV、IRR、PBP等）更加重要。在市场需求分析方面要考虑以下因素：

（1）产品或服务的目标市场、需求量和市场占有率；

（2）产品或服务的价格、主要成本项目等影响因素的变化；

（3）产品和行业的周期的变化趋势。

3.要关注投资项目的"风险分析"。

这比关注"盈利状况"更加重要。在投资项目的风险分析方面，要关注投资项目投资后面临哪些风险，投资项目可行性研究是否使用矩阵式弹性分析方法，如何控制和防范投资项目的风险等。

4.要关注"战略性投资"。

这比关注"技术性投资"更加重要。关注战略性投资是指，要注意投资项目的主要或关键目标是什么，投资项目的财务效益是否和如何影响目前企业的财务状况，投资项目与企业发展战略的关系如何，投资项目对企业发展战略是否产生重要影响。

5.不但要关注项目的准备和预先评价，也要关注项目的实施和后期评价。

假如进行投资项目的决策是根据个人或个别单位得出的评价结论做出的，则要考虑是否还要根据多人或多个单位的评价结论做出判断，是否关注项目的实施进程，是否组织对投产后的项目进行后期评价等。

五、投资预算编制中的问题与改进

（一）投资预算编制中存在的问题

鉴于投资对于企业的生存与发展至关重要，越来越多的企业开始重视投资预算，但是，我国企业中投资预算实施的效果并不令人满意，企业在做投资预算时经常存在如下问题：

1.投资项目的选择不科学。

我国很多企业在进行投资项目的选择时，习惯于追踪热点，别人做什么赚钱自己就去做什么，而忽略了自身的竞争优势和产业特色。更有甚者，投资领域严重多元化，导致已有投资项目的现金流入无法弥补其他众多项目巨额的初始投资。

像珠海巨人集团、广东中山爱多集团、德隆集团等都是因为盲目扩张、资金流断裂而不得不淡出人们的视线，我国2018年爆发的众多企业债务违约事件也与盲目投资、忽视对现金流和流动性风险的管理有关。

在集团企业内部，由于预算资源的限制，因而需要在各分公司的众多预算项目中进行选择。很多企业总部决策者会倾向于依据人情关系做出项目选择，这种选择不是使企业价值最大化的选择。

2.投资预算缺乏企业战略的有效指导。

投资预算作为一种管理手段，是为实现企业战略目标服务的。然而，在实践中，很多企业却忽略了这一点，主要体现为预算取舍标准的非战略性。

企业在对投资项目进行评价时，往往只注重技术层面，如净现值、内含报酬率等财务指标，而忽视战略层面的非财务因素，如企业战略类型、竞争优势等。

在没有战略指导下选取的预算项目不具有全局性，会使企业过分重视短期利益，忽略长期目标，导致短期预算指标与长期发展战略不相适应。

3.投资预算不能与变化的环境相适应。

投资预算决策中对未来现金流量、折现率及投资项目生命周期的假定等，都必须建立在对未来一定期间内宏观环境、市场走势、企业活动等的充分调研、评估和预测的基础上。

而很多企业忽视了面向未来进行分析这一最重要的一环，仅以历史指标值和过去的活动为基础确定未来的预算指标值，把投资预算的编制简单地停留于对历史数据的修修补补上，这样得出的预算指标往往经不起市场的检验，无法适应外部环境变化的要求。

4.投资预算编制过程中难以协调各方的利益。

资本支出项目往往会涉及企业的采购、生产、销售等多个业务部门，每个部门都希望在有限的项目预算金额内争取更多的资源，设置更容易实现的预算目标，由此造成了企业内各业务部门之间的利益冲突。

而在集团企业内部，各子（分）公司为进行投资而抢夺有限的资本，也存在着利益冲突。如果各利益相关方在投资预算制定和修正的过程中进行博弈，隐瞒真实信息，就会误导管理者，使之做出不当的决策。

5.投资预算缺乏有效的考核与激励措施。

预算目标的实现是人的主观努力和客观因素共同作用的结果，被考核方总是倾向于将绩效好的原因归结于主观努力，而将绩效不好的原因归结于客观环境。

这样就难以对员工的真正贡献进行量化，无法实施相应的激励。而考核方则常常掺杂个人情感，使考核难以实现部门之间、员工之间奖惩的客观公正。有些企业甚至没有配套的奖惩措施，缺乏应有的激励机制，使考核流于形式。

（二）投资预算的改进

要解决我国企业投资预算中存在的上述问题，使投资预算实现预期的目标，可以采取以下措施：

1.以企业战略指导投资预算。

企业应当确立以战略为基础的理念，将投资预算真正作为实现长期战略的重要手段。企业可以对战略目标按财务、顾客、内部业务流程及员工等维度进行划分，制定出比较全面的长期发展规划，使预算项目的选择有据可依。

在多个投资项目财务上都可行时，要通过战略分析，比较独立项目的净现值与多个项目的互补效益，选择最佳的投资项目，以实现项目收益和企业整体利益的最大化。

即使从短期视角考察，项目可能不具有财务可行性，仍然有必要从战略的角度对其进行权衡，以免错失良机，忽视了对实现企业战略具有重要价值的投资项目。

2.将投资预算建立在未来环境变化的基础之上。

预算的本质是计划，而计划的目的是使企业未来的发展适应环境的变化，减少不必要的风险，所以，投资预算离不开对未来环境变化的分析和预测。进行这类分析和预测需要建立起面向市场的理念，对市场走势进行充分的调研和分析，以使预算指标经得起市场的检验。所以，对与投资预算相关的各项环境因素进行面向未来的分析，是企业编制良好投资预算的前提。

3.从企业价值链的角度建立投资预算。

价值链是指能够创造和交付给顾客有价值的产品或劳务的一整套不可缺少的作业和资源，它是企业内各业务部门密切配合、有机结合的产物。从价值链的角度来说，企业需要提供给顾客尽可能多的价值，才能在市场竞争中占有一席之地，企业内部所有的部门和人员都必须为了这一目标服务。当部门之间发生利益冲突时，企业应该从全局出发，对资源和活动进行统筹安排，把实现顾客利益最大化和股东财富最大化作为解决内部各部门利益冲突的准绳。

4.制定合理的投资预算考核与激励机制。

企业应当制定科学合理的预算考核与激励机制，确保投资预算的长期有效运行。

首先，对投资预算结果的考核要求企业比较预算指标值与实际执行结果的差异，分析原因，为以后改进工作提供经验和教训，同时也为实施员工奖惩提供依据。

其次，对员工的奖惩不能仅看投资预算指标的实现程度，而应同时将客观因素对绩效的影响等纳入考虑范围，用科学的绩效评价体系替代单一的预算目标，以使企业对员工贡献的量化考核更加公平合理。

最后，企业必须制定出一套与绩效评价体系相适应的奖惩制度，确保企业战略目标的实现。

5.提高员工素质。

企业员工是投资预算工作的主体，员工素质的高低直接决定了预算效果的好坏。

首先，员工的业务素质代表了他们对预算的执行能力，过硬的业务素质是将预算变为现实的重要保证。

其次，员工的思想道德素质的高低对于预算工作质量的高低也至关重要。比如，在投资预算编制的过程中，如果某些部门或人员隐瞒真实信息，做出宽松预算，就可能损害他人利益，扭曲预算对企业有限资源的配置。

最后，企业应当注重培养员工的主人翁意识，鼓励他们积极参与到投资预算工作中来，这不仅可以发挥员工的主观能动性，而且能够避免员工偷懒带来的效率损失，大大提高投资预算工作的质量。

第二节　项目预算管理的经验及启示

一、项目预算的概念

项目预算是项目的计划和预算（program planning and budgeting，PPB）的简称，是一种主要应用于政府部门的将规划—计划—预算结合在一起的系统控制方法。

为了消除规划和预算分别制定的传统方式的弊端，项目预算将两者有机结合起来，寻求最有效地调配资源以实现目标的系统方法。它通过对各种可能的方案进行成本-效益分析，选取实现目标的最佳途径。成本-效益分析是对不同方案实现目标效果与其所需要的成本进行综合的对比分析，然后根据一定的标准来选取最佳方案。

二、项目预算产生的背景

项目预算最初是在19世纪60年代由美国国防部首创的，其后曾一度流行。按照惯例，美国国防部的军事计划和预算工作是两种互不通气的工作。前者是参谋长联席会议和各军种计划部门的职责；后者是审计长的职责。

美国国防部每年制定预算，按职能分成如下几类：军事人员、作战与维修、采购研究、研制、试验和评定，以及军事工程。

而制订军事计划时则采用另一种完全不同的分类，即按军种和任务分类，如战略报复、地面防空、反战争等。在制订军事计划时，并不考虑可以获得的资源，因此这些预计的费用往往大大超过总统提交国会的预算数字。此外，军事计划主要是由军种自定，因而部队、武器系统以及工作安排的优先次序在很大程度上是根据每个军种的任务来确定的，而不是根据国防部的总任务来确定的。

这种按职能安排的预算，并不能把力量集中在与任务有关的部队和军事计划上，而后者恰是国防部高级管理层最关心的一项决策工作。此外，这种按职能安排的预算并不能提供直接说明武器系统的费用同军事效用之间关系的数据。并且，由于预算的时间往往只限于一年，所以它也不能说明所提出的计划中各时间段加起来的总数。

因此，美国国防部长每年总是面临这样的境遇：在审查预算的几星期内，在没有充分资料的情况下，需要对部队和计划做出重要决定。由于抉择时只对许多重大的和长期的资源问题做出猜测和估算，所以做出的决定往往很不成熟，或是在没有全面地考虑各种方案的情况下就做出决定，这些决定往往导致预算的"额外追加"，或在大量投资后全部取消计划。

为了消除传统方式下计划与预算分别制定的弊端，需要找到一种将两者相结合的方法，这就是项目预算法。

三、项目预算法

项目预算法基本上是一种寻求最有效地调配资源以实现目标的系统方法。由于这种方法强调的是目标和实现目标的规划，以及按规划的项目方案拨款而不是按职能部门上年的预算基数增加或减少一笔开支，所以它克服了各种预算（包括企业预算）所共有的缺点，摆脱了过分受会计期间限制的窘境。

项目预算法强调选取实现目标的最佳途径，也就是要对各种可能的方案进行费用效果分析，因为规划中的失误是不能通过其后的计划和预算来弥补的。

所谓费用效果分析，是对不同方案实现目标的效果和所需的费用进行综合的对比分析，然后根据一定的标准来选取最佳方案。选择的标准可能是：以最少的费用实现一个既定的目标，或是以现有的资源实现最大的效果。常要采用数学模型对费用和效果的变化模式以及费用和效果的关系进行走向描述。

项目预算法虽然主要适用于政府部门和事业单位，但对企业尤其是大型企业也同样适用。事实上，在许多大型企业中，也不同程度地存在计划的制订与预算脱节的现象。制定预算一般是企业财务部门的职责，而制订计划是企业计划部门和各个职能部门的工作。财务部门在制定预算时，由于受时间和其他条件的限制，很少能够搞清技术开发、工程、销售、人事等部门计划的实际经费需要，而这些部门为了自身的利益，也有意夸大实际的经费需要。此外，按会计科目编制预算是很难制定出合理标准的，如差旅费、印刷费及办公用品费、描图费、售后服务费、教育培训费等，如果不是从计划的角度逐项确定然后加以汇总，很难说清楚总支出的高低。采用项目预算法能够在一定程度上改善这种状况。

四、项目预算的基本方法

项目预算有两种基本方法：自上而下的方法和自下而上的方法。采用哪一种方法，主要与项目组织的决策系统有关。

（一）自上而下的项目预算

这种方法主要依赖于中上层项目管理人员的经验和直觉（判断）。这些经验和判断可能来自于历史数据或相关项目的现实数据。首先，由项目的上层和中层管理人员对项目的总体费用、构成项目的子项目费用进行估计，然后向下一级传递，直到最底层。

这种预算方法的缺点是，当上层管理人员根据他们的经验进行费用估计并分解到下层时，可能会出现上层估计不足、下层难以完成任务的问题。下层人员往往沉默地等待上层管理者自行发现问题并予以纠正，这样往往会给项目带来诸多问题，有时甚至导致项目失败。项目预算的过程是一个零和博弈，一方的获得意味着另一方的损失，其间充斥着权利的争夺和激烈竞争。

这种预算方法的优点主要是总体预算往往比较准确。同时，由于在预算过程中总是将既定的预算在一系列工作任务间分配，因此避免了某些任务获得了过多的预算而某些重要任务又被忽视的问题。

（二）自下而上的项目预算

自下而上的项目预算方法要求运用WBS（工作分解结构）对项目的所有工作任务的时间和预算进行仔细考察。最初，预算是针对资源（团队成员的工作时间和原材料）进行的，然后才转化为所需要的经费。所有工作任务估算的汇总就形成了项目总体费用的直接估计。项目经理在此基础之上再加上适当的间接费用（如管理费用、不可预见费等）以及项目要求达到的目标利润，就形成了项目的总预算。

自下而上的项目预算方法要求全面考虑所有涉及的工作任务。与自上而下的项目预算方法一样，自下而上的项目预算方法也要求项目有一个详尽的WBS，也涉及一定的博弈。当基层估算人员认为上层管理人员会削减预算时，就会过高估计自己的资源需求。自下而上的项目预算方法的优点是，基层人员更清楚具体活动所需的资源量，而且由于预算出自基层，因此可以避免引起争执和不满。

五、项目预算中存在的问题与关注点

通常，项目预算法在那些基本上是通过项目实现其目标的部门，如国防部、水利部、电力部、煤炭部等，有可能发挥比较好的作用。但对大多数政府机构和事业单位而言，要推行项目预算法还存在以下一些问题：

1.部门通常缺少明确的、具体的目标。

显然，谁也不可能为模糊不清的目标制定规划、计划和预算。

2.现行的会计制度与实行项目预算的要求不相适应。

美国国防部的做法是对传统的预算科目进行了改造，使之与计划的分类取得一致，从而可以用一个系统来完成对计划和预算的财政检查。但对大多数的政府部门和事业单位来说，这样做的困难很大。

解决的办法之一是建立两套账目，一套是按项目进行核算的账目，另一套是按现行会计制度进行核算的账目，然后在这两套账目之间建立一种转换关系。

3.政府部门或事业单位中的预算人员习惯于传统的做法。

他们不愿意放弃年度预算惯例和程序转而做较长期的项目预算。

4.缺乏一整套进行费用效果分析的目标体系和方法体系。

这也是项目预算法推行的一个主要障碍。但是，在管理领域里出现了很有意义的预算手段，就不应当束之高阁、弃之不用。

作为制度健全、有发展后劲的政府部门和事业单位，其一定要认识到将规划—计划—预算结合在一起是一个很大的进步。

第三节　企业投资预算实例

为说明企业应如何确定战略，又应如何将战略落实到具体行动并形成预算方案，这里选取D汽车经销集团某年度所进行的并购案例加以说明。

一、案例公司所在行业的发展状况

（一）经营模式

汽车产业链以整车制造为核心，上游产业是整车的原材料和零配件供应，下游产业从事汽车经销、维修养护、旧车交易、汽车金融等后市场业务。汽车经销商在整个体系中处于中下游的位置，承上启下，扮演了产品制造和消费者之间媒介的角色，是中国汽车销售的主流渠道。

与日本、美国不同的是，中国汽车经销业普遍采用4S店模式，由独立于厂商的经销商建设集销售、售后服务于一体的4S店，以厂商的品牌及标准开展经营活动。汽车经销商的利润直接与生产商制定的商务政策挂钩，双方的合作合同规定了汽车经销商的销售返利、销售价格、年度销售量、售后服务及配件供应、市场推广方式等诸多方面，并对其融资、精品销售、二手车交易等经营范围加以指导，一般还规定汽车供应商于代理期限内对汽车经销商进行业务培训和绩效考核。中国特殊的法律环境客观上造成了汽车厂商与经销商之间地位的不平等，限制了经销商自主从事经营活动的空间。

（二）盈利模式与盈利能力

汽车经销商的利润主要来源于整车及零配件的购销差价、生产商给予的返利、消费信贷业务收入、维修养护服务收入、保险公司给予的保险业务返利（计入其他业务收入）等。整车销售的利润率通常较低，D汽车经销集团并购规划开始的前三年国内经销商整车销售的利润率平均为2.7%。

随着我国汽车市场竞争的不断加剧，整车销售利润率可能会进一步降低。相较于整车销售业务，服务类业务的利润率要高得多，服务利润率平均约37.4%。因此，汽车经销商的收入构成会逐渐向拥有更高利润率的收入环节——汽车后市场领域——转移，以解决整车销售面临的低利润率问题。

中国汽车经销商的服务利润已经成为汽车经销商利润构成的核心。在盈利能力方面，并购规划开始的上一年中国汽车流通协会对汽车经销商生存状态的调查显示，有18.8%的经销商存在不同程度的亏损，56.7%的经销商能够实现盈利。从品牌来看，合资品牌经销商经营状况好于自主品牌，处于盈利状态的合资品牌经销商和自主品牌经销商的比例分别为57.6%和55.4%。

整车销售是汽车4S店最重要的收入来源，占4S店主营业务收入的80%~90%。量产车的厂商政策一般为4%~5%的固定返利，加2%~3%的奖励性返利，奖励性返利需要根据销量、客户满意度、关联业务、配件订货量等多项考核指标决定。

由于市场竞争的关系，固定返利的大部分会通过打折、赠送等形式让渡给顾客（部分紧俏车型的价格没有弹性，甚至会加价上浮）。

平均而言，国内主流的量产OEM品牌的销售利润率约为3%。豪华车品牌的厂商政策一般为5%左右的固定返利，加3%~4%的奖励性返利。豪华车的降价幅度相对较小，除处理尾货之外，一般经营状态下价格至多让利3%，平均销售利润率约为5%。

（三）行业集中度状况

整车销售利润趋薄以及日益加剧的市场竞争，导致许多汽车经销商赖以生存的单店单品牌模式的风险逐步加大，许多小经销商逐渐被淘汰。

国内汽车行业的高速增长为经销商集团的发展提供了契机，通过市场兼并重组，一些大型汽车经销商集团开始出现，汽车经销走向了多品牌聚合的道路，收到了一定的规模效益，一些网络规模较大、实力较强的汽车经销商集团在汽车经销业逐渐占据了重要地位。

对比经销商集团下属经销店与一般单店，集团经销商凭借在资金、人才、信息、经验、厂商及与政府关系等方面的优势，在二手车销量、大客户销量、新车销量、集客量、客单价等方面优势突出，同时在员工素质方面也具有较明显的优势。

截至并购规划日，中国关境内已形成拥有3家以上4S店的经销商集团400余家，其中销售收入超过20亿元的大型经销商集团约20家。但绝大多数汽车经销商集团仍处于区域化经营状态，缺少全国范围内品牌化经营的航母级汽车经销集团。国内汽车经销商集团的分布与各省市的乘用车上牌量、狭义乘用车品牌授权店数量基本相匹配。

二、案例公司并购战略选择分析

(一)并购动因分析

1.提高市场份额,实现规模效应。

通过并购主流品牌4S店,可以提高市场占有率,通过规模优势提升盈利能力:

(1)有利于发挥供应链协同效应,提升盈利能力。

从新车销售的利润构成因素看,主流的量产OEM品牌的固定返利为4%~5%,奖励性返利为3%~4%。由于市场竞争的因素,固定返利部分中的一部分会让渡给消费者,因此,奖励性返利的高低对经销商能否获得较高的盈利至关重要。具备规模优势的经销商,可以获得厂商对销量、任务达成率、区域贡献度、直销业务等方面更多的奖励性返点,直接提升获利能力。另外,拥有较大销量的经销商集团,可以通过买断销售业务,推广厂商的滞销车型或尾货车型,大幅提升产品获利能力。

(2)提升客户保有量,有利于实现D集团在后市场领域的延伸。

后市场业务(汽车维修、汽车保险、金融、车友俱乐部、二手车买卖等)销售利润率远高于汽车整车销售利润率,而新车销售又是切入后市场领域的关键。通过新车销售、质保期服务,4S店的体验式营销能够使其较方便地与客户建立密切的沟通关系,动态掌握车主需求及车辆信息,有利于开展后市场营销工作并降低后市场业务市场开发的成本,便于集团向后市场业务延伸。

(3)通过并购实现并购方的资本流动性价值。

目前,全国拥有众多授权经销商,受资金、品牌、管理团队等因素的影响,部分经销商处于微利或亏损状态。由于D集团在汽车经销业内影响力和知名度较高,在行业内处于领先地位,较易获得并购资源,以实现参股、控股或全资收购的目标。同时,并购价格一般为3~5倍市盈率,通过并购可以提升资本流动性价值,符合D集团现有及未来股东的利益。

2.实现协同效应。

汽车经销业对流动资金需求量大,由于单店平均库存较多,财务费用较高,因此,在多门店经营模式下,可以降低旗下单店的平均库存,占用更少的流动资金,降低财务费用。

第一,由于集团规模较大,更容易取得汽车金融公司和银行的信任,资金成本较低,富余的资金可以在各门店之间进行调配。

第二,市场活动的组织、厂商关系的建立与维护,这些成本可以有效分摊到各个门店,平均的管理费用、销售费用会低于一般单店。

第三,在汽车保险、汽车金融等业务中可以实现集团层面的资源共享,以规模化的优势取得价格谈判的话语权,有效降低成本、提高盈利能力。

3.快速提高市场占有率。

相对于新建4S店,并购可以有效扩大客户保有量,缩短新店的市场导入期。

（1）缩短客户积累时间。

新店建设并投入运营之后，由于新车销售客户积累不足，一般无法达到设计服务能力，无法有效实现服务利润。通过并购原有的4S店，可以迅速掌握原有客户档案，实现服务营销，在最短时间内开发服务客户。一般4S店自建成后，在3年左右即可达到销售与服务收入的正常水平，而并购操作可以大大缩短客户积累时间。

（2）避免冗长的建店审批流程。

由于国内汽车销量猛增，主流品牌的授权店数量迅速攀升。目前，在市场较成熟的省市主流品牌的授权店数量基本已经达到了厂商的规划数量，申请审批新的4S店难度较大，厂商的申请审批流程一般在半年以上，且需要具备较好的厂商关系，在较短时间内获批建设主流品牌授权店的概率很低。

（3）缩短了新店征地及建设周期。

新店建设从征地、立项规划、施工到验收，一般需要经过1年时间，且由于国内的较发达地区征地难度较大，通过并购可以有效缩短这一周期，较快达成规划目标。

（4）获得经验成熟的技师与销售队伍。

原有4S店销售与服务人员大多已经接受过厂商的系统培训且具备相应的客户服务经验，并购原有4S店减少了对基层工作人员进行培训的环节，降低了培训与招募成本，也有利于提升客户满意度。

（5）有利于集团整合多个厂商品牌进行后市场开发。

实现后市场开发，需要以现有的4S店作为基础。通过并购补充D集团现有体系内缺少的主要品牌，可以有效地将服务领域内的资源拓展至该品牌用户群中，掌握该品牌的厂商要求、车辆订货、配件订货、服务标准，共享厂商在用户研究方面的经验，有针对性地开展后市场业务。通过并购4S店，深化客户资源管理，就可以挖掘可召回客户，针对历史客户开展二次营销，以推进利润附加值较高的汽车维修、汽车保险及二手车业务，条件适当时还可开展延长质保、汽车金融等业务，后市场业务由集团统一进行市场与客户管理。

（二）并购项目的可操作性

1.汽车经销行业集中度低、资源充足。

并购规划开始日的上年末，全国汽车品牌授权经销店约13 000家，其中狭义乘用车品牌授权店9 721家。但经销商集团规模普遍较小，年销售收入超过20亿元的不足30家。

由于集团经销商在经营上相对一般经销商具有明显优势且经销店投资人众多、资源充足，可实施并购的对象容易获得。

2.比较容易获取行业相关信息。

D集团在经营能力上获得了生产厂商的高度认可，并与汽车行业的第三方机构建立起了良好的合作关系。D集团有能力通过汽车生产厂商、第三方机构获得并购对象的信息，包括销量与服务数据、财务数据、司法诉讼信息、银行往来账资料、当地市场信息等，这为顺利实施并购奠定了基础。

3.行业竞争导致部分经销店微利或亏损，便于实施并购。

据中国汽车流通协会调查，并购规划开始的上一年受全球金融危机的影响，汽车经销商的亏损面进一步扩大。

虽然开始并购规划的年份市场销量增长明显，但是由于汽车经销业属于资产负债率高、流动资金需求量大的行业，经营业绩差的经销商在资金方面难以获得生产厂商与汽车金融公司、银行的支持，资金瓶颈限制了中小经销商的订单量和盈利能力，尤其是短贷长投模式的经销商风险极大，接受并购是退出的一种选择。

通过上述分析，D集团认为，国内各省市经济及汽车市场成熟度差异较大，在并购项目的区域定位上，应选择区域市场相对成熟、市场销量与保有量较大、市场增长速度较快、实施并购过程中资产定价较合理、有较高性价比的区域。

（三）并购成本分析

1.并购与新建成本比较。

并购规划开始的上一年有20%~30%的经销商出现亏损，20%左右微利经营，优势品牌可以在净资产价值基础上适当上浮。

以一汽大众为例，3年左右店龄的中等规模经销店（不包括现金、库存车辆、土地）收购价格约为700万元（根据现有经营业绩及客户保有量，收购价格会有较大浮动），单店平均年销量为1 500台，维修台次为1 200台次/月，年度净利润为250万元。新建量产品牌4S店投入建设、装修、专用工具等费用约为500万元，品牌申请及人员培训招募成本约为100万元，运营首年由于销量小、维修量不足，预计亏损100万元，次年预计盈利80万元，第三年预计盈利150万~200万元。

强势豪华品牌授权店建设及申请费用较高，如奥迪、宝马等品牌3年左右店龄的标准4S店（不包括现金、库存车辆、土地）收购成本约为6 000万元，单店平均年销量为800台，维修台次为1 000台次/月，年度净利润约为2 000万元。新建豪华品牌授权经销店，建设成本约为2 000万元，品牌申请及人员招募成本约为1 000万元，新建成本约为3 000万元。新建豪华品牌店首年盈亏基本持平，次年利润约为800万元，第三年利润约为1 300万元。考虑到机会成本及资金时间价值等因素，新建4S店的成本与收购成本基本相当。

2.铺底流动资金比较。

量产车4S店铺底流动资金平均为500万元，奥迪、宝马等豪华品牌4S店铺底流动资金平均为2 000万元。在实施并购过程中，由于目标公司包含存货、现金等资产及应付账款、银行贷款、应付票据等负债，实际并购目标公司的价格上浮的金额约相当于铺底流动资金。

3.不同控股比例下并购成本的比较。

（1）全资收购成本。

从综合净资产、溢价部分及铺底流动资金方面考虑，100%全资收购量产品牌中等规模4S店（并购公司而非净资产），单店收购成本约为1 200万元（700+500），年利润约为250万元，平均市盈率为4～5倍；100%全资收购强势豪华品牌中等规模4S店，单店收购成本约为8 000万元（6 000+2 000），年利润约为2 000万元，平均市盈率约为4倍。

（2）控股收购成本。

如果以60%控股模式收购，股权的单位收购成本会略高于全资收购。以溢价10%～20%计，量产品牌60%股权收购成本平均约为800万元，豪华品牌60%股权收购成本平均约为5 400万元。

三、并购项目投资预测及效益评价

（一）并购项目的投资预测

D集团计划在2年时间内分期并购60家量产品牌4S店，新建30家量产品牌4S店，并购6家豪华品牌4S店，新建4家豪华品牌4S店，新建200家二级网点（投资情况分别见表9-2和表9-3）。总计建设100家品牌4S店（其中10%为豪华品牌4S店）及200家二级网点，累计投资153 400万元人民币。

表9-2　　　　　　　　　　　　　并购第一年投资　　　　　　　　　　　单位：万元

项　　目		60%控股（量产）	100%新建（量产）	60%控股（豪华）	100%新建（豪华）	二级网点	总　计
数　　量		30	15	3	2	100	150
投资额	收购或新建总投资	800	1 100	5 400	5 000	100	
	新建：建设成本		600		3 000		
	新建：流动资金		500		2 000		
总投资额		24 000	16 500	16 200	10 000	10 000	76 700

表9-3　　　　　　　　　　　　　并购第二年投资　　　　　　　　　　　单位：万元

项　　目		60%控股（量产）	100%新建（量产）	60%控股（豪华）	100%新建（豪华）	二级网点	总　计
数　　量		30	15	3	2	100	150
投资额	收购或新建总投资	800	1 100	5 400	5 000	100	
	新建：建设成本		600		3 000		
	新建：流动资金		500		2 000		
总投资额		24 000	16 500	16 200	10 000	10 000	76 700

（二）并购项目的投资收益预测

1.投资收益预测假设。

（1）销量假设。

并购店自收购第二年起，依托"1+2"模式，利用二级网点的集客能力，连续两年保持20%的销量增长。新建店第一年销量为平均销量的30%，第二年达到平均销量的70%，以行业经验估值。

（2）服务量假设。

并购店自收购第二年起服务量增长30%，第三年增长20%。随着客户保有量的增加，服务量本身会自然增长，销量增长也会带来当期服务量的增长，但是达到一定饱和值时就不再具有增长空间。新建店从开设之日起3年内不能达到成熟店的进厂台次水平，因此第二年按行业平均值的30%计算、第三年按行业平均值的70%计算，第四年达到行业平均值。

（3）企业所得税。

按照我国税法，由于新店产生的亏损可以抵扣，量产品牌店第三年起才缴纳企业所得税，豪华品牌店第二年起缴纳企业所得税。企业所得税税率按25%计算。

（4）未考虑因素。

未考虑对收入、成本、利润影响不大的其他因素，如营业外收入、支出、投资收益等。由于汽车整车销售业务缴纳的增值税占所有应缴纳的税费的比例较高，税金及附加比例很小，可忽略不计。

2.并购或新建店前3年盈利水平预测。

表9-4、表9-5和表9-6是D集团并购单店、开设新店后，该店前3年的盈利水平预测。这些盈利预测是以单店为单位，按平均水平预测的。

表9-4 　　　　　　　　　　　D集团并购单店首年盈利预测

项　　目	60%控股（量产）	60%控股（豪华）	100%新建（量产）	100%新建（豪华）
全年销量（辆）	1 500	800	450	240
平均单价（万元/辆）	15	60	15	60
新车销售收入（万元）	22 500	48 000	6 750	14 400
销售毛利率（%）	3.0	5.0	3.0	5.0
销售毛利（万元）	675	2 400	202.5	720
服务台次（台次）	14 400	12 000	1 440	1 200
客单价（万元/人）	0.1	0.3	0.1	0.3

续表

项　目	60%控股 （量产）	60%控股 （豪华）	100%新建 （量产）	100%新建 （豪华）
服务收入（万元）	1 440	3 600	144	360
服务毛利率（%）	30	50	30	50
服务毛利（万元）	432	1 800	43.2	180
其他业务收入（万元）	300	500	90	150
其他业务利润（万元）	150	250	45	75
主营业务收入（万元）	24 240.0	52 100.0	6 984.0	14 910.0
主营业务成本（万元）	22 983.0	47 650.0	6 693.3	13 935.0
主营业务利润（万元）	1 257.0	4 450.0	290.7	975.0
销售费用（万元）	242.4	521.0	104.8	223.7
管理费用（万元）	484.8	1 042.0	209.5	447.3
财务费用（万元）	193.9	416.8	83.8	178.9
三项费用总额（万元）	921.1	1 979.8	398.1	849.9
营业利润（万元）	335.9	2 470.2	−107.4	125.1
所得税（万元）	84.0	617.6	0	31.3
净利润（万元）	251.9	1 852.7	−107.4	93.8
投资净利润（万元）	151.1	1 111.6	−107.4	93.8

表9-5　　　　　　　　　　　　D集团并购单店次年盈利预测

项　目	60%控股 （量产）	60%控股 （豪华）	100%新建 （量产）	100%新建 （豪华）
全年销量（辆）	1 800	960	1 050	560
平均单价（万元/辆）	15	60	15	60
新车销售收入（万元）	27 000	57 600	15 750	33 600
销售毛利率（%）	3.0	5.0	3.0	5.0
销售毛利（万元）	810	2 880	472.5	1 680
服务台次（台次）	18 720	15 600	4 320	3 600

续表

项　目	60%控股 （量产）	60%控股 （豪华）	100%新建 （量产）	100%新建 （豪华）
客单价（万元/人）	0.1	0.3	0.1	0.3
服务收入（万元）	1 872	4 680	432	1 080
服务毛利率（%）	30	50	30	50
服务毛利（万元）	561.6	2 340	129.6	540
其他业务收入（万元）	360	600	210	350
其他业务利润（万元）	180	300	105	175
主营业务收入（万元）	29 232.0	62 880.0	16 392.0	35 030.0
主营业务成本（万元）	27 680.4	57 360.0	15 684.9	32 635.0
主营业务利润（万元）	1 551.6	5 520.0	707.1	2 395.0
销售费用（万元）	292.3	628.8	163.9	350.3
管理费用（万元）	584.6	1 257.6	327.8	700.6
财务费用（万元）	233.9	503.0	131.1	280.2
三项费用总额（万元）	1 110.8	2 389.4	622.8	1 331.1
营业利润（万元）	440.8	3 130.6	84.2	1 063.9
所得税（万元）	110.2	782.6	21.1	266.0
净利润（万元）	330.6	2 348	63.1	797.9
投资净利润（万元）	198.4	1 408.8	63.1	797.9

表9-6　　　　　　　　　　　　　D集团并购单店第三年盈利预测

项　目	60%控股 （量产）	60%控股 （豪华）	100%新建 （量产）	100%新建 （豪华）
全年销量（辆）	2 160	1 152	1 500	800
平均单价（万元/辆）	15	60	15	60
新车销售收入（万元）	32 400	69 120	22 500	48 000
销售毛利率（%）	3.0	5.0	3.0	5.0
销售毛利（万元）	972	3 456	675	2 400

续表

项　目	60%控股（量产）	60%控股（豪华）	100%新建（量产）	100%新建（豪华）
服务台次（台次）	22 464	18 720	10 080	8 400
客单价（万元/人）	0.1	0.3	0.1	0.3
服务收入（万元）	2 246.4	5 616	1 008	2 520
服务毛利率（%）	30	50	30	50
服务毛利（万元）	673.92	2 808	302.4	1 260
其他业务收入（万元）	432	720	300	150
其他业务利润（万元）	216	360	150	75
主营业务收入（万元）	35 078.4	75 456.0	23 808.0	50 670.0
主营业务成本（万元）	33 216.5	68 832.0	22 680.6	46 935.0
主营业务利润（万元）	1 861.9	6 624.0	1 127.4	3 735.0
销售费用（万元）	350.8	754.6	238.1	506.7
管理费用（万元）	701.6	1 509.1	476.2	1 013.4
财务费用（万元）	280.6	603.6	190.5	405.4
三项费用总额（万元）	1 333.0	2 867.3	904.8	1 925.5
营业利润（万元）	528.9	3 756.7	222.7	1 809.5
所得税（万元）	132.2	939.2	55.7	452.4
净利润（万元）	396.7	2 817.5	167.0	1 357.1
投资净利润（万元）	238.0	1 690.5	167.0	1 357.1

注：表9-4、表9-5和表9-6中数据计算如下：

主营业务收入=新车销售收入+服务收入+其他业务收入

主营业务成本=主营业务收入-销售毛利-服务毛利-其他业务利润

投资净利润=净利润×控股比例

以表9-4中的60%控股（量产）为例，相关数据计算说明如下：

主营业务收入=22 500+1 440+300=24 240（万元）

主营业务成本=24 240-675-432-（300-150）=22 983（万元）

投资净利润=251.9×60%=151.1（万元）

3.并购项目未来5年利润预测

根据单店盈利水平和并购店数测算出的D集团重点市场经销店并购项目第一年至第五年的主要经济指标见表9-7。

表9-7　　　重点市场经销店并购项目并购后第一年至第五年的主要经济指标　　　单位：万元

年　度	第一年	第二年	第三年	第四年	第五年
店数	50	100	100	100	100
主营业务收入 其中：	664 680	1 619 980	2 180 992	2 522 744	3 145 951.2
新车销售	621 450	1 514 580	2 034 246	2 344 432	2 900 400
维修服务	35 280	86 040	121 464	150 048	211 219.2
精品、保险等	7 950	19 360	25 282	28 264	34 332
主营业务成本	627 733.50	1 529 772.20	2 057 911.94	2 368 171.18	2 933 719.44
主营业务利润	36 946.5	90 207.8	123 080.06	154 572.82	212 231.76
销售费用、管理费用与财务费用	27 814.86	64 116.26	82 877.696	95 864.272	119 546.146
利润总额	9 131.64	26 091.54	40 202.364	58 708.548	92 685.614
所得税	2 282.91	6 522.89	10 050.59	14 677.14	23 171.40
净利润	6 848.73	19 568.66	30 151.77	44 031.41	69 514.21
净利润率（％）*	1.03	1.21	1.38	1.75	2.21

注：*表中第一年的净利润率=净利润÷主营业务收入=6 848.73÷664 680×100%=1.03%；其他年份依此计算。

按照并购计划预计第一年年初、第二年年初分两期各完成76 700万元投资计算，预计并购第五年可收回全部项目投资。投资回收期为3～4年。

四、并购项目的风险分析

（一）市场竞争风险

由于重点市场的市场规模较大，市场成熟度较高，因而，其成为各大汽车生产厂商、主要经销商的必争之地。在这样的市场上，经销网点相对密集，经销商之间的竞争日趋激烈，新车销售价格不断下滑。因此，D集团必须寻求新车销售之外的利润增长点，通过买断车型及连锁维修、保险、精品等后市场业务扩大利润空间。

（二）收购价格竞争风险

目前，全国已形成规模较大的经销商集团20家左右，在收购环节中可能面临来自资金实力相对雄厚的国有经销商集团、上市经销商集团的竞争，从而导致收购价格较高，影响到D集团的并购计划。所以，尽快募集资金实施并购意义重大。随着汽车经销产业集中度的提高，并购难度将会越来越大。

（三）管理控制风险

D集团在扩大企业规模和保持盈利能力方面的成功，依赖于公司核心管理团队的努力及其与汽车厂商、客户建立起来的稳固关系。由于并购经销店的数量较多，对中高层管理人员需求较大，是否能够有效复制管理经验与业务模式，是决定D集团并购扩张能否成功的重要因素。

目前，汽车经销公司主要在生产厂商的培训与指导下开展工作，生产厂商承担了部分培训管理层人员和基层员工的职责，国内的4S店也培养了一批具备实际操作经验的职业经理，管理控制的问题可以得到较好的解决。

（四）厂商控制风险

部分品牌对于经销商的股权变更有严格的限制，要求必须征得生产厂商的同意。因此，在实施并购之前必须与厂商进行充分沟通，获得厂商的支持与认同，以顺利完成并购并进入之后的运营管理环节。在目前国内汽车产业政策背景下，厂商的支持是授权4S店能够获得成功的重要条件。

目前D集团已与国内主流生产厂商建立了良好的合作关系，并将随着并购的实施进一步密切与主流生产厂商的合作关系，培养信任、争取支持。

五、汽车经销商并购案对投资预算项目规划的启示

第一，企业的投资预算安排首先取决于企业的战略目标选择，企业在未来经营规划中采用对内投资战略还是采取对外投资战略，将影响到企业的预算安排。

第二，企业的战略选择不是盲目的选择，而是在综合行业内外影响因素情况下，通过各种方案的数据比较和可行性研究确定的，不能随便就做出决策方案。

第三，一旦投资方案选定，如本例的并购方案选定后，企业就要进行融资计划安排，以满足并购方案的资金需求和未来发展需要。

第四，由于并购项目能否取得预期收益，还取决于并购项目的管理整合和风险管理，在根据并购项目带来的资金需求、现金流变化等做出预算方案后，企业还需要做好并购方案的应对准备工作。

第五，企业在上年预算的基础上经过项目调整以及合并并购方案带来的投资预算数据，即可编制整个企业的预算方案。

综上所述，预算、规划与企业战略之间具有不可分割的关系。

重要概念

投资预算　项目预算

复习思考

1.投资预算具有哪些特点?

2.投资预算可分为哪些类别?

3.投资预算评价的方法有哪些?

4.项目预算对企业投资预算的编制有哪些启示?

操作练习

目的：理解公司过度投资与融资的负面影响

请结合众泰汽车公司公告，并完成要求任务：

众泰汽车定增的时间可以追溯到2022年，当年6月，公司审议通过了《关于公司2022年度非公开发行A股股票方案的议案》等相关议案。

2023年2月25日，众泰汽车发布了《2022年度向特定对象发行A股股票方案论证分析报告》，该报告指出，为满足公司业务发展的资金需求，扩大公司经营规模，进一步提升公司的核心竞争力，公司考虑自身实际状况，根据相关法律、法规和规范性文件的规定，公司拟向特定对象发行股票募集资金不超过60亿元（含本数），用于新能源智能网联汽车开发及研发能力提升项目、渠道建设项目及补充流动资金。

2023年3月15日，深圳证券交易所（以下简称"深交所"）发布了《关于众泰汽车股份有限公司申请向特定对象发行股票的审核问询函》，5月9日深交所再次发布了第二轮审核问询函，6月7日，深交所继续发布《众泰汽车关注函》。深交所的问询函中，主要有一个重点，那就是要求众泰汽车回复说明本次募集资金规模远高于发行人最近一期末净资产的合理性，是否存在过度融资及理由。

2023年7月12日，众泰汽车审议通过了《关于公司终止向特定对象发行A股股票事项并撤回申请文件的议案》，同意公司终止2022年度向特定对象发行A股股票事项，并向深交所申请撤回相关申请文件。

要求：

1.查看文献资料，了解什么是过度融资，过度融资的评价标准是什么？过度融资的危害是什么？

2.查看众泰汽车公司公告，了解其融资的目的与背景。

3.查看深交所关于众泰汽车的两次审核问询函及关注函的主要内容。

4.根据深交所问询函和关注函的内容查看众泰汽车是如何回复相关问题的。

5.为什么深交所最终否定了众泰汽车的再融资计划？

6.总结从案例中获得的启示。

第十章

筹资预算

【导语】由于筹资预算不能脱离企业的其他预算，因此本章不单独说明筹资预算的编制方法，相关编制方法参见第十一章中关于资金的预算的相关内容。本章将在综述筹资预算及应关注的问题的基础上，重点通过案例说明筹资预算应关注企业的投资战略及企业财务状况，避免投融资脱节的负面效应。

第一节　企业筹资与筹资预算

筹资分析的前提是要了解企业各类筹资方式的优缺点，明确筹资活动的管理目标，然后开始筹资活动。

一、企业筹资概述

（一）企业筹资的类型

对企业筹资可以从不同角度来分类，按照资本属性划分可分为权益筹资与债务筹资。

权益筹资是指企业为了取得权益资本，通过发行股票、吸收投资者直接投资以及内部收益留存等方式进行的筹资活动，它体现的是投资者与企业之间的投资与被投资关系。权益资本具有以下特点：

（1）它是一种永久性资本，可以在企业内长期发挥作用；

（2）一般无固定的负担；

（3）不能获得财务杠杆利益；

（4）资本成本相对较高；

（5）可能造成企业控制权的分散化。

债务筹资是指企业为了取得债务资本，通过银行借款、发行债券、商业信用等方式进行的筹资活动。它体现的是债权人与企业之间的债权债务关系。债务资本与权益资本不同，其具有以下特点：

（1）它是一种具有时间约束的临时性资本，不能在企业内长期发挥作用；

（2）有固定的还本付息负担和财务风险；

（3）能够获得财务杠杆利益；

（4）资本成本相对较低；

（5）不会造成企业控制权的分散化。

（二）企业筹资活动的管理目标

在不完全市场条件下，公司价值取决于自身的财务杠杆、投资机会和成长率等因素。一般认为，有良好投资机会的高成长性公司应该选择权益筹资，而投资机会不佳的低成长性公司应该主要选择债务筹资。但是在现实中多数公司可能同时拥有高成本的权益筹资和低成本的债务筹资。

筹资活动的管理目标是指企业在一定时期内进行筹资活动所要达到的成果或效果。企业筹资是以让渡资本成本为代价，以获取企业可持续发展和价值增值为目标的管理活动。筹资活动的管理目标就是要合理安排资本结构，在满足筹资总量需求的条件下，降低企业综合资本成本和财务风险，最终实现企业价值增值的目标。

（三）企业筹资中的关注点

对于同样的筹资现象，观察者所站的角度不同，就会有不同的关注点。站在投资者的角度，其会关注企业筹资的目的、所投资项目的价值以及对自身利益的影响；站在债权人的角度，其会关注筹资对企业偿债能力与偿债风险的影响；站在企业管理者的角度，其会关注不同筹资方式对企业资本结构、财务风险以及企业价值的影响；站在政府监管者的角度，其会关注企业筹资的需求偏好及企业筹资对政府监管和调控的影响。

（四）企业筹资的目的

1.了解财务报表中所反映的筹资信息。

企业筹资的具体方式和结果反映在资产负债表的右方，并由具体的筹资方式决定着企业的资本价值、结构及各类资本的比例变化。利用资产负债表和利润表中的部分数据可以分析评价企业的偿债能力、财务风险以及资本结构对企业综合资本成本和价值的影响。

2.分析企业筹资的动因。

企业筹资的动因可归类为扩张性筹资动因、调整性筹资动因以及混合性筹资动因。

扩张性筹资动因是企业为满足扩大生产经营规模或对外投资的需要而进行的筹资。那些有良好发展前景、处于成长期的企业，往往会产生扩张性的筹资动机。扩张性筹资活动，无论在筹资的时间上还是数量上都要服从于投资战略和计划安排，以免贻误投资时机或造成资金的闲置。扩张性筹资的直接结果，表现为资产总规模的扩大和资本结构的明显变化。

调整性筹资动因是指企业因调整资本结构而产生的筹资动机。资本结构调整的目的在于降低资本成本，控制财务风险，提升企业价值。调整性筹资动因大致有两个：一是优化资本结构，合理利用财务杠杆效应；二是偿还到期债务，进行债务结构内部调整。由于调整性筹资的目的是调整资本结构，不是为企业经营活动追加资金，因此这类筹资通常不会增加企业的资本总额。

混合性筹资动因是指兼具扩张性动机和调整性动机的筹资行为。在实务中，企业筹资的目的可能不是单纯和唯一的，通过追加筹资，往往会达到既满足经营活动、投资活动的资金需要，又调整资本结构的目的。混合性筹资动因一般是基于企业规模扩张和调整资本结构两种目的，因此，既能增加企业的资产总额和资本总额，也能导致企业资产结构和资本结构的同时变化。

在筹资活动分析中，要注意观察筹资方筹资的经常性行为，并分析这种行为本身给予的启示性信息。如某上市公司经常采用定向募资方式，就要分析其原因以及对其他投资者的潜在影响。

3.了解不同筹资方式的优缺点。

有比较才有鉴别。为了便于对企业筹资进行分析，现将不同筹资方式的优缺点及其比较列入表10-1中，目的是便于大家进行比较和记忆。表中的内容主要是基于筹资方企业角度进行的总结归纳。当我们了解了不同筹资方式的优缺点后，就会对企业筹资的动机和倾向进行深入思考，并拓宽财务分析的空间。

4.分析企业是否有最佳的资本结构。

资本结构是指企业各种资本的价值构成及其比例关系，包括广义的资本结构和狭义的资本结构。

广义的资本结构是指企业全部资本的价值构成及其比例关系；狭义的资本结构是指企业长期资本的价值构成及其比例关系，尤其是指长期债务资本与权益资本之间的价值构成及其比例关系。

政策因素、行业状况、企业的理财目标、企业的生命周期、企业的利益相关者以及经营者自身的财务状况都会影响到企业资本结构的安排。

研究资本结构的意义在于：

（1）合理安排资本结构，可以获得财务杠杆利益；

（2）合理安排资本结构，可以降低企业的综合资本成本；

（3）合理安排资本结构，可以增加企业的价值。

在企业的资本结构决策中，合理利用债务筹资，科学地安排债务资本的比例，保持适度的负债率是企业筹资的核心问题，它对企业具有十分重要的意义。从理论上讲企业存在一个最佳资本结构。最佳资本结构是指在企业风险适度的条件下，能够使企业的综合资本成本最低，同时企业价值最大的资本结构。

表10-1 不同筹资方式的优缺点及其比较

筹资方式	优点	缺点
普通股筹资	(1) 资本具有永久性 (2) 无固定的股利负担 (3) 有利于增强公司的举债能力 (4) 易吸收资金	(1) 资本成本相对较高 (2) 无财务杠杆效应 (3) 可能会分散公司的控制权 (4) 可能引起每股收益和每股市价的下跌
优先股筹资	(1) 兼具债券和权益资本属性 (2) 优先分配固定的股利 (3) 优先分配公司剩余财产 (4) 可由公司赎回，调整资本结构	无财务杠杆效应
长期借款筹资	(1) 筹资速度快 (2) 借款成本相对较低 (3) 借款弹性较大 (4) 可以发挥财务杠杆的作用	(1) 有财务风险 (2) 筹资数额有限
普通债券筹资	(1) 债券成本较低 (2) 可利用财务杠杆 (3) 能保障公司的控制权	(1) 财务风险高 (2) 限制条件较多 (3) 筹资数量有限（累计发行的债券总额不超过公司净资产的40%）
可转换公司债券筹资	(1) 有利于降低资本成本 (2) 有利于筹集更多资本 (3) 有利于调整资本结构 (4) 有利于避免筹资损失	(1) 转换后综合资本成本上升 (2) 面临投资者不愿转股的压力 (3) 股价上扬风险 (4) 回售条款的规定可能使公司遭受损失
租赁筹资	(1) 迅速获得所需要的资产 (2) 限制较少 (3) 避免设备陈旧 (4) 租金分期支付，财务压力小 (5) 租金税前支付，可获得财务杠杆利益	成本高（利息、手续费等）

二、筹资预算

（一）筹资预算的内涵

筹资活动是企业最基本的财务活动。筹资预算是企业为了满足投资和经营需要对权益筹资和债务筹资所进行的事先规划与安排。但筹资预算不能脱离企业的经营预算和投资预算。

（二）必须将企业的筹资预算与投资预算安排衔接好

鉴于企业筹资的目的是满足投资的需要，因此无论是哪种投资活动，其能够实现的前提都是筹资到位，某些企业投融资预算脱节导致的预算管理问题，使人们深刻地认识到了合理安排筹资预算的重要性。目前，在我国的企业预算管理实务中，有些企业为了实现战略目标做出的投资预算，忽略了企业筹资的可能，既不考虑目前企业的融资结构、融资额度以及偿债能力，也不考虑投资项目未来的现金流将对企业偿债产生的影响，最终导致企业陷入债务危机。这说明企业的投资活动安排不能偏离筹资的可能，要将投资预算与筹资预算统筹考虑。

第二节　筹资预算应关注企业的投资战略和财务状况

本节将以M集团为例，说明企业筹资除了满足投资需要外，还必须考虑多元化战略对企业现金流的影响，避免企业陷入流动性危机，影响企业总体战略目标的实现。

一、案例简介

2018年对很多企业或集团公司而言，是个不平凡的年份。降杠杆、债务违约、股权质押等系列风险事件，引发监管机构、债权人、投资者以及社会公众对企业债务违约问题的高度关注。尤其是接二连三爆发的债务违约事件，更绷紧了人们的神经。本书作者通过对系列债务违约案例的分析，认为M集团流动性危机导致的债务违约事件及其后续影响很有典型性。对M集团的分析目的在于提请企业注意在战略决策中需要关注投融资的关系，并做好环境影响下的投融资配比工作。

为什么一家国内500强、债券主体信用评级曾为AA+级的集团公司会出现债务违约？债务违约将对集团及其控股上市公司的发展产生哪些负面影响？面对实质性债务违约，M集团该如何破解债务困局？该案例对其他发债企业将带来哪些启示性信息？以上都是本案例所关注的问题。

二、M集团及其债务违约情况

（一）M集团及其业务板块

创建于1995年的M集团，以生产饰品起家，至今旗下有A股上市公司新光圆成（002147.SZ）及逾百家全资及控股公司。M集团的官网信息显示，该集团先后经历了五个不同的业务战略转型发展阶段，形成了实业、地产、金融、互联网、旅游、能源以及投资七大业务板块。

M集团之前市场口碑一向良好，发行的各只债券及银行借贷均能如期兑付；作为创立20多年的大型多元化集团企业，公司在多个业务板块均具备完整的产业链，具有较高的品牌知名度；作为当地民营企业的标杆，公司在营商环境、产业转型方面持续得到当地政府的大力支持；公司持有的股权类资产变现能力较强，旗下优良资产众多，核心业务板块有较强增长潜力，整体偿债能力可观。公司始终立足实业，积极培育和发展高端制造业，连续多年名列义乌市民企综合纳税前两位，是浙商群体中颇具代表性的老牌知名企业。

（二）M集团债务违约：一石激起千层浪

2018年9月25日，上海清算所（以下简称"上清所"）发布了M集团两份总额30亿元的债券违约公告。同日业界多个知名新媒体对外发布了题为"M集团债务违约，新光圆成当年是如何上市的？"的调研文章，引起了各大财经媒体、社会公众的高度关注。

2018年9月25日，M集团公告称，受宏观降杠杆、银行信贷收缩、民营企业融资困难等多重因素影响，M集团流动性出现问题。

2018年11月23日，上清所又发布公告，M集团"11新光债"无法按期足额兑付。

2018年12月1日，M集团控股上市公司公告了截至2018年11月30日的M集团债券、短期融资券等违约情况（见表10-2）。

表10-2　　　　　　　　　　M集团的债券、短期融资券等违约情况　　　　　　　　单位：万元

债券简称	到期日期	到期应兑付未兑付的本金	到期应兑付未兑付的利息	总　计
11新光债	2018年11月23日	159 969.70	12 957.55	172 927.25
15新光01	2018年9月25日	173 963.30	13 000.00	186 963.30
15新光02	2018年10月22日	200 000.00	13 000.00	213 000.00
16新光债	2018年10月19日	50 000.00	4 575.00	54 575.00
短融（17CP001）	2018年9月22日	36 084.00	0	36 084.00
短融（17CP002）	2018年10月27日	100 000.00	6 800.00	106 800.00
短融（18CP001）	2018年11月21日	71 000.00	1 196.30	72 196.30
合　计		791 017.00	51 528.85	842 545.85

注：截至2018年11月30日。

受债券实质违约影响，M集团的信用评级也被下调。受大股东债务违约事件的影响，M集团控股上市公司新光圆成也不断发布各种公告，回答深圳证券交易所的问询。

（三）M集团债务违约：基本财务状况

针对市场及投资者的疑虑和担忧，M集团特地发布公告予以回应，并详细披露了公司的经营及财务数据。

2017年集团全年实现营业收入138.57亿元，实现营业利润52.04亿元。

2018年上半年集团实现合并营业收入80.68亿元，实现营业利润9.90亿元，上年同期营业利润为11.23亿元。2018年上半年，集团经营活动现金净流量为1.47亿元，上年同期为-9.12亿元；投资活动现金净流量为-8.08亿元，上年同期为-12.71亿元；筹资活动现金净流量为-9.05亿元，上年同期为16.12亿元。

截至2018年6月30日，M集团合并总资产为812亿元，总负债为469亿元，资产负

债率为57.76%，总体的资产负债率水平在50%~70%的理论水平区间。从资产负债率的角度看，公司的负债风险尚在可控的范围内。

三、偶然发生还是我国资本市场的普遍现象——M集团债务违约的成因分析

归因理论大师H.凯利在1973年提出，可以使用三种不同的解释说明行为的原因：

（1）归因于从事该行为的行动者；

（2）归因于行动者的对手；

（3）归因于行为产生的环境。

分析M集团出现流动性危机的原因，首先应该了解当前我国企业债券违约的总体趋势及成因，然后再来解释M集团债务违约的成因。

（一）我国资本市场债券违约的现状及成因分析

1.债券违约的现状。

利用Wind数据库、国泰安数据库以及上清所的信息等，可以了解到我国企业发债规模及其违约的情况。

相关数据表明，从2014年我国第一只"11超日债"违约至2018年11月5日，我国债券市场共有91个主体发行的206只债券违约，违约债券本金规模达到1 670.68亿元。债券违约与市场环境相关。在前些年政策宽松的条件下，部分企业高额负债过度扩张。而2018年的金融严监管叠加政府债务的严监管，在一定程度上影响了企业的投融资增速和营运资产管理效果，导致2018年企业债券集中违约的现象较为严重，2018年1月1日—2018年11月5日，已有33个新增违约主体（见表10-3）。受市场风险偏好下降、规避情绪加重的影响，民企特别是中小民企抵御风险能力较差，2018年1月1日—2018年11月5日，33家违约主体中有28家为民企。

表10-3　　　　　　　　　　债券市场历年新增违约主体数量

项　目	2014年	2015年	2016年	2017年	2018年1月1日—2018年11月5日
违约主体数量（家）	5	21	23	9	33
其中：民企违约主体数量（家）	5	17	16	9	28
国企违约主体数量（家）	—	4	7	—	5

资料来源：Wind，光大证券。

注：新增违约主体数量按照主体首次发生违约的时间计，且主体数量是累计值。

数据显示，2018年的违约主体并没有明显的行业特征，债券违约分布于各个行业。观察历年债券违约情况，可以发现2015年、2016年和2018年债券违约现象较为突出，新增违约主体数量以及新增违约债券规模相对较大。除民企外，上市公司股票质押和受限比例较高、通过负债驱动资产规模高速增长从而导致流动性缺乏的现象值得高度关注。

2.债券违约的成因。

此处以 2018 年 1 月 1 日至 2018 年 11 月 5 日的 33 个新增违约主体为例加以说明。虽然各主体公告的违约原因不尽相同，但总体上可以归纳为以下类别：

（1）宏观降杠杆；

（2）行业因素；

（3）经营不佳，再融资受阻；

（4）资金周转困难；

（5）流动资产质量恶化；

（6）高管不能正常履职，生产经营受影响等；

（7）这些看似简单的原因，并不足以消除债权人和投资者的疑惑。

（二）M 集团债务违约的成因分析

针对 M 集团的债务违约问题，公司自身、媒体都给出了不同的解释。

2018 年 9 月 25 日债务违约发生后，M 集团新闻发言人表示，发生此次违约，除企业自身在流动性管控方面存在欠缺外，首先，是受金融形势、环境和政策变化的影响，民营企业融资遭遇普遍困难；其次，2018 年以来全国范围债券违约事件频发，极大恶化了浙商群体的金融生态；最后，此前不久突然发生的一些负面事件等意外因素，在一定程度上影响了公司多项重大融资计划的进展。

但外部人对 M 集团的债务违约的解释不尽如此。

1.千亿级目标下的激进扩张。

多年来，M 集团一直在进行规模扩张和实施多元化战略，新战略的实施必然带来投资的增长，投资增长必然带来对现金流的强烈需求，虽然短期内通过债务融资可以满足投资需求，但新投资项目存在现金流入滞后的问题，一旦没有新的现金流入作补充，就可能引发流动性危机问题。

表 10-4 为 M 集团资产与负债增长匹配情况，该表充分显示了 M 集团不同发展阶段的负债驱动对资产规模的影响。从中可见，2011 年，集团 91.46% 的负债增幅带来资产规模 47.45% 的增幅，2013 年集团 42.7% 的负债增幅带来资产规模 35.66% 的增幅，2016 年集团 85.52% 的负债增幅带来资产规模 87.70% 的增幅。M 集团资产和负债在 2016 年度快速增长，而在 2017 年后增速放缓，尤其是 2018 年半年报的增速降幅明显。

2014 年，M 集团提出了自企业创建以来最为大胆的发展规划：再用十年努力，迈上千亿级企业台阶，正是在"千亿战略"的指导下，M 集团开始了对速度的追求，并在主业饰品和房地产外，加快多元化的步伐，其总资产由 2014 年 12 月 31 日的 353.6 亿元增长到 2018 年 6 月 30 日的 812 亿元，这一期间的资产复合增长率达 22.02%。其中，2016 年 M 集团资产增幅为历年之最，也正是在该年，公司发行了 6 只债券共计募资 90 亿元，并先后通过重组和增资的方式控制了上市公司新光圆成，成为广东南粤银行的第一大股东。

表10-4   **M集团资产与负债增长匹配情况**

日 期	总资产（亿元）	总负债（亿元）	资产负债率（%）	资产增幅（%）	负债增幅（%）
2010年12月31日	123.70	53.85	43.53		
2011年12月31日	182.40	103.10	56.52	47.45	91.46
2012年12月31日	194.60	126.00	64.75	6.69	22.21
2013年12月31日	264.00	179.80	68.11	35.66	42.70
2014年12月31日	353.60	213.60	60.41	33.94	18.80
2015年12月31日	366.00	215.37	58.84	3.51	0.83
2016年12月31日	687.00	399.55	58.16	87.70	85.52
2017年12月31日	776.00	448.67	57.82	12.95	12.29
2018年6月30日	812.00	469.00	57.76	4.64	4.53

资料来源：上清所—债券信息披露—M集团财务报告数据，作者进行了相应的分析。

M集团每3年进行一轮资产、负债扩张，经过短暂休整便再次快速扩张，资产负债规模越滚越大，直至债务危机爆发。

2.融资结构不合理，债务到期过于集中，现金流短缺。

（1）融资结构不合理，到期债务过于集中。

M集团债务压力巨大，特别是短期流动性堪忧。截至2018年3月，公司有息债务为337.64亿元，短期借款为60.85亿元、一年内到期的非流动负债为49.01亿元。债券余额为133.11亿元（包含此次15新光01回售部分和17CP001），债券大部分在2018年和2019年到期或到回售期，2018年到期或进入回售期的有98.09亿元，2019年到期的有45.52亿元。

2018年M集团有息债务规模为2017年息税折旧摊销前利润的33倍左右，内生偿债能力较弱。而M集团2018年半年报显示货币资金仅有14.19亿元，银行授信109.54亿元，已使用83.99亿元，未使用授信为25.55亿元。两者相加远不足以覆盖短期债务规模。

（2）经营活动产生的现金流量净额不足以满足大额度投资以及偿债的需要。

资产、负债规模不断扩大，并没有为M集团带来稳定的现金流。2015年至2018年（2018年数据以2018年1月1日—6月30日的半年报数据计），M集团经营活动产生的现金流量净额分别为15.48亿元、11.01亿元、-13.4亿元、1.675亿元。2010年到2018年6月，其近9年累计投资活动产生的现金流量净额已经接近-97亿元。

在经营活动产生的现金流量净额不能满足对外投资需要的前提下，M集团只能依靠大规模借款和举债满足需要。公开数据显示，2015年至2018年（2018年数据以2018年1月1日—6月30日的半年报数据计），M集团筹资活动产生的现金流量净额分别为-9.5亿元、179.5亿元、1.05亿元和-9.05亿元。

（3）账面盈利但经营活动产生的现金流量净额并不充分。

经营活动产生的现金流量净额不充分的原因在于公司盈利严重依赖于房地产评估增值和转让股权。

表10-5反映了M集团的营业收入和净利润情况。数据显示，2015年到2017年M集团的利润增长还是依靠房地产的增值收益，集团公司对投资性房地产采用公允价值模式进行后续计量后，各年的公允价值变动收益分别为5.9亿元、0.81亿元、26.72亿元，占当期营业利润的比例分别为36.21%、3.82%、51.35%。

表10-5   M集团营业收入和净利润情况   单位：亿元

期　间	2015年	2016年	2017年	2018年1—6月
营业收入	90.04	136.15	138.57	80.69
营业利润	16.29	21.23	52.04	9.90
净利润	13.57	15.57	39.14	6.07
投资性房地产公允价值变动收益	5.9	0.81	26.72	未说明
投资性房地产公允价值变动收益占营业利润比例（%）	36.21	3.82	51.35	未说明

资料来源：M集团各年度财务报告。

3.抵押过高，偿债资产受限。

判断公司是否出现流动性危机，首先要看是否有可以变现的资产。

截至2018年3月末，M集团持有的所有权或使用权受限的资产价值为240.10亿元，占净资产的71.61%，主要包括对外抵押的土地、房屋等。其中，抵押的投资性房地产账面价值为134.75亿元，抵押的固定资产账面价值为67.08亿元，抵押的存货账面价值为18亿元，抵押的无形资产账面价值为4 068.39万元，抵押的在建工程账面价值为1.25亿元。

截至2018年3月末，M集团旗下的子公司股权质押情况也比较普遍。在M集团的参股公司中，百年人寿4亿股股权被质押，中百集团（000759）4 240万股股票也已被质押。

同时，新光圆成公告显示，M集团持有的上市公司股份中，有98.30%已被质押。由此看来，M集团的优质资产抵质押情况较为严峻，受限资产规模大，可供M集团操作的资产较为有限（见表10-6）。

表10-6　　　　　　　　　　　　　　　M集团股权质押情况

截至2018年3月末

质押股权概况	股权质押比例（%）
新光饰品	92.72
新光金控投资有限公司	100
新光贸易	100
富越控股	35
森太农林果	100
持有的上市公司股份（新光圆成）	98.30

4.评级机构对集团的评级过高，导致公司看低自身风险。

评级机构对M集团的评级过高，导致了公司忽视潜在的高风险。

评级机构是如何看待M集团的信用的？

AA+公司怎么会出现债券违约呢？

（1）M集团债务违约前的信用评级。

从2011年开始，联合信用管理有限公司（简称"联合信用"）、大公国际资信评估有限公司（简称"大公国际"）、中证鹏元资信评估股份有限公司（简称"鹏元资信"）三大国内评级机构一直给予M集团AA评级，直到2018年3月21日大公国际突然将M集团主体评级上调至AA+评级。随后，联合信用亦跟随上调至AA+评级，而鹏元资信仍保持M集团AA评级不变。

M集团表示，这意味着公司的资信等级又跨上一个新台阶，同时也意味着M集团凭借其在经营、融资、可变现能力、债务偿还能力等方面良好的表现，获得了外界对其未来发展的极大认可。但大公国际在2018年8月被监管机构处罚时，即被曝光曾违规收取M集团等企业的高额咨询费，为M集团提高主体评级。

鹏元资信在出具的M集团公司债2018年跟踪信用评级报告中将M集团主体长期信用评级为AA。鹏元资信在报告中指出，M集团公司有息负债规模较大，并存在较大的即期偿债压力。2018年3月，M集团有息债务余额为337.64亿元，占公司负债总额的74.4%，其中一年内到期的有息债务规模为130.41亿元，占有息债务的39.12%。鹏元资信认为，M集团存在一定的对外担保和诉讼事项，面临较大的或有负债风险。截至2017年末，公司对外担保余额为31.89亿元，占期末所有者权益的比重为9.73%。被担保单位均为民营企业，其中浙江百炼工贸集团有限公司已经破产，公司面临较大的代偿风险，公司存在较大的或有负债风险。

（2）债务违约发生后的信用评级。

正如前文所述，受债券实质违约影响，M集团的信用评级一再被下调，多米诺骨牌效应显现。

2018年9月25日，大公国际决定将M集团主体信用等级调整为C。同日联合信用发布公告称，鉴于M集团目前资金非常紧张，到期兑付存在极大的不确定性。联合信用决定将公司主体和15新光01和15新光02公司债券信用等级由"AA+"下调至"CC"级，并将评级展望由"稳定"调整至"负面"。

2018年9月27日，鹏元资信将M集团主体长期信用等级由AA级下调至C级。

2018年10月30日，大公国际下调"17CP002"信用等级为D级。

2018年11月22日，大公国际下调"18CP001"信用等级为D级。

受大股东债务违约事件的影响，M集团控股上市公司新光圆成也不断发布各种公告，回答深圳证券交易所的问询。

四、控股股东违约，关联方新光圆成受到了怎样的牵连？

（一）M集团控股上市公司——新光圆成的前世今生

1.借壳上市并签订业绩承诺书。

新光圆成的前身为于2007年上市的马鞍山方圆回转支承股份有限公司（简称"方圆支承"），方圆支承原主营业务为回转支承的生产与经营。2015年6月1日方圆支承筹划重大事项开始停牌，当年12月27日方圆支承披露重组预案，拟以每股11.54元的价格向M集团、自然人虞云新发行9.69亿股，作价111.87亿元购买其合计持有的万厦房产100%股权和新光建材城100%股权。自2016年4月26日起，该公司证券简称由"方圆支承"变更为"新光圆成"，正式在深圳证券交易所挂牌上市。

2016年至2018年（2018年数据以2018年9月30日数据计），新光圆成实现的营业收入分别为37.36亿元、20.08亿元和14.94亿元，净利润分别为15.20亿元、15.69亿元和1.22亿元（如图10-1所示）。

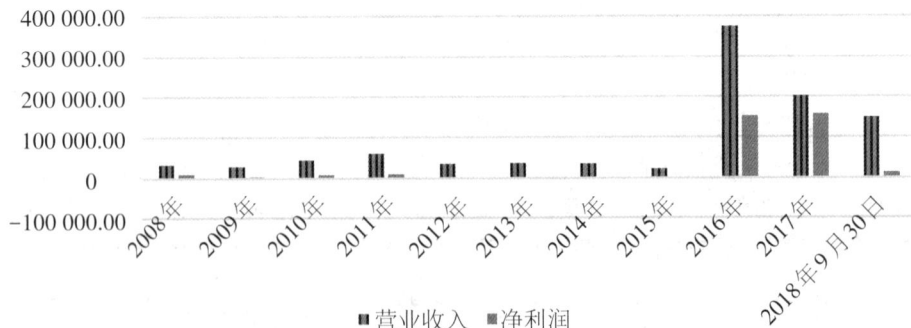

图10-1 新光圆成借壳上市前后的营业收入和净利润情况（单位：万元）

新光圆成借壳上市时作出了如下业绩承诺：2016年净利润不低于14亿元，2016年及2017年累计实现净利润不低于27亿元，2016年至2018年累计实现净利润不低于40亿元。利润补偿期为2016年、2017年、2018年；若利润补偿期内实际净利润数低于承诺利润数，则M集团、虞云新将以股份的方式对新光圆成进行补偿。

2.上市后拟进行重大资产重组——意向并购港股上市公司中国高速传动。

2018年1月18日，新光圆成发布重大事项停牌公告，表示拟以现金收购装备制造业资产。同年7月2日，新光圆成发布"重大资产购买预案"公告，拟以现金方式收购Five Seasons所持有的中国高速传动（00658.HK）8.3亿~12亿股股份，占中国高速传动全部已发行股本约51.00%~73.91%。为此新光圆成至少需要准备83.31亿元的收购资金。协议转让完成后，新光圆成须就中国高速传动全部已发行股份作出无条件强制现金要约。

对于并购动因，M集团解释如下：上市公司新光圆成现有机械制造业务发展空间有限，而中国高速传动为全球风力发电传动设备龙头企业，技术实力雄厚、资产质量高、盈利能力强。在国家政策大力支持下，装备制造业迎来了新的历史发展机遇。新光圆成的并购在进一步拓展市场的同时，还能大幅度提升公司装备制造板块的业务份额，为未来公司的可持续发展增添动力。

对于并购资金来源，新光圆成表示，收购所需资金为公司自有和自筹资金。而截至2018年6月30日，新光圆成账面上的货币资金为2.14亿元。为解决收购资金问题，M集团同意向公司提供50亿元的人民币借款，借款期限不超过60个月，年利率为4.75%。

（二）大股东债务违约对新光圆成的影响

1.借壳上市业绩增长承压，引起对公司业绩造假的质疑。

根据2017年新光圆成的财报，媒体提出了其可能存在业绩造假的质疑。理由如下：

按年度分析，2017年新光圆成的营业收入、净利润、经营活动产生的现金流量净额，依次为20.08亿元、13.57亿元和-19.46亿元，与上年同期相比分别下降46.26%、11.24%和417.99%，这表明公司的经营活动产生的现金流量净额与净利润之间不匹配，净利润的质量不高。

按季度分析，2017年第四季度新光圆成实现归属于上市公司股东的净利润13.08亿元，是同期营业收入的3.4倍（见表10-7）。公司解释这部分突出的收益来自年内对两家子公司的股权处置，分别为建德新越置业公司和南通1912文化产业发展公司的100%股权。新光圆成年报显示，这两笔收益对利润总额影响约为23亿元。根据公司披露，两项股权出售获取的净利润占净利润总额的比例分别为69.36%和38.51%，合计达到107.87%。这意味着，若除掉这两笔收益，实际上新光圆成的净利润为负值。

从2017年半年报和2018年半年报的对比中，同样可以观察到经营活动产生的现金流量净额与净利润之间严重不符（见表10-8）。2017年6月30日—2018年6月30日新光圆成经营活动产生的现金流量净额为负，并与净利润严重背离的情况，也遭深圳证券交易所问询。

表10-7 　　　　　　　　　2017年新光圆成分季度报表 　　　　　　　　单位：万元

项　目	第一季度	第二季度	第三季度	第四季度
营业收入	41 752.32	54 070.84	66 570.23	38 419.90
归属于上市公司股东的净利润	2 225.83	1 478.27	1 218.61	130 847.66
归属于上市公司股东的扣除非经常性损益的净利润	2 278.19	1 273.01	1 152.52	130 194.07
经营活动产生的现金流量净额	−55 137.74	−112 035.46	−224 574.80	197 183.90

资料来源：新光圆成2017年年度财务报告摘要。

表10-8 　　　　　新光圆成经营活动产生的现金流量净额与净利润的比较 　　　　单位：亿元

项　目	2018年6月30日	2018年3月31日	2017年12月31日	2017年9月30日	2017年6月30日
经营活动产生的现金流量净额	1.675	−0.5182	−19.46	−39.17	−16.72
净利润	1.5	−0.70	15.69	0.41	0.31
经营活动产生的现金流量净额占净利润的比例（%）	111.67	74.03	−124.03	−9 553.66	−5 393.55

资料来源：作者依据新光圆成各年度或季度财务报告进行的分析。

2.大股东违约直接导致新光圆成重组中国高速传动的方案被取消。

上述债务违约事项的发生，导致新光圆成融资业务受到较大影响，公司无法按原计划时间完成重组事项。其间，新光圆成曾期待通过《诚意金补充协议》和《意向书延期协议》将付款日期延至2018年10月31日。但2018年11月1日，新光圆成发布了《关于中止重大资产重组事项暨公司股票复牌的公告》，复牌首日股价即告跌停。

3.大股东违约风险是否具有传递性？新光圆成频繁遭到深圳证券交易所的问询。

30亿元债券违约引发了蝴蝶效应。目前M集团已经发生多笔债务违约，融资与偿债压力大，虽经多方努力通过处置资产解决违约及违规事项，但由于涉及金额较大，且因M集团债务违约导致部分债权人查封冻结资产，资产处置进展未能达到预期效率。控股股东深陷债务危机的背景下，新光圆成也陷入困境。

2018年9月27日，新光圆成收到深圳证券交易所的关注函，要求新光圆成就M集团债务违约风险、股权质押情况、重组事项进展等情况作出回复。

2018年10月31日，新光圆成收到深圳证券交易所下发的《关于对新光圆成股份有限公司的关注函》（中小板关注函〔2018〕第376号）。

2018年11月30日，新光圆成发布了《关于深圳证券交易所关注函的说明公告》，针对深圳证券交易所下发的《关于对新光圆成股份有限公司的关注函》（中小板关注函

〔2018〕第404号）做出说明。

2018年12月3日，新光圆成发布《关于公司股票实施其他风险警示的公告》。主要原因是：公司控股股东及其关联人在未履行正常审批决策程序的情况下，在担保函、保证合同等法律文件上加盖了公章；公司控股股东未履行相应内部审批决策程序，以公司名义对外借款并被其占用。

4.新光圆成的股价大起大落，公司被戴上了ST的帽子。

Wind数据显示，从涉及违约的上市公司来看，2018年以来股价均大幅下跌。*ST凯迪、*ST中安、*ST印纪、乐视网、富贵鸟、神雾环保、*ST华信、*ST信通、*ST利源、永泰能源等上市公司或大股东均是如此。

受大股东债务违约及其连带的违规担保以及资金占用影响，新光圆成2018年11月5日—16日，4次发布《关于股票交易异常波动的公告》，公司经历复牌后的连续8个跌停。其间投资者和公司利益受到极大损害。新光圆成2017年10月30日—2018年12月4日股价走势日K线图如图10-2所示。

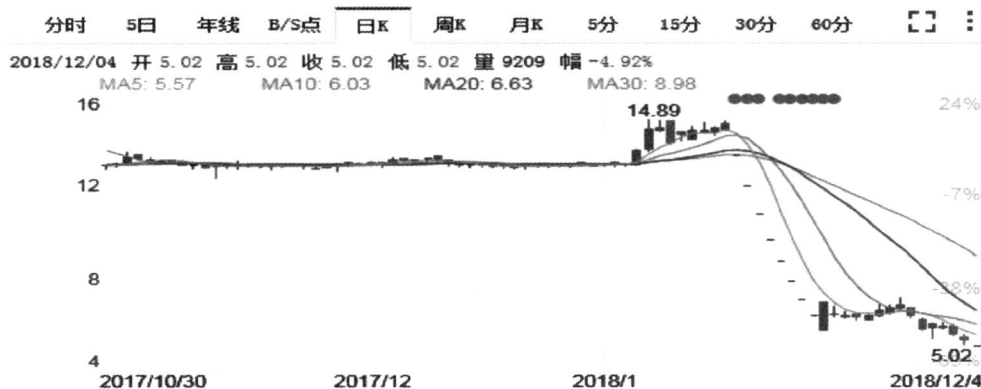

图10-2　2017年10月30日—2018年12月4日新光圆成股价走势日K线图

2018年12月4日，新光圆成（002147.SZ）被戴上了ST的帽子，股票简称变更为"*ST新光"。

五、M集团如何破解僵局，走出流动性危机？

债务违约后，如何自救？这是摆在M集团面前的一个难题。

通常解决债务违约的短期措施包括：

（1）召开债权持有人会议，最先获得债权人和股东的谅解和支持，延缓近期的压力；

（2）通过寻求银团"输血"获得流动性支持；

（3）引进外部战略投资者；

（4）获得政府的资金支持；

（5）通过甩卖资产或股权转让纾困。

其中，第（5）点如果不是公司资产最佳售卖点，将造成资产变现损失，降低公司盈利。

解决债务违约的长期措施包括：正确进行公司战略定位，合理安排投融资计划，适度负债、管控财务风险，做好现金流动性和营运资金管理。毕竟创造现金流才是"王道"。

M集团则采取了以下措施：

1.寻求政府帮助。

债务违约发生后，M集团已紧急向浙江省、义乌市各级政府部门做了情况汇报，希望获得政府的帮助。对于外界的传闻，M集团新闻发言人徐军对记者的回答是："确实与政府有过沟通，不过目前政府尚未回应。但是，沟通还在继续，正在争取政府的支持。"

2.期待引进战略投资者。

2018年9月27日晚间，有媒体公开报道，M集团正引进外部战略投资者，对M集团增资约40亿元；M集团方面还称，公司正与四大资产管理公司之一进行商洽，计划引入战略投资者增资。

3.转让股权或通过子公司IPO解困。

M集团还打算转让所持有的新天集团77.78%股权，预计现金流入约65亿元。实际上，自2017年下半年开始，M集团就被市场质疑存在流动性压力。为了偿债，M集团从2017年开始陆续处置和转让了包括酒店、物业、股权在内的各项资产，回笼资金，保证了上半年到期债券的兑付。

M集团控股子公司新光饰品的IPO申报亦被提上自救纾困的议程。公开资料显示，新光饰品2017年底合并总资产为21.19亿元，负债总额为13.35亿元，所有者权益为7.84亿元；2017年全年主营业务收入为12.43亿元，净利润为1.04亿元。

4.获得银行融资。

M集团债务解决方案较为复杂，需要整体安排，而且需要强有力的资金注入来恢复信用，而这必须靠商业银行。

M集团何去何从，政府、银行、债权人、投资者、其他利益相关者都拭目以待，在自身偿债无望的情况下，能否借由外部的力量帮助企业解困？

目前的最新进展是，M集团所属的新光圆成股份有限公司于2022年5月24日收到深圳证券交易所下发的《关于新光圆成股份有限公司股票终止上市的决定》（深证上〔2022〕第492号），深圳证券交易所决定终止公司股票上市。

六、M集团债务违约案例的启示

M集团表示，"公司目前生产经营正常，基本面依然良好。在今后的发展中，我们将深刻吸取教训，着力加强流动性专业化管理，坚决实施资产'瘦身'计划，积极化解金融风险，继续专注于主业和实体经济，为投资者创造更大价值，为地方经济社会发展持续贡献力量。"

M集团债务违约案例带给我们的启示有以下几点：

（一）应进行正确的企业战略定位，切忌过度追求规模增长

多元化经营，对行业发展趋势的判断很重要。M集团是多元化经营企业，企业可以多元化经营，但在多元化的路上，要准确判断行业发展趋势，全盘考虑各行业板块的相关性以及现金流入流出量的特征，适度管控多元化经营下的经营与财务风险。

（二）应关注集团及其主要公司的资产结构

资产组合决定收入组合、盈利结构、资产的流动性以及偿债能力。如果集团内部的投资性房地产所占比重较大，虽然可以通过会计政策的应用，调整账面资产和评估收益，但这并不会从实质上增加企业的现金流入量。依据账面财富构建的资产和盈利基础不具有稳健性，更为盲目扩展发债规模埋下了隐患。因此，在集团层面实施债券融资前，需要对合并报表范围的母子公司进行资产组合分析，应分别从母、子公司报表角度，深入分析资产结构、可抵押资产及其变现能力，否则一旦债务违约，资产的变现能力差，必然影响资产的流动性，从而产生流动性危机。

（三）应优化资金结构，适配各种债务

短期债务虽可以降低融资成本，但会加大流动性压力。一旦流动性资产无法满足偿债要求，就注定了短期债务的偿还主要依靠借新债。但借新债的结果是，一旦市场变化，企业的直接融资和间接融资都会受阻，并陷入恶性循环。

（四）应在集团公司与控股上市公司之间建立天然的屏障

集团内部的上市公司和控股公司之间，天然地存在着投资与被投资关系，甚或购销关系、借贷关系、担保关系等，这是控制权的使然。上市公司的独立性和严监管，注定了上市公司即使再好，其在集团控股股东流动性危机面前也不能随意作为。在集团内部涉及资金运作时，需要明确的是上市公司的透明度明显高于非上市集团公司，如果集团对控股上市公司施加了过多干预，一旦触碰了信息披露违规的底线，将给上市公司的发展带来致命一击。

（五）完善内部控制程序

违规事项反映出新光圆成的内控流程形同虚设，尤其是控股股东违规占用资金这一项。"债权的转移要经过债权人的同意。从债权人现在上诉看，未经过债权人同意的可能性很大。如果在债权人不同意的情况下向控股股东转移债权和资金，这在会计记账程序上是有缺陷的。转移债权却不确认债务，这在财务层面有做低负债的考虑。"集团公司与上市公司之间本应有一道隔离墙，M集团债务违约以及其对上市公司的冲击，反映了在M集团与上市公司内部没有建立起隔离墙，内部控制不规范，大股东对上市公司的控制行为太过明显，这些都是需要进一步反思的。

M集团如何走出债务违约的困境，需要社会各界的关注，毕竟集团公司未来的生存发展关系着上万员工及其家人的利益，关系着债权人以及股东的利益，更关系着社会的稳定与进步。

重要概念

权益筹资　债务筹资　债务违约　债券评级

复习思考

1.企业在安排筹资预算时需要注意哪些方面的问题？

2.当前我国企业债务违约的动因有哪些？

3.你认为应该从哪些方面防范债务违约现象？

4.当公司出现债务违约后有哪些应对策略？

5.M集团债务违约案例对企业筹资预算的编制有哪些启示？

操作练习

题一：

请到上海清算所网站下载任意一家债务违约公司的相关资料，分析其债务违约的原因。

题二：

请查找国内比较有名的信用评级机构，了解其债务评级方法。

题三：

大公主体信用评级是对发债主体债务偿还安全度的评价。评级报告是依据《大公信用评级原理》，从偿债环境、财富创造能力、偿债来源与偿债能力四个方面对主体信用风险状况的判断。大公主体信用评级所使用的财务指标、E公司合并主要财务指标见表1、表2。

表1　　　　　　　　　　　　大公主体信用评级所使用的财务指标

序　号	指　标	计算公式
1	毛利率（%）	（1−营业成本/营业收入）×100%
2	EBITDA利润率（%）	EBITDA/营业收入×100%
3	总资产报酬率（%）	EBIT/年末资产总额×100%
4	净资产收益率（%）	净利润/年末净资产×100%
5	EBIT	利润总额+计入财务费用的利息支出
6	EBITDA	EBIT+折旧+摊销（无形资产摊销+长期待摊费用摊销）
7	资产负债率（%）	负债总额/资产总额×100%
8	债务资本比率（%）	总有息债务/资本化总额×100%
9	总有息债务	短期有息债务+长期有息债务
10	短期有息债务	短期借款+应付票据+其他流动负债（应付短期债券）+1年内到期的非流动负债+其他应付款（付息项）

续表

序 号	指 标	计算公式
11	长期有息债务	长期借款+应付债券+长期应付款（付息项）
12	资本化总额	总有息债务+所有者权益
13	流动比率	流动资产/流动负债
14	速动比率	（流动资产–存货）/流动负债
15	保守速动比率	（货币资金+应收票据+交易性金融资产）/流动负债
16	现金比率（%）	（货币资金+交易性金融资产）/流动负债×100%
17	存货周转天数	360/（营业成本/年初末平均存货）
18	应收账款周转天数	360/（营业收入/年初末平均应收账款）
19	现金回笼率（%）	销售商品及提供劳务收到的现金/营业收入×100%
20	EBIT利息保障倍数（倍）	EBIT/利息支出＝EBIT/（计入财务费用的利息支出+资本化利息）
21	EBITDA利息保障倍数（倍）	EBITDA/利息支出＝EBITDA/（计入财务费用的利息支出+资本化利息）
22	经营性净现金流利息保障倍数（倍）	经营性现金流量净额/利息支出＝经营性现金流量净额/（计入财务费用的利息支出+资本化利息）
23	担保比率（%）	担保余额/所有者权益×100%
24	经营性净现金流/流动负债（%）	经营性现金流量净额/〔（期初流动负债+期末流动负债）/2〕×100%
25	经营性净现金流/总负债（%）	经营性现金流量净额/〔（期初负债总额+期末负债总额）/2〕×100%
26	净债务率（%）	（总有息债务–货币资金）/净资产×100%
27	存量债务比率	存量债务/调整后的债务上限
28	可变现资产负债率	可变现资产/负债
29	流动性来源	期初现金及现金等价物余额+未使用授信额度+外部支持产生的现金流净额+经营活动产生的现金流量净额
30	流动性损耗	购买固定资产、无形资产和其他长期资产的支出+到期债务本金和利息+股利+或有负债（确定的支出项）+其他确定的收购支出
31	偿债来源偏离度	（经营活动产生的现金流量净额+期初现金及现金等价物余额+取得借款收到的现金+发行债券收到的现金）/（经营活动产生的现金流量净额+期初现金及现金等价物余额）

表2 　　　　　　　　　　　E公司合并主要财务指标 　　　　　　　　单位：万元

项　目	2017年1—9月	2016年	2015年	2014年
EBIT	210 351	319 514	209 983	538 659
EBITDA	—	356 296	249 715	572 240
总有息债务	3 484 474	3 097 175	1 597 166	1 535 250
毛利率（%）	13.06	26.35	19.17	23.08
营业利润率（%）	10.95	15.59	18.09	51.73
总资产报酬率（%）	2.92	4.65	5.74	15.23
净资产收益率（%）	2.95	5.41	9.02	28.70
资产负债率（%）	59.21	58.12	58.87	60.42
债务资本比率（%）	54.22	51.82	51.49	52.31
长期资产适合率（%）	141.68	133.05	119.40	117.78
流动比率（倍）	2.92	2.42	1.47	1.36
速动比率（倍）	1.68	1.61	0.90	0.82
保守速动比率（倍）	0.43	0.43	0.19	0.11
存货周转天数（天）	316.80	244.53	271.22	406.55
应收账款周转天数（天）	44.33	39.56	33.46	21.97
经营性净现金流/流动负债（%）	−31.41	11.20	15.69	28.10
经营性净现金流/总负债（%）	−7.53	3.58	7.22	14.23
经营性净现金流利息保障倍数（倍）	−2.59	0.74	1.22	2.24
EBIT利息保障倍数（倍）	1.75	2.15	1.71	4.30
EBITDA利息保障倍数（倍）	—	2.40	2.03	4.57
现金比率（%）	42.33	42.18	19.08	11.27
现金回笼率（%）	108.94	114.58	94.76	89.36
担保比率（%）	9.10	9.69	20.30	25.99

要求根据上述资料回答下列问题：

1.分析E公司总有息债务规模的变动趋势。

2.结合E公司的盈利能力指标，分析其盈利能力的总体变化情况。

3.结合E公司的偿债能力指标，分析其偿债能力变化情况，说明其有无偿债能力。

4.结合E公司的营运能力指标，分析公司相关资产的周转情况及改进建议。

5.结合E公司经营性净现金流与流动负债、总负债和利息保障倍数的关系，说明其变化趋势。

第十一章

单一企业预算的编制

【导语】单一企业是相对于集团企业而言的组织，预算编制只是涉及企业内部各部门以及企业自身的汇总预算。本章以制造业为例，说明单一企业经营与财务预算以及部门预算的编制方法，非制造业企业可结合自身的行业特点比照制造业进行预算编制。

本章内容要点

第一节　　　　　　　　经营与财务预算

由于企业内部的组织结构与业务复杂性程度不同，因此不同企业的经营与财务预算内容也存在着差异。为说明相关预算的编制方法，下面以 D 公司为例加以说明。

一、D公司简介

D公司是一家日用品生产企业，经营活动比较稳定。管理层认识到了预算的重要性，决定继续编制年度预算。D公司的预算编制示意图如图 11-1 所示，第一步是拟定企业长期战略目标，并进行长期销售预测和编制投资预算；第二步是以销售预算为起点，编制生产预算直至全部预算。

二、D公司的预算编制

D公司预算编制前的资产负债表信息如后文中表 11-20 的上年年末余额所示。其本年度预算的编制步骤和方法如下：

（一）销售预算

销售预算根据预测的销售数量和销售单价确定预算期内的销售收入。销售预算可以按照不同的标准编制，如按编制对象划分，分为按品种、按地区编制的销售预算等；按时间划分，分为按月、按季度、按年编制的预算等。销售预算既是预算编制的起点，又是编制财务预算的关键。因此，在销售预算编制之前首先要做好销售预测工作。

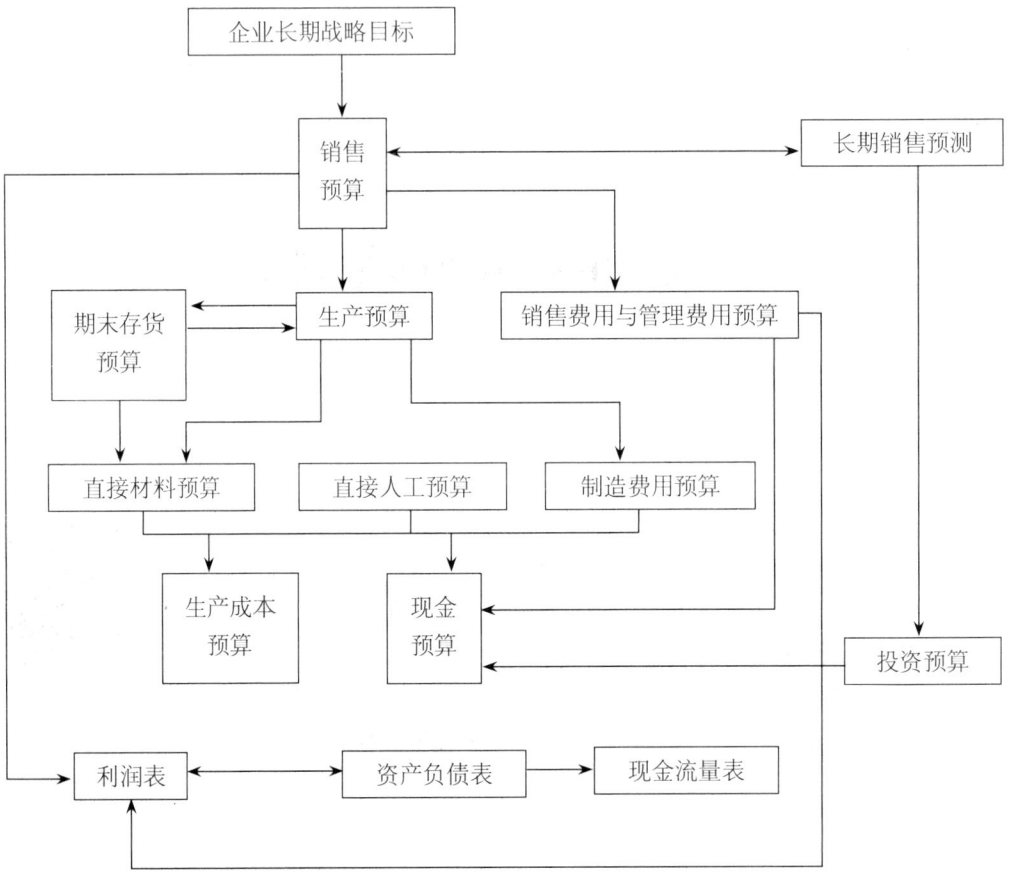

图11-1 D公司全面预算编制示意图

一般来说，进行销售预测应考虑以下因素：

（1）历史的销售量；

（2）尚未完工的订单；

（3）预算期内的产品定价策略；

（4）预算期内的营销计划；

（5）市场份额；

（6）所处行业的经济环境，包括对全行业的同类产品的销售预计以及行业内部的竞争态势；

（7）宏观经济环境，包括利率水平以及对可支配收入和国内生产总值、就业率和物价水平的预测；

（8）企业发展战略等。

销售预测方案确定后，就可以编制销售预算。

第十一章 单一企业预算的编制

D公司只生产甲产品。如果公司生产的产品种类较多，对主要产品应采用下述的预算编制方法，对次要产品或种类繁多的产品，可以按大类别编制预算。

通过销售预测，公司预计预算年度全年销售甲产品520万吨，其中各季度的销量依次分别为：100万吨、120万吨、140万吨、160万吨，售价均为每吨50元。公司对产品的销售采取以下收款方式：每季度按合同规定预收下季度销售货款的10%，每季度收取当季货款的60%，其余30%在下一季度收回。

根据销售情况编制的销售预算见表11-1。

表11-1   销售预算

20××预算年度

项　目	第一季度	第二季度	第三季度	第四季度	全　年
预计销售量（万吨）	100	120	140	160	520
预计销售单价（元/吨）	50	50	50	50	50
预计销售收入（万元）	5 000	6 000	7 000	8 000	26 000

公司的销售分为现金销售和赊销两部分，现金销售会产生现金收入。根据每季度销售产品收到的现金，每季度收回的前期应收账款、应收票据，每季度预收的现金、前期已经核销的应收款项（坏账部分），以及每季度销货退回支付的现金情况，即可编制各季度的预计现金收入计算表，格式见表11-2。该表也是编制现金收支预算的依据。

表11-2   预计现金收入计算表

20××预算年度   单位：万元

项　目	第一季度	第二季度	第三季度	第四季度	全　年	未收回
以前年度应收账款收回数	5 000	4 000	3 500	2 000	14 500	3 107.86
第一季度（预计销售收入5 000万元）*	3 000	1 500			4 500	
第二季度（预计销售收入6 000万元）		3 600	1 800		5 400	
第三季度（预计销售收入7 000万元）			4 200	2 100	6 300	
第四季度（预计销售收入8 000万元）				4 800	4 800	2 400
预收现金	600	700	800	850**	2 950	
现金收入总计	8 600	9 800	10 300	9 750	38 450	5 507.86

注：*第一季度的销货款中有10%是在预算上一年度第四季度的预收款。

**第四季度预收的850万元现金是按下一年预计数确定的。

年初应收账款的未收回数和第四季度发生的应收账款共计5 507.86万元，体现在年末的资产负债表中（见表11-20）。

根据年末应收账款余额和规定的提取比例，可以计提坏账准备金。D公司提取比例为3‰，应提取额为16.52万元。由于D公司预算年度的年初应收账款余额17 607.86万元已经计提坏账准备52.82万元（见表11-20），因此，预算年度D公司应冲减多计提的坏账准备36.30万元（52.82-16.52）。冲减的坏账准备按照现行会计制度规定在利润表中的资产减值损失中反映。

本年末的预收账款=年初预收账款+本年预收的现金-结转收入部分预收款

$$=1 407.79+850-500$$

$$=1 757.79（万元）$$

（二）生产预算

生产预算是在销售预算的基础上，根据以销定产的原则来确定的。为防止生产中断和出现异常情况影响到公司的销售，公司一般要根据其销售预算以及期初、期末存货的差额，编制生产预算。公司管理层认为，该公司每季度末的存货保持在下一季度销售量的10%水平比较合适。每季度初的存货量为上季度末的存货量，第四季度的期末存货量是预计数。

预计生产量按下列公式计算：

预计生产量=预计销售量+预计期末存货量-期初存货量

根据销售预算编制的生产预算见表11-3。

表11-3

生产预算

20××预算年度

单位：万吨

项　　目	第一季度	第二季度	第三季度	第四季度	全　　年	资料来源
预计销售量	100	120	140	160	520	销售量来自表11-1
加：期末存货量	12	14	16	15*	15*	
总需求量	112	134	156	175	535	
减：期初存货量	10*	12	14	16	10	
预计生产量	102	122	142	159	525	

注：*表示已知或预知。

（三）直接材料预算

当生产预算确定后，企业应在生产预算的基础上，根据预计的生产量和单位产品耗用的材料费用，以及期初、期末结存的材料情况，编制直接材料预算。假设D公司只使用一种主要原材料。该公司希望每季度能保持下季度生产量10%的存货。每季度支付60%的购货款，其余40%下季度支付。每季度初的材料存量为上季度末的材料存量，第四季度的期末材料存量是预计数。

第十一章 单一企业预算的编制

预计采购量按下列公式计算：

预计采购量=生产需要量+预计期末材料存量−期初材料存量

根据生产预算编制的直接材料预算见表11-4。

表11-4 直接材料预算

20××预算年度

项 目	第一季度	第二季度	第三季度	第四季度	全 年	资料来源
预计生产量（万吨）	102	122	142	159	525	表11-3
单位产品材料耗用量（千克/万吨）	1*	1*	1*	1*	1*	
生产需要量（千克）	102	122	142	159	525	
加：预计期末材料存量（千克）	12.2	14.2	15.9	15.9*	15.9*	
总需求量（千克）	114.2	136.2	157.9	174.9	540.9	
减：期初材料存量（千克）	10.2*	12.2	14.2	15.9	10.2	
预计材料采购量（千克）	104	124	143.7	159	530.7	
采购单价（万元/千克）	30*	30*	30*	30*	30*	
预计采购金额（万元）	3 120	3 720	4 311	4 770	15 921	

注：*表示已知或预知。

由于购货分为现金付款购货和赊账购货两部分，因此，可根据公司支付的现金情况编制现金支出预算，即根据公司每季度购货支付的现金，每季度偿付的前期应付账款、应付票据，每季度预付的现金，以及每季度购货退回收到的现金差额，编制各季度的预计现金支出计算表，其格式见表11-5。该表也是编制现金收支预算的依据。

表11-5 预计现金支出计算表

20××预算年度 单位：万元

项 目	第一季度	第二季度	第三季度	第四季度	全 年	未支付
以前年度应付账款支付数	2 500	2 000	1 000		5 500	5 073.98
第一季度（采购金额3 120万元）	1 872	1 248			3 120	
第二季度（采购金额3 720万元）		2 232	1 488		3 720	
第三季度（采购金额4 311万元）			2 586.60	1 724.40	4 311	
第四季度（采购金额4 770万元）				2 862	2 862	1 908
合 计	4 372	5 480	5 074.60	4 586.40	19 513	6 981.98

年初应付账款未支付数和第四季度发生的应付账款共计6 981.98万元，体现在年末的资产负债表中（见表11-20）。

（四）直接人工预算

生产人员的工资构成公司制造成本的一部分。工资有计件工资和计时工资两种支付形式，不同的工资支付形式决定了直接人工预算编制方法的不同。D公司实行计时工资制。根据单位产品耗用的工时、单位小时工资标准和生产量，即可编制直接人工预算（见表11-6）。

表11-6　　　　　　　　　　**直接人工预算**

20××预算年度

项　目	第一季度	第二季度	第三季度	第四季度	全　年	资料来源
预计生产量（万吨）	102	122	142	159	525	表11-3
单位产品工时（小时/万吨）	10	10	10	10	10	
工时总量（小时）	1 020	1 220	1 420	1 590	5 250	
单位工时直接人工成本（万元/小时）	0.5	0.5	0.5	0.5	0.5	
直接人工成本总额（万元）	510	610	710	795	2 625	

以上工资全部在当期以现金支付，不存在未付工资情况。

（五）制造费用预算

制造成本的另一部分是制造费用。制造费用分为变动费用和固定费用两部分，因此，在编制制造费用预算时，应按变动费用和固定费用两部分分别编制预算。D公司的制造费用全部为固定费用。根据各季度制造费用项目编制的制造费用预算见表11-7。

表11-7　　　　　　　　　　**制造费用预算**

20××预算年度　　　　　　　　　　　　　　　单位：万元

项　目	第一季度	第二季度	第三季度	第四季度	全　年
管理人员工资	85	85	85	85	340
折旧费*	506.85	558.12	558.12	558.12	2 181.21
维修费	80	85	90	95	350
其他	10	10	10	10	40
制造费用总额	681.85	738.12	743.12	748.12	2 911.21
减：折旧	506.85	558.12	558.12	558.12	2 181.21
制造费用现金支付数	175	180	185	190	730

注：*折旧费是根据固定资产增减变动情况和规定的标准计提的，分别见表11-8、表11-9和表11-10。

制造费用应在各种产品之间分配，由于本公司只生产一种产品，制造费用可以直接计入产品成本，不需要再在各种产品之间进行分配。每小时分摊的制造费用如下：

制造费用小时分摊率=制造费用总额÷直接人工工时

=2 911.21÷5 250=0.55（万元/小时）

表11-8　　　　　　　　　　固定资产增减变动情况表

20××预算年度　　　　　　　　　　　　　　　　单位：万元

项　目	年初数	本期增加	本期减少	年末数	备　注
一、未含特别业务部分					
车间用					
专用设备	12 901.59			12 901.59	
通用设备	5 068			5 068	1月份投产
工程A完工转入		6 836		6 836	
管理部门用	3 050			3 050	
销售部门用	2 018			2 018	
小　计	23 037.59	6 836	0	29 873.59	
二、特别业务安排*					
接受捐赠		5 000		5 000	
第四季度购建		2 650		2 650	
小　计		7 650		7 650	
固定资产合计	23 037.59	14 486	0	37 523.59	

注：*见下文："（十一）特别业务安排"。

表11-9　　　　　　　　　　在建工程完工情况表

20××预算年度　　　　　　　　　　　　　　　　单位：万元

项　目	年初数	本期增加	本期减少	年末数	备　注
一、未含特别业务部分					
工程A	6 836		6 836	0	
工程B	289.95			289.95	
小　计	7 125.95		6 836	289.95	
二、特别业务安排*					
借款购建		2 500		2 500	
补偿贸易方式取得		4 500		4 500	
小　计		7 000		7 000	
在建工程合计	7 125.95	7 000	6 836	7 289.95	

注：*见下文："（十一）特别业务安排"。

表11-10　　　　　　　　　　　固定资产折旧情况表

20××预算年度　　　　　　　　　　　　　　　　　单位：万元

项　目	第一季度	第二季度	第三季度	第四季度	全　年
车间生产部门					
专用设备	290.28	290.28	290.28	290.28	1 161.12
通用设备	114.03	114.03	114.03	114.03	456.12
工程A	102.54	153.81	153.81	153.81	563.97
小　计	506.85	558.12	558.12	558.12	2 181.21
管理部门	68.64	68.64	68.64	68.64	274.56
销售部门	45.42	45.42	45.42	45.42	181.68
合　计	620.91	672.18	672.18	672.18	2 637.45

注：公司年初累计折旧9 066.97万元，加上本年计提的折旧2 637.45万元，共计11 704.42万元，体现在年末的资产负债表中（见表11-20）。

（六）产品成本预算

产品成本预算，是反映产成品的生产成本、销售成本和期末产成品存货的预算。它是在直接材料预算、直接人工预算和制造费用预算的基础上编制的预算，其格式见表11-11。产品成本预算中有关单位成本的数据，来自于直接材料预算、直接人工预算和制造费用预算，预计生产量、期末存货数量来源于生产预算，预计销售量来源于销售预算。表11-11中的生产成本、本期销售成本和期末存货成本等数字，根据单位成本和有关数据计算得出。

表11-11　　　　　　　　　　　产品成本预算

20××预算年度　　　　　　　　　　　　　　　　　单位：万元

项　目	单位成本			生产成本（预计生产量525万吨）	本期销售成本（预计销售量520万吨）	期末存货成本（期末存货量15万吨）
	每万吨投入量	单　价	总　额			
直接材料	1千克	30万元/千克	30	15 750	15 600	450
直接人工	10小时	0.5万元/小时	5	2 625	2 600	75
制造费用	10小时	0.55万元/小时	5.5	2 887.50	2 860	82.50
合　计				21 262.50	21 060	607.50

根据企业期初存货、本期发生的存货成本、结转的存货成本及销售情况，可计算出

期末存货余额。

$$未含特别业务的期末存货余额=期初存货余额+\frac{本期采购的}{直接材料}+本期直接人工+本期制造费用-本期销售成本$$

$$=6\ 577.33+15\ 921+2\ 625+2\ 911.21-21\ 060$$

$$=6\ 974.54（万元）$$

含特别业务的期末存货余额=6 974.54+3 000=9 974.54（万元）

期末存货余额体现在预计的资产负债表（见表11-20）中。

（七）其他收支预算

公司除了通过销售产品取得收入外，还可以通过其他方式取得收入，如材料销售收入、租金收入、投资收益、营业外收入等，同时也会发生相关的成本费用支出。D公司编制的其他收支预算见表11-12。

其他收支预算中除了营业外支出项目是待处理流动资产损失转入外，其他全部以现金形式收付，并构成现金收支预算的一部分。

表11-12 其他收支预算

20××预算年度 单位：万元

项 目	第一季度	第二季度	第三季度	第四季度	全 年
其他业务收入*	6	6	6	6	24
减：其他业务成本	5	5	5	5	20
其他业务利润	1	1	1	1	4
营业外收入	3	4	4	3	14
减：营业外支出	473.14				473.14
营业外收支净额	−470.14	4	4	3	−459.14

注：*该部分其他业务收入属于免税收入。

（八）税金及附加计划

税金及附加计划，反映的是公司因销售实现或其他的应税项目，按照国家规定应缴纳的各种税金及附加。该公司生产的甲产品应缴纳增值税，所以公司除了要按规定计算应缴纳的增值税外，还要按增值税应纳税额的一定比例计算城市维护建设税及教育费附加。应纳增值税要根据进项税额、销项税额等因素确定，其中进项税额要根据年初尚未抵扣的进项税额和本期采购存货的进项税额确定，销项税额要按本期实现的销售收入和适用的增值税税率计算确定，并分别反映在预计资产负债表的应交税费和现金收支预算中。D公司预算年度年初的应交税费为2 254万元，全部于一季度缴纳完毕。预算年度计算的应交税费情况，即税金及附加计划，见表11-13。在预算年度预计的应缴纳税金及附加计划中，各项税金及附加分别在当季缴纳完毕。

表 11-13　　　　　　　　　　　　　税金及附加计划

20××预算年度　　　　　　　　　　　　单位：万元

项　目	第一季度	第二季度	第三季度	第四季度	全　年	资料来源
销售收入	5 000	6 000	7 000	8 000	26 000	表 11-1
购货	3 120	3 720	4 311	4 770	15 921	表 11-4
销项税额	650.00	780.00	910.00	1 040.00	3 380.00	
进项税额	405.60	483.60	560.43	620.10	2 069.73	
应交增值税	244.40	296.40	349.57	419.90	1 310.27	
应交城建税及教育费附加	24.44	29.64	34.96	41.99	131.03	
应交增值税、城建税及教育费附加合计	268.84	326.04	384.53	461.89	1 441.30	

注：公司年初没有可以抵扣增值税销项税额的进项税额，本公司销售商品适用的增值税税率为13%，购进货物的进项税税率为13%，城市维护建设税和教育费附加合计为应交增值税的10%。

（九）销售费用与管理费用预算

这里的费用预算包括销售费用和管理费用预算。财务费用预算不在此反映，而是在资金预算中根据资金供需情况来决定融资额度并计算相应的利息支出。

销售费用与管理费用预算反映的是企业因经营活动发生的销售费用和管理费用。销售费用与管理费用分为变动费用和固定费用两部分，应本着节约的原则分别编制预算。D公司的销售费用与管理费用全部为固定费用，其预算见表 11-14。

（十）偿债计划

该公司年初借款有关资料、原有债务的偿还情况以及利息的计算分别见表 11-15、表 11-16 和表 11-17。

表 11-17 中利息计算的方法如下：

季度末应付的短期借款利息（第一季度、第二季度）$= 9\,500 \times \dfrac{8\% \times 3}{12} = 190$（万元）

季度末应付的1年内到期的非流动负债利息（第一季度、第二季度）$= 6\,301 \times \dfrac{15\% \times 3}{12} = 236.29$（万元）

季度末应付的长期借款利息（每季度）$= 2\,300 \times \dfrac{15\% \times 3}{12} = 86.25$（万元）

（十一）特别业务安排

根据公司业务安排，在本预算年度要为下年的预算做好准备工作，主要计划如下：

1.由公司的投资方投入现金 1 350 万元，以增加注册资本，使总资本达到 15 000 万元。

表11-14 销售费用与管理费用预算

20××预算年度 单位：万元

项 目	第一季度	第二季度	第三季度	第四季度	全 年
销售费用					
人员工资及福利费	15	15	15	20	65
折旧费	45.42	45.42	45.42	45.42	181.68
广告费	20				20
差旅费	4	4	4	4	16
包装费	2	2	2	2	8
小 计	86.42	66.42	66.42	71.42	290.68
减：折旧	45.42	45.42	45.42	45.42	181.68
销售费用中支付的现金	41	21	21	26	109
管理费用					
人员工资及福利费	35	35	35	40	145
办公费	12	12	12	12	48
折旧费	68.64	68.64	68.64	68.64	274.56
其他	15	15	15	15	60
小 计	130.64	130.64	130.64	135.64	527.56
减：折旧	68.64	68.64	68.64	68.64	274.56
管理费用中支付的现金	62	62	62	67	253
支付的现金合计	103	83	83	93	362

表11-15 公司年初借款资料

20××预算年度 单位：万元

项 目	金额	借款期限	年借款利率	借款条件
短期借款	9 500	上年11月—本预算年度6月	8%	担保
1年内到期的非流动负债	6 301	上年8月—本预算年度6月	15%	抵押
长期借款	2 300	上年11月—本预算年度后两年12月	15%	抵押
长期应付款	267.76			
合 计	18 368.76			

表11-16　　　　　　　　　　**公司原有债务的偿还情况**

20××预算年度　　　　　　　　　　　　　　单位：万元

项　目	第一季度	第二季度	第三季度	第四季度	全　年	备　注
短期借款		9 500			9 500	于季度末偿还
1年内到期的非流动负债		6 301			6 301	
长期借款						
长期应付款	267.76				267.76	
合　计	267.76	15 801			16 068.76	

表11-17　　　　　　　　　　**公司的利息计算表**

20××预算年度　　　　　　　　　　　　　　单位：万元

项　目	第一季度	第二季度	第三季度	第四季度	全　年
短期借款	190	190			380
1年内到期的非流动负债	236.29	236.29			472.58
长期借款利息	86.25	86.25	86.25	86.25	345
合　计	512.54	512.54	86.25	86.25	1 197.58

2.在预算年度的第四季度以应付票据形式购入存货3 000万元。

3.根据公司长远发展规划需要，计划在预算年度的第四季度以补偿贸易方式从国外取得设备4 500万元，以备预算年度使用。

4.预算年度第四季度从母公司借入临时周转金3 000万元。

5.公司在预算年度第四季度以现金预付购货款1 000万元。

6.本预算年度第三季度以现金对外投资5 000万元。

7.其他付款情况见现金收支预算。

（十二）现金收支预算

现金收支预算，反映了公司在预算期的现金收入、现金支出、现金余缺和现金筹集情况。凡是在年度预算中影响到现金收支的项目，都要编入现金收支预算。现金收支预算在公司的管理中具有十分重要的作用。通过现金收支预算，不仅可以了解公司通过经营活动产生的现金结余数，而且可根据每期经营活动的现金余额安排筹资和投资活动。D公司编制的现金收支预算见表11-18。

（十三）预计的利润表

财务预算编制的过程，也是财务报表形成的过程。根据公司的财务预算，也可以编制预计的利润表和辅助信息。预计的利润表，是反映预算期内公司预期的利润情况的报表，它是控制公司的成本、保证利润实现的重要依据。预计的利润表的格式见表11-19。

表11-18

现金收支预算

20××预算年度

单位：万元

项　目	第一季度	第二季度	第三季度	第四季度	全　年	资料来源
期初现金余额	7 791.03	11 821.09	2 040.41	2 513.60	7 791.03	
加：现金收入						
销售商品收到的现金	8 600	9 800	10 300	9 750	38 450	表11-2
其他收入净现金	4	5	5	4	18	表11-12
增值税销项税额	650	780	910	1 040	3 380	表11-13
收到补贴款	2 982.07				2 982.07	政府文件
收回其他应收款	3 000	2 500	2 000	2 600	10 100	计划
收入小计	15 236.07	13 085.00	13 215.00	13 394.00	54 930.07	
可用现金总额	23 027.10	24 906.09	15 255.41	15 907.60	62 721.10	
减：现金支出						
直接材料	4 372	5 480	5 074.6	4 586.4	19 513	表11-5
直接人工	510	610	710	795	2 625	表11-6
制造费用	175	180	185	190	730	表11-7
增值税进项税额	405.60	483.60	560.43	620.10	2 069.73	表11-13
应交增值税、城建税及教育费附加	268.84	326.04	384.53	461.89	1 441.30	表11-13
销售费用与管理费用	103	83	83	93	362	表11-14
上交年初未缴税金	2 254				2 254	计划
预付货款				1 000	1 000	特别业务安排
支付前期的应付票据	2 000	430			2 430	计划
支付其他应交税费款	138.25				138.25	计划
支付其他应付款	271.02				271.02	计划
支出小计	10 497.71	7 592.64	6 997.56	7 746.39	32 834.30	
现金多余或不足	12 529.39	17 313.45	8 257.85	8 161.21	29 886.80	

续表

项　目	第一季度	第二季度	第三季度	第四季度	全　年	资料来源
减：偿还借款本金	267.76	15 801			16 068.76	表11-16
偿还借款利息	512.54	512.54	86.25	86.25	1 197.58	表11-17
偿还母公司资金			700		700	计划
加：利息收入	72	340.50	42	40	494.50	预计
加：母公司拆借		700		3 000	3 700	计划
向银行借款（长期）				2 500	2 500	计划
投资者投入				1 350	1 350	计划
减：对外投资			5 000		5 000	特别业务安排
购建固定资产				5 150	5 150	
期末现金余额	11 821.09	2 040.41	2 513.60	9 814.96	9 814.96	

注：公司要求保持的最低现金余额为2 000万元，不足部分要按规定及时筹集。

表11-19　　　　　　　　　　　　　　**预计的利润表**

编制单位：D公司　　　　　　　　　20××预算年度　　　　　　　　　　单位：万元

项　目	金　额	资料来源
一、营业收入	26 000	表11-1
减：营业成本	21 060	表11-11
税金及附加	131.03	表11-13
销售费用	290.68	表11-14
管理费用	527.56	表11-14
财务费用	703.08	表11-18
加：其他收益	4	表11-12
资产减值损失（损失以"-"号填列）	-36.3	
二、营业利润	3 255.35	
加：营业外收入	14	
减：营业外支出	473.14	
三、利润总额	2 796.21	
减：所得税费用	950	表11-18
四、净利润	1 846.21	

预计的利润表中的有关数据来源如下：

"营业收入"项目的数据，来源于销售预算；"营业成本"项目的数据来源于产品成本预算；"销售费用"和"管理费用"项目的数据来源于销售费用与管理费用预算；"税金及附加"项目的数据来源于税金及附加预算；"其他收益"项目的数据来源于其他收支预算；"财务费用"项目的数据来源于现金收支预算；"投资收益"、"营业外收入"以及"营业外支出"项目的数据来源于其他收支预算。本表中的"所得税费用"项目，是根据利润计划和纳税调整项目计算确定的，所得税的缴纳会引起现金流量的变化，进而引起现金收支预算的变化。本公司假定所得税尚未缴纳。利润总额减去所得税费用后，即为净利润。

（十四）预计的资产负债表

企业一定时期的财务状况要通过资产负债表予以反映。当企业编制了预计的利润表和未分配利润计算表以及其他预算方案后，即应编制预计的资产负债表。预计的资产负债表与实际的资产负债表的格式基本相同，它是在期初资产负债表的基础上，根据预算期的有关预算编制而成的，其格式见表11-20。

表11-20 　　　　　　　　　　预计的资产负债表（简表）

编制单位：D公司 　　　　　　　　　20××预算年度 　　　　　　　　　单位：万元

资　产	上年年末余额	期末余额	负债和所有者权益	上年年末余额	期末余额
流动资产：			流动负债：		
货币资金	7 791.03	9 774.65	短期借款	9 500	3 000
应收账款	17 607.86	5 507.86	应付票据	2 430	3 000
减：坏账准备***	52.82	16.52	应付账款	10 573.98	6 981.98
应收账款净额***	17 555.04	5 491.34	预收款项	1 407.79	1 757.79
预付款项	6 137.91	7 137.91	应付职工薪酬	23.72*	—
应收补贴款***	2 982.07	—	应付股利***	—	1 500
其他应收款	13 611.89	3 511.89	应交税费	2 392.25**	950
存货	6 577.33	9 974.54	其他应付款	271.02	—
待处理流动资产净损益***	473.14	—	流动负债合计	26 598.76	17 189.77
流动资产合计	55 128.41	35 890.33	非流动负债：		
非流动资产：			长期借款	2 300	4 800

续表

资 产	上年年末余额	期末余额	负债和所有者权益	上年年末余额	期末余额
长期股权投资	—	5 000	长期应付款	267.76	4 500
固定资产原价***	23 037.59	37 523.59	非流动负债合计	2 567.76	9 300
减：累计折旧***	9 066.97	11 704.42	负债合计	29 166.52	26 489.77
固定资产净值***	13 970.62	25 819.17	所有者权益：		
在建工程	7 125.95	7 289.95	实收资本	13 650	15 000
非流动资产合计	21 096.57	38 109.12	资本公积	28 049.18	26 804.19
			盈余公积	1 491.86	1 861.10
			未分配利润	3 867.42	3 844.39
			所有者权益合计	47 058.46	47 509.68
资产总计	76 224.98	73 999.45	负债和所有者权益总计	76 224.98	73 999.45

注：*此处仅列支付给职工的福利费23.72万元。

**此处金额=应交税费+其他应交税费款=2 254+138.25=2 392.25（万元）

***财政部最新公布的2019年度一般企业财务报表格式中资产负债表并无这些项目，为便于说明预算编制数据来源列于本表中。

表中的几个数据来源如下：

"货币资金"期末余额来源于现金收支预算；"应交税费"来源于预计的利润表及未分配利润计算表的"所得税费用"项目。

"盈余公积"项目的数据计算如下：

期末盈余公积=期初盈余公积+本期计提的盈余公积－盈余公积转入注册资本

本公司的年初"未分配利润"来源于期初的资产负债表。企业本年实现的净利润，加上年初未分配利润和盈余公积转入数，为可供分配的利润，减去按规定计提的法定盈余公积后，为可供股东分配的利润，减去应付股利等为未分配利润，并反映在资产负债表的期末数中。未分配利润的计算见表11-21。

（十五）预计的现金流量表

D公司编制的预计现金流量表见表11-22，其中现金及现金等价物净增加额为预计的资产负债表中货币资金年末数和年初数的差额，其余数据来源于现金收支预算。

总之，在单一企业的发展中，任何一项战略规划与决策行动都将影响到企业预算的安排。如何正确制定企业发展战略、通过经营规划落实战略，并形成预算方案，绝不是一个简单的数字加减过程。

表11-21　　　　　　　　　　　　**未分配利润计算表**

编制单位：D公司　　　　　　　　　20××预算年度　　　　　　　　　单位：万元

项　目	金　额	来　源
一、净利润	1 846.21	表11-19
加：年初未分配利润	3 867.42	表11-20
盈余公积转入		
二、可供分配的利润	5 713.63	
减：提取法定盈余公积	184.62	
三、可供股东分配的利润	5 529.01	
减：提取任意盈余公积	184.62	
向股东支付的股利	1 500	
四、未分配利润	3 844.39	表11-20

表11-22　　　　　　　　　　　　**预计的现金流量表**

编制单位：D公司　　　　　　　　　20××预算年度　　　　　　　　　单位：万元

项　目	金　额
一、经营活动产生的现金流量：	
销售商品、提供劳务收到的现金	42 870
收到的税费返还	2 982.07
收到其他与经营活动有关的现金	10 118
经营活动现金流入小计	55 970.07
购买商品、接受劳务支付的现金*	25 012.73
支付给职工以及为职工支付的现金	2 625
支付的各项税费**	3 833.55
支付其他与经营活动有关的现金	1 363.02
经营活动现金流出小计	32 834.3
经营活动产生的现金流量净额	23 135.77
二、投资活动产生的现金流量：	
收回投资收到的现金	

续表

项　目	金　额
取得投资收益收到的现金	
处置固定资产、无形资产和其他长期资产收回的现金净额	
收到其他与投资活动有关的现金	
投资活动现金流入小计	
购建固定资产、无形资产和其他长期资产支付的现金	5 150
投资支付的现金	5 000
支付其他与投资活动有关的现金	
投资活动现金流出小计	10 150
投资活动产生的现金流量净额	−10 150
三、筹资活动产生的现金流量：	
吸收投资收到的现金	1 350
取得借款收到的现金	6 200
收到其他与筹资活动有关的现金	494.50
筹资活动现金流入小计	8 044.50
偿还债务支付的现金	16 768.76
分配股利、利润或偿付利息支付的现金	
支付其他与筹资活动有关的现金	1 197.58
筹资活动现金流出小计	17 966.34
筹资活动产生的现金流量净额	−9 921.84
四、汇率变动对现金及现金等价物的影响	
五、现金及现金等价物净增加额	3 063.93
加：期初现金及现金等价物余额	
六、期末现金及现金等价物余额	

注：

$$\underset{\text{支付的现金}}{\text{购买商品、接受劳务}} = \underset{\text{支付的现金}}{\text{购买材料}} + \underset{\text{进项税额}}{\text{支付的增值税}} + \underset{\text{货款}}{\text{预付}} + \underset{\text{应付票据}}{\text{支付前期的}}$$

$$\underset{\text{各项税费}}{\text{支付的}} = \underset{\text{增值税}}{\text{本年应交}} + \underset{\text{税金及附加}}{\text{本年支付的}} + \underset{\text{未缴税金}}{\text{上交年初}} + \underset{\text{应交税费款}}{\text{支付的其他}}$$

第二节　　　　　　　　　　部门费用预算

鉴于本章第一节涉及成本预算的编制，加之考虑到非制造业以及多数服务业企业的特点，本节主要通过案例形式说明部门费用预算的编制方法。

一、编制部门费用预算的重要性

部门费用预算是由企业内部各个部门编制，反映各部门所有支出情况的预算。正确编制部门费用预算，有助于提高企业部门开支的透明度，增强企业的调控能力，改善资金使用状况，是涉及企业内部各个单位的各个方面、集预测与决策于一体的综合性工作。

二、企业各部门费用预算编制的思路

费用预算是一项综合性预算，它的编制工作一定要在遵循成本效益原则的前提下，充分体现从严、从紧、处处精打细算、量入为出、勤俭节约的原则。费用预算的编制应以目标成本费用为依据，并与预算年度内其他各有关预算紧密衔接，与成本费用计算、控制、考核和分析的口径相一致。

编制费用预算的目的是对费用进行控制，部门费用预算要按照各个部门的职能划分，本着谁承担责任谁支付的原则编制。在实际编制过程中可以按照费用与收入的关系，将费用分为固定费用、变动费用以及半变动费用，并依据相关性、收支配比和节约原则编制费用预算。

三、部门费用预算的格式与编报举例

除了各级国资委系统企业需要按照规定格式进行费用预算编报外，其他企业可以依据行业或企业组织架构进行编制。费用项目要按照各个部门具体的费用开支项目确定，应该由企业预算管理部门统一设计预算表格和相应的费用项目。考虑到汇总需要，需要保持表格的项目结构和费用项目排序的一致性。各部门对其编好的预算方案还要进行预算合理性的分析，然后上报企业内部负责预算管理的部门进行平衡、审核、修改和再上报等工作。

为了让大家理解单一企业内部各部门的预算编制工作，现以某企业行政部门的部门预算和分摊后的月度预算为例展示其相关内容，说明其编制方法（见表11-23、表11-24）。

从表11-23中可以看出，该公司的部分预算项目预算数与实际执行数偏差比较大，除了宏观环境造成的费用偏差之外，该部门部分费用的预算编制存在过松或过紧的现象，应严格预算的编制工作，同时要严格按要求执行预算，不该开支的费用坚决不能开支。

表 11-23　　　　　　　　**某企业行政部门预算总额及预算编制依据**

20××预算年度　　　　　　　　　　　　　　　　　　　单位：元

科目	上年度预算	上年度1—9月实际数	本年度预算	企业行政部门		
				金　额	填报人	计算方法=活动数量×单次标准
交通费	20 000.00	22 102.40	30 000.00	30 000.00	王伟	市内外出办事车费
通信费	21 600.00	132 739.11	25 200.00	25 200.00	王伟	200元/月·人×12月×9人=21 600元 300元/月·人×12月×1人=3 600元
办公费	496 000.00	231 221.47	262 800.00	262 800.00	王伟	办公耗材（包括复印机租赁）： 10 000元/月×12月/年=120 000元/年 办公用品：6 900元/月×12月/年=82 800元/年 　其中： 电子商务部：200元/月×12月/年×3=7 200元/年 研究院：1 000元/月×12月/年×2=24 000元/年 西部制药：1 500元/月×12月/年=18 000元/年 制造中心：800元/月×12月/年=9 600元/年 办公室：2 000元/月×12月/年=24 000元/年 临时采购： 办公家具：60 000元/年 总计：120 000+82 800+60 000=262 800（元）
房租、物业管理费	7 034 154.84	6 998 475.80	7 895 670.23	7 895 670.23	王伟	房租合计：7 094 678.83元（考虑到保密性，这里省略计算过程） 物业管理费：800 991.40元（考虑到保密性，这里省略计算过程） 合计： 7 094 678.83+800 991.40=7 895 670.23（元）
差旅费	740 000.00	622 099.65	840 000.00	840 000.00	王伟	机票/火车票：67 500元/月×12月=810 000元 员工春节探亲费/探亲报销车票：300元/人×100人=30 000元
业务招待费	20 000.00	3 262 697.99	3 500 000.00	3 500 000.00	王伟	（略）
快递运费		6 389.00	7 000.00	7 000.00	王伟	（略）

续表

科目	上年度预算	上年度1—9月实际数	本年度预算	企业行政部门		
				金 额	填报人	计算方法=活动数量×单次标准
汽车费用	636 800.00	585 685.76	696 400.00	696 400.00	王伟	车辆使用费： 11辆×50 000元/辆=550 000元（含汽油费、保险费、车船税、保养维修费、ETC费） 车位租金： 2辆×1 000元/辆·月×12月=24 000元 9辆×950元/辆·月×12月=102 600元 车位管理费：11辆×150元/辆·月×12月=19 800元
电脑耗材	170 000.00	23 299.00	270 000.00	270 000.00	王伟	办公笔记本电脑：4 000元/台×30台=120 000元（预计新招员工） 办公台式电脑：3 000元/台×50台=150 000元（预计新招员工）
制作印刷费	106 000.00	13 036.00	80 000.00	80 000.00	王伟	企业宣传资料、企业资质：50 000元 办公用品印制企业LOGO：10 000元 企业宣传册：20 000元
会议费						
修理费	40 000.00	293 179.99	110 000.00	110 000.00	王伟	办公家具：20间×1 000元/间=20 000元；照明灯具10 000元；其他维修费80 000元
招聘费						
咨询费						
培训费						
其他	942 900.00	707 701.66	129 336.00	129 336.00	王伟	保洁工资：7 000元/月×12月=84 000元 绿植租赁费用：3 478元/月×12月=41 736元 快递费：300元/月×12月=3 600元
水电费	123 740.00	84 350.59	245 520.00	245 520.00	王伟	饮水费：11间×18元/桶×20桶/月·间×12月=47 520元 电费：11间×1 500元/月·间×12月=198 000元
福利费	282 500.00	179 605.00	443 000.00	443 000.00	王伟	生日礼券：480人×100元/人=48 000元 过节费：元宵节、端午节、中秋节 150元/人·次×480人×3次=216 000元 国庆节480人×300元/人=144 000元 三八节200人×100元/人=20 000元 三项小计：216 000+144 000+20 000=380 000（元） 物业取暖费：15 000元（亦庄三套宿舍）
工资						
社保						
合计	10 633 694.84	13 162 583.42	14 534 926.23	14 534 926.23		

注：该企业体制为行政部和人力资源部门统一归人力资源行政总监负责，本表只填写行政部门职责范围内的费用预算，表中的未填列项属于人力资源部门负责的内容。

表 11-24　　　　　　　　　某企业行政部门预算总额及其月度分配表

20××预算年度　　　　　　　　　　　　　　　　　　　　　　单位：元

科目	本年度预算	1月	2月	3月	4月	5月	6月	7月	8月	9月	10月	11月	12月
交通费	30 000.00	2 500.00	2 500.00	2 500.00	2 500.00	2 500.00	2 500.00	2 500.00	2 500.00	2 500.00	2 500.00	2 500.00	2 500.00
通信费	25 200.00	2 100.00	2 100.00	2 100.00	2 100.00	2 100.00	2 100.00	2 100.00	2 100.00	2 100.00	2 100.00	2 100.00	2 100.00
办公费	262 800.00	21 900.00	21 900.00	21 900.00	21 900.00	21 900.00	21 900.00	21 900.00	21 900.00	21 900.00	21 900.00	21 900.00	21 900.00
房租、物业管理费	7 895 670.23	836 068.56	658 631.43	166 907.06	911 105.02	583 594.97	784 364.55	836 068.56	658 631.43	166 907.06	925 432.07	583 594.97	784 364.55
差旅费	840 000.00	70 000.00	70 000.00	70 000.00	70 000.00	70 000.00	70 000.00	70 000.00	70 000.00	70 000.00	70 000.00	70 000.00	70 000.00
业务招待费	3 500 000.00												
快递运费	7 000.00												
汽车费用	696 400.00												
电脑耗材	270 000.00	22 500.00	22 500.00	22 500.00	22 500.00	22 500.00	22 500.00	22 500.00	22 500.00	22 500.00	22 500.00	22 500.00	22 500.00
制作印刷	80 000.00	6 666.70	6 666.70	6 666.70	6 666.70	6 666.70	6 666.70	6 666.70	6 666.70	6 666.70	6 666.70	6 666.70	6 666.70
会议费													
修理费	110 000.00												
招聘费													
咨询费													
培训费													
其他	129 336.00	10 778.00	10 778.00	10 778.00	10 778.00	10 778.00	10 778.00	10 778.00	10 778.00	10 778.00	10 778.00	10 778.00	10 778.00
水电费	245 520.00	20 460.00	20 460.00	20 460.00	20 460.00	20 460.00	20 460.00	20 460.00	20 460.00	20 460.00	20 460.00	20 460.00	20 460.00
福利费	443 000.00	4 000.00	76 000.00	24 000.00	4 000.00	76 000.00	4 000.00	4 000.00	4 000.00	76 000.00	148 000.00	19 000.00	4 000.00
工资													
社保													
合计	14 534 926.23	996 973.26	891 536.13	347 811.76	1 072 009.72	816 499.67	945 269.25	996 973.26	819 536.13	399 811.76	1 230 336.77	759 499.67	945 269.25

重要概念

单一企业预算　现金流量预算

复习思考

1.单一企业预算的内容、编制流程以及各部分预算相互间的关系是怎样的?

2.预算编制与资产负债表、利润表和现金流量表之间存在怎样的关系?

3.编制一个完整的企业现金预算都需要考虑哪些因素?

操作练习

目的：练习经营预算以及预计资产负债表、预计利润表的编制方法。

资料：

F公司是一家日用品生产企业，经营活动的季节性较强。生产和销售主要集中在第二、第三季度。该公司非常重视现金流的管控工作，因此希望通过编制业务预算、现金收支预算及时做出融资安排。公司预算年度的期初资产负债表（简表）见表12。其他各项资料见表1—表12给出的各种信息。

（一）销售预算

通过预测，F公司预计全年销售产品100 000件，其中各季度的销量分别为：10 000件、30 000件、40 000件、20 000件，售价均为20元/件。根据经验每季度发生的销售货款中有70%能够当季收回，其余的30%在下一季度收回。

表1

F公司销售预算表

20××预算年度

项 目	季 度				全 年
	一	二	三	四	
销售量（件）	10 000	30 000	40 000	20 000	100 000
售价（元/件）	20	20	20	20	20
销售额（元）					

表2

F公司预计现金收入计算表

20××预算年度

单位：元

项 目	季 度				全 年
	一	二	三	四	
应收账款期初余额	90 000				
第一季度销售					
第二季度销售					
第三季度销售					
第四季度销售					
现金收入总额					

注：第四季度末应收账款在年终资产负债表中体现。

（二）生产预算

F公司管理层认为该公司每季度末的存货应保持在下一季度销售量的20%的水平比较合适。

预计生产量=预计销售量+预计期末存货量−预计期初存货量

表3

F公司生产预算

20××预算年度   单位：件

项　目	季　度				全　年
	一	二	三	四	
销售量					
加：期末存货量				3 000*	
总需求量					
减：期初存货量	2 000*				
预计生产量					

注：*已知数或预计数。

（三）直接材料预算

假设F公司只使用一种主要材料，其他材料用量较小，已将其包含在变动费用中。该公司希望每季度末保持相当于下季度生产量的10%的存货。每季度支付50%的购货款，其余50%下季度支付。

预计原材料采购量=生产所需原材料+期末存货量−期初存货量

表4

F公司直接材料预算

20××预算年度

项　目	季　度				全　年
	一	二	三	四	
生产量（件）					
单位产品原材料需要量（千克）	15	15	15	15	
生产需要量（千克）					
加：期末原材料存货量（千克）				22 500*	
总需求量（千克）					
减：期初原材料存货量（千克）	21 000*				
预计原材料采购量（千克）					
原材料单价（元/千克）	0.2	0.2	0.2	0.2	
预计采购金额（元）					

注：*已知数或预计数。

表5　　　　　　　　　　F公司预计现金支出计算表

20××预算年度　　　　　　　　　　单位：元

项　目	季　度				全　年
	一	二	三	四	
应付账款期初余额	25 800*				
第一季度购货付款					
第二季度购货付款					
第三季度购货付款					
第四季度购货付款					
付款总额					

注：*上年第四季度末应付账款，见资产负债表期初数。

（四）直接人工预算

表6　　　　　　　　　　F公司直接人工预算

20××预算年度

项　目	季　度				全　年
	一	二	三	四	
生产量（件）					
单位产品直接工时（小时/件）	0.8	0.8	0.8	0.8	
工时总量（小时）					
单位工时直接人工成本（元/小时）	7.5	7.5	7.5	7.5	
直接人工成本总额（元）					

（五）制造费用预算

假设F公司预算期变动制造费用为每直接人工小时2元，每季度固定制造费用为60 600元，其中折旧费为15 000元。所有费用均在当季度以现金支付。

表7　　　　　　　　　　F公司制造费用预算

20××预算年度　　　　　　　　　　单位：元

项　目	季　度				全　年
	一	二	三	四	
直接人工工时（小时）					
变动费用率（元/小时）	2	2	2	2	
变动制造费用					
固定制造费用					
制造费用总额					
减：折旧					
制造费用现金支付数					

（六）期末存货预算

表8

F公司期末产成品存货预算

20××预算年度　　　　　　　　　　　　　　　　单位：元

项　目	数　量	单位成本	总　额
单位生产成本			
直接材料	15（千克）	0.2（元/千克）	3
直接人工	0.8（小时）	7.5（元/小时）	6
制造费用	0.8（小时）	5*（元/小时）	4
小　计			13
计划期末存货量（千克）			
期末产成品存货总额			

注：*404 000÷80 800＝5（元/小时）。

（七）销售与管理费用预算

表9

销售与管理费用预算

20××预算年度　　　　　　　　　　　　　　　　单位：元

项　目	季　度				全　年
	一	二	三	四	
销售量（件）					
单位变动销售与管理费用	1.8	1.8	1.8	1.8	
变动销售与管理费用					
固定销售与管理费用					
广告费	20 000	20 000	20 000	20 000	80 000
管理人员工资	55 000	55 000	55 000	55 000	220 000
保险费		1 900	37 750		39 650
税金				18 150	18 150
折旧	10 000	10 000	10 000	10 000	40 000
小　计	85 000	86 900	122 750	103 150	397 800
销售与管理费用总额					
减：折旧					
销售与管理费用现金支付数					

（八）现金预算

现金预算由四大部分组成：现金收入、现金支出、现金余缺和现金的筹措（融资），根据前述预算表中的现金收支数综合编制而成。

假设F公司从银行取得的贷款利率均为10%。预算期内借款和还款金额均为1 000元的整数倍。公司季度末必须保持40 000元的最小现金余额。公司均是在期初借款、期末还款，且贷款必须在当年年底还清。

表10

F公司现金预算

20××预算年度　　　　　　　　　　　　单位：元

项　目	数据来源	季　度				全　年
		一	二	三	四	
期初现金余额		42 500	40 000	40 000	40 500	42 500
加：现金收入	表1					
可用现金总额						
减：现金支出						
直接材料	表4					
直接人工	表6					
制造费用	表7					
销售和管理费用	表9					
设备购置费		50 000	40 000	20 000	20 000	130 000
股利支出		8 000	8 000	8 000	8 000	32 000
小　计						
现金余缺						
融资						
借款						
还款						
利息						
融资总额						
期末现金余额						47 500

（九）预计利润表（简表）

表11 　　　　　　　　　　**F公司预计利润表（简表）**

20××预算年度　　　　　　　　　　　　　　单位：元

项　目	数据来源	金　额
销售收入	表1	
减：销售成本		
销售毛利		
减：销售和管理费用	表9	
经营利润		
减：利息费用		
利润总额		

（十）预计资产负债表（简表）

表12 　　　　　　　　　　**F公司预计资产负债表（简表）**

20××预算年度　　　　　　　　　　　　　　单位：元

项　目	期初数	期末数	数据来源
资产			
流动资产：			
货币资金	42 500		
应收账款	90 000		
原材料存货	4 200		
产成品存货	26 000		
流动资产合计	162 700		
非流动资产：			
土地	80 000		
固定资产	700 000		
减：累计折旧与摊销	292 000		
非流动资产合计	488 000		
资产总计	650 700		

续表

项 目	期初数	期末数	数据来源
负债与所有者权益			
流动负债：			
应付账款	25 800		
所有者权益：			
实收资本	175 000		
留存收益	449 900		
所有者权益合计	624 900		
负债与所有者权益总计	650 700	729 000	

要求：

（1）通过预算编制实例掌握企业预算的内容、编制流程以及各部分预算相互间的关系。

（2）了解预算编制与资产负债表、利润表和现金流量表之间的关系。

（3）根据给定的资料编制F公司预算年度的财务预算。

第十二章

集团公司预算

【导语】集团公司的组织结构不同于单一企业，因此其应按照企业流程再造和层级管理的原理进行预算编制工作。本章首先介绍集团公司及其特点，然后在以战略为核心的全面预算管理思想的指导下，梳理集团公司预算编制的流程，提出集团公司预算编制应注意的问题，并通过案例演示的方法说明集团公司预算编制的方法与思路。

本章内容要点

第一节　　　　　　集团公司及其特点

一、集团公司的定义、类型

（一）集团公司的定义

从国外的有关文献和我国对集团公司的定义来看，国外只有"企业集团"（Business Group）而没有集团公司（Group Company），因此，集团公司是一个中国化或者中国特有的概念。我们所说的集团公司应该是国外学者所说的"企业集团"的一种形式。

在我国的有关文献和法律文件中，集团公司不同于企业集团。这主要是因为在我国发展大型企业的过程中，最初出现的就是所谓企业集团或者总公司。我国企业集团从萌芽到发展，从时间上看大致可以分为三个阶段：20世纪80年代初的萌芽阶段——由政府推动经济联合（"拉郎配"）；80年代后期到90年代中期的多元化阶段——企业集团多半由政府机构改革（部分是原来的政府机构企业化）转型而来；1995年以后的集团公司阶段——此时的集团公司多半是企业自愿组建的。从以上企业集团发展的阶段可以看出，集团公司被看作比企业集团更加高级的组织形式。

第十二章　集团公司预算

目前，我国对集团公司的定义有很多观点，其主要从以下几方面进行了定义和描述：

1.集团公司是企业集团中居绝对控制地位的控股公司。

集团公司在企业集团中起主导作用，通过多种连接纽带决定、影响、引导众多企业的经营方向、发展战略、产品类型、市场定位，乃至对一个国家、地区、产业的经济发展产生重要影响。

2.集团公司是企业集团中的母公司。

集团公司通过直接或间接方式掌握子公司的控股权，实施产权管理。母公司依据产权关系，在法律框架内对子公司行使出资者所有权（股权）职能，如选择经营者、实施重大决策、主导产权变动、获得资本收益等。同时，可以直接或间接拥有关联公司的少数股权，并按持股比例在关联公司行使股权职能。企业集团的母公司若以集团公司的法律形式登记注册，则其必须拥有一定数量的子公司。

3.集团公司是产业经营型控股公司。

集团公司属于资本经营与产业经营相结合型公司，具有明显的产业特征、产品特征，子公司间具有较强的相关性，有产品、技术、经营联系，从事非金融性生产经营活动；公司经营要实现双重目标——资本增值目标和市场占有率目标。

搜狗百科给出的定义是：集团公司就是为了一定的目的组织起来共同行动的团体公司，是以资本为主要联结纽带、以母子公司为主体、以集团章程为共同行为规范，由母公司、子公司、参股公司及其他成员共同组成的企业法人联合体。一般意义上的集团公司，是指拥有众多生产、经营机构的大型公司。它一般都经营着规模庞大的资产，管辖着众多的生产经营单位，并且在其他企业中拥有自己的权益。

从战略意义上讲，符合一定特点的组织就可以叫作集团，集团公司的战略就是集团战略。战略意义上的集团公司的特点应该包括：其一，进行多元化经营；其二，存在母子公司结构（至少有一个控股公司）；其三，子公司之间有经营上或人际关系上的联系，并有很强的认同感或归属感。无论是控股公司、企业集团、托拉斯、卡特尔还是风险基金、信托基金，只要满足上述条件，我们都可以将其看作集团战略的主体——集团公司。

（二）集团公司的特点

集团公司在结构形式上，表现为以大企业为核心、诸多企业为外围、多层次的组织结构；在联结的纽带上，表现为以经济技术或经营联系为基础，实行资产联合的高级的、深层的、相对稳定的企业联合组织；在联合体内部的管理体制上，表现为企业集团中各成员企业既保持相对独立的地位，又实行统一领导和分层管理的制度，建立了集权与分权相结合的领导体制；在联合体的规模和经营方式上，表现为规模巨大、实力雄厚，是跨部门、跨地区甚至跨国的多元化经营的企业联合体。

（三）集团公司的类型

国外企业集团基本上由具有控股和被控股关系的母公司和子公司组成，其联系的纽带是投资。美国企业集团的概念仅指由处于同一管理部门控制之下的若干家公司所组成的利益集团，权力核心通常是商业银行或其附属机构。日本的企业集团主要指多数企业相互保持独立性并相互持股，在融资关系、人员派遣、原材料供应、产品销售、制造技术等方面建立紧密关系并协调行动的企业群体。德国的企业集团主要指以一个大企业为核心，通过控股、持股控制一大批子公司、孙公司、关联公司而形成的财团。其特点是核心企业均设有董事会和权力很大的监事会，核心企业通过派遣监事、董事，以垂直控制的方式控制整个企业系统。

在我国，集团公司大致有以下几类：

1.大型生产联合公司。

大型生产联合公司是由许多生产同类产品的企业或者由在生产上有密切关系的一些企业相互联合而组成的一个庞大的企业组织。大型生产联合公司的特点是：以骨干企业为核心或以生产名优产品的企业为龙头，周围聚集了一大批企业，形成一个庞大的专业协作网；核心企业与成员企业之间的业务关系表现为垂直的纵向关系；拥有先进的技术设备、大量的科技人才和雄厚的资金。

2.大型综合经营联合公司。

大型综合经营联合公司是把不同部门中的许多企业联系在一起，并以其中实力最为雄厚的大企业为核心而形成的多种企业集团。大型综合经营联合公司的特点是：成员企业可以是生产不同类型产品的企业——成员企业既可以是工业和交通运输部门的生产型企业，也可以是贸易公司、宾馆、饭店等非生产型企业。

3.金融信托投资公司。

金融信托投资公司是指金融机构与生产经营企业的联营。现实中，我国的企业集团是以多种组合形式存在的，如由产供销一条龙或科工贸一体化而形成的企业集团、"六统一"企业集团、由行政关系形成的企业集团，以及以产权关系为纽带形成的企业集团。

由产供销关系形成的企业集团，指各成员企业之间通过建立比较固定的供货与销货、生产与销售关系所形成的企业群体。其中，各成员企业仍然是独立的法人，在财务和经营上各自独立，企业与企业之间不存在严格意义上的产权控制与被控制关系。所以，这是一种松散的企业集团。

科工贸企业集团，指由各成员企业因科研、生产与销售之间的联系而组成的企业群体。集团内的各成员企业都是独立的法人，虽然在生产技术、销售等方面存在着密切的联系，但却没有直接的经济利益关系。

"六统一"企业集团，指在集团内部各成员企业中实行人、财、物、产、供、销六个统一而形成的集团。其中，各成员企业丧失法人资格，只作为企业集团内部的一个核算单位。所以，"六统一"企业集团实际上是一个企业。

在以产权关系为纽带形成的企业集团中，核心企业拥有其他成员企业50%以上的股权，处于控制地位，企业集团内的其他企业则处于被控制的地位，形成了母子公司关系。母公司的经营决策与子公司的经营成果相互影响。母公司和子公司均是独立的法人，只是经济上已融为一体。

从合并会计报表的角度看，由产供销关系或科工贸关系形成的企业集团、"六统一"企业集团均不存在编制合并会计报表的问题，只有以产权关系为纽带形成的企业集团，才需由母公司编制合并会计报表。

二、集团公司的本质特征

1.集团公司的本质特征是一种以母子公司关系为基础的垂直型组织体制。

集团公司本身具有独立的法人资格，采取法人产权制度形式组成有限公司或股份有限公司。集团公司是企业集团的核心企业，通常就是母公司，具有独立承担有限的民事责任的能力。

2.集团公司由一个母公司与若干个子公司组成。

从法律上看，母公司即集团公司本身，它又包括若干子公司及关联企业。其中，子公司是指母公司掌握绝对控股地位（一般持股50%以上）的下属企业；关联企业则指母公司只与其保持一般持股关系的参股企业，以及有各种固定性合作关系的企业。总之，母公司只能有一个，而子公司或关联企业可以有多个。

3.集团公司的内部组织关系。

集团公司中的母公司以股权、产权为纽带，垂直向下控制其下属企业，包括拥有全部股权的全资子公司或分公司（母公司持有100%的股份）；拥有一半以上股权的控股子公司（母公司持有51%~99%的股份）；持有一定比例股权的参股关联企业（母公司持股25%~50%的子公司称作质量参股子公司，母公司持股低于25%的子公司称作任意参股子公司）。通常，子公司不能反过来向上持有母公司的股权。

4.集团公司在产权关系上比较清晰。

集团公司一般是由原始发起公司经过不断发展扩张裂变而来的，对内通过投资设立分支企业，对外通过资本证券市场不断购并、控制其他竞争对手或相关企业，因而，母子公司之间血缘关系稳固、组合紧密。

三、集团公司与单一法人企业的主要区别

集团公司与单一法人企业的不同特征，决定了集团公司与单一法人企业的主要区别（见表12-1）。

总体来看，集团公司有四大潜在优势：利润转移、税务筹划；统一信用管理，增强资信；资金内部流通；资本放大、控制力杠杆化——必须通过集团管控才能将这些潜在优势真正发挥出来，实现集团运作的独特价值。

表12-1 集团公司与单一法人企业的主要区别

集团公司	单一法人企业
1.多级法人单位联合体	1.产权关系相对单一
2.组织结构的跨层次性	2.组织结构单一
3.资本纽带或管理契约纽带	3.财务主体单一
4.多元化经营与跨地域性	4.业务范围集中趋势明显
5.目标的多层次性	5.目标单一
6.资金运动体系的广泛性	6.资金运动体系单一
7.投融资渠道的广泛性	7.投融资渠道单一

第二节　集团公司预算编制的原则与流程

一、集团公司预算编制的原则

集团公司的股权结构、业务特点决定了集团预算工作必然具有复杂性与多样性：集团业务多元化，产业多样化；各行业业务模式不一，核算方法互不相同；集团股权结构复杂。这些均决定了集团公司的财务必须进行分层分级核算，预算也需考虑各公司的实际情况区别处理。

"合抱之木，生于毫末；九层之台，起于累土；千里之行，始于足下。"①如何通过一套预算体系将各部门的工作目标与整体目标结合起来？预算管理为集团公司提供了"从战略到执行"的目标管理工具，以及实现事前预测、事中控制和事后分析的全面预算管理体系。

为了更好地发挥预算对集团公司的引领作用，除了坚持预算编制的一般原则外，在集团公司预算编制中还应遵循以下原则：

（一）系统性原则

1932年，美籍奥地利理论生物学家和哲学家L. V.贝塔朗菲（L. Von Bertalanffy）提出了系统论的思想。此后，人们从各个角度研究系统，对系统下的定义不下几十种。如"系统是诸元素及其顺常行为的给定集合""系统是有组织的和被组织化的全体""系统是许多要素保持有机的秩序，向同一目的行动的东西"等。系统论的核心思想是系统的整体观念。贝塔朗菲强调，任何系统都是一个有机的整体，它不是各个部分的机械组合或简单相加，系统的整体功能是各要素在孤立状态下所没有的性质。他用亚里士多德的"整体大于部分之和"的名言来说明系统的整体性，反对那种认为要素性能好，整体性

---

① 出自《道德经》第六十四章。

能一定好，以局部说明整体的机械论的观点。他还认为，系统中各要素不是孤立地存在着，每个要素在系统中都处于一定的位置，起着特定的作用。要素之间相互关联，构成了一个不可分割的整体。要素是整体中的要素，如果把要素从系统整体中割离出来，它就会失去应有的作用。

从集团公司预算的角度看，系统性原则要求从战略决策到预算目标的确定，都应该把集团公司看作大的管控系统，应从发挥各组织、部门、员工能力的角度激励其管理努力。

（二）层次性原则

戴尔·麦康基认为，有什么样的战略，就应该有什么样的组织结构。然而这一真理往往被人们忽视。有太多的企业试图以旧的组织结构实施新的战略。组织层次的划分是组织规模扩大后管理能力受限不得不进行纵向和横向分工的结果。集团公司是一个多层级的集合，集团内部的母子公司之间、子分公司之间存在着不同的利益相关者。尽管集团公司的组织结构呈现多层次特点，但集团公司内部组织成员的组织运作、分工合作都必须围绕集团公司的目标实现来进行，组织目标是共同愿景。组织结构的合理性、技术因素、管理因素、心理因素和社会方面的因素，都会对集团公司目标的实现产生重大影响。因此，需要将集团公司的目标逐步分解成与集团公司的层次、组织分工相适应的体系，让集团内的每一个层次、每一个部门、每一名员工都有具体的目标，让集团公司的目标成为他们行动的方向。

从集团公司预算的角度看，层次性原则就是要在安排不同层级的预算时，充分考虑不同层级单位的资源与能力水平、不同层级间管理水平和信息传递的差异，充分了解不同层级预算单位的诉求，最终将集团总部的战略落实到基层执行单位，并通过基层单位的努力，实现母公司和集团的总体目标。

集团公司预算目标层次的分解或展开有两种方法：一种为自上而下的方法，另一种为自下而上的方法。自上而下的方法是指由集团公司高层管理者根据共同愿景确定集团公司总目标，然后为其下一级确定目标，这些目标就是集团公司总目标的分解。每一级在明确自己的目标后再为下级确定具体的目标来保证本级目标的实现。自下而上的方法是指先由每个组织成员根据共同愿景、总任务，确定自己的目标，上报给上级单位；上级单位汇总形成本层级或部门的目标，再上报给更高一级单位，这样层层上报最后形成集团公司的总目标。这两种目标体系形成的方法各有优缺点，具体与集团公司内部成员的素质、自我管理能力有关。

（三）目标一致性原则

目标一致性原则指的是在评价系统中，应在系统目标、评价指标和评价目的三者之间取得一致。集团预算目标实现的动力在于预算的业绩评价与考核。这是建立有效的评价指标体系的前提条件。

从集团公司预算的角度，为了确保集团预算目标的实现，应做到：

1.各层级评价指标与集团公司系统目标一致。

业绩评价必须和集团公司的系统目标相联系，而评价指标表达的是评价的要求，必然要与集团公司的系统目标相一致。这体现在两个方面：第一，内容一致。评价指标的内容反映了目标的实质含义，二者具有一致性。评价指标的内容不仅能正确反映系统输出对目标值的实现程度，而且能引导系统朝正确的方向发展。第二，内容反映了目标的整体性，即评价指标的内容反映了集团公司总目标的整体和各个分目标的侧面。

2.评价指标与评价目的一致。

评价指标体系是一组既独立又相关并能较完整地表达评价要求的评价因子。也就是说，评价指标体现的是评价要求、评价目的。由于评价目的的不同，评价指标也应该有所变动。

3.评价目的与集团公司系统目标一致。

评价指标既要与集团公司目标一致，又要与评价目的一致，这就要求评价目的与集团公司系统目标具有较高的一致性；否则，设计评价指标体系的过程将遇到难以两相适应的问题，导致评价工作的失败。此外，集团公司目标决定了一切活动，评价工作必须服务于集团公司系统目标。因此，评价目的与集团公司系统目标的一致性也是目标一致性原则所要求的。

二、集团公司预算编制的流程

（一）由集团公司明确预算编制的方针

集团公司为合理配置本企业财务资源，在预算编制前，首先应由集团财务部门根据公司的中长期发展规划和战略发展要求，明确各单位的发展方向，制定预算编制方针，一般包括：

1.确定成本费用控制重点。

针对公司以往成本费用控制的薄弱环节，提出预算年度控制要求。比如，对管理费用可以要求在上一个预算年度的基础上，下降5%，而对下降空间较大的企业可以提出更高的要求。

2.确定投资方向。

对符合集团公司战略发展要求的产业和核心企业，在基建投资、固定资产零星购置、融资规模上都应给予支持，允许个别企业的管理费用在上年度基础上有所增长，但前提是营业收入的增长幅度要高于管理费用的增长幅度；凡不属于集团公司重点发展方向的产业或行业，原则上不追加投资，其投资安排以当年的折旧来源为限，维持简单再生产，资金以上缴为主。

3.保证预算的严肃性。

要求各单位对预算的严肃性负责，确保预算编制在资料收集—审查汇总—调整抵销—结果确认全过程中做到全面、准确、有序、合理、合规。

第十二章　集团公司预算

4.盈利企业要增利、亏损企业要减亏、费用单位要节约。

（二）说明需要编制的预算项目

预算编制项目主要包括：收入预算、成本费用预算、资产负债预算、职能部门费用预算、财务指标预算、投资预算、现金流量预算。

1.收入预算。

收入预算包括主营业务收入预算、其他业务收入预算、营业外收入预算、投资收入预算、其他投资收入预算、投资处理盈利和亏损预算。

2.成本费用预算。

成本费用预算包括营业成本预算、制造费用预算、销售费用预算、财务费用预算、管理费用预算、维修费用预算。

3.资产负债预算。

资产负债预算包括对外投资预算，无形资产和其他资产购建预算，固定资产增减分类预算，固定资产零星购置、固定资产报废预算，基本建设预算，往来款项预算，借款和债券预算。

4.职能部门费用预算。

职能部门费用预算一般由各职能部门根据各自在预算年度应完成的任务来确定费用基数，负责本部门费用预算的编制和上报。财务部门以上年实际数为基础，综合预算年度的任务量再进行调整。

5.财务指标预算。

财务指标包括净利润、管理费用等简单指标，这些指标从会计报表中可以直接得到，其提供的实际上还是会计信息。而有些指标是复合指标，如投资资本回报率（ROIC）、资本金回报率（ROC）、自由现金流（FCF）、息税前营业利润（EBIT）、有息负债率（DR）等，这些指标不能直接从会计报表中获取，需要经过几个财务指标的对比计算才能得出，其体现出来的是财务信息。把这类指标也列入预算，可以考核和分析企业的投资回报情况、企业能支配的现金流量情况、经营利润完成情况、负债情况等。这比单纯的报表数字更有意义，可以较为全面地了解和掌握企业的财务状况和获利能力。

预算是全员、全过程预算，要做到凡涉及资金活动的地方都要有预算，使预算无死角、无遗漏。

（三）统一预算编制表格并加以培训

预算文件经集团总部主要部门反复讨论修改后，以纸质文件或电子文件的形式向下属和控股公司下达；为便于部门汇总，由财务部门统一制作预算表格、电子文件，统一下发。为防止各公司在理解上产生歧义，财务部门要专门召开一次预算布置会议，要求下属公司、控股公司及各职能部门预算编制人员参加，由财务部门的预算主管对预算原则和要求逐条讲解。

（四）限定预算调整的情形

预算文件一般在每年的10月下达，编制基础是当年1—9月的实际完成情况，后三个月采用预测数。预算编制单位在规定的时间内上报预算后，可能有一部分单位或部门编制的预算不符合总部要求，有的是技术上不符合要求，但更多是费用控制、收入、利润等指标达不到总部要求，这就需要各归口主管花费大量的精力，分析各单位或部门的预算和会计报表，必要时还要到各单位或部门核对有关数字，了解情况，力争使预算接近实际。

（五）下达目标责任书

各单位和部门的预算经过多次修改达到总部要求后，由总部签章确认，下达预算批准意见。批准的预算要以一种明了的方式固定下来，这就是目标责任书（由总部财务部门统一制作）。目标责任书中一般包括业务量、营业收入、营业利润、净利润、管理费用、资产优化、财务管理等指标，应收账款和存货较多的公司，应增加应收账款周转次数、存货周转次数等指标。

第三节　　以战略为导向的集团公司预算

一、集团母公司的角色定位

在相当长的一段时期内，西方管理学界和企业界在关于公司总部或者母公司应该扮演什么样的角色问题上一直存在着对立和模糊的看法。母公司一方面要缩小规模和减少层次，另一方面又要发挥协同作用的效果和建立核心竞争力；一方面要突出主业，另一方面又要保持增长速度；一方面要扩大各个行业性公司的经营权，另一方面又要管理战略联盟和全球化网络；一方面要平衡资产组合，另一方面又要提高资源的集中度。如何使集团公司或者母公司有效地实现上述要求，是目前西方管理学和战略管理领域的研究重点。公司的高层管理者关心这个问题，因为他们的责任就是要改进公司总部的表现；公司的股东关心这个问题，因为他们不再是消极和被动的角色；子公司的经理们也开始关心这个问题，因为他们认识到他们与母公司的关系应该是市场化的关系，他们有权选择更能够增加自身价值的母公司。

国内许多学者和企业界人士也认识到了企业集团战略的重要性，并做了很多研究，但对企业集团战略研究的重点、在集团内部母公司应扮演的角色仍然缺乏必要的定位。

我国对大型企业集团的研究文献，也没有注意到公司总部或者母公司有正反两种不同性质的作用。一方面母公司可以创造价值，而另一方面它也可以损害或者降低价值。简单地说，母公司或者公司总部的运作是要发生成本的，如果母公司运作所创造的价值不能超过成本，就会降低价值。实际上，从母公司对决策所产生的影响来看，其运作的基本成本是微不足道的。例如，一个错误的购并决策所造成的六个月价值损失可能远远超过一般公司总部几年的运作成本；相反，如果母公司任命一个好的子公司经理，其创造的价值可能超过母公司一年的运作成本。因此，集团战略的研究重点应该放在集团公司总部的作用上。集团公司是企业集团中的母公司，集团公司战略的成功与否，在很大程度上会对下属子公司或关联企业产生影响。

二、集团公司不同发展阶段的战略选择

随着企业的发展和经营环境的变化，集团公司在不同发展阶段要解决的问题、解决问题的途径以及战略选择各有不同。

20世纪50年代，集团公司面临的主要问题是总部负担过重，因此通过分权减轻集团总部的负担是当期战略选择的有效途径，此阶段集团公司的发展战略是实行集团的分部化。分部化的原因在于：一是组织活动的日趋复杂和组织规模的扩张，促使组织必须对其工作予以分析和分类，以适应专业分工和事业发展的需要；二是通过分部化，各部门皆有明确的分工与职责范围，使各部门能够专司其职并高效地履行各自的职能；三是通过分部化，管理人员能够有效地确定下属人员的工作范畴，避免因工作划分不当造成的问题；四是分部化符合专业化的需要，能够适才适用、专才专用，有利于发挥专业人员的作用；五是组织协调与控制的需要。

20世纪60年代，集团公司要解决的主要问题是集团的多元化问题，解决该问题的途径是发挥通用管理技术和战略协同作用，此阶段集团公司的战略选择是实现多元化经营，包括相关多元化和不相关多元化。相关多元化是指进入与公司现有业务在价值链上拥有"战略匹配关系"的新业务领域。不相关多元化也称为集团多元化，即企业通过收购、兼并其他行业的业务，或者在其他行业投资，把业务领域拓展到其他行业中去，新产品、新业务与企业的现有业务、技术、市场毫无关系。

集团多元化具有如下优点：

（1）分散风险；

（2）获得高利润；

（3）从现有的业务中撤离；

（4）能更容易地从资本市场上获得融资；

（5）在利润无法增长的情况下找到新的利润增长点；

（6）运用盈余资金；

（7）利用未被充分利用的资源；

（8）获得资金或其他财务利益；

（9）运用企业在某个市场中的形象和声誉来进入另一个市场。

20世纪70年代，集团公司要解决的主要问题是集团的资源配置问题，解决该问题的途径是通过组合技术进行集团资源配置，此阶段集团公司的战略选择是平衡组合。集团资源配置主要涉及集团整体的人、财、物、信息和供、产、销、网络等资源的优化问题。这要求作为配置主体的母公司要有强大的配置能力，除了要有配置资源的权利以外，还要有配置资源的管理优势、信息优势以及关系优势。

20世纪80年代，集团公司要解决的主要问题是绩效下降问题，解决该问题的途径是通过减少层次、缩小规模、收缩业务或降低总部运作成本，从而增加股东的价值，此阶段集团公司的战略选择是公司重组或业务重组。

狭义的公司重组仅限于公司并购，包括公司合并、公司收购与公司分立（分割）；广义的公司重组泛指公司之间、股东与公司之间、股东之间依据私法自治原则，为实现公司资源的合理流动与优化配置而实施的各种商事行为。

业务重组是指对被改组企业的业务进行划分，从而决定哪一部分业务进入上市公司业务的行为。它是企业重组的基础和前提。重组时着重划分经营性业务和非经营性业务、盈利的业务和非盈利的业务、主营业务和非主营业务，然后把经营性业务和盈利的业务纳入上市公司业务，剥离非经营性业务和非盈利的业务。

20世纪90年代，集团公司要解决的主要问题是如何强化核心业务，解决该问题的途径是通过核心竞争力和资源分享强化核心业务、提高行业竞争力。此阶段集团公司的战略选择是管理组合。

21世纪，集团公司面临的宏观和微观环境更加复杂化，要赢得竞争，提升集团公司的价值，必须按照国家战略，通过加大研发投入、提高品牌竞争力、与国际企业合作等路径来实现。

国际上集团公司所经历的战略发展阶段见表12-2。

表12-2　　　　　　　　　　　国际上集团公司战略发展的几个阶段

阶　段	主要解决的问题	解决问题的途径	战略选择
20世纪50年代	集团总部负担太重	分权	实行集团的分部化
20世纪60年代	集团的多元化问题	发挥通用管理技术和战略协同作用	实现多元化经营，包括不相关多元化和相关多元化
20世纪70年代	集团的资源配置问题	组合技术	平衡组合
20世纪80年代	集团公司的绩效下降问题	通过减少层次、缩小规模、收缩业务或降低总部运作成本，从而增加股东的价值	公司重组或业务重组
20世纪90年代	如何强化核心业务	核心竞争力和资源分享	管理组合
21世纪	如何提高集团竞争力	按照国家战略，加大研发投入、提高品牌竞争力、与国际企业合作	集团并购重组与国际化合作

三、以战略为导向的全面预算管理

（一）以战略为导向的全面预算管理模式的特征

预算本身并不是企业最终的目的，它更多是在分配资源的基础上，用于衡量和监控企业各部门的经营绩效，以确保最终实现公司的战略目标。它是一种有效的战略管理控制工具。企业的战略、预算和业绩三者形成闭环系统，是一个密不可分的有机整体。只有通过三者的高效互动，企业才可能达成既定的战略目标。在此过程中，预算起到了承前启后的重要作用。

企业的经营管理是一个复杂的系统，预算要真正发挥其辅助战略目标实现的作用，不但要考虑所有直接影响公司业绩的因素，更重要的是要与企业经营业绩管理体系和考评体系相结合，形成一个完整的、广义的企业预算控制系统，这样预算才能名副其实地扮演起战略监控者的角色。战略导向全面预算从战略的高度，以企业价值最大化为目标，运用平衡计分卡理论模型，提供并分析有关企业财务、学习和成长、内部经营过程、顾客等的综合信息，通过运用财务和非财务信息体现企业发展的战略方针，利用科学、全面的预算制定方法，构筑完善的全面预算管理体系。

总的来说，战略导向全面预算具有以下特征：

1.战略导向全面预算是一个系统。

该系统涵盖人、财、物，供、产、销各个模块，所有人员都在同一个系统里作业，保证了发现问题、处理问题、预防问题的整体性、全面性和系统性。

2.战略导向全面预算以数字来量化各种行为和要达到的效果，而不是以一些抽象的概念来表示，如忠诚、可靠、有能力等。

GE前CEO韦尔奇曾经说过：如果你无法用数字表达你所知道的东西，那么实际上你所知不多；如果你所知不多，就无法管理企业。

3.战略导向全面预算本身是为战略服务的一种工具。

企业的战略就是趋利避害、扬长避短，保证企业的可持续性和健康活力，企业实施预算的目的就是使战略目标得以实现。

4.战略导向全面预算是全过程动态作业。

它要求企业对目标进行分解，分解到每半年、每个季度、每月甚至每天，然后规范每个有效动作来灵活地执行和控制，使结果趋近于目标。它强调企业要结果也要过程，而且是非常清晰的过程。

5.战略导向全面预算能够充分体现所有人在利益上的博弈。

只有相互博弈，才能相互制约、相互促进；同时，战略导向全面预算必然形成书面文件，包括预算报表、目标责任书，预算必然经审议通过，成为指导行为的准则；预算一经确认，不得随意调整或变更。

（二）战略导向全面预算的作用

预算是企业完成战略目标的一个有力工具。为了完成战略目标，需要配置各种资源，包括时间上的安排，也包括实物流转环节的供、产、销，还包括资金环节的收与支。每个环节都有对应的资源与之匹配，每个环节都有对应的绩效要考核，每个点、每个面都具有很强的可操作性。总的来说，战略导向全面预算的作用主要有以下几点：

1. 可以细化和量化企业战略目标。

2. 可以优化配置各种资源。

3. 可以引导企业目标的实现。

4. 可以提高企业的管理水平。

5. 能够规避经营风险。

6. 可以最大限度地降低企业成本。

7. 可以减少管理执行的障碍。

8. 可以做到责任可究。

9. 可以促进企业与个人的双赢。

（三）以战略为导向的全面预算体系的构成

以战略为导向的全面预算主要由以下三大体系组成：

1. IE 工程学。

IE 工程学最先由"工业工程之父"泰勒在时间研究中首次提出。泰勒对每个人的动作进行研究，将动作分解后得出结论，剔除无效动作及不必要动作，只保留标准的有效动作，就可以大幅度提高劳动生产率。泰勒的时间研究为标准成本的运用奠定了基础。IE 工程学在其后的发展中涉及更广的范围，包括人、机器、物料，通过这三者之间的完美结合，提高生产率，降低生产成本，保证产品质量，使系统处于最佳运行状态，从而获得巨大的整体效益。

IE 工程学对预算管理的巨大贡献在于标准定额、标准方法、成本核算三个方面。其中，标准定额包括标准用料量、标准工时耗量。标准方法是指固化某个最有效的动作或行为，使之标准化。标准定额可以通过数学建模的方法给企业做前瞻性的预测，也可以利用数学统计的方法来确定最佳值。

2. ERP 系统。

ERP 是企业资源管理系统，包括生产计划、物料需求计划、能力计划、采购计划、销售执行计划、利润计划、财务预算和人力资源计划等模块，并且将所有模块的作业都集中到一个系统当中，实现数据共享。ERP 在事务处理过程中能够做到同步记录数据，并保持数据的关联性，从而实现事中控制和实时决策。运用 ERP 系统对企业进行集成化管理，要求企业有非常成熟的管理模型。ERP 系统对预算管理的贡献主要体现在：能快速实施可利用产能下的生产预算、采购预算、制造费用预算、生产成本预算、产品成本预算和资金预算。但 ERP 系统不是企业实施全面预算管理的必经之路，它可以提高预算编制工作的及时性和准确性，可以使全面预算管理工作事半功倍，但并不是不可或缺的。

3.平衡计分卡。

平衡计分卡最初是一种超越传统财务度量的绩效评价体系，目的是促进组织的策略转变为行动。平衡计分卡的核心思想是通过财务、客户、内部流程及学习与发展四个方面指标之间相互驱动的因果关系，展现组织的战略轨迹，实现绩效考核—绩效改进以及战略实施—战略修正的战略目标。它把绩效考核的地位提升到组织的战略层面，使之成为组织战略的实施工具。平衡计分卡与传统的财务指标相比，更注重企业的可持续性健康发展。它反映了财务与非财务衡量方法之间的平衡、长期目标与短期目标之间的平衡、外部与内部之间的平衡、结果与过程之间的平衡、管理业绩与经营业绩之间的平衡等多个方面。所以，它能反映组织的综合经营状况，使业绩评价趋于平衡和完善，有利于组织的长期发展。平衡计分卡对预算的贡献主要是非常明确地告诉企业，必须有一套综合的绩效评价体系使企业的战略目标得以实现。绩效评价体系必须设计为正相关的关系，使得企业各部门、各工作中心朝着一个共同的方向迈进。

（四）以战略为导向的全面预算管理体系的制定

预算是一个系统，要求企业各个点都能连接成"线"并形成"面"，各个方面都需要逻辑严密、钩稽性强。所以，在实施预算前，需要做好以下准备工作：

1.统一思想认识，建立良好的企业文化，多沟通、多讨论、多宣传、多培训。

2.建立健全会计财务制度，对制造费用的分摊须提请各车间领导人员开会讨论，尤其是公摊费用；对标准成本进行重新修正，对现有各仓库的容量和各机器的折标产能以及可利用率进行统计，由相关负责人签字备案。

3.划分各责任中心，建立健全组织架构，使权责利更清晰。

4.草拟预算流程与制度，设计统一的预算报表；做好战略分析和决策，并设计出健全的绩效考核体系。

5.建立全员参与制度，设置预算管理委员会。

在做完预算管理准备工作后，就可以开始编制全面预算了。由于全面预算管理是以公司的战略目标为起点的，因此，在预算编制过程中，首先应该编制的就是战略预算。

战略管理要求实现绩效的突破性提高，因此绩效目标与正常可达到的水平之间往往存在一个较大的缺口，战略制定和实施的目的就是要"填平"这个缺口。企业要从各个方面将这个缺口转化为具体的目标，并制订战略行动计划（或称战略启动计划），以促进具体目标的实现，最终填平缺口。例如，一年内企业要实现增加1 500万元利润的战略目标，一个重要方面是要求新产品的创利比例提高30%，因此，研发部门要采取加快新产品研发的措施。

战略预算就是针对战略行动计划而编制的确保战略行动开展所需资源的预算。在编制过程中，可根据企业的战略目标并结合企业内部资源和市场竞争的需要，编制出与企业战略一致的总体预算草案；同时，在战略预算的编制过程中，要以战略目标为导向，把企业的人力资源、生产资源、财务资源、技术管理资源等都纳入预算的范围。

战略预算的编制要遵循全面性原则，对于一些隐含的因素，如市场开拓、结构调整、规模要素等要全方位揭示。

基于前面对预算管理体系特征的分析，战略预算的编制以平衡计分卡为依据。战略一般是比较抽象的，战略预算一般体现为一些具体的指标，这些指标的种类很多，包括财务指标和非财务指标。财务指标有销售额、销售利润率、净资产收益率等，非财务指标有企业战略、顾客满意度等。通过平衡计分卡，易于发现影响企业战略实现的关键因素，对这些因素在预算中要重点考虑。编制战略预算时，要选择那些能够充分体现企业战略并且影响企业战略实现的关键因素作为预算指标。

通常来说，将战略引入预算的具体步骤如下：

1.根据战略建立平衡计分卡。

将战略用平衡计分卡的形式表现出来，确定战略目标和衡量指标。

2.设定具有挑战性的关键绩效指标（KPI）。

为每个指标设置挑战性目标值，确定规划缺口，用以鼓励和刺激创新。

3.确定战略行动方案和资源需求。

确定战略行动方案和补足规划缺口所需的资源，从而实现挑战性目标。

4.确定财务和人力资源需求。

确定战略行动方案所必需的财务和人力资源，并将这些需求纳入年度预算范围，形成预算。

（五）以战略为导向的全面预算管理体系的组织机构

全面预算管理工作能否做好，主要取决于组织保证。

预算管理组织机构是各项全面预算管理职能执行的主体，预算管理组织机构的设立与全面预算管理循环密切相关。同时，各级公司领导都要融入预算管理，要选择专业人才来组织和控制预算管理。

集团公司的预算管理组织机构具体可分为两部分：预算管理委员会和预算专职部门。对这两部分的具体职能在前面已经进行过描述。

（六）以战略为导向的全面预算管理的执行与控制

在清晰地对预算目标体系进行定义后，公司的努力方向也就随之明确了。下一步就是在预算的实际执行过程中不断收集分析信息，以保证企业进行实时的调整和控制，从而使经营活动的结果符合预算目标。一个完整的全面预算控制体系应符合以下基本要求：

1.事前、事中和事后控制相结合。

在预算的控制中，为了对预算执行情况进行有效控制，要求随时把实际结果同预算目标进行比较，并把发生偏差的信息传递给预算控制实体，以便及时进行调节，保证预算目标的实现。在传统的财务预算执行过程中，由于只涉及一个年度的业务内容，是对简单系统的控制，因此反馈过程作为控制手段能够很好地确保年度目标的实现。

然而，在全面预算管理中，公司管理者面对的是在未来相当长一段时间对公司业务的管理。随着内外部条件的变动，对组织战略在这一期间必然要做出相应的调整，进而全面预算系统就要对根据战略目标而变动的业务活动进行未来管理，也就是事前控制，这样就使得全面预算控制系统具备了事前控制的特征。

预算的事中控制是指预算执行过程中的控制，是在经营过程中实时进行的预算控制，体现在实物流和资金流两个方面，过程控制的反馈时间很短。

预算事前、事中和事后控制的结合能够真正实现对业务活动的未来管理，同时避免单纯的经验教训式的总结。

2.重点控制。

平衡计分卡被界定为连接公司战略和具体经营活动的桥梁。只有抓住重点，兼顾全局，才符合战略管理和全面预算管理相结合的思路，所以，在全面预算管理中贯彻重点控制的原则就显得尤为重要。

具体来说，全面预算管理首先要找到预算管理各环节的关键控制点，如经营活动和考评体系的关键指标，这些指标实际上是全面预算管理目标分解过程中那些较高层次的目标。管理者只需将注意力集中在预算执行中的主要影响因素上，实时掌握预算执行过程中的重大差异动因，进而提出相应的解决办法。

3.以战略为导向的考评和激励。

在企业全面预算管理体系中，预算考评既起着检查、督促各级责任单位和个人及时落实预算任务，及时提供预算执行情况的相关信息以便纠正偏差，进而实现总体目标的重要作用，又是企业进行有效激励的合理、可靠依据，有助于了解企业生产经营情况。同时，从整个企业生产经营循环来看，预算考评作为一次预算管理循环的结束总结，为下次科学、准确地编制企业全面预算积累了丰富资料和实际经验，是以后编制企业全面预算的基础。

第四节　集团公司预算方案设计——以甲集团公司为例

这里，将通过对甲集团公司的案例点评，说明集团预算管理应注意的问题。

一、集团简介及其组织结构

甲集团公司系国务院国有资产监督管理委员会直接管理的中央企业，于2004年10月更名成立。集团资产总额150多亿元，员工8万多人，其中海外员工1万多人。集团拥有全资及控股子公司19家，境内外上市公司4家，业务遍及全国各省（自治区、直辖市），在世界40多个国家（地区）建立了分支机构或基地，与80多个国家（地区）保持经贸往来。甲集团公司作为规模巨大、综合性、国际化的央企，对外致力于国际合作，开发利用农业、渔业资源；对内以服务"三农"为宗旨，积极推进农业产业化进程。集团经过多年发展，逐步形成了以远洋捕捞及农业资源开发，生物疫苗和兽药及饲料添加剂的研发、生产与销售，农牧渔相关配套服务为核心的三大主业。

组织结构是通过界定组织的资源和信息流动程序，明确集团公司内部成员企业或员工间相互关系的性质、地位、权力、责任、作用的一个共同约定的框架。了解集团公司组织结构和业务范围的目的在于：一是明确纳入预算的集团总部职能部门和所属公司的范围；二是明确纳入预算范围的企业和部门的主营业务收入来源、利润增长趋势和增长点；三是确定集团的投资中心、利润中心和成本费用中心。

图12-1和表12-3分别反映了甲集团公司的控股及非控股公司、分公司、公司总部管理机构以及业务范围情况。

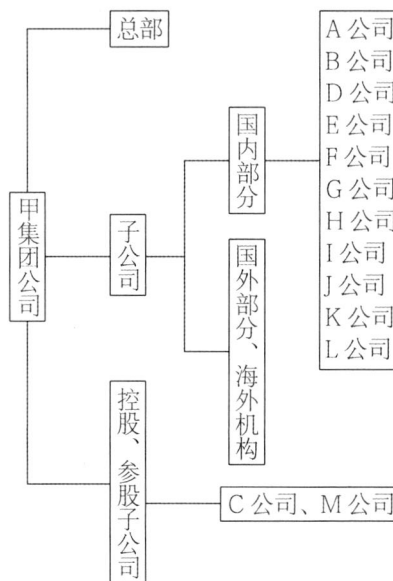

图12-1 甲集团公司组织结构图

表12-3　　　　　　甲集团公司上年度纳入财务预算的二级企业名单

序号	公司名称	性质	集团控股比例（%）	主营业务
1	A公司	全资	100	饲料、动物保健品和畜牧产品
2	B公司	全资	100	远洋渔业、水产品加工、贸易
3	C公司	控股	59.18	远洋渔业、水产品贸易
4	D公司	全资	100	远洋渔业、水产品加工、贸易
5	E公司	全资	100	水产品加工、贸易
6	F公司	全资	100	资产经营

续表

序号	公司名称	性质	集团控股比例（%）	主营业务
7	G公司	全资	100	钢材、有色金属、轻纺和化工原料的贸易
8	H公司	全资	100	港口建设
9	I公司	全资	100	柴油机制造
10	J公司	全资	100	物业管理
11	K公司	全资	100	剑麻纤维
12	L公司	全资	100	贸易、农业种植
13	M公司	控股	55	农业种植等

二、甲集团公司上年度利润预算完成情况分析

为了编制新一年度的预算，首先应对以往年度的预算执行情况和有效性进行分析，包括集团利润完成情况的总体分析、集团内部分企业的利润情况分析以及分行业的利润情况分析。

上年度甲集团公司收入、利润等主要指标超额完成预算，成本费用类指标中营业成本增幅超过收入增幅，管理费用预算超支，销售费用和财务费用均控制在预算内，总体利润预算完成情况较好。甲集团公司上年度利润预算完成情况见表12-4。

表12-4　　　　　　　　　甲集团公司上年度利润预算完成情况　　　　　　　　单位：万元

项　目	行　次	上年预算数	上年预计完成数	预算完成进度（%）
一、营业收入	1	800 709	1 054 931	132
其中：主营业务收入	2	788 451	1 032 789	131
其他业务收入	3	12 258	22 141	181
二、营业成本	4	619 491	878 583	142
其中：主营业务成本	5	610 811	864 000	141
其他业务成本	6	8 681	14 583	168
税金及附加	7	6 401	7 152	112
销售费用	8	51 953	48 764	94
管理费用	9	75 360	90 864	121
财务费用	10	14 476	13 645	94
资产减值损失	11	2 117	9 878	467
加：公允价值变动收益	12	62	30	48

项 目	行 次	上年预算数	上年预计完成数	预算完成进度（%）
投资收益	13	8 329	17 337	208
三、营业利润	14	39 302	23 412	60
加：营业外收入	15	5 258	28 487	542
减：营业外支出	16	780	1 609	206
四、利润总额	17	43 779	50 289	115
减：所得税费用	18	10 684	13 755	129
五、净利润	19	33 096	36 535	110
减：少数股东损益	20	18 284	23 226	127
六、归属于母公司所有者净利润	21	14 812	13 308	90

注：由于合并造成的计算机统计数据尾数略有微差，不予调整，下同。

甲集团公司内部各公司利润预算完成情况见表12-5。全集团预计实现利润比预算增加6 510万元，完成预算进度115%，比预算前一年增加9 185万元，增长22.3%，再创集团年度经营效益之最高值。

表12-5　　　　　　　　甲集团公司按企业分类的利润总额预算完成情况　　　　　单位：万元

公司名称	上年预算数	上年预计完成数	增减额	预算完成进度（%）
A公司	30 952	35 048	4 096	113
B公司	550	550	0	100
C公司	2 397	4 203	1 806	175
D公司	7 800	7 800	0	100
E公司	60	−526	−586	−877
F公司	−500	−1 424	−924	−285*
G公司	2 410	4 000	1 590	166
H公司	800	1 500	700	188
I公司	9 000	9 000	0	100
J公司	110	110	0	100
K公司	50	10	−40	−20*
L公司	—	881	881	—
M公司	—	−419	−419	—
总部	−9 850	−10 443	−593	−106*
集团合计	43 779	50 289	6 510	115

注：*因为增减额为负，为避免误解，所以调整了正负号。

第十二章　集团公司预算

在分析集团预算任务完成情况时，还要注意分析预算数与实际完成数之间差异的可信度。表12-5中显示B公司、D公司、I公司、J公司预算完成进度均为100%，如果不是特殊行业，如物业管理等，则该数据的可信度就降低了。一般来说，预算完全准确的情况不符合企业管理的现实。

从行业分类看，集团内部上年度远洋渔业、水产品加工、农业资源开发、饲料、兽药、柴油机制造行业的主营业务利润比预算减少，疫苗、建筑业、贸易流通和服务业的主营业务利润比预算增加，占一半以上的行业主营业务利润未完成预算（见表12-6）。

表12-6　　　　　甲集团公司按行业分类的主营业务利润预算完成情况　　　　　单位：万元

主业项目	行业项目	上年预算数	上年预计完成数	增减率（%）
远洋捕捞及农业资源开发	远洋渔业	22 462	13 717	−39
	水产品加工	7 299	5 898	−19
	农业资源开发	6 521	5 353	−18
	小计	36 282	24 968	−31
生物疫苗、兽药及饲料添加剂的研发、生产与销售	疫苗	77 525	80 765	4
	饲料	9 029	7 776	−14
	兽药	1 874	1 488	−21
	小计	88 427	90 028	2
农牧渔相关配套服务	柴油机制造	25 010	22 150	−11
	建筑业	7 004	8 706	24
	贸易流通	16 507	18 557	12
	服务业	673	902	34
	小计	49 194	50 315	2
其他	其他	3 736	3 478	−7
集团合计		177 641	168 789	−5

三、甲集团公司上年度利润完成情况成因分析

1.集团公司营业收入预算完成情况

集团公司的利润首先受到收入完成情况的影响。甲集团公司内各企业营业收入预算完成情况见表12-7，按行业分类的各主营业务收入预算完成情况见表12-8。从表12-7、表12-8中可直接查找到哪些公司营业收入没有完成预算或超额完成预算，以明确原因，寻找到关键点，并为下年度的预算管理提供借鉴。

表12-7 甲集团公司各企业营业收入预算完成情况 单位：万元

公司名称	上年预算数	上年预计完成数	增减额	完成预算进度（%）
A公司	342 603	400 479	57 876	117
B公司	61 519	61 519	0	100
C公司	29 416	32 021	2 605	109
D公司	88 000	80 000	−8 000	91
E公司	7 851	4 257	−3 594	54
F公司	11 860	12 040	180	102
G公司	61 000	95 000	34 000	156
H公司	95 030	120 030	25 000	126
I公司	100 000	124 000	24 000	124
J公司	1 400	1 400	0	100
K公司	2 030	3 163	1 133	156
L公司		118 170	118 170	
M公司		2 852	2 852	
合 计	800 709	1 054 931	254 222	132

表12-8 甲集团公司各行业主营业务收入预算完成情况 单位：万元

主业项目	行业项目	主营业务收入		
		上年预算数	上年预计完成数	增减率（%）
远洋捕捞及农业资源开发	远洋渔业	128 923	123 157	−4
	水产品加工	40 858	26 518	−35
	农业资源开发	19 650	22 834	16
	小计	189 431	172 509	−9
生物疫苗、兽药及饲料添加剂的研发、生产与销售	疫苗	123 170	124 899	1
	饲料	53 744	50 791	−5
	兽药	21 582	16 170	−25
	小计	198 496	191 860	−3
农牧渔相关配套服务	柴油机制造	96 000	120 000	25
	建筑业	95 000	120 000	26
	贸易流通	183 670	396 749	116
	服务业	1 300	1 570	21
	小计	375 970	638 319	70
其他	其他	24 555	30 101	23
集团合计		788 451	1 032 789	31

第十二章　集团公司预算

2.集团内主营业务成本预算完成情况

在当前充满竞争的市场环境下，集团公司若想立足，就必须要从成本与收益关系的权衡方面进行成本管控。甲集团公司内按行业分类的主营业务成本预算完成情况见表12-9，从中可见成本未达标或超预算的原因。

表12-9　　　　　　甲集团公司各行业主营业务成本预算完成情况　　　　　　单位：万元

主业项目	行业项目	主营业务成本		
		上年预算数	上年预计完成数	增减率（%）
远洋捕捞及农业资源开发	远洋渔业	106 461	109 441	3
	水产品加工	33 559	20 620	−39
	农业资源开发	13 128	17 481	33
	小计	153 148	147 542	−4
生物疫苗、兽药及饲料添加剂的研发、生产与销售	疫苗	45 645	44 134	−3
	饲料	44 715	43 015	−4
	兽药	19 708	14 682	−26
	小计	110 068	101 832	−7
农牧渔相关配套服务	柴油机制造	70 990	97 850	38
	建筑业	87 996	111 294	26
	贸易流通	167 163	378 192	126
	服务业	627	668	7
	小计	326 776	588 004	80
其他	其他	20 819	26 623	28
集团合计		610 811	864 000	41

上年营业成本高于预算值的原因主要是营业收入的增长造成营业成本相应增长，且增幅高于收入增幅。其中，贸易流通、柴油机制造等行业成本增幅较大。

以捕捞业成本预算完成情况为例（见表12-10），捕捞业捕捞总成本继续上升，但吨鱼成本有所下降。从吨鱼成本角度分析，燃料、运输费和其他费用成本上升幅度最大，分别比预算增加400元/吨、300元/吨和400元/吨。

3.集团内销售费用预算完成情况

上年销售费用预计数比预算减少3 189万元，降幅为6%，减少的原因主要是原销售费用中的广告费和杂项得到了有效控制（见表12-11）。

表12-10　　　　甲集团公司捕捞业捕捞总成本和吨鱼成本预算完成情况　　　　单位：万元

成本项目	总成本		吨鱼成本	
	上年预算数	上年预计完成数	上年预算数	上年预计完成数
材料消耗	27 406	15 070	0.25	0.13
燃料	35 906	42 714	0.28	0.32
折旧	8 176	9 219	0.07	0.07
人工成本	19 665	16 482	0.18	0.15
修理费	4 059	4 952	0.04	0.04
运输费	7 776	11 003	0.07	0.10
其他费用	4 580	10 904	0.04	0.08
合　计	107 568	110 343	0.95	0.90

表12-11　　　　　　　　甲集团公司销售费用预算完成情况　　　　　　　　单位：万元

项　目	上年预算数	上年预计完成数	增减率（%）
包装费	1 476	1 842	25
运输费	9 247	9 989	8
装卸费	311	353	14
仓储保管费	1 684	1 522	−10
保险费	27	122	352
展览费	286	320	12
广告费	847	577	−32
销售服务费	7 015	8 884	27
工资	7 662	7 924	3
福利费	854	845	−1
业务经费	1 565	1 697	8
委托代销手续费	124	157	27
折旧费	99	138	39
修理费	61	50	−18
样品及产品损耗	63	47	−25
其他	20 634	14 297	−31
合　计	51 953	48 764	−6

4.集团内管理费用预算完成情况

上年甲集团公司管理费用比预算增加了15 704万元，增长了21%。工资、福利费、住房公积金、工会经费、职工教育经费、业务招待费、研究与开发费、修理费超预算额的绝对值较高，劳动保险费和技术转让费等金额比预算额减少较多。明细情况见表12-12。

表12-12　　　　　　　　　　　甲集团公司管理费用预算完成情况　　　　　　　　　　单位：万元

项　目	上年预算数	上年预计完成数	增减额	增减率（%）
工资	23 188	29 217	6 029	26
福利费	2 070	2 627	557	27
劳动保险费	7 633	7 098	−535	−7
住房公积金	918	1 632	714	78
工会经费	363	499	136	38
职工教育经费	314	433	119	38
劳动保护费	63	59	−4	−6
保险费	316	304	−12	−4
折旧费	4 554	4 963	409	9
修理费	846	1 018	172	20
无形资产摊销	1 440	1 442	2	0
长期待摊费用摊销	30	253	223	743
低值易耗品摊销	220	231	11	5
存货盘亏及毁损	3	448	445	14 833
业务招待费	3 205	3 893	688	21
差旅费	2 128	2 264	136	6
办公费	2 293	2 407	114	5
水电费	1 202	1 354	152	13
租赁费	997	1 043	46	5
诉讼费	104	181	77	74
聘请中介机构费用	667	671	4	1
咨询费	655	732	77	12
研究与开发费	5 401	6 083	682	13
技术转让费	1 600	1 000	−600	−38
董事会会费	331	331	0	0
其他	14 819	20 881	6 062	−41
合　计	75 360	91 064	15 704	21

5.集团内财务费用预算完成情况

上年甲集团公司财务费用比预算减少831万元，其中利息支出比预算增加703万元，主要原因是人民币贷款增加；利息收入比预算增加1 825万元。人民币汇率基本平稳，汇兑净损失比预算减少648万元，全年汇兑收益526万元（见表12-13）。

表12-13　　　　　　　　　　　甲集团公司财务费用预算完成情况　　　　　　　　　　单位：万元

项　　目	上年预算数	上年预计完成数	增减额
利息支出	17 629	18 332	703
利息收入	3 729	5 554	1 825
汇兑净损失	122	−526	−648
手续费	454	1 393	939
合　　计	14 476	13 645	−831

除了上述因素之外，还要考虑生产预算完成情况对最终预算目标的影响。上年各类生产经营项目中畜牧业、柴油机制造、建筑业、贸易流通、服务业五个行业的总体产量完成预算指标，远洋渔业和水产品加工两个行业的主要项目未完成预算指标。

四、甲集团公司本年度预算安排

1.确定纳入本年度财务预算范围的企业名单

2.确定预算编制程序

根据国资委本年财务预算精神和董事会对预算工作的总体要求，按照"早布置、早动手、早完成"的原则，甲集团公司在预算年度前向各直属企业下发了《关于做好20××年财务预算管理工作的通知》，布置了预算工作要求，明确了预算上报程序和上报时间，要求各直属企业于10月30日前将正式预算上报集团财务资金部，比上一年的要求时间再次提前了1个月。9月27日，集团公司在京企业财务负责人和预算编制人员集体参加了国资委中央企业财务预算工作视频会议，通过国资委的直接布置，更深刻地领会了预算工作的重心和有关要求。

10月下旬，甲集团公司各直属企业上报了本年度的正式预算。11月15日，集团公司向国资委上报了"20××年主要财务指标预报表"。12月上旬，集团公司召开财务年度工作会议，再次对预算的准确性和合理性提出了要求，除非遇到国家政策的重大调整或不可抗力因素，要保证年中预算无须调整。集团公司在对各直属企业预算进行审核后，在充分考虑集团公司本年度及三年任期考核目标的基础上，按照效益优先、全面预算的原则和分级编制、逐级汇总的程序，形成了财务预算草案；同时与计划、投资等职能部门共同研究修订生产、投资、筹资方面的年度预算，形成完整的集团年度预算并上报集团领导，最后经集团领导班子讨论通过。

3.进行宏观经济形势分析

宏观经济形势是指国家宏观经济发展状况及其趋势。宏观经济发展状况对集团公司的影响十分明显。影响集团公司运行的宏观经济指标有国民生产总值及其变化、社会商品零售总值及其变化、物价水平及其变化等。宏观经济形势分析就是通过分析社会总供给与社会总需求之间的关系，进而分析宏观经济运行和经济增长的过程。

集团公司经过分析认为，本预算年度外部发展环境总体上略好于上年，国内投资、消费有望实现较快增长，物价涨幅在达到一个高点后趋稳，并有所回落。新的预算年度，抑制和推动物价上涨的因素同时存在，物价走势存在较大不确定性。从抑制物价上涨的因素看：消费实际增速回调、货币供给回归适度增长区间，需求拉动因素趋于弱化；粮食、蔬菜、水果价格涨幅较大，部分农产品价格已高于国际市场价格，再度大幅度上涨的空间不大；未来人民币升值压力加大，在一定程度上减轻了输入型通胀压力。新预算年度宏观经济将进入平稳、温和的趋势性增长阶段，专家预测中国经济增速会保持在8%～10%之间。根据预测，燃油价格、利率、汇率上升趋势对企业完成预算仍有较大负面影响。

4.本年度利润预算安排

本年度是国资委对企业负责人开展第三任期业绩考核的第二年，也是极其关键的一年；同时，全员业绩考核继上年的经济增加值考核之后也给集团带来了新的挑战。为积极贯彻国资委企业负责人会议精神，结合集团各行业、各直属企业对宏观经济的分析和预计经营情况，集团编制了本年度的利润预算，总体上体现了收入、利润等有代表性的增长性指标继续增长、成本费用率等控制性指标继续压缩的原则。本年度利润预算的具体情况见表12-14。

表12-14　　　　甲集团公司本年度利润预算　　　　单位：万元

项　目	上年度预计完成数	本年预算数	增减率（％）
一、营业收入	1 054 931	1 193 457	13
其中：主营业务收入	1 032 789	1 156 786	12
其他业务收入	22 141	36 671	66
二、营业成本	878 583	995 050	13
其中：主营业务成本	864 000	970 970	12
其他业务成本	14 583	24 080	65
税金及附加	7 152	8 463	18
销售费用	48 764	52 149	7
管理费用	90 864	99 208	9
财务费用	13 645	18 236	34
资产减值损失	9 878	2 512	-75
加：公允价值变动收益	30	30	0
投资收益	17 337	12 831	-26

续表

项 目	上年度预计完成数	本年预算数	增减率（%）
三、营业利润	23 412	30 699	31
加：营业外收入	28 487	25 656	−10
减：营业外支出	1 609	317.75	−80
四、利润总额	50 289	56 037	11
减：所得税费用	13 755	13 417	−2
五、净利润	36 535	42 620	17
减：少数股东损益	23 226	21 637	−7
六、归属于母公司所有者的净利润	13 308	20 983	58

其他预算项目和预算安排从略。

五、对甲集团公司本年度预算安排情况的分析、评价

（一）甲集团公司各企业利润预算与上年度的比较

甲集团公司各企业利润预算与上年度的比较从表12-15和图12-2的汇总可以看出变化。对甲集团公司而言，为了保证利润预算目标的实现，应主要关注A、D、I公司的利润实现以及集团总部的管理费用控制问题。

表12-15　　　　　　　　　　**甲集团公司各企业利润预算与上年度的比较**　　　　　　　　　单位：万元

公司名称	上年预算数	上年预计完成数	本年预算数
A公司	30 952	35 048	40 011
B公司	550	550	750
C公司	2 397	4 203	5 801
D公司	7 800	7 800	9 600
E公司	60	−526	63
F公司	−500	−1 424	15
G公司	2 410	4 000	4 200
H公司	800	1 500	1 000
I公司	9 000	9 000	6 200
J公司	110	110	16
K公司	50	10	0
L公司		881	763
M公司		−419	−252
总部	−9 850	−10 443	−12 129

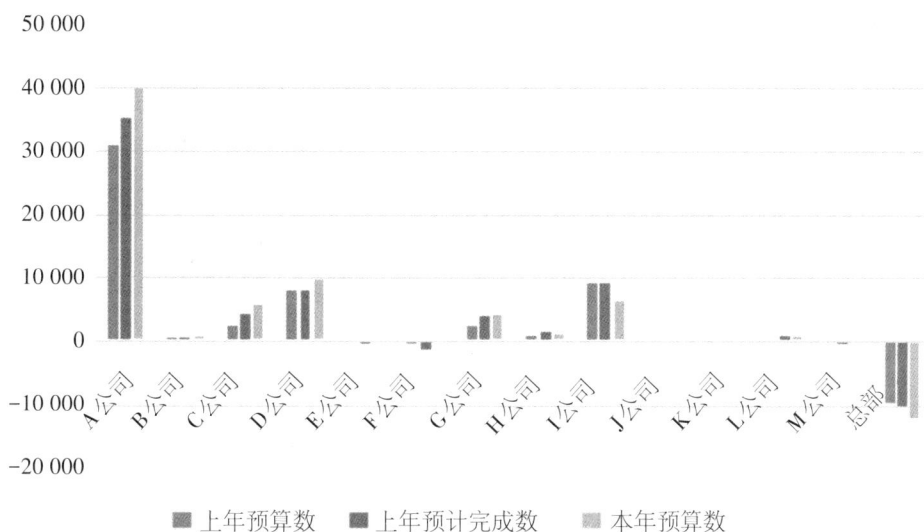

图12-2 甲集团公司各企业利润预算对比图（单位：万元）

（二）甲集团公司各行业主营业务收入预算与上年度的比较

甲集团公司各行业主营业务收入预算与上年度的比较从表12-16和图12-3的汇总可以看出变化。从确保甲集团公司主营业务收入的角度，应重点关注贸易流通、远洋渔业、疫苗和建筑业等行业的主营业务收入完成情况。

表12-16 甲集团公司各行业主营业务收入预算与上年度的比较 单位：万元

主业项目	行业项目	上年预算数	上年预计完成数	本年预算数
远洋捕捞及农业资源开发	远洋渔业	128 923	123 157	174 700
	水产品加工	40 858	26 518	30 120
	农业资源开发	19 650	22 834	12 903
	小计	189 431	172 509	217 723
生物疫苗、兽药及饲料添加剂的研发、生产与销售	疫苗	123 170	124 899	130 253
	饲料	53 744	50 791	59 160
	兽药	21 582	16 170	21 718
	小计	198 496	191 860	211 131
农牧渔相关配套服务	柴油机制造	96 000	120 000	97 000
	建筑业	95 000	120 000	132 000
	贸易流通	183 670	396 749	469 696
	服务业	1 300	1 570	1 690
	小计	375 970	638 319	700 386
其他	其他	24 555	30 101	27 546
集团合计		788 451	1 032 789	1 156 786

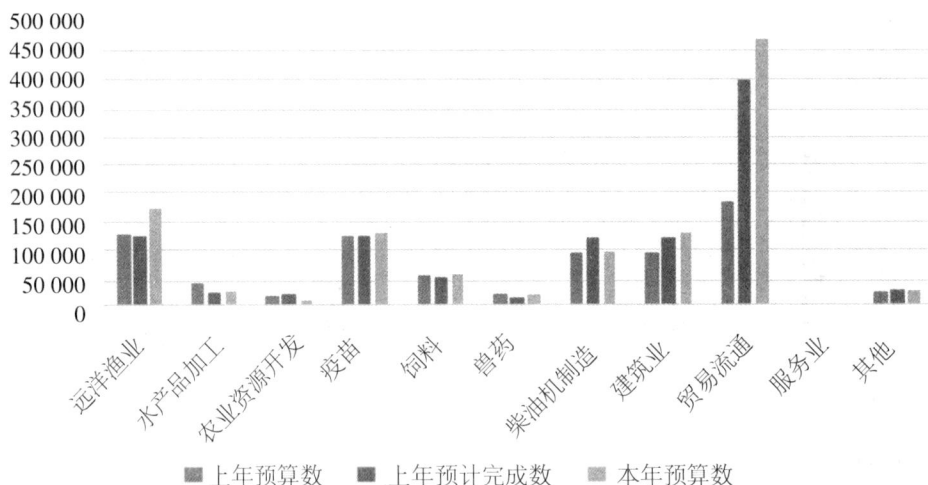

图12-3　甲集团公司主营业务收入预算对比图（单位：万元）

（三）甲集团公司各行业主营业务利润预算与上年度的比较

甲集团公司各行业主营业务利润预算与上年度的比较情况见表12-17，相关对比如图12-4所示。从图12-4中可见，对甲集团公司而言，每个行业项目都会影响到集团利润，对其主营业务利润影响比较大的行业项目主要有疫苗、远洋渔业、贸易流通和柴油机制造等。在预算编制过程中，如果影响集团主营业务利润的主要行业项目预算编制准确，则整个集团的预算就相对准确。从图12-4中也可以看出，远洋渔业项目上年预计完成数低于上年预算数，但本年度确定的预算目标较高，可能执行起来有一定的难度。

表12-17　　　　　　甲集团公司各行业主营业务利润预算与上年度的比较　　　　　单位：万元

主业项目	行业项目	上年预算数	上年预计完成数	本年预算数
远洋捕捞及农业资源开发	远洋渔业	22 462	13 717	27 011
	水产品加工	7 299	5 898	4 637
	农业资源开发	6 521	5 353	6 031
	小计	36 282	24 968	37 679
生物疫苗、兽药及饲料添加剂的研发、生产与销售	疫苗	77 525	80 765	82 795
	饲料	9 029	7 776	10 415
	兽药	1 874	1 488	3 101
	小计	88 427	90 028	96 311

续表

主业项目	行业项目	上年预算数	上年预计完成数	本年预算数
农牧渔相关配套服务	柴油机制造	25 010	22 150	15 300
	建筑业	7 004	8 706	8 870
	贸易流通	16 507	18 557	21 653
	服务业	673	902	851
	小计	49 194	50 315	46 674
其他	其他	3 736	3 478	5 152
集团合计		177 641	168 789	185 816

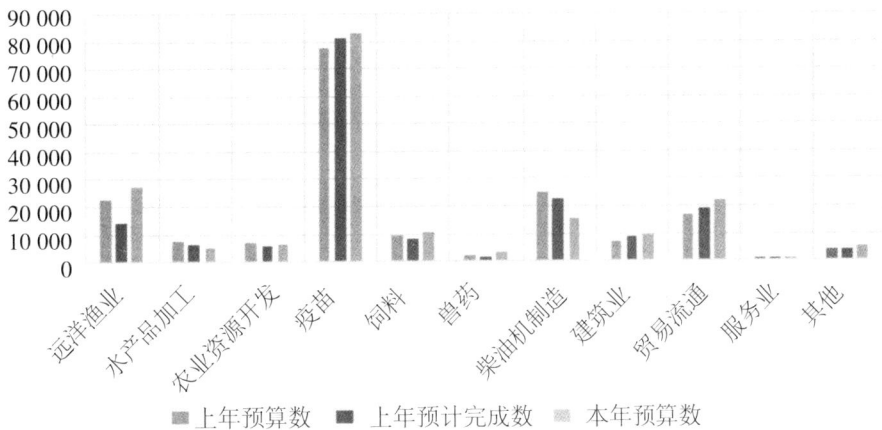

图12-4　甲集团公司按行业分类的主营业务利润预算对比图（单位：万元）

（四）甲集团公司营业收入预算构成和结构分析

为了确保集团公司预算目标定得科学合理，还可利用财务分析法，对甲集团公司营业收入预算的构成和结构进行分析（见表12-18）。

表12-18　　　　甲集团公司本年度与上年度营业收入预算构成和结构分析　　　　单位：%

项　目	上年预算数	上年预计完成数	本年预算数
一、营业收入	100.00	100.00	100.00
其中：主营业务收入	98.47	97.90	96.93
其他业务收入	1.53	2.10	3.07
二、营业成本	77.37	83.28	83.38

续表

项　　目	上年预算数	上年预计完成数	本年预算数
其中：主营业务成本	76.28	81.90	81.36
其他业务成本	1.09	1.38	2.02
税金及附加	0.80	0.68	0.71
销售费用	6.49	4.62	4.37
管理费用	9.41	8.61	8.31
财务费用	1.81	1.29	1.53
资产减值损失	0.26	0.94	0.21
加：公允价值变动收益	0.01	0	0
投资收益	1.04	1.64	1.08
三、营业利润	4.91	2.22	2.57
加：营业外收入	0.66	2.70	2.15
减：营业外支出	0.10	0.15	0.03
四、利润总额	5.47	4.77	4.69
减：所得税费用	1.33	1.30	1.12
五、净利润	4.13	3.47	3.57

对集团公司营业收入预算的构成和结构进行分析，目的在于分析利润表中各个项目占营业收入的比重，并做好成本费用控制以及税负分析工作，从而使预算建立在更加稳健的基础之上。

第五节　预算情况说明书及其主要内容

一、预算情况说明书

预算情况说明书是对年度预算报表的补充说明，是评估预算报表编制质量的重要依据，是年度预算报表的重要组成部分。

二、预算情况说明书的主要内容

企业预算情况说明书至少应当包括以下主要内容：

第十二章　集团公司预算

（一）上年度预算工作情况总结

1.对上年度预算工作情况进行总结，回顾上年度预算工作中存在的问题，结合国资委对上年度预算的反馈意见，提出本年度拟采取的相关整改措施及办法。

2.对上年度预算调整情况进行说明，其中至少应包括主要财务及生产经营指标调整情况、预算调整的原因等。

3.对上年度预算完成情况进行简要总结，并对重要财务指标的实际完成数与调整后的预算数存在差异的原因进行说明，其中至少应包括营业收入、营业成本、期间费用、利润总额、净资产收益率、经营性利润占比等。此外，还应当包括上年捐赠的实施情况及捐赠预算执行情况的总结。

（二）本年度预算工作组织情况

预算工作组织情况主要包括企业预算管理机构设置、预算管理机构主要成员构成、内部组织分工、年度预算工作具体组织过程以及预算审核情况等。

（三）本年度预算编制基础

本年度预算编制基础主要包括：

1.企业年度预算的基本编制依据、所采用的基本假设及论证依据。

2.企业编制年度预算所选用的会计制度与政策，说明折旧率、资产减值等重大会计政策及会计估计发生变更的原因、对损益的影响金额。对于企业会计准则允许以公允价值计量的资产或负债，需说明是否考虑公允价值变动影响。凡是考虑公允价值变动影响的，应按资产及负债的类别逐项说明影响的金额及原因；凡是不考虑公允价值变动影响的，应说明理由。

3.年度财务预算报表的合并范围说明，未纳入及新纳入年度财务预算报表编制范围的子企业名单、级次、原因以及对预算的影响等情况。

（四）预算年度生产经营情况说明

企业预算年度生产经营情况说明是确定财务预算指标的基础，各企业应认真分析宏观及微观经济形势，详细说明各业务板块的生产经营情况，以及对企业产生重大影响的生产经营决策。其至少应包括以下内容：

1.对预算年度国内外宏观经济形势进行预测分析，说明国内外市场环境对企业生产经营和经济效益的影响，如国家金融利率和汇率政策等的影响。

2.根据行业发展形势、市场供求关系、行业竞争格局、行业政策以及能源、原材料及主要产品价格等因素，说明行业经济形势变化对本企业的影响。

3.选取占企业营业收入比重较大的几个业务板块（如贸易企业可选取进出口额、合同总金额等），分析生产经营指标增减变动情况和比率对企业效益的影响；同时，分析企业拟采取的重大生产经营举措对各业务板块的影响（如拟签订的重大合同、拟进行的资产及业务重组、拟整体上市、拟开展的新业务等）。

4.说明企业预算年度内拟安排的重大投资项目的目的、总规模、资金来源与构成、预期收益及预计实施年限等情况，对资金来源与资金保障情况应重点说明。其中，对于重大新开工项目，还应结合企业对未来一定时期宏观经济形势和行业形势的判断，分析说明投资的依据与理由。对于非主业投资占总投资的比重超过10%、自有资金占总投资的比重低于30%的固定资产投资，应详细分项说明。对于境外固定资产投资项目，应予以详细分项说明。

5.分项说明企业预算年度拟实施的重大长期股权投资情况，包括被投资单位或投资项目名称、投资目的、预计投资规模、持股比例、资金来源以及预计投资收益等情况；逐项说明预算年度拟实施收购项目的目的、收购方式，以及对企业生产经营和债务结构产生的影响。如有境外收购及投资项目，应按上述项目逐项说明。说明预算年度拟清理的长期股权投资，以及拟采取的清理手段和措施。

6.分项目说明企业预算年度内拟安排的债券、股票、基金等金融工具投资的目的、资金占用规模、资金来源和预计投资回报率等情况。分类说明企业预算年度内拟开展金融衍生业务的计划安排，包括选择的品种、交易规模、资金额度、交易场所、交易对手、交易策略、保值效果以及风险控制等情况。

7.说明企业预算年度内拟安排的重大筹资项目的筹资规模以及结构安排、相关筹资费用等情况。分析筹资行为对企业财务费用增长、债务结构以及资产负债率、速动比率及带息负债比率等财务指标的影响。如企业资产负债率连续增长且处于行业较高水平，应说明原因及控制措施。说明企业在境外筹资的情况。

8.说明预算年度内资产负债及现金流量情况，重点说明经营性现金流量变化情况；同时，结合当前信贷政策从紧、融资成本攀升的实际情况，综合考虑投资和筹资产生的现金流量变化，说明企业为保障资金安全所采取的具体应对措施。例如，加强应收款项回收管理、提高库存流动性、跟踪高负债子企业和亏损企业、加强重大工程项目资金管控等。

9.说明企业预算年度内担保、抵押等或有事项的规模控制情况，详细说明新增的担保总额超过最近一期经审计的净资产的50%后提供担保的担保种类、担保期间和担保金额以及被担保单位的资信状况，并说明对逾期担保等或有事项拟采取的清理措施。

10.说明企业预算年度拟实施的重大捐赠情况，对全年对外捐赠预算支出项目、支出方案及支出规模等预算安排进行详细说明。

11.功能类企业说明重大战略任务或专项任务的预计完成情况；公共服务类企业说明企业的社会效益预计实现情况。如涉及财政资金的使用，一并进行说明。

（五）预算年度主要财务指标说明

预算年度主要财务指标说明主要根据企业年度财务预算，具体分析说明主要财务指标的预算目标，对比分析年度间指标变动情况。其至少应包括：

1.预算年度营业收入及成本发生情况，以及增减变动金额和原因。其中，主营业务收入及成本应分业务板块逐项说明增减变动情况及原因；其他业务收入及成本应按项目逐项列示说明增减变动情况及原因。

2.预算年度期间费用发生情况，具体包括分项说明销售费用、管理费用、财务费用和资产减值损失预计发生金额，以及年度增减变动情况。其中，占销售费用、管理费用和财务费用比重较大，其增减变动对期间费用产生较大影响的明细费用项目需单独说明；资产减值损失按明细单独说明。

3.预算年度企业人工成本情况，具体包括人工成本规模以及与上年度相比增减变动情况及原因分析；人工成本占营业收入比重以及变动情况；人工成本占成本费用比重以及变动情况；从业人员、职工以及全职职工的变化情况及原因。

4.预算年度预计可实现的利润、净利润和净资产收益率，以及与上年相比的增减变动情况及原因。

5.预算年度企业资产和负债规模、结构，以及与上年相比的变动情况及原因。

6.预算年度企业的利润总额、归属于母公司的净利润、净资产收益率指标，竞争类企业需补充营业收入、经营活动产生的现金净流量指标，与上年同期数和三年规划（或"十四五"规划）中的指标数进行比较；功能类企业需补充重大战略任务或专项任务的预计完成情况；公共服务类企业需补充企业的社会效益实现情况。如上述指标波动异常，说明波动异常的原因（如重大非经常性因素变化、重大政策调整、重大市场环境变化、行业优秀值等）。

7.对与主业相关的投资收益和政府补助，分项说明其内容、性质和金额（见表12-19）。

表12-19　　　　　　对与主业相关的投资收益和政府补助的说明　　　　　　单位：万元

项　　目	内　　容	性　　质	金　　额
与主业相关的投资收益：			
1.			
⋮			
与主业相关的政府补助：			
1.			
⋮			

8.其他需要说明的财务指标。

（六）履职待遇和业务支出

说明预算年度领导人员履职待遇和业务支出情况，具体包括但不限于：纳入预算管理的领导人员数量（集团领导班子人数和集团各级领导班子汇总人数）；预算年度拟安排的新购公务用车的购车价格和总金额；公务用车产生的保养、维修、日常运行的预算金额；领导人员拟安排的培训活动经费预算；业务招待费、差旅费（国内和出国（境）费用）、通信费预算等。说明各项预算的限额（量）标准或编制依据。

（七）跨类经营事项说明

对于涉及跨类经营业务的企业，对跨类经营业务逐项说明，披露具体内容及金额。

（八）经营业绩考核事项说明

在经营业绩考核事项说明中，对政府重大项目研发投入、企业收购创新资源、服务业企业模式创新和业态转型、境外投资合作项目等视同利润和单列事项，逐项说明和披露具体内容及金额。

（九）可能影响预算指标的事项说明

可能影响预算指标的事项说明是企业对预算年度可能对现有预算产生重大不确定性影响事项的说明，如国家宏观经济形势和政策的变化、国际政治经济形势的变化、企业决策中的重大不确定性事项等。企业应当充分说明各种不确定性因素出现的原因，分析对主要财务指标预算的预计影响程度以及年度预算调整标准等。

（十）预算执行的保障和监督措施

预算执行的保障和监督措施指企业在预算执行过程中，确保预算执行的有关制度保障和跟踪、监督、评价、考核等措施。

（十一）全面预算工作的推进实施情况

（十二）其他需要说明的情况

（十三）预算调整情况说明

1.说明预算调整的原因。说明在预算年度内出现的非预期的重大情况，包括国家政策出现重大调整，发生自然灾害等不可抗力事件，原企业财务预算编制的基础假设发生重大变化。

2.预算调整对财务指标的影响。主要对企业原财务预算指标值与调整后的预算指标值偏离的程度和影响因素进行分析。

3.调整后预算执行的保障措施，即针对完成调整后财务预算的主要指标采取的有关措施。

重要概念

集团公司　集团公司预算　以战略为导向的全面预算管理　预算情况说明书　预算表格　预算调整

第十二章　集团公司预算

复习思考

1.集团公司与非集团公司在组织架构和控制权管理方面有哪些不同?

2.集团公司预算与单一法人企业预算存在哪些不同?

3.以战略为导向的全面预算管理包括哪些基本内容?

4.集团公司预算编制的流程有哪些? 在确定目标时应注意哪些问题?

操作练习

1.收集任何一家行业领先上市集团公司的预算管理资料, 总结其预算编制中体现出来的战略思想。

2.阅读GE公司的多版本预算的情况介绍, 分析并回答以下问题: ①多版本预算中体现的预算编制原则; ②多版本预算的编制程序; ③多版本预算的编制起点和编制方法; ④多版本预算编制应注意的问题。

GE多版本预算

子公司某些科目预算编制方法可能不一致, 汇总预算需要再次调整, 而调整的可能是明细也可能是粗粒度的情况。因此, 在预算编制过程中, 集团公司可考虑实行多版本预算。毫无疑问, GE的多版本预算值得借鉴。GE自上而下的版本预算模板如图1所示。以利润预算为例, GE设计的多版本预算构成图如图2所示。

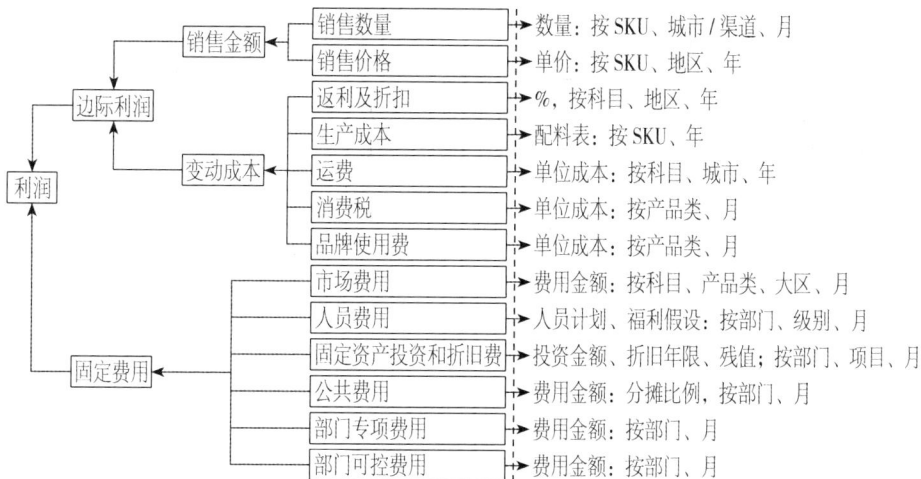

图1　GE自上而下的版本预算模板

任务版本	←	子公司递交版本		→	调整版本
自上而下下达目标	> 销售成本和变动费用预算	> 人力、研发、固定费用预算	> 投资、库存、应收和其他预算资产负债表、现金流量表预算		预算自上而下调整
输入 ● 公司战略 ● 产品结构 ● 市场增长 ● 市场占有率 ● 竞争者情况 ● 净利润率 ● 边际利润率 ● 费用节约目标 ● 资金周转率 ● 汇率	● 按产品、渠道、区域、月销售数量 ● 销售单价 ● 单位成本 ● 转移价格利润率 ● 单位变动销售费用	● 按部门、级别、目的 ● 人员计划 ● 基本工资 ● 福利假设 ● 各费用动因假设 ● 各费用发生次数或数量 ● 各费用分摊动因	● 按项目固定资产投资计划 ● 固定资产类的折旧年限和残值 ● 存货账龄或周转率计划 ● 其他资产负债表计划 ● 利息预测		● 各个角度、层级调整销售、调整单位成本或变动费用 ● 各个角度、层次调整销售费用
输出 ● 总体利润表 ● 营业现金流量 ● 主要指标	● 销售金额 ● 销售成本 ● 毛利率 ● 变动销售费用 ● 边际利润率 ● 内部产销联动 ● 内部利润抵销 ● 产品边际利润表	● 工资、福利预算 ● 各费用预算 ● 费用分摊到产品 ● 研发和关联公司收入联动	● 折旧 ● 存货预算 ● 应收账款预算 ● 银行借款预算 ● 利润表 ● 产品利润表 ● 资产负债表 ● 现金流量表		重新计算所有输出

图2　GE设计的多版本预算构成图

注：设立多版本预算应注意的问题是：

(1) 设立目标版（自上而下）、递交版（自下而上）和调整版（自上而下）。

(2) 设立虚拟的预算科目，如所有销售费用用来制定预算目标，并分摊至明细科目（可选）。

(3) 预算流程应保证与公司自动完成数据联动和进行内部抵销。

(4) 预算填写和计算应充分考虑各子公司现在和将来的标准化及其灵活性。

(5) 创建多个可以从任意角度进行自上而下调整的预算版本，并确保预算明细和调整粗粒度的一致。

第十三章

预算的审核与分析

【导语】预算审核是指在预算形成过程中企业上级单位对下级单位预算的审核，或者是主管部门以及受托审核单位对预算执行单位上报的预算规范性和实质性所进行的审核。预算分析是指对预算执行结果所做的分析。本章主要是基于国资委要求的角度加以说明，其他非国有企业可以比照进行。本章主要包括预算审核、预算审核分析系统构建以及预算分析报告的要求与内容三部分内容。如能实现审核预期，对于缩短预算审核时间和降低审核成本、提高预算审核效率、降低预算偏离度具有重要意义。

本章内容要点

第一节　　　　　　　　　　　　预算审核

预算审核包括预算规范性审核和预算实质性审核两部分。

一、规范性审核

审核，会计学用语，意思是审查核定，词性为动词。规范，名词意义上即明文规定或约定俗成的标准；动词意义上是指按照既定标准、规范的要求进行操作，使某一行为或活动达到或超越规定的标准①。

本节以中央企业和国有企业为例加以说明，有关中央企业和国有企业的预算报表格式和编制要求，请参看国务院国有资产监督管理委员会（以下简称"国务院国资委"）以及地方国资委（两者统称"国资委"）的相关规定。

按照国务院国资委和地方国资委的规定，规范性审核主要是对预算报表基础要求的审核。其具体包括以下内容：

① 引用搜狗百科的解释。

1.报送时效性审核，是对预报表报送时间和全套预算报表报送时间的审核。

2.检查纸质报表合规性（报表齐全、装订整齐等）。

3.检查报表数据与计算机汇总数据是否一致。

4.检查合并范围是否正确。

5.检查树形结构是否正确。

6.检查汇总（合并）数据与分户数据是否衔接。

7.封面主要指标检查。具体包括：封面代码是否在枚举范围内；企业名称等封面左边信息是否正确；上一级代码、集团总部代码是否正确；行政隶属关系代码是否正确；行业代码是否正确；经营规模是否按规定标准填列；组织形式代码是否正确；备用码是否正确；两年度代码变动情况。

8.检查报表数据的完整性。

9.检查数据的规范性，包括数据是否连续可比、是否存在逻辑性错误以及其他明显错误或填报不规范。

二、实质性审核

实质性审核包括预算基础审核、编制情况审核、具体报表审核和其他预算审核四项内容。

（一）预算基础审核

其主要审核以下内容：

1.审核企业是否对上年度工作情况进行了总结，是否采取了相应的改善措施。

2.审核企业是否对上年度预算调整情况进行了说明，调整说明是否充分、合理。

3.审核企业是否对上年度预算完成情况进行了总结，总结是否充分、合理，对重要财务指标差异原因的说明是否充分、合理。

4.了解企业预算工作基础，评估企业预算管理水平，审核企业是否构建了一套较为完善的预算管理体制。

5.了解本年度企业预算工作组织情况，审核企业本年度预算工作是否认真扎实，较上年度有哪些进步。

（二）编制情况审核

其主要审核以下内容：

1.企业是否对预算编制采用的重大会计政策进行了说明，是否对合并报表的范围进行了说明。

2.企业是否对预算年度宏观与微观经济形势及所处行业的发展形势进行了分析、预测，其分析与预测是否合理、到位。

3.企业所采用的预算编制基础和基本假设是否与经济形势和行业发展趋势相匹配，是否进行了充分详细的说明；企业预算主要指标是否符合预算编制基础和基本假设。

4.企业是否结合行业的发展形势对生产经营情况进行了预测，预测是否合理，企业预算主要指标与分板块的业务预算情况是否匹配。

5.企业预算的业务指标选取是否合理，主要预算指标与本企业整体战略规划尤其是"十四五"规划是否相匹配。

（三）具体报表审核

按照国资委现有文件的要求，目前其所属范围内的国有企业需要上报以下表格：资产负债预算表、利润预算表、现金流量预算表、主要业务损益预算表、主要业务经营预算表、成本费用预算表、人工成本预算表、专项支出预算表、对外筹资预算表、金融工具情况预算表、长期股权投资预算表、固定资产投资预算表、担保预算表、BT与BOT项目预算表、房地产行业预算补充表、科技创新预算表、固定资产及股权处置预算表。

每张报表的具体审核内容如下：

1.资产负债预算表。

（1）重点关注净资产或者总资产比上年增加20%以上或者出现负增长的，是否详细说明原因。

（2）重点项目如存货、应收账款、其他应收款、应付账款、其他应付款等与上年相比增减率超过30%或者增减率虽不到30%但影响金额较大的，检查是否详细说明变动原因，确定是否存在资金沉淀或者存货积压，是否影响了企业资产的周转速度。

（3）其他资产负债项目，如占资产总额5%以上且与上年相比增减幅度在50%以上的，检查是否说明原因。

（4）资产和负债的其他项目金额较大的，检查是否详细说明内容。

（5）检查预算年度的资产规模与企业发展规划（尤其是"十四五"规划）是否匹配，资产负债率如果过高或者增长过快，应当结合企业规划和国资委下达的业绩考核指标审核总资产、资产保值增值率等指标是否合理。

2.利润预算表。

（1）检查预算说明中是否详细说明了收入、利润变动原因，重点关注营业外收支特别是政府补助，对其变动情况及支出方向应进行详细说明；检查对预算年度内拟出售固定资产、债务重组等重大营业外收支项目的原因、金额、对象、方式等情况是否予以说明。

（2）重点关注利润、净利润或者净资产收益率比上年增加（提高）20%以上或者下降的，是否详细分析说明；预算亏损的企业，检查是否详细分析说明亏损原因；企业集团有亏损企业的，检查是否按照要求统计亏损企业户数、亏损额及同比增减额，并按照亏损原因归类，分析提出改进措施。

（3）检查预算年度的收入和利润规模是否与企业发展规划（尤其是"十四五"规划）相匹配，结合企业规划和国资委下达的业绩考核指标审核收入、利润、净资产收益率等是否合理。

3.现金流量预算表。

（1）重点关注经营性现金净流量为负的，是否详细分析原因并判断是否拥有足够的现金偿付其到期债务。

（2）增减率超过50%或者增减率虽不到50%但影响金额较大的项目，关注预算说明书中是否详细说明变动原因等。

4.主要业务损益预算表。

（1）重点审核主要业务板块填写是否与上年度预算报表一致，是否与国资委批复的主业一致，是否与主要业务经营预算表一致。

（2）重点关注主营业务收入、毛利、毛利率或者主要业务指标比上年增长20%以上或者下降的，是否详细分析并说明变动原因。

（3）对比主业收入、毛利与总收入、毛利，主业收入、毛利比例相比上年如有下降，检查是否在预算情况说明书中进行详细说明。

5.主要业务经营预算表。

重点关注企业填列的主要业务指标是否合理，指标值增长20%以上或者下降的，是否在预算说明书中详细分析并说明原因。应将本表与主要业务损益预算表进行对比，检查相关业务指标预算值与相关业务的收入值是否匹配。应当结合企业的"十四五"规划和业绩考核指标，审核企业的业务指标预算值是否合理。

6.成本费用预算表。

（1）重点关注企业成本费用的增长率是否高于收入、利润的增长率，是否与企业当年的盈利情况相匹配。

（2）对于成本费用增长率高于收入增长率、成本费用利润率下降或者经营效益下滑的企业，关注其是否继续扩大成本费用规模。

（3）关注企业是否积极采取有效措施压缩管理成本，降本增效，拓展利润空间等。

（4）重点关注明细项目包括职工薪酬、折旧费、修理费、业务招待费、办公费等是否过快增长。

（5）重点关注折旧和摊销类项目与资产负债表等主表相应项目的钩稽关系。

（6）检查其他项是否过高，如其他项占总费用类别的30%以上，关注是否有详细说明。对于三项费用比上年增加20%以上或者下降50%以上的，检查是否详细说明增减原因。

7.人工成本预算表。

（1）检查企业职工薪酬总额增长率是否超过利润预算增长率，经济效益下滑及亏损的企业职工薪酬预算规模是否继续扩大。

（2）重点关注企业人工成本总额、从业人员人工成本总额、职工人工成本总额等项目年增长率是否高于净利润的年增长率。如高于，是否详细说明原因。

8.专项支出预算表。

对于年增减率超过50%的项目，重点关注是否在预算说明书中详细分析说明。

9.对外筹资预算表。

（1）重点关注企业的筹资结构是否合理，资产负债率较高（工业企业高于70%，非工业企业高于85%）的企业是否继续扩大债务筹资预算规模。

（2）测算企业的筹资费用率是否过高，是否存在异常；关注企业对其他筹资是否做出详细说明。

10.金融工具情况预算表。

（1）如企业高风险金融工具投资规模较大，或者投资收益率不高（投资收益率低于4%），关注是否详细说明进行或者继续保持该项投资的合理性。

（2）对于资产负债率较高、偿债能力下降的企业，如继续进行高风险金融工具投资，检查是否详细说明进行该项投资的合理性。

（3）对于不具备从事高风险业务条件或者发生重大投资损失的企业，如仍有高风险金融工具投资预算，检查是否详细说明未清理或者压缩该项投资的原因。对于资产负债率高于行业平均水平、存在较大偿债压力的企业，检查其是否详细说明未清理或者压缩高风险金融工具投资的原因。

11.长期股权投资预算表。

（1）重点关注企业投资计划是否符合国资委国有企业主业明确的要求，投资收益的预计是否合理，投资依据是否充分。如有非主业投资，关注其是否详细说明投资原因并审核说明的合理性。

（2）本表中各项目应按报表填报要求填写齐全，不得缺项、漏项，项目名称和投资主体应当填写全称，不能用简称代替。

12.固定资产投资预算表。

（1）重点关注企业对非主业投资占总投资的比重是否超过10%、自有资金占总投资的比重低于30%的固定资产投资是否予以详细分项说明并审核说明的合理性。重点关注其他项超过本年计划投资额10%的是否在备注中说明。

（2）关注企业对不满足固定资产审核条件的情况是否详细说明。

（3）本表中各项目应按报表填报要求填写齐全，不得缺项、漏项，项目名称应当填写项目的全称，不能用简称代替。

13.担保预算表。

（1）重点关注担保余额相当于净资产的比重超过50%或者发生担保履约责任形成重大损失的企业（不包括投资、担保类企业），如在预算年度再行安排新增担保预算，是否详细说明新增担保的合理性和风险控制措施。

（2）企业如安排与业务无关的集团外担保，检查是否详细说明担保的合理性和风险控制措施。

（3）对于累计担保余额过大的集团外担保或者金额巨大的逾期、涉诉担保，检查是否详细说明已经采取的风险控制措施和拟采取的清理措施。

（4）本表中各项目应按报表填报要求填写齐全，不得缺项、漏项，担保对象和贷款机构应当填写单位的全称，不能用简称代替。

14.BT与BOT项目预算表。

（1）重点关注企业对于项目资金来源与构成是否重点说明，对外贷款占总投资的比重高于80%的BT或者BOT投资，检查是否详细说明筹资结构的合理性和风险控制措施。

（2）重点关注其他项超过本年计划投资额10%的是否在备注中说明。

（3）本表中各项目应按报表填报要求填写齐全，不得缺项、漏项，合同授予方（业主）应当填写单位的全称，不能用简称代替。

15.房地产行业预算补充表。

（1）重点关注是否按照预算说明内容提要的要求说明相关事项。

（2）对于房地产开发企业，检查预算销售金额小于主营业务收入80%的是否详细说明原因。

（3）对外贷款占总投资的比重高于80%的房地产投资，检查是否详细说明筹资结构的合理性和风险控制措施。

（4）本表中各项目应按报表填报要求填写齐全，不得缺项、漏项，项目名称应当填写项目的全称，不能用简称代替。

16.科技创新预算表。

（1）对于科技人员数量、科技活动经费支出额、研究开发费用、科技项目数、高新技术企业数等低于上年或者增加超过50%的，检查是否在预算情况说明书中详细说明原因。

（2）对于本年预算实施的重大科技创新项目，审核是否按照说明书内容提要的要求详细说明。

17.固定资产及股权处置预算表。

（1）检查是否按照要求说明预算年度内拟处置的重大固定资产项目的目的、原因、资产原值、使用年限、资产净值、拟处置方式、预计价格、预计损益和对企业的影响等，确认该说明是否充分合理。

（2）检查是否按照要求说明预算年度拟处置的子企业和长期股权投资项目的目的、原因、原始投资价值、持有年限、投资净值、拟处置方式、预计价格、预计损益和对企业的影响等，确认该说明是否充分合理。

（四）其他预算审核

1.产业结构调整。

审核加强主业、产业结构调整与升级、节能减排降耗、环境保护和转变经济增长方式等情况。

2."十四五"规划执行

（1）审核主要规划目标实际完成情况、主要规划目标预算年度预计完成情况。

（2）对于有明确数量或者金额目标的，应当逐项进行规划对比；对于没有明确数量或者金额目标的，应当详细描述目标完成情况。

3.财税政策影响

审核是否说明新出台和预计将要出台的财税政策对本企业收入、利润、资产规模、现金流量等方面的影响。

4.其他

对其他需要说明的重大事项进行审核。

第二节　　预算审核分析系统构建

一、构建预算审核分析系统的目的和设想

（一）构建预算审核分析系统的目的

构建预算审核分析系统，有以下两个目的：

1.降低审核成本、提高审核效率。

目前，国资委系统的企业预算管理报审软件是久其软件，实践证明其在预算分类编报、汇总和主要信息掌控、判断企业的投融资走向以及数据应用方面具有相当大的优势，并为业界所推崇和借鉴。

在久其预算软件提供的审核系统中，虽然已有反映各种预算项目变动趋势的数据，但是我们在利用久其软件进行预算审核时也发现，现有的审核系统只能观察到趋势性信息，无法观察到结构性信息，不便于查找某个预算项目的变化原因、结构性趋势并判定其合理性。从国资委和受托审核单位的角度讲，如果能在现有软件数据系统的基础上自动生成结构性信息，就可以借助结构性信息，为预算审核创造条件。这将有助于节省现场审核和询问的时间，降低预算审核成本，提升审核效率，符合公共财政的思想。

2.提升企业或集团的预算管理水平。

审核本身不是目的，审核的目的在于促进。目前，企业特别是集团公司预算编报涉及的预算层级较多，上级单位经常要和下级单位进行预算博弈，在有限的时间内上级单位无法快速地了解下级单位预算编报的合理性，只能进行简单汇总，从而导致实际执行结果与预算之间有较大程度的偏离。

因此，构建预算审核分析系统具有企业层面的积极意义。企业通过建立面向集团决策管理层的预算分析体系，整合企业预算数据，对数据进行快速而准确的多维分析，能及时发现预算编制环节中存在的问题，帮助企业及时掌握整体预算执行进度与偏差情况，促进各级单位对预算管理工作的重视，提高预算管理工作质量，推动集团整体预算

管理水平的提升。

（二）构建预算审核分析系统的设想

建议依据现有的久其预算软件系统，增加以下辅助信息：

1.结构性分析信息。

在预算审核中，要了解某项经济指标对总体指标的影响程度，可以通过个别指标占总体指标比重的大小判定个体对总体的影响程度，并根据影响程度采取不同的对策。以对收入的分析为例，如企业的收入来源较多，通过对各项收入各自占全部收入比重的分析就可以了解收入管理的侧重点。同样的道理，企业的成本费用也是由多个项目组成的，通过对各个成本费用项目各自占总成本费用比例的分析或者各自占营业收入比例的分析，也可以找出成本费用的管控点。将不同时期各项指标占总体指标的比重进行对比分析，可以了解工作重点的转向及变化情况，及时分析原因，采取相应的对策。

2.因素分析信息。

在企业的预算管理中，影响预算报表的因素是多方面的。当某项经济指标的实际数与预算数或历史数据产生差异时，需要分析造成这种差异的原因。如企业营业额的变化，就受到业务量、单价、经济条件变化、消费者购买力、企业竞争力等多种因素的影响。运用因素分析法，就是要分析各种因素的影响程度，以便在新的预算年度采取措施消除影响预算的不利因素。运用因素分析法，可以激励企业更加关注影响预算结果的多变因素，转变简单的增量与减量预算观念，最终认识和发现预算管理的价值，增强运用预算的积极性和主动性。

3.自动生成必要的图像信息。

绘制反映利润状况以及业务经营损益变动情况的图像，便于了解企业营业收入、成本、利润、各项业务的单价等信息，从而更直观地了解企业的盈利情况及影响盈利的因素。

二、预算审核分析系统的构建及其演示——以C纺织控股有限公司为例

为了更好地利用预算数据信息，快速、高效地掌握企业的战略动态、财务状况的变动趋势、预算数据的合理性，实现预算从备案制向审核制的过渡，真正发挥预算的激励与约束作用，此处以传统行业的C纺织控股有限公司（简称"C公司"）为例，说明在现有上报表格中可自动生成的信息及其启示。根据生成的信息能更快速地发现预算报送单位存在的问题，在编审环节及时进行改进和修正。现场的审核测试也证明，结构性信息对加快预算审核进度和发现问题非常有效。

（一）资产负债表的补充信息

建议在资产负债预算表的基础上，补充反映资产结构和资金来源结构的信息。

1.资产结构信息。

资产结构信息有助于快速地了解企业资产的分布结构以及面临的资产风险，发现本企业与同行业其他企业在资产配置结构方面的差异。

C公司简化的资产结构分析表格式见表13-1。

表13-1 **C公司简化的资产结构分析表**

主要资产项目	行次*	上年决算数	本年预算数	本年实际数	下年预算数	备 注
货币资金占比	2	12%	12%	10%	14%	需关注货币资金的盈利性与流动性匹配问题
存货占比	10	33%	37%	37%	35%	需关注存货周转天数
固定资产净额占比	26	20%	20%	18%	19%	需关注固定资产的创收能力

注：*该行次为对应的预算报表项目在相应预算报表中所在的行次，下同。

资料来源：依据C公司的资产负债预算表分析得出（此表略）。

从表13-1中可以看到，下年度预算中，C公司的资产主要分布在货币资金、存货和固定资产三方面，这些资产的组合以及管理水平直接对公司的流动性、安全性以及盈利性产生影响。在分项研究中，主要应关注货币资金的形成原因以及货币资金占比高对企业盈利性的影响。同时，要重点关注存货和固定资产的周转状况，分析其周转效率和单位资产的创收能力。

2.资金来源结构信息。

资金来源结构分析表格式见表13-2。

其作用体现在：

（1）通过负债、权益结构分析，反映公司的资金来源分布及利用情况；

（2）通过资本结构分析，反映企业资本成本的高低以及公司面临的偿债风险。

从表13-2中可以看到，下年度预算，C公司的总体资产负债率为59.22%，全部资金中银行借款占比达到22.37%，商业信用资金占比为8.90%，其他应付款比例一直较高，在15%~17%之间，C公司对投入资本的依赖度接近30%，通过积累方式形成的留存收益仅占全部资金的7.27%。

通过以上分析，就会对C公司的资产状况和资金来源状况产生初步认识，也可以根据其走向分析其合理性和原因。

（二）利润表的补充信息

1.利用利润预算表自动生成如图13-1和图13-2所示的信息。

从图13-1和图13-2中可以更清晰地看到主要利润项目的变化情况。

表13-2   C公司资金来源结构分析表   单位：%

项 目	行次	上年决算数	本年预算数	本年实际数	下年预算数	备 注
1.来自银行的资金占比						
短期借款占比	41	6.91	4.32	10.36	11.48	银行信用
长期借款占比	58	6.09	6.62	7.98	10.89	银行信用
小 计		13.00	10.94	18.34	22.37	
2.来自客户的资金占比						
应付票据占比	43	0.04	0.02	0.05	0.05	商业信用
应付账款占比	44	7.57	6.69	6.07	5.63	商业信用
预收款项占比	45	6.48	6.75	3.10	3.22	商业信用
小 计		14.09	13.46	9.22	8.90	
3.其他应付款占比	53	15.76	15.60	16.62	15.33	相对较高
4.负债合计占比	66	57.96	61.44	58.46	59.22	资产负债率
5.资本依赖度						
实收资本（股本）占比	68	14.12	12.49	13.39	13.05	资本依赖度
资本公积占比	69	18.16	16.11	17.07	16.65	资本依赖度
小 计		32.28	28.60	30.46	29.70	
6.积累的资金占比						
盈余公积占比	72	1.38	1.91	1.29	1.26	留存收益
未分配利润占比	73	4.51	5.01	5.83	6.01	留存收益
小 计	74	5.89	6.92	7.12	7.27	

资料来源：根据C公司报送的资产负债预算表分析得出（预算报表此处略）。

单位：万元

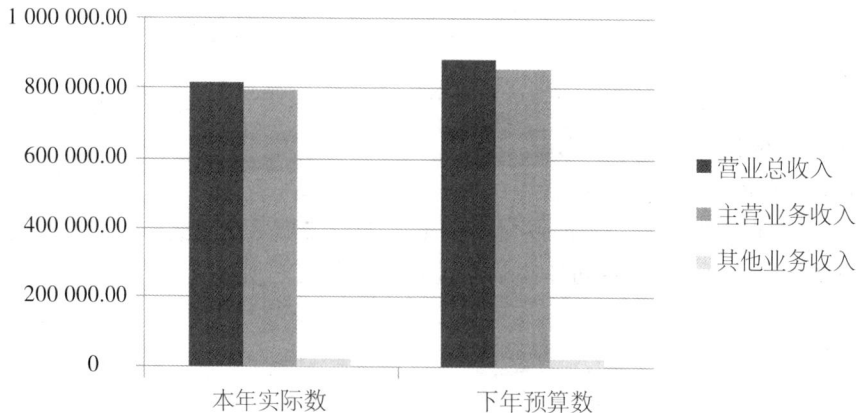

图13-1   C公司营业总收入及分析对比图

单位：万元

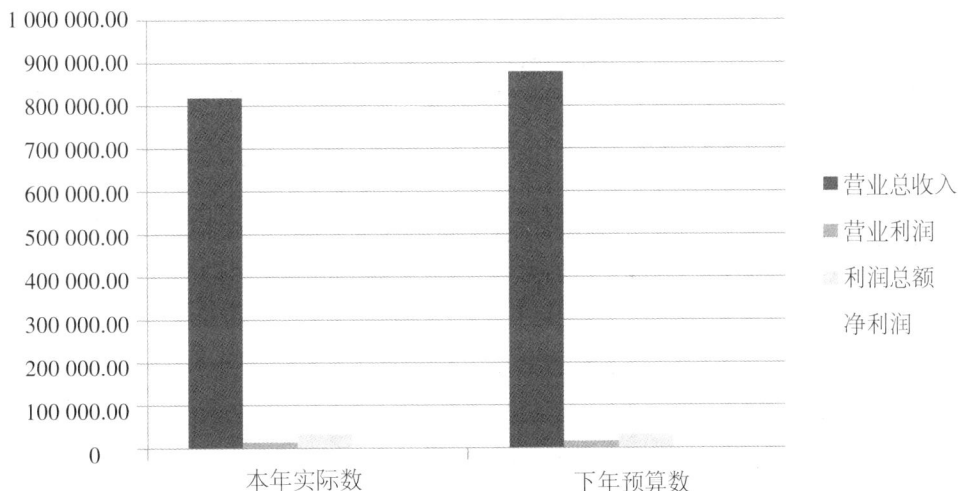

图13-2 C公司营业总收入及净利润情况分析图

2.进行结构性分析。

补充结构性的利润表信息，其作用体现在如下几个方面：

（1）可以了解以营业总收入为基础的各种成本、费用、税金等的占比情况（见表13-3）。

表13-3　　　　　　营业总收入中各种成本、费用、税金等的占比情况　　　　　单位：%

项　目	行次	上年决算数	本年预算数	本年实际数	下年预算数	备　注
1.营业总收入构成	1	100.00	100.00	100.00	100.00	
其中：主营业务收入占比	2	97.90	98.37	97.36	97.38	主营业务收入占比高
其他业务收入占比	3	2.10	1.63	2.64	2.62	
2.管理费用占比	10	10.05	9.84	9.97	9.19	占比有所下降
3.税金占比						
其中：税金及附加占比	8	3.58	3.90	3.54	3.62	
所得税费用占比	21	1.47	1.58	1.54	1.25	
小　计		5.05	5.48	5.08	4.87	判断税负变化
4.利润总额占比	20	4.84	4.75	4.50	4.24	分析盈利能力
5.净利润占比	22	3.37	3.17	2.96	3.00	分析营业净利率
6.所得税税负（所得税费用占利润总额的比率）	21/20	30.41	33.32	34.28	29.36	

资料来源：根据C公司报送的利润预算表分析得出（预算报表此处略）。

（2）可以了解公司主营业务和其他业务的毛利率情况以及各期比较情况（见表13-4）。

表13-4 　　　　　　　　　主营业务和其他业务毛利率分析 　　　　　　单位：万元

项　　目	行次	上年决算数	本年预算数	本年实际数	下年预算数	备　　注
1.主营业务收入	2	749 674.80	750 018.84	800 228.83	862 993.01	
主营业务成本	6	602 036.61	602 515.07	657 155.50	705 073.63	
毛利		147 638.19	147 503.77	143 073.33	157 919.38	
主营业务毛利率		19.69%	19.67%	17.88%	18.30%	毛利率稳定在17%~20%
2.其他业务收入	3	16 079.74	12 464.79	21 690.87	23 230.72	
其他业务成本	7	3 847.23	3 692.40	6 219.20	4 274.89	
毛利		12 232.51	8 772.39	15 471.67	18 955.83	
其他业务毛利率		76.07%	70.38%	71.33%	81.60%	毛利率比较高

资料来源：根据C公司利润预算表分析得出（预算报表此处略）。

（3）可以了解公司的盈亏原因。

从表13-3中可以获得以下信息：

（1）通过对收入构成进行分析可以发现，下年度预算中，C公司的主营业务收入占比达到97.38%，其他业务收入占比为2.62%，与前期相比没有发生重大变化。

（2）下年度预算中，C公司三项期间费用的主要项目为管理费用，占比约为9%；如果对管理费用能加以压缩，将对公司总体盈利情况产生积极作用。

（3）下年度预算中，C公司的税金及附加约占营业收入的3.62%，总体趋势不变；所得税占营业收入的比重为1.25%；两者合计占营业收入的比例为4.87%。所得税税负（所得税费用占利润总额的比率）为29.36%，是否合适要结合行业情况而定，并据此分析公司税收筹划工作的开展情况。

从表13-4中可以获得以下信息：下年度预算中，C公司的主营业务毛利率在18%~19%，而其他业务毛利率在81%~82%，且呈现上升的趋势，从审核的角度要分析可能的原因。

（三）现金流量表补充信息

补充的现金流量表信息，包括现金流入结构分析（格式见表13-5）和现金流出结构分析（格式见表13-6）。其作用体现在以下几方面：

表13-5　　　　　　　　　　　现金流入结构分析表　　　　　　　　　单位：%

项　目	行次	上年决算数	本年预算数	本年实际数	下年预算数
1.三大活动现金流入状况					
经营活动现金流入小计占比	5	91.58	91.69	85.07	86.57
投资活动现金流入小计占比	18	0.25	0.20	0.59	0.50
筹资活动现金流入小计占比	30	8.17	8.11	14.34	12.93
现金流入合计		100.00	100.00	100.00	100.00
2.主要现金流入项目（前三项）占比					
销售商品、提供劳务收到的现金占比	2	65.75	56.75	53.24	59.25
收到其他与经营活动有关的现金占比	4	24.02	33.81	30.79	26.52
取得借款收到的现金占比	27	7.48	4.16	9.25	10.14

资料来源：根据C公司报送的现金流量预算表分析得出（预算报表此处略）。

表13-6　　　　　　　　　　　现金流出结构分析表　　　　　　　　　单位：%

项　目	行次	上年决算数	本年预算数	本年实际数	下年预算数
1.三大活动现金流出状况					
经营活动现金流出小计占比	10	82.96	86.07	83.46	86.40
投资活动现金流出小计占比	23	3.85	3.75	2.92	2.42
筹资活动现金流出小计占比	34	13.19	10.18	13.62	11.18
现金流出合计		100.00	100.00	100.00	100.00
2.主要现金流出项目（前三项）占比					
购买商品、接受劳务支付的现金占比	6	52.41	49.66	50.84	53.66
支付其他与经营活动有关的现金占比	9	19.81	28.66	27.24	26.21
偿还债务支付的现金占比	31	11.30	8.16	11.16	8.56

资料来源：根据C公司报送的现金流量预算表分析得出（预算报表此处略）。

（1）了解公司的现金流入和流出信息。

（2）了解公司的现金流入和流出结构。

（3）分析公司的现金偿债能力、股利支付能力和纳税能力。

从表13-5的现金流入结构分析表中可见，下年度预算中，C公司现金流入主要来自经营活动，占比为86.57%；其次是筹资活动，占比为12.93%，筹资活动现金流入预算数呈现上升趋势；投资活动对现金流入的贡献度较低。从明细上看，"销售商品、提供劳务收到的现金"以及"收到其他与经营活动有关的现金"占比较高。公司收到的其他与经营活动有关的现金占比较高，应详细分析其原因。

从表13-6的现金流出结构分析表中可见，该公司下年度预算的主要现金流出用于经营活动，占比为86.40%；其次是筹资活动，占比为11.18%；投资活动现金流出占比较低。从明细上看，"购买商品、接受劳务支付的现金"以及"支付其他与经营活动有关的现金"占比较高。公司支付的其他与经营活动有关的现金占比较高，应详细分析其原因，主要分析该项预算编制是否合理。在分析时要将本年数与上年数进行比较。

（四）主营业务损益预算表补充信息

主营业务损益预算表补充信息的主要作用在于：

（1）利用主营业务收入的分类信息，可以进行不同业务板块内部的收入趋势的比较，并通过图像观察不同板块收入预算的年度对比变化情况，判断其预算可信度（如表13-7和图13-3所示）。

表13-7　　　　　　　　　　　主营业务收入及其内部结构　　　　　　　　　　单位：万元

项　目	所属产业	主业代码	上年决算数	本年预算数	本年实际数	下年预算数
1.主营业务收入基础数据						
品牌服装纺织类	16	114	180 208.66	183 601.50	140 028.37	134 251.28
功能性纺织品类	16	114	92 483.35	94 935.00	108 842.82	118 294.53
贸易类	16	114	228 795.69	237 534.00	365 275.00	392 861.19
都市服务类	16	114	52 535.42	52 980.82	56 933.97	64 882.61
母体类	16	114	36 786.68	39 907.00	40 453.31	45 032.00
房地产开发类	16	114	158 865.00	141 060.52	88 695.36	107 671.40
主营业务收入			749 674.80	750 018.84	800 228.83	862 993.01
2.主营业务收入内部结构分析						
品牌服装纺织类	16	114	24.04%	24.48%	17.50%	15.56%
功能性纺织品类	16	114	12.34%	12.66%	13.60%	13.71%
贸易类	16	114	30.52%	31.67%	45.65%	45.52%
都市服务类	16	114	7.01%	7.06%	7.11%	7.52%
母体类	16	114	4.91%	5.32%	5.06%	5.22%
房地产开发类	16	114	21.18%	18.81%	11.08%	12.47%
主营业务收入			100.00%	100.00%	100.00%	100.00%

资料来源：根据C公司报送的主营业务损益预算表分析得出（预算报表此处略）。

单位：万元

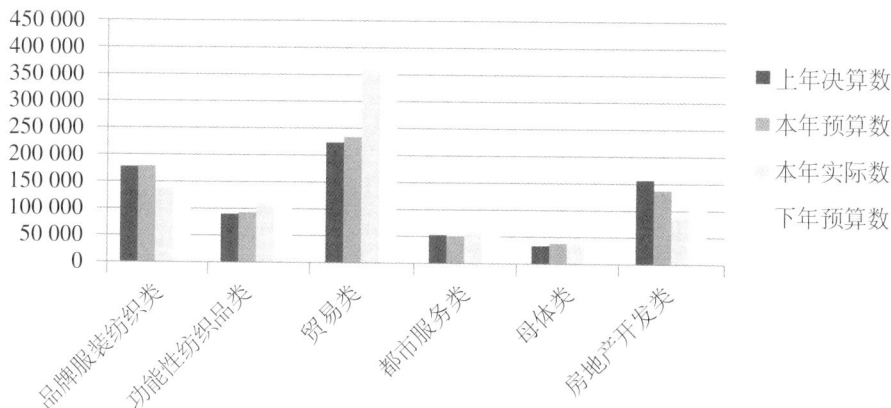

图13-3 C公司各类主营业务收入预算的对比图

（2）利用主营业务收入的分类信息，自动生成反映各类业务的分项收入占比信息，了解对C公司影响比较大的收入来源（如表13-7和图13-4所示）。

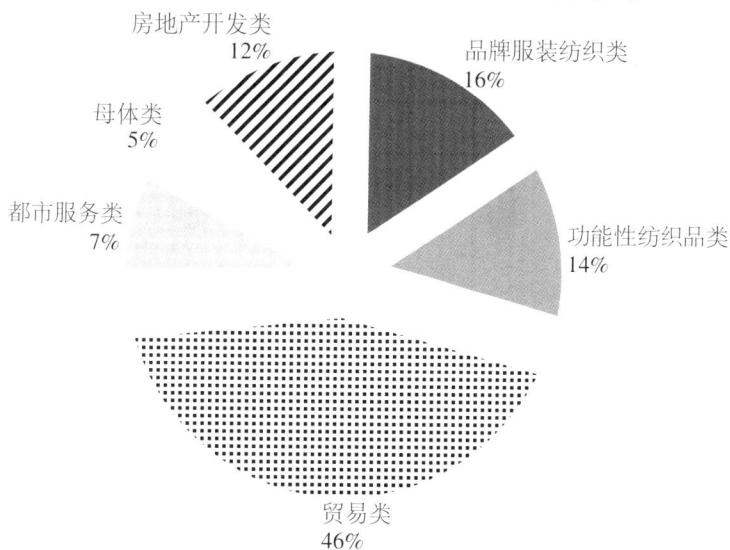

图13-4 C公司下年度主营业务收入构成占比图

（3）利用主营业务损益预算中的分类信息，自动生成反映各类业务的分项毛利率信息，并通过图像观察毛利率指标的变化情况，判断其预算可信度（如表13-8和图13-5所示）。

从表13-7和图13-3中可以看出：下年度预算中，品牌服装纺织类主营业务收入预算较上年决算数和本年预算数有所下降；功能性纺织品类、都市服务类以及母体类预算比较稳健；贸易类预算较上年决算数和本年预算数有所增加；房地产开发类本年预算数

表13-8 主营业务中各分类的毛利率比较 单位：%

项 目	上年决算数	本年预算数	本年实际数	下年预算数	备 注
品牌服装纺织类	7.68	8.84	8.04	5.53	较低
功能性纺织品类	15.60	15.01	17.59	18.95	有上升趋势
贸易类	10.40	11.19	9.42	9.46	较低
都市服务类	22.96	25.61	26.73	27.43	略升
母体类	52.21	51.43	55.56	56.77	略升
房地产开发类	40.48	39.94	45.80	45.82	相对稳定

单位：%

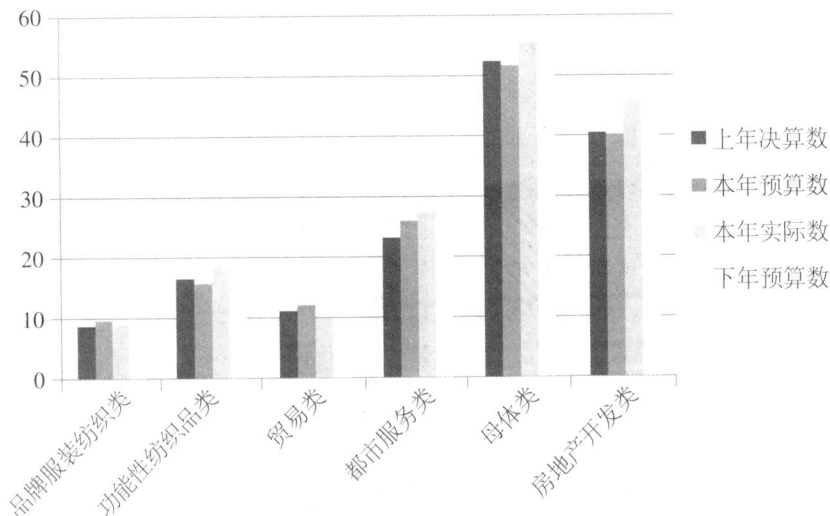

图13-5 C公司主营业务中各分类的毛利率对比图

和本年实际数存在较大差距，下年预算数高于本年实际数，实现起来可能存在一定的难度。从预算审核的角度，需要预算报送单位详细解释造成下年预算与本年相比发生变化的原因，并分析其合理性。

从表13-7和图13-4中可以看出，下年度预算中，C公司主营业务各分类中，贸易类、品牌服装纺织类、功能性纺织品类以及房地产开发类对主营业务收入产生了直接影响，需要引起关注。

从表13-8和图13-5的主营业务各分类的毛利率比较中可以看出：品牌服装纺织类、贸易类的毛利率偏低，需要从国计民生以及地方政府总体规划的角度研究继续维持这两项业务的必要性；也可考虑增加科技投入，及时进行行业转型和升级，避免一直出现亏损的局面。

补充主营业务损益预算表信息主要包括以下两项工作：

（1）利用主营业务损益预算表中反映的主营业务收入和主业明细分类业务的相关数据，制作主业项目单价计算表（见表13-9），衡量产品价格信息对公司主营业务收入的影响，从而了解产品价格走向。

表13-9 主业项目单价计算表

项 目	指标名称	计量单位	上年决算数	本年预算数	本年实际数	下年预算数	备 注
栏 次	1	2	3	4	5	6	
1.主业明细分类							
品牌服装纺织类	生产坯布、服装面料	万米	2 036.41	1 794.00	1 642.51	1 407.76	
功能性纺织品类	生产无纺布、纱线	万吨	21 879.20	21 044.00	22 588.30	23 001.75	
贸易类	服装销售	万件	3 939.05	3 432.83	4 118.83	4 193.05	
都市服务类	服装检测	万件	106	111	120	130	
母体类	房屋出租	万平方米	47.88	48.18	55.73	55.93	
房地产开发类	房地产销售	万平方米	10.3	8.65	3.83	4.54	
2.主营业务收入							
品牌服装纺织类	生产坯布、服装面料	万元	180 208.66	183 601.50	140 028.37	134 251.28	
功能性纺织品类	生产无纺布、纱线	万元	92 483.35	94 935.00	108 842.82	118 294.53	
贸易类	服装销售	万元	228 795.69	237 534.00	365 275.00	392 861.19	
都市服务类	服装检测	万元	52 535.42	52 980.82	56 933.97	64 882.61	
母体类	房屋出租	万元	36 786.68	39 907.00	40 453.31	45 032.00	
房地产开发类	房地产销售	万元	158 865.00	141 060.52	88 695.36	107 671.40	
3.主业项目单价							
品牌服装纺织类	生产坯布、服装面料	元/米	88.49	102.34	85.25	95.37	存在估计偏差
功能性纺织品类	生产无纺布、纱线	元/吨	4.23	4.51	4.82	5.14	略升

续表

项　目	指标名称	计量单位	上年决算数	本年预算数	本年实际数	下年预算数	备　注
栏　次	1	2	3	4	5	6	
贸易类	服装销售	元/件	58.08	69.19	88.68	93.69	上升
都市服务类	服装检测	元/件	495.62	477.30	474.45	499.10	基本稳定
母体类	房屋出租	元/平方米	768.31	828.29	725.88	805.15	上升
房地产开发类	房地产销售	元/平方米	15 423.79	16 307.57	23 158.06	23 716.17	售价提高

注：预算审核时要注意对计量单位的审核，分析系统能自动发现有无计量单位填报错误的问题。

（2）绘制产品价格走势图，直观反映每类产品的价格走势。C公司房地产开发类产品的销售价格走势对比如图13-6所示。

单位：元/平方米

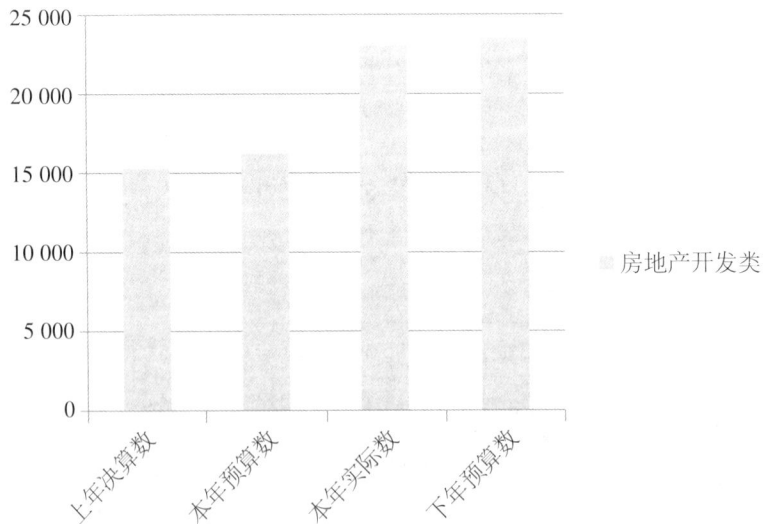

图13-6　C公司房地产开发类产品销售价格走势对比图

从表13-9中可以发现具体产品的价格走势，通过与外部市场的比较，可以分析C公司在预算定价方面是否合理。

值得关注的是，目前国资委系统的企业对该项指标的填列不准确，很多企业没有准确填写计量单位，这就需要各企业加以注意，计量单位一定要如实填写，越是基层填报单位越是要详细填写计量单位。

（五）成本费用预算表补充信息

成本费用预算表补充信息的主要作用在于：

（1）利用成本费用预算表的销售费用信息，可以研究销售费用内部结构及其变动趋势，抓住主要费用项目进行管控，并分析预算标准的适度性（见表13-10）。

表13-10   **销售费用项目内部结构表**   单位：%

项 目	行 次	上年决算数	本年预算数	本年实际数	下年预算数	备 注
销售费用	6	100.00	100.00	100.00	100.00	
1.包装费占比	7	0.40	0.47	0.54	0.87	
2.运输费占比	8	14.35	12.46	18.06	13.05	相对较低，可能会不够用
3.装卸费占比	9	0.00	0.08	0.10	0.08	
4.仓储保管费占比	10	0.08	1.94	1.33	0.51	
5.保险费占比	11	0.98	0.17	0.22	0.16	
6.展览费占比	12	0.18	1.12	1.71	0.87	
7.广告费占比	13	11.67	16.08	12.72	14.38	取本年预算数和本年实际数的均值
8.销售服务费占比	14	8.16	5.03	11.60	17.81	
9.职工薪酬占比	15	27.55	21.53	28.13	22.38	下年薪酬预算占比下降
其中：工资占比	16	—	94.45	96.62	92.24	占职工薪酬的比例
福利费用占比	17	—	1.31	1.32	1.45	占职工薪酬的比例
10.业务经费占比	18	5.10	2.45	2.81	1.69	
11.委托代销手续费占比	19	12.42	28.28	8.11	15.22	变动幅度较大
12.折旧费占比	20	1.20	1.00	1.44	0.82	
13.修理费占比	21	0.33	0.30	0.32	0.16	
14.样品及产品损耗占比	22	0.19	0.16	0.01	0.03	
15.其他项目占比	23	17.39	8.91	12.90	11.97	需要查明原因

（2）利用成本费用预算表的管理费用信息，可以研究管理费用内部结构及其变动趋势，抓住主要费用项目进行管控，并分析预算标准的适度性（见表13-11）。

表13-11　　　　　　　　　　　　　管理费用项目内部结构表　　　　　　　　单位：%

项　目	行　次	上年决算数	本年预算数	本年实际数	下年预算数	备　注
管理费用	24	100.00	100.00	100.00	100.00	
1.职工薪酬占比	25	37.34	42.27	41.75	43.38	工资略微上升
其中：工资占比	26	—	77.78	75.77	75.97	占职工薪酬的比例
福利费用占比	27	—	10.04	7.88	7.77	占职工薪酬的比例
2.保险费占比	28	2.79	1.92	2.06	2.00	
3.折旧费占比	29	7.53	10.07	9.17	9.21	基本平稳
4.修理费占比	30	2.33	1.37	1.52	1.44	
5.无形资产摊销占比	31	1.14	1.12	1.09	0.84	
6.长期待摊费用摊销占比	32		0.63	0.69	0.67	
7.低值易耗品摊销占比	33		0.07	0.08	0.07	
8.存货盘亏占比	34		—	—	—	
9.业务招待费占比	35	1.06	1.14	0.59	0.69	
10.差旅费占比	36	1.10	1.10	0.92	0.99	均衡
11.办公费占比	37	2.13	2.54	2.53	2.91	均衡
12.水电费占比	38	—	2.35	2.22	2.06	
13.税金占比	39		5.32	5.16	5.35	均衡
14.租赁费占比	40	—	2.73	2.95	2.15	
15.其他项目占比	41	44.59	27.36	29.28	28.24	降幅大，不确定因素多

（3）利用财务费用项目可以绘制财务费用走势图（如图13-7所示）。从图13-7中可见，C公司对财务费用的预计存在一定的偏差。

相关项目需要关注的重点见表13-10和表13-11的备注说明部分。

（六）人工成本预算表补充信息

补充的人工成本预算表信息的格式见表13-12。

单位：万元

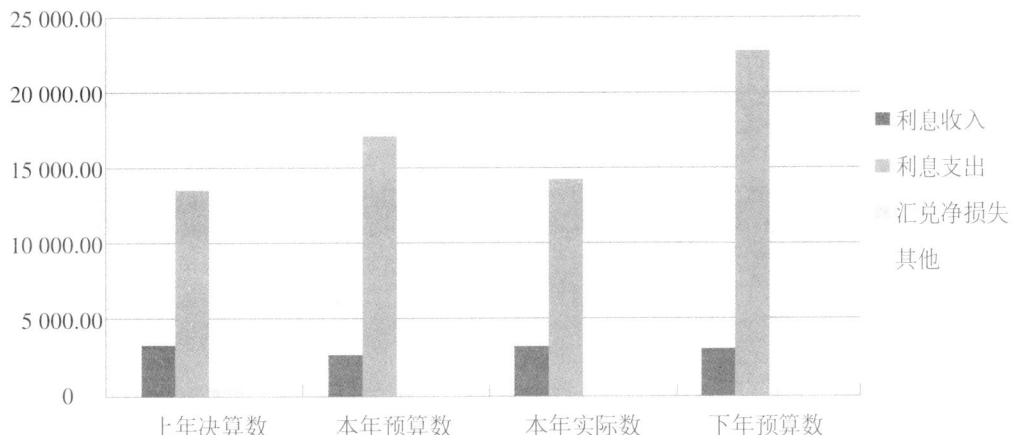

图13-7 C公司财务费用走势图

表13-12　　　　　人工成本和实际支付的现金等占营业收入的比例　　　　　单位：万元

项　目	行次	上年决算数	本年预算数	本年实际数	下年预算数	备　注
1. 人工成本基本信息						
企业人工成本总额（不含劳务派遣费用）		77 439.29	79 873.58	76 021.56	82 147.50	
从业人员人工成本总额		74 068.05	75 131.34	71 580.54	78 144.66	
其中：从业人员劳动报酬		53 029.56	54 805.35	51 772.89	58 549.59	
职工人工成本总额		76 487.83	79 661.01	75 981.00	81 383.83	
工资总额		53 120.70	54 998.68	51 775.15	56 427.03	
2. 营业总收入		765 754.54	762 483.63	821 919.70	886 223.73	来自利润预算表
3. 支付给职工以及为职工支付的现金		76 355.85	77 739.03	74 617.30	77 948.85	来自现金流量预算表
4. 人工成本占营业收入的比例						
（1）企业人工成本总额（不含劳务派遣费用）占营业收入的比例（%）		10.11	10.48	9.25	9.27	
（2）从业人员人工成本总额占营业收入的比例（%）		9.67	9.85	8.71	8.82	平稳
其中：从业人员劳动报酬占营业收入的比例（%）		6.93	7.19	6.30	6.61	
（3）职工人工成本总额占营业收入的比例（%）		9.99	10.45	9.24	9.18	下降
5. 支付给职工以及为职工支付的现金占营业收入的比例（%）		9.97	10.20	9.08	8.80	呈下降趋势，待遇降低

其作用体现在以下两方面：

（1）可以分析从业人员劳动报酬占营业收入的比例及其变动趋势、企业实际支付给职工以及为职工支付的现金占营业收入的比例及其变动趋势。

（2）了解人工成本与营业收入之间的关系，以便于进行行业对比和制定宏观政策。

（七）专项支出内部结构补充信息

专项支出内部结构信息如图13-8所示。其作用主要是直观地反映专项支出内部的主要支出项目及其变动趋势。从图13-8中可见，C公司专项支出主要为折旧费用和利息支出。其中，利息支出的下年预算数和本年实际数完全一致不合理，需要查明原因。

单位：万元

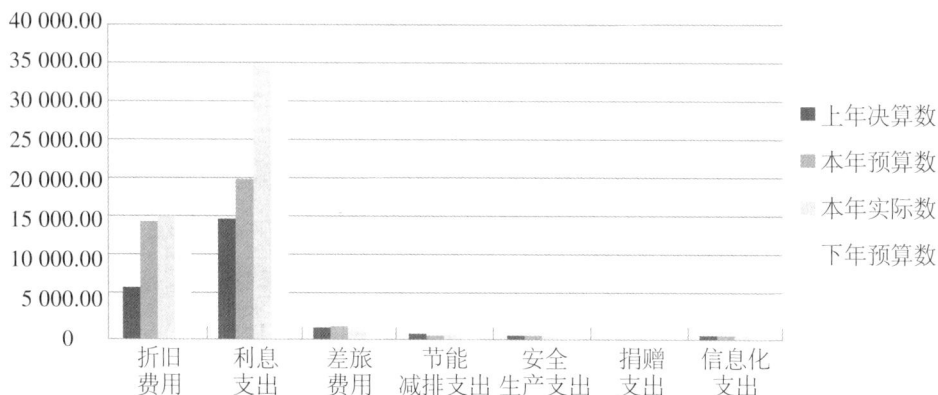

图13-8　C公司专项支出内部结构信息

（八）对外筹资预算结构分析表补充信息

此表主要反映了企业计息类金融负债和直接融资的变化情况及其变动趋势。在预算审核中发现的问题主要是该表的上年决算数、增减金额与现金流量表的对应关系不准确，在完善钩稽关系的基础上，可以进行信息补充。

对外筹资预算结构分析表补充信息的作用体现在以下两方面：

（1）可以补充反映金融负债内部结构的信息，包括计息负债和直接融资的信息（见表13-13）。

（2）可以利用本年度的实际数和下年度的预算数（时点数）以及筹资费用信息，简单测算企业的各种长、短期资金成本，从而判定资金成本的合理性（见表13-14）。

从表13-13对外筹资内部结构分析中可以看出，下年度预算中，C公司对银行借款的依赖度很高，而对其他融资方式利用较少，一旦货币政策收紧或受银行自身流动性约束，C公司就可能出现融资难的问题。

从表13-14中可以清晰地看到各种计息负债筹资方式的资金成本情况，分析企业是否以低成本融资以及企业面临的融资难点。表13-14中数据显示，下年度预算中，C公司平均的资金成本率为7.66%，需要与银行同期贷款利率比较，分析其合理性。对其中的166万元的非银行金融机构长期借款资金成本为0的情况，需要分析其是否为无息负债，或者询问企业是漏填还是其他原因。

表13-13　　　　　　　　　　对外筹资内部结构分析　　　　　　　　单位：%

项　目	行次	上年决算数	本年预算数	本年实际数	下年预算数	下年筹资费用预算数
栏次		1	2	3	6	7
对外筹资合计	1	100.00	100.00	100.00	100.00	100.00
一、带息负债筹资	2	100.00	100.00	100.00	100.00	100.00
（一）带息流动负债	3	47.12	46.67	65.10	63.72	60.89
1.短期借款	4	47.12	28.50	37.86	33.55	33.19
其中：银行借款	5	15.38	25.65	21.86	19.33	15.92
非银行金融机构借款	6	31.30	2.85	16.00	14.22	12.83
2.交易性金融负债	7					
3.其他带息流动负债	8	0	18.16	27.24	30.16	27.70
其中：短期债券	9	0	26.63	0	0	0
一年内到期的带息非流动负债	10	0	0	3.03	2.36	3.79
其中：一年内到期的长期借款	11					
（二）带息非流动负债	12	52.88	53.33	34.90	36.28	39.11
1.长期借款	13	41.52	43.67	29.19	31.83	34.90
其中：银行借款	14	41.36	43.67	29.15	31.80	34.90
非银行金融机构借款	15	0.16	0	0.04	0.03	0
2.应付债券	16					
3.融资租赁	17					
4.其他带息非流动负债	18	11.36	9.66	5.71	4.45	4.21
二、股权筹资	19					
其中：股票筹资	20					
三、其他筹资	21	0	0	0	0	0

注：上年决算数第5行和第6行相加不等于第4行（15.38+31.30≠47.12），而本年预算数、本年实际数、下年预算数第5行和第6行相加等于第4行的原因是上年国资委系统预算已经批复，后发现的统计问题无法更改。

表13—14 　　　　　　　　　　　　对外筹资资金成本计算表 　　　　　　　　　单位：万元

项　目	行次	本年实际数	下年预算数	资金平均占用额	下年筹资费用预算	下年资金成本率（%）
栏　次	一	3	6		7	
对外筹资合计	1	445 525.29	571 780.29	508 652.79	38 964.28	7.66
一、带息负债筹资	2	445 525.29	571 780.29	508 652.79	38 964.28	7.66
（一）带息流动负债	3	290 056.80	364 311.80	327 184.30	23 724.05	7.25
1.短期借款	4	168 698.00	191 850.00	180 274.00	12 931.63	7.17
其中：银行借款	5	97 398.00	110 550.00	103 974.00	6 204.95	5.97
非银行金融机构借款	6	71 300.00	81 300.00	76 300.00	4 997.51	6.55
2.交易性金融负债	7					
3.其他带息流动负债	8	121 358.80	172 461.80	146 910.30	10 792.42	7.35
其中：短期债券	9					
一年内到期的带息非流动负债	10	13 500.00	13 500.00	13 500.00	1 476.00	10.93
其中：一年内到期的长期借款	11					填报不全
（二）带息非流动负债	12	155 468.49	207 468.49	181 468.49	15 240.23	8.40
1.长期借款	13	130 016.00	182 016.00	156 016.00	13 598.00	8.72
其中：银行借款	14	129 850.00	181 850.00	155 850.00	13 598.00	8.73
非银行金融机构借款	15	166.00	166.00	166.00	0	0
2.应付债券	16					
3.融资租赁	17					
4.其他带息非流动负债	18	25 452.49	25 452.49	25 452.49	1 642.23	6.45
二、股权筹资	19					
其中：股票筹资	20					
三、其他筹资	21					

　　注：下年筹资费用预算中的短期借款与分项目银行借款和非银行金融机构借款的加总数不一致，是预算审核中发现的问题，需要询问被审核单位。

　　（九）金融工具情况预算表补充信息

　　金融工具情况预算表补充信息的作用体现在以下两个方面：

（1）可以了解企业对各种金融资产投资的倾向性、变化趋势（如图13-9所示）。

单位：万元

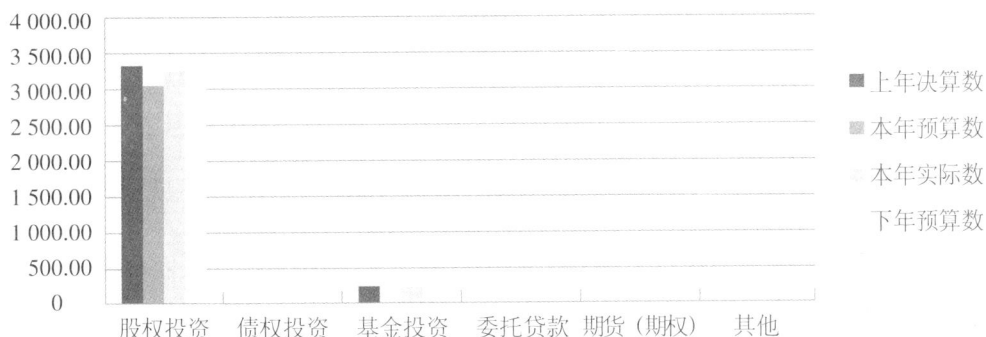

图13-9　C公司金融工具投资变化趋势

（2）可以了解不同金融产品投资的回报率及其测算数据是否恰当（见表13-15），也可以向预算单位询问、了解实际情况。

表13-15　　　　　　　　　金融工具投资回报率情况表　　　　　　　单位：%

项　目	投资目的	投资主体*	上年决算数	本年预算数	本年实际数	下年预算数	备　注
一、股权投资			34.34	28.77	16.15	19.05	
××银行股票	分红	甲公司	1.89	45.63	3.89	4.88	
××银行股票	分红	乙公司	0	41.06	27.37	27.37	均衡假设
××商场股票	分红	丙公司	0	0	0	0	
××银行股票	分红	丁公司	38.06	28.54	17.13	20.55	计算依据是什么
二、债权投资			0	0	0	0	
三、基金投资			0	0	13.02	0	
银华永祥（保本基金）	投资收益	戊公司	0	0	13.02	0	要询问变现了吗
四、委托贷款			0	0	0	0	
五、委托理财			0	0	0	0	
六、期货（期权）			0	0	0	0	
七、其他			0	0	0	0	

注：*此处隐去实际投资主体的名称，分别用甲、乙、丙、丁、戊公司代替。

审核实践中发现，同样都是做股票投资的公司，购买的都是期限相同的原始股股票，但效益好和效益差的企业上报的投资回报率差异却很大。这需要结合市场情况详细分析企业对该项投资收益的确认是否符合行业真实情况。

（十）其他报表信息

编制其他报表中的固定资产投资预算表时，需要尽可能地进行同项合并，以便了解固定资产的投资去向。担保表应关注担保额占公司总资产或净资产的比例。

因公司缺少BOT和BT项目，此案例中不需要进行分析。

（十一）对财务比率数据的分析

这一部分主要是关注在反映盈利能力和营运能力的指标中，是否应用资产平均数，以减少因不平均而产生的差异。

为了达到预算审核分析的目的，可能需要进行软件开发，此法如能应用于企业基层单位的早期预算审核环节，就能达到"一箭双雕"的目的；企业上级单位可及时发现下级单位预算编制中存在的问题，督促下级单位将预算数据错误消灭在萌芽中，同时这样做也有助于减少国资委的审核工作量。

总之，企业需要从观念、制度、信息化系统构建以及激励与约束机制方面进行全方位的管理，借此提高预算编制的合理性和相对准确性，从而提高预算执行的预见性。

第三节　预算分析报告

一、预算分析需要思考的问题

预算分析是对上年度预算执行情况的分析。这是财务人员必做的工作，也是不确定性最强的工作。几乎每个财务负责人都在做，但是多数效果都不够理想。为此，应思考如下问题：

1.你对自己的分析满意吗？

2.如果企业是自己家的，你的分析能起到什么作用？

3.你了解老板吗？他想要知道什么？

4.你真的理解预算分析吗？

预算分析报告的要求如下：

1.重点突出（粗要到位，细要到位）。

2.对经营管理有用。

3.在分析时，应充分结合业务，从业务的角度进行说明，用数字说话，说出数字背后的"故事"。

4.对于其他重要财务事项，可在报告中进行简要说明，详细情况以报告附注的形式在后文反映。

5.数据存在口径差异的，应还原为同一口径进行对比分析。

6.对于存在的问题，应从财务视角提出相应的建议和措施。

综上所述，预算执行情况分析要与公司经营分析相结合。分析时不但要找出执行预算的症结所在，而且要落实改进的措施；不仅要注重财务指标分析，还要注重非财务指标分析。分析内容有差异性分析、一致性分析、例外事项分析、差错分析和进度分析；公司预算审核责任主体要结合各预算单位的经营分析、预算执行情况分析报告，综合编制公司全面预算执行情况分析报告书。

二、预算分析报告的内容

（一）报告概述

这一部分要求针对主要指标的完成情况进行简要说明，主要指标包括收入、净利润、现金流、重大投融资活动等。整体说明建议不超过5行，最多不超过1/3页，根据公司的实际情况简要说明，突出重点，一句话说出关键指标，以摘要的形式高度概括公司主要指标的完成情况。报告正文内容建议不超过10页，业务较多的公司报告正文不超过15页。

（二）主要财务指标的完成情况

这一部分主要是将收入、净利润、经营现金流净额、融资等关键指标和预算进行对比，通过对比，揭示主要财务指标的完成情况。主要财务指标的完成情况报告部分建议不超过1/2页，详细指标完成情况可在第五部分的财务指标完成情况的分析中填写。

（三）行业现状和趋势分析

结合国家和项目所在地区的政策、市场发展趋势等进行分析，重点强调行业、市场发展对项目产生的影响，切勿大段照搬国家宏观政策关于市场的分析和描述。内容上，关键在于有效性和与公司的关联度；形式上，要善用图片、表格，用图片和数字说话，通过图片、数字阐述目前的行业发展趋势和发展情况。其中，对项目的市场分析，来源于网络的，应当关注资料来源的权威性，并注明来源。

（四）项目重要里程碑分析

下面以C公司的房地产板块为例，说明如何进行项目重要里程碑的分析。

1.内容要求。

（1）可结合公司的重点业务指标，如项目五证的计划取得进度、关键节点进行分析说明，对延期项目，需要重点说明项目推迟的原因及对后期工作的影响，建议用列表的方式，突出重点，切勿照搬项目运营部门提供的表格直接粘贴，要有重点地进行列示。

（2）已达到销售阶段的，可重点对目前项目的销售进展情况进行分析说明，需要包括以下内容信息：签约面积、认购额、回款额等。

（3）平台公司有多个项目的，可总体概述项目情况，然后根据项目所处的阶段，再分项目进行说明。

（4）其他重要节点请结合项目所处阶段进行说明，例如，尚未达到销售阶段的、售楼处的建设进度等。

2.形式要求。

俗话说："一图胜千言。"对业务的描述，建议配以图片，这样更有说服力，如关于工程进度的图片、项目正在施工的图片、销售现场的图片，应选择那些有代表性、能反映目前状态的图片，图片的运用数量要合理，结合不同阶段适当选取有代表性的图片即可。

（五）财务指标完成情况的分析

1.收入分析。

对收入的变化，应从自变量进行分析，如原计划房屋销售单价8 000元每平方米，1—6月份，实际单价高于或低于预算中的平均售价，对其产生的影响应做披露说明，而非仅仅简单地列举收入完成预算程度（%），需进行收入的深度分析。

2.项目毛利分析。

建议从业务维度进行综合分析，以使分析更具有针对性（可分业务线进行对比、分析说明）。

3.经营管理费用分析。

结合基层利润表中对经营管理费用大类的划分，分类别进行对比列示，重点对超预算及金额较大的项目进行分析说明。和去年同期相比、和同期预算相比，差异超过20%的，应当分类注明变化原因。

（六）融资情况分析

这一部分包括公司累计及本年度从集团借款金额以及公司目前已融资情况（包含融资金额、融资成本、融资方式等），仅用文字可能无法进行清晰的表述，建议以表格形式进行说明。

重要概念

预算审核　预算分析审核系统　预算分析

复习思考

1.预算审核应包括哪几个方面？

2.预算实质性审核包括哪几个方面的内容？

3.预算基础审核、预算编制审核都包括哪些基本内容？

4.预算分析报告应包括哪些基本内容？

操作练习

久其预算软件有什么优点？在预算审核中，如何利用久其预算软件提高预算审核效率？

第十四章

超越预算及其在实践中的应用

【导语】本章将针对传统预算的不足进行分析，并结合超越预算的提出以及实施等进行介绍和评述。本章主要包括超越预算的概念、传统预算的不足、超越预算的主要内容与原则、超越预算需要具备的条件以及对我国企业预算管理的启示。

第一节　传统预算的不足与超越预算概念的提出

这个世界不缺少发现，而是缺少发现后的思考。预算在优化企业组织结构、降低企业经营成本、实现资源的优化配置和协调、提高企业竞争力方面具有重要作用。但是，传统预算管理在应用中也存在很多不足之处。经济环境和企业组织结构发生的巨大变化，引发了一种新的预算管理模式——超越预算。它突破了传统预算的局限性，解决了预算的刚性与顾客需求向多样化、个性化方向发展之间的冲突。

一、研究背景

资源的稀缺性是经济学的基本命题。世界上的资源——资金资源、人力资源、自然资源——都是有限的，而可供企业支配的经济资源更加稀缺。资源稀缺导致需要进行预算的指引，同时构成对预算的一种硬约束。对于有限的资源的合理利用就需要通过预算做出选择和安排。

预算对企业发展有着极其重要的促进作用。随着市场化程度的提高，企业竞争日趋激烈、外部环境变化加快、企业面临的各种风险愈加难以控制。近年来，不少知名企业或由于资金链断裂而毁于一旦，或由于市场预测不准、战略失误导致经营效益下降而被其他企业收购，从而使企业管理层越来越认识到预算管理的重要性，也越来越感觉到实施预算管理的复杂性。

传统预算管理模式自20世纪20年代诞生以来，便占据了全球企业管理的主流地位。20世纪90年代后，企业经营环境发生了巨大变化（参见根据Jeremy Hope和Robin Fraser的调查资料整理形成的表14-1），企业管理实践中的不确定性、不稳定性和竞争性明显增强。为了适应极不稳定的新经济形势，"寻找正确战略"的概念已被"战略灵活性"思想所替代。传统的企业边界已变得不再清晰，企业在对外积极构建"供应链"等动态战略联盟的同时，其自身的组织结构也日趋柔性化，内部管理关系、控制流程已不再如传统企业组织那样固定和明确，"互联网+"时代下的转型战略渗透到政府和企业管理的层面。

表14-1 企业环境的变化趋势

环境变化	持续的变化	不可预测的、非连续的变化
时间	20世纪90年代之前	20世纪90年代之后
股东要求	股东要求利润提高	股东要求业绩一流
主导资本	以财务资本为主导	以智力资本为主导
改革	改革稳步前进	改革迅速
价格	价格反映成本	经济全球化导致价格下降
顾客	顾客忠诚	顾客的喜好转瞬即变
投资者和管理者的要求	投资者和管理者忽视伦理道德	投资者和管理者要求制定较高的伦理道德标准

咨询公司美世（Mercer）的一项调查显示，受访的管理者中有47%的人认为员工已经对传统预算管理模式失去了信心，其激励系统缺乏公平性和灵敏性（Sensitive）；受访的员工中有多达51%的人认为传统预算管理模式几乎不再为公司创造任何价值。Jensen和Murphy（1990）通过研究表明，CEO的薪酬与公司业绩不存在必然联系。1998年，咨询公司韬睿（Towers Perrin）对美国771家上市公司的调查表明，只有1/3的公司业绩与公司的激励政策之间存在关系。这说明，在新的经营环境中，传统预算管理模式在企业内部管理控制中的核心地位开始受到挑战，于是"超越预算"应运而生。

随着企业内外部环境的日益复杂化，传统的预算管理系统显现出诸多弊端，预算改革已成为学术界和实务界的共识。

二、传统预算的不足

2001年，英国克兰菲尔德大学（Cranfield University）管理学院的商业绩效（Business Performance）中心与埃森哲公司（Accenture）的绩效服务部门（Performance Service Line）一起，对包括壳牌、福特汽车、敦豪、沃尔沃、思科在内的15家跨国公

第十四章　超越预算及其在实践中的应用

司的首席财务官（CFO），以及来自德意志银行（Deutsche Bank）、摩根士丹利（Morgan Stanley）、标准普尔（Standard & Poor's）等的30位高级分析师进行了调查，总结了企业预算管理中存在的12个问题，分别是：

（1）预算是一项既费时又耗费成本的活动；

（2）反应迟钝且经常成为变动的障碍；

（3）几乎从未支持企业的战略，倒是经常与战略唱反调；

（4）预算的过程无助于价值增值；

（5）只关注降低成本而非创造价值；

（6）强调组织内的直线命令和控制；

（7）不能适应新生事物和环境，如网络结构；

（8）怂恿预算过程中的赌徒心态和游戏行为；

（9）预算编制拖泥带水，变动更新慢条斯理；

（10）预算基础建立在无事实支持的假设和猜想之上；

（11）预算执行部门不是积极配合而是设置障碍；

（12）使员工觉得自己被轻视。

在我国，预算管理作为企业在探索现代企业制度过程中被广泛采用的一种管理制度，从最初的计划、协调生产逐渐发展成为现今的集约束、激励、评价于一体的综合贯彻企业战略方针的经营机制，这使得预算处于企业内部控制系统的核心位置。但是，传统预算管理集中了计划、控制、评价和激励等多种统一而又有些矛盾的功能，而这些功能可能会带来预算系统本身的目标失调和组织内部责任单位的职能失调。传统预算在现代企业管理模式中的弊端主要体现在以下几个方面：

（一）传统预算不能很好地支持公司的战略甚至与之相背离

环境的多变性导致企业战略管理的重心已经不在于长远的规划和安排，而是要保证多变环境中的柔性和尽可能消除发展过程中的不确定性，适应市场的变化。在预算与企业战略的匹配方面：

首先，传统预算模式强调的是预算的刚性，柔性不足。

其次，传统预算目标是"内向型"的，缺乏对竞争对手的关注。企业的市场地位取决于对竞争对手的比较优势，纵向的自身对比有时可能没有意义。

最后，传统预算过度侧重于"财务数字"，是计划的数字化形式。

多年来，实务界一直有把预算等同于财务预算的倾向，原因就在于非财务指标很难同财务指标建立起数量关系，而且非财务指标内部之间也缺乏这种关系。这种数量关系的缺乏，将非财务指标排除在预算主流之外。例如，人力资源、内部流程、客户服务等战略指标并未体现在企业预算管理中，如此，传统预算在体现企业战略方面有所欠缺。

（二）传统预算编制存在缺陷

1.预算编制依据比较片面。

（1）传统预算的编制依据是长期销售预测或目标利润。这是非常片面的，会给企业带来严重的不良后果，可能引发短期行为，不利于企业对长期竞争优势的培育和维护。

（2）在成本预算的编制上，传统预算对产品的直接成本按照标准成本确定，而对于制造费用以及销售费用、管理费用，则没有严格的标准或编制基础。美国和日本等国的成本资料显示，成本构成中直接材料和工资所占比重呈下降趋势，而知识资源的消耗和一般费用的消耗呈上升态势。由于大量的费用失去了预算基础，这给传统预算的科学性带来了严峻的挑战。

2.传统预算编制成本高且缺乏必要的客观性。

传统预算的特点是全面预算。

全面预算是企业的一项系统工程，内容涉及业务、资金、财务、信息、人力资源、管理等众多方面。一些大的跨国公司往往在本年度的第二季度或者第三季度就开始下一年度的预算编制工作。国内重视预算的企业，年度预算的准备也往往要提前2～3个月。传统预算一般按照"自上而下、自下而上、上下结合和分级编制、逐级汇总"的程序来完成。而这个过程又需要通过管理层的不断谈判和协商来决定，消耗了大量的时间和人力。

大部分企业的预算编制基础是过去的经营活动信息和历史指标，而企业对过去的经营活动信息和历史指标通常不进行有效分析便将其作为预算的编制基础，这就会掩盖以往的浪费和低效状况，不利于提高资源的使用效率。传统预算是从企业内部的角度进行的，致使企业无法及时了解市场动向和竞争对手的相关信息。同时，在传统预算的模式下，企业不能及时对市场的变化做出反应，难以对资源进行优化配置，缺乏灵活性和机动性的预算体系，阻碍了企业在现代商业环境中的生存和发展。

（三）传统预算难以实现资源的最优配置

预算同时具有资源配置和业绩评价的职能，但是，传统预算的资源配置和业绩评价职能之间可能存在矛盾。预算进行资源配置首先要求的是其具有准确性，预算应当是现实的、最有可能实现的，这样才能避免资源配置失误和浪费。这种职能下的预算注重的是"客观实际"，而业绩评价目标要求的却是"先进的但又可以通过努力实现的目标"，如果预算要承担考核评价的职能，它就应侧重于"主观努力+客观实际"。

这是一对难以调和的矛盾。当管理人员的报酬取决于其预算完成情况时，管理者一方面会通过讨价还价降低预算目标以使其易于实现；另一方面会尽力实现预算目标，甚至不惜损害公司利益，如预算操纵和年底突击花钱就是具体表现。此外，预算引导人们关注的是预算目标的完成，而不是企业价值的增加，这对企业的可持续发展十分不利。

（四）传统预算强化了集权制的组织结构，抑制了员工的积极性

预算是企业组织结构的一部分，反映了企业组织的集权和分权特征，强调的只是一

种控制和指挥的文化。传统预算的规则、程序和控制强化了集权制的组织结构，阻碍了组织的充分授权，不利于在不确定的环境中对市场竞争或顾客需求的变化做出选择，没有把员工的积极性和创造性与为企业创造价值联系起来，从而很难做出正确的决策。

随着市场环境与经济业务及经济组织的日益复杂，无论是管理层还是普通员工、无论是理论界还是实务界都开始对传统预算及其管理模式失去信心，为此，西方兴起了超越预算的思潮与实践。

第二节 超越预算及其主要内容

一、超越预算的概念

关于什么是超越预算，各专家、学者的论述大同小异。超越预算的核心内容是企业在不编制预算的情况下，通过综合应用各种预测、绩效管理的方法来管理组织的业绩，并以授权管理的方式实现企业组织分权化，将企业打造成一个管理流程更具适应性、权力下放更多、能够对市场变化做出及时反应、不断进行创新、关注顾客需求、绩效持续改进的组织的过程。

超越预算最初是由欧洲跨国型高新科技制造业联合会（CAM-I）的欧洲学者杰里米·霍普（Jeremy Hope）和罗宾·弗雷泽（Robin Fraser）提出的。1998年1月，CAM-I在欧洲组建了名为"超越预算圆桌会议论坛"（BBRT）的产学研合作组织，该组织的两位负责人杰里米·霍普和罗宾·弗雷泽对那些摒弃、从根本上改变或严重忽视集中计划与预算程序的领先企业组织进行了研究，提出了超越预算的观点。虽然该组织起源于英国，但是现在它已经将其成员扩展到包括英国、比利时、荷兰、法国、德国、挪威、瑞典、瑞士、南非以及美国在内的世界上很多国家。所有加入该组织的成员都意识到传统预算管理方法可以导致企业内部职能失调，使企业越来越无法适应所面临的竞争环境。

BBRT认为，现在的公司应该更具弹性和反应能力，以应对不可预测的变化、高度竞争和日益挑剔的顾客。传统的预算模式做不到这点。BBRT提出了一种新的管理模式，它采用自我调节、基于市场的标杆法并将权力从高层转移给一线人员。BBRT通过对北欧地区一些完全放弃了预算并且做得相当成功的案例的研究分析来支持他们的观点和模式。

BBRT认为，在高度信息化的社会寻求新的替代预算管理的经营管理机制是必要的，这种新的机制必须以以下十个项目为理论基础：

（1）目标制定；

（2）战略；

（3）成长与改善；

（4）资源管理；

（5）调整；

（6）成本管理；

（7）预测；

（8）计量与控制；

（9）奖励；

（10）责任、权限与委托。

同时，应通过两个阶段加以推进：

第一阶段，在预算管理方面，提倡灵活应用建立在业务流程再造基础上的平衡计分卡和价值基础管理，并据此对企业进行业绩评价，消除传统预算的业绩评价所带来的负面影响。同时，重视对竞争环境和市场需求的快速反应，积极构建以战略成效为导向的经营系统。

第二阶段，在组织管理方面，提倡企业组织的彻底分权化，也就是说，将权限下放给企业基层管理人员。

二、超越预算的基本内容

从管理模式上看，超越预算主要由三部分组成：

第一部分是动态的财务预测和计划。其主要是通过滚动预算预测组织未来的短期财务业绩，并设置财务业绩目标。

第二部分是以综合指标为基础的业绩评价系统。与传统预算评价体系不同的是，综合业绩评价系统要求部门和个人更全面深入地了解组织的特点和任务性质，明确关键的成功因素，并设置可以实现的目标。综合业绩评价系统可以减少在预算控制中人为操纵短期财务报告数据或预算数据的情况。

第三部分是以相对标准为基础设计的激励机制。其主要是运用标杆法对相对业绩水平进行奖励，而不像在传统预算中以既定的预算目标为依据，这同样可以防范预算中的讨价还价问题。

三、超越预算对传统预算的改进

在传统预算管理模式中，下级管理人员不参与或很少参与战略管理，他们只需执行上级下达的部门预算任务，往往会出现战略管理不能根据市场变化进行相应变动的情况。超越预算则强调通过授权让各级管理人员充分参与战略管理，并根据经营环境的变化做出及时反应。

超越预算从以下几个方面对传统预算进行了改进：

（一）目标设定方面

传统预算管理的目标是通过相关部门间的协商制定的，目标一旦制定，全年都将保持固定不变的预算值，且预算指标以财务指标为主，忽视了非财务指标；超越预算的目标是通过与竞争对手对比后制定的，且目标随着市场环境的变化而不断调整，在指标选择上也注重了财务指标与非财务指标的结合。

（二）战略管理方面

在传统预算的编制过程中，下级管理层不参与或很少参与，且某一阶段的预算值是固定的，预算编制遵循稳健、保守的原则；超越预算的编制则根据各级管理层的情况进行调整，灵活地根据环境变化做出反应。

（三）预测计划方面

传统预算的预测计划以上年的实际值为基础，并以按计划进行作为预算管理的重心；超越预算则以滚动的预测模型为基础，以达到战略目标作为管理控制的目标。

（四）成本管理方面

传统预算管理以降低成本为主要目标，通过预算编制来分配管理费用，并对成本进行管理。超越预算管理则以战略成本为重点，不是一味地降低成本，而是考虑在作业中是否存在无附加值的成本。如有，则要去除这些无价值的作业；而对于增值作业，则可加大成本投入。

（五）集分权方面

传统预算管理体现的是上级决策的思想，注重预算编制、执行、调整的规则和程序，这种机制不能激励管理者承担风险和抓住市场机会；超越预算体现的则是各单位均参与决策、注重学习的思想，这种体制能很好地激励管理者承担风险，获取高额收益。

四、超越预算的管理原则

超越预算有两大管理原则：一是适应性经营过程的原则，二是组织分权领导原则。前一管理原则的目的在于使企业更有效地持续进行价值创造；后一管理原则的目的则在于规范组织行为，提高领导效率。

（一）适应性经营过程的原则

1.目标原则。

超越预算管理的目标并非固定的年度目标，而是面向持续改善所设定的努力目标；超越预算以最大限度地发挥企业长短期绩效潜能为基础目标，代替了传统预算以年度绩效为主的内部目标，确定了与绩效考核和奖励脱钩的延伸目标。超越预算不以参照目标来衡量管理绩效，而是设定以标杆对象为标准的目标，以不断改善的相对绩效为基础，以此推动企业战略的发展和绩效目标的实现。

2.考核与奖励原则。

在考核评价上，超越预算管理不仅将个人完成目标的情况作为考核与奖励的指标，而且还对基于相对业绩的整个团队和组织的共同成果实行报酬激励，应用经济增加值、平衡计分卡、作业基础管理等管理会计工具对基于相对业绩的成果进行多方面考核。

3.计划制订原则。

超越预算是面向持续发展所有环节的计划，是将顾客放在核心位置、以市场为导向的战略做出的计划安排。由于所有人都参与到计划的制订过程中，因而能做到集思广益，更好地实现企业的发展战略。

4.资源配置原则。

在超越预算管理中，资源配置不局限于年度预算，管理者被赋予了在必要情况下自主决策的权力，可以按组织的实际需要对企业资源进行分配，以避免年度预算对资源分配不合理造成的资源浪费和因资源不足错失市场机会。

5.协调原则。

在超越预算管理中，强调团队协作的重要性，企业组织是由众多人员组成的复杂网络，因此，企业被视为一个整体，强调企业整体利益。

6.控制手段原则。

在超越预算管理中，管理人员更加关注对未来的规划而不是对过去的评价，这种管理方式为未来可能出现的执行偏差提供了更早的预警信号，使管理者能有更多的时间对战略进行调整并做出正确的决定。此外，通过建立扁平化的企业组织管理结构和分权，企业经营信息可以更快地下达到不同层级，并形成一套连锁控制机制。在这种控制机制下，企业组织不会出现管理盲区，所有人都处于控制之中并对共同成果负责。

（二）组织分权领导原则

1.治理结构原则。

在公司治理上，超越预算提供了一个以明确的原则和限定为基础的监管框架。通过制定明确的指导方针，所有层级的成员都明确了自己的管理目标。通过在企业组织中建立共同的目标和价值观进行道德约束。明确的政策和原则可以防范那些不道德的行为，尤其是在面对来自更高层对完成固定绩效合同压力的时候。

2.相对业绩原则。

超越预算认为，绝对盈利并不是真正的目标，盈利是相对而言的，战胜竞争对手才是真正的目标。因此，通过建立相对业绩目标，企业经营单位不但能够完成内部预算目标，还能支持为赢得市场而进行的各项活动。

3.行为自由原则。

超越预算给予企业团队充分的授权，不再简单地要求其严格执行预算计划，而是让每个人都参与到企业战略决策和实施之中，并允许他们在决策过程中出现错误，将其视为一种学习过程，通过全员参与战略管理将责任感灌输到每个员工的心中。

4.责任原则。

为了使团队协作和个人责任思想深入企业之中，应当建立小型的、客户导向型的、对团队业绩负责的网络式团队组织。超越预算将价值创造的决策责任交给一线团队，这有助于经理们在权力限定的范围内自己设定短期改进目标。

5.顾客责任原则。

顾客对企业至关重要，因此，企业应该对客户负责，不仅要完成既定的企业内部目标，还要以满足顾客需求为目的提高消费群体的满意度。

6.信息公开原则。

为了鼓励诚信行为，企业高管应该支持公开、诚信的行为而且在整个企业只提供一种真实数据的信息体系，在公开的基础上促进信息共享，而不是只将信息共享给一小部分人。

第三节　超越预算的优势与局限性

一、超越预算的优势

（一）基于管理理念的优势

超越预算作为一种新的管理工具，其突出优势表现在以下几个方面：

1.满足企业组织的柔性管理需要。

采用超越预算模式，预算编制期间为季度或月度并滚动编制，使预算更具有柔性，更好地适应外部环境。超越预算的重点在于要求其与客观环境一致，使资源配置能更加到位、更加准确。

2.满足企业发展战略的需要。

超越预算将预算的资源配置功能和考核评价功能区分开来，预算不再作为对员工的约束和评价标准，而是作为沟通和计划的工具。超越预算主张将预算的作用、内容和范围局限在对现金流量的预测和计划上，而传统预算的控制与激励作用则由其他绩效管理制度来替代，如关键绩效指标考核等。这一方面可以解决预算本身功能之间的矛盾；另一方面，关键绩效指标包括大量非财务指标，使考核评价较全面，更好地体现企业的战略导向。

3.有助于提升企业竞争力。

传统预算的考核评价往往以财务绩效为重点，这是由预算的特性所决定的。超越预算的考核评价由关键绩效指标考核等绩效管理工具来完成，提倡和标杆相比。标杆可以是竞争对手、行业水平，也可以是企业内部的其他单位。设置相对目标后产生激励作用，调动了企业和员工的积极性，有利于提升企业的竞争力。

4.能对信息做出快速反应。

在信息社会，企业成功的要素之一是能对信息做出快速反应。以超越预算作为管理模式的企业大都以滚动预测作为预算管理工具。滚动预测是一种随着时间的推移和市场条件的变化而自行延伸并同步调整的预测，可以在短期内为企业提供有用的信息，让企业找到各种机会，及时决策和行动，因此适合在不断变化的经营环境中使用。传统预算很少使用滚动预测作为预算管理工具，不能很好地适应市场环境的变化。

5.促进管理，明确目标。

超越预算对业绩的评价以综合指标为基础，要求部门和个人全面、深入地了解企业特点和任务性质，明确关键成功因素并设置可以实现的目标，减少在预算控制中人们操纵短期财务报告数据或预算数据的行为。此外，员工的激励机制以相对标准为基础，运用对标管理法奖励相对高的业绩水平，而不像传统预算那样以既定目标为依据，这可以减少预算中的讨价还价。因此，与传统预算相比，超越预算更能促进良好的管理及鼓励更道德的行为。

（二）在预算编制、执行与业绩考评上的优势

1.超越预算在预算编制上的优势。

传统预算多以财务指标为重心，编制时只参考企业自身条件，在一定时期的总目标下，按照"上下结合、分级编制、逐级汇总"的原则编制年度预算。预算编制参考以往年度数据，并不是以变化的市场环境和企业不同的分部组织特点为基础。编制过程复杂，耗费的资金成本和人力成本巨大，最终对企业业绩改善的贡献与预期目标相距较远。超越预算则将财务指标和非财务指标相结合，编制预算的过程以一套适应性的管理过程替代，如运用BSC、标杆竞争、ABM和滚动预算等方法，或是采用中短期绩效管理，甚至以激进的分权化彻底放弃传统的预算编制。超越预算的目标也并非固定的年度目标，而是面向持续改善所设定的有远见的目标。相对于传统预算报表中所有项目都制定预算指标的做法，超越预算由于实现了权力下放，不同的分部管理层有时只对一些关键性的绩效指标制定预算标准，不但兼顾非财务指标，而且明确为业绩做出贡献的动因并加以落实。只有这样，预算才是有意义和有价值的。传统预算管理比较适用于大型企业，因为编制预算需要耗费大量的人力、物力，小型企业编制严格的预算不符合成本效益原则。

2.超越预算在预算执行上的优势。

传统的预算以静态预算为主，为了保证预算编制的严肃性，设定的预算指标一般会统领整个会计期间且固定不变，这与不可预知的市场环境是矛盾的。超越预算采用动态预算，以阶段性或中短期的目标作为替代，这使得管理层能随时掌握企业目前的经营状况和市场地位及前景。由此可见，传统预算模式在执行过程中成了约束员工的工具。超越预算强调决策的分权化和权力下放，要求不同部门之间关系对等、自由决策、绩效责任自担，因此它需要各部门在执行过程中保持稳定协同。超越预算摒弃以预算这种单一的手段来确保责任履行的方式，提出在企业中以非正规的社会控制来代替以预算为核心的严格的正规控制。

传统预算执行中的另一弊端是预算期间内资源、资金的预先分配容易导致资金的"宽打窄用"和"预算余宽"问题；预算成为部分经理人牟取私利的工具和获得业绩考评奖励的桥梁；资金的使用效率降低，员工对资金的使用仅是完成预算目标。而超越预算鼓励管理者通过合理调配资源、物尽其用来适应短期变化的需要，资源的分配不局限于年度预算；同时，赋予管理者在必要的情况下自主利用的权力，是按需调配资源。

3.超越预算在业绩考评上的优势。

传统预算模式仅仅是定期将实际结果与预算结果加以比较，将揭示出的差异与考核

各责任分部的工作业绩相挂钩。超越预算模式分离了计划控制与业绩考核，预算的结果只用于分析企业的生产经营状况和市场状况，为改进生产流程提供帮助。业绩考评则根据不同分部的组织特点和所处的市场特点，以相对标准为基础设计激励机制，运用标杆法对相对高的业绩水平进行奖励，这样更能促成不同分部探索适合自身的有效的业绩考评体系，有助于预算计划目标的达成，形成良性循环。

二、超越预算的局限性

虽然超越预算针对传统预算的松弛、错误激励等缺陷提出了一系列替代解决方案，但其自身也存在一些问题。

（一）超越预算的实施、运用有一定的局限性

虽然从理论上看，超越预算能更好地推动企业整体绩效的持续改善，但其并非对所有企业都适用。对于经营环境快速变化、经营范围广，同时智力资本对经营极其重要的企业，超越预算确实能够帮助其摆脱刚性预算的束缚；但对于经营环境稳定或是预算管理发挥关键性作用的企业，预算制度的改革并不一定能为其带来绩效改进。

（二）超越预算本身的局限性

超越预算本身的局限性可归纳为以下几点：

1.目标管理上的局限性。

在传统预算模式下，管理控制是通过事前的预算规划、事中的预算差异分析和事后的预算考核来实现的。在超越预算模式下，业绩目标是相对的而不是绝对的，这给管理造成了难度。

2.在流程管理和组织合作方面可能存在负面效应。

超越预算强调决策权下移和自主预算，这固然可以使内部的各预算单位充分发挥主观能动性，有利于组织的快速灵活反应，但是，流程管理的核心思想是打破部门之间的组织壁垒、实现部门之间的高效协作，从而提高整个流程的效率。超越预算可能引发的一个问题是：各个部门只注重本部门的绩效提高而忽视部门间的协作，结果可能导致流程运转不畅，影响整体绩效。

3.预算效果受预算组织管理水平和预算能力的制约。

超越预算对内部预算单位的管理水平和预算能力有较高的要求。在超越预算模式下，业绩目标和资源配置要形成一种动态的平衡，预算单位要根据外部环境的变化，不断调整资源安排，以确定动态的相对目标，这就要求预算单位具备一定的决策能力，能对经济环境准确地进行预测，并不断平衡目标。

4.没有意识到预算管理所带来的整体效应。

预算管理涉及企业人、财、物的各个方面和供、产、销的各个环节，是一项综合性、全面性的管理活动，在一定程度上起到了提高企业凝聚力的作用，而超越预算并不具备这一功能。

5.需要一系列先进的管理工具作为实施的技术条件。

如果企业不能逐渐引入这些工具来改进预算，而是仓促地全盘放弃传统预算管理，则很可能使企业自身陷入无序的状态。

6.没有考虑预算管理事前计划的特性。

预算是反映企业未来一段时期全部生产经营活动的计划。在预算的编制过程中，企业必然要以各种假设条件为前提。超越预算强调高度波动性的环境可能导致前提条件发生变化而造成预算失败，但是不能因为预算的不准确就否认预算，其所提供的不仅仅是一堆数字，还包括对未来种种可能性的分析。

7.过分强调非财务的社会属性。

超越预算过分强调非财务的社会属性，而没有考虑社会属性与预算本身的会计属性之间的关联性。实际上，目前的超越预算只是一种原则性的框架设计，具体的核算尚需借助若干管理会计工具的整合与应用来完成。

综上所述，我国各企业在引入超越预算模式时，需要根据自身的具体情况进行分析运用。

第四节　超越预算的适用性和进一步关注的问题

一、超越预算的适用性

美国管理会计师协会（IMA）在2005年对其成员中的212名高级经理所做的一份调查显示，有超过50%的高级经理赞同或者强烈赞同"预算（指传统预算）在企业的管理中是必不可少的"这一观点，而只有15%的人持反对意见。这说明取消传统预算对大部分企业来说不具有可行性，并且目前只有少数企业能够接受超越预算的思想。

现阶段，传统预算管理仍然是许多企业进行管理的核心手段。其将企业各职能部门的管理工作和所属单位的生产经营活动贯穿起来，从而推动企业协调发展。传统预算管理最突出的优点就是它的系统性和全面性。在没有传统预算的情况下，如何系统、全面地反映企业所有的经济活动和资金运动，并且确定、计量、评价那些没有直接钩稽关系的非财务指标，是一个在理论上和实践上都无法解决的难题。这也是超越预算不能被广泛接受的主要原因之一。

因此，充分认识超越预算的积极意义，借助超越预算的思想来探寻预算改革的思路，不断推动传统预算模式的改进，是企业当前迫切需要关注的问题。

二、超越预算管理需要进一步关注的问题

尽管超越预算管理的思想对传统预算管理提出了批评，并对国内外预算管理的相关研究产生了深刻的影响，但还是有许多问题值得我们反思。

（一）彻底分权的可行性和必要性

组织结构是实现企业发展的重要保证。分权无疑可以提高企业对环境变化的反应能

力，但影响企业组织结构的因素是多方面的。美国企业史学家钱德勒在其《战略与结构：美国工商企业成长的若干篇章》一书中，研究了美国企业组织的变化。他分析了最先出现多部门结构的杜邦公司、通用汽车公司、新泽西标准石油公司和西尔斯公司等公司后发现，企业为适应新的战略，其组织结构必然发生变化。按照钱德勒的观点，企业发展战略是企业长期基本目标的确定，以及为贯彻这些目标所必须采纳的行动方针和资源分配，而结构是为管理一个企业所采用的组织设计。根据研究，他得出了"组织结构跟随公司战略""公司战略必将决定其结构"的著名论断。

权变理论的组织结构设计观念认为，不可能建立一种万能的管理模式，也没有一种"最好"的管理模式，只有"最适宜"的管理模式，对企业的组织结构需要根据不同条件来选择和设计不同的组织模型。

权变理论还将企业内外部环境的变化称为权变变量，选择新的组织结构或改革旧的组织结构时，必须对这些权变变量予以充分考虑。权变变量主要包括市场结构、组织战略、生产流程以及信息不对称的程度等。而且，这些因素彼此关联，只关注一个因素忽视其他会导致组织结构设计的失败。

企业的组织结构要随着环境的变化而不断创新，但组织结构作为企业管理的"硬件"，以及实现企业战略目标、优化治理和管理的"舞台"，保持其一定的稳定性也是相当重要的。超越预算所倡导的分权模式更适合经营环境变化快、产品经营范围广或增长迅速、无形资产对经营极为重要的企业，而不具有普遍的适用性。

（二）相对业绩评价的有效性

经理人激励的业绩基础，无论是直接的会计业绩基础，还是直接的市场业绩基础，都存在着缺陷，它们都没有排除不可控因素对经理人经营业绩的影响。解决或避免这一问题的正确业绩标准就是实施相对业绩评价。

但在实践中，相对业绩评价很少被采用，原因是多方面的：

首先，相对业绩评价的实施成本太高，如实践中相对业绩评价指标的噪声太大，企业可能在好几个行业中竞争，难以设计出适当的综合行业业绩指数。

其次，相对的会计数据只能一年（或季度）获得一次，并且存在实质的滞后。

最后，相对业绩评价可能会鼓励经理人尽量投资于可以打败竞争对手的行业，却不去投资于可以赚取最高回报的行业。此外，相对业绩评价的有效性还可能受到公司多元化经营、公司文化、经理人与股东对竞争公司的判断之间的差异、经理人和股东以及经理人之间对不可控因素的判断差异以及有关公司治理因素等的影响。

综上所述，相对业绩评价有其适用环境，并非对所有企业、所有时期、所有经理人都是最优的激励安排。

（三）整合成本问题

在当前的企业管理实践中，多数企业采用预算管理系统实现其计划、控制、协调和激励的功能，以提升企业的管理水平，突出特点就在于其系统性。而超越预算管理模式意味着放弃传统的业绩管理框架，意味着需要对诸多管理控制方法进行有效整合，整合成本以及整合的成本效益关系是选择这一模式时应考虑的重要因素。

（四）制度变迁具有极强的路径依赖

企业选择预算制度的变迁路径时，必须充分认识到新制度的局限性和可能存在的各种冲突。这是因为，制度变迁具有极强的路径依赖，取消传统预算制度将对我国企业的管理体制造成极大的冲击。

我国现行的预算制度是与按月决算的制度相互依存的，与业绩预测等财务揭示制度具有很强的关联性。现阶段，改革预算制度存在较大的难度，取消预算制度不具有现实性。

事实上，英国特许管理会计师协会、英格兰及威尔士特许会计师协会的实地调查结果显示，真正废除传统预算制度的企业并不多。超越预算管理注重战略性的经营控制，但战术性的经营控制在激烈的国际市场竞争中同样不可或缺。

第五节　超越预算对我国企业预算管理的启示及其改进

一、超越预算对我国企业预算管理的启示

（一）充分认识超越预算的积极作用

超越预算模式能为企业带来更多增值性和卓越业绩。BBRT的一个研究项目通过跟踪调查证实了这一点。如瑞典商业银行（Svenska Handelsbanken）采取超越预算模式后成为全欧洲持续盈利时间最长的银行，并一直保持最低的成本收益比率，同时也成为瑞典国内顾客满意度最高的银行。此外，超越预算模式能帮助企业节约预算编制成本，减少因博弈导致的资源浪费，更快地对市场变化做出反应，并在变化的商业环境里快速调整企业发展战略。国外一些企业实施的超越预算模式对我国预算管理的理论研究和实际运用都有重要意义。

目前，我国理论界和企业界都普遍强调预算紧控制，认为我国多数企业的管理风格正在由粗放转向集约、由"人治"转向"法治"，建立规则是头等大事，因而在预算管理中强调紧控制、增强其约束与激励作用是一个必然选择。要将超越预算管理的思想精髓融入企业文化中，改变传统预算为企业发展设置障碍的现状，为企业发展注入生机与活力，为企业创造长久的效益。

目前，我国大多数企业都在探索建立现代企业制度，但其管理水平和状况与国外的大公司存在一定差异，实施超越预算模式的可能性较小。因此，可以考虑在完善传统预算管理的过程中部分地导入超越预算的观点，即不再强调以预算管理为中心的经营控制，而是将预算管理的计划制订与业绩评价进行分离。在计划制订层面上，随着滚动预算和平衡计分卡的灵活运用，采取以战略实施为目的、重视预测和以外部导向作为目标值的预算；而在业绩评价上，则综合应用各种预算之外的方法。这对我国企业预算管理

制度的改革有着积极的参考意义。

（二）超越预算需要具备一定的条件

1.企业组织结构的准备。

在现今多变的经济环境下，企业的战略目标不仅仅是降低成本，而是创造价值（利润）。企业的基层组织将成为利润中心或是投资中心而不是成本中心；简化企业整体与基层组织之间的多层代理关系，可降低代理成本，尤其是由跨行业的多个分部组成的跨国经营的企业，多层代理显得更不经济和低效；运用市场机制、信息流，远比运用少数领导（依托中层"官僚"）的集权调控更能获得控制与激励的效果。

2.企业文化的准备。

预算管理及经营控制是企业文化的一种体现。

根据Hofstede（1991）的调查，实施超越预算，企业文化包括以下一些特征：

（1）具有积极融入对方文化的主动精神；

（2）遵守交易规则，在相互信任的基础上坚持公平、公正；

（3）具有旺盛的、无任何隶属关系的独立自主精神；

（4）积极创新，勇于挑战有风险的工作；

（5）在自己的责任权限内能够迅速地做出决策；

（6）权力层次少，偏好上下级关系淡薄的扁平式组织；

（7）实施分权化。

3.人员素质要求。

人员素质是实施超越预算的根本。由于超越预算层级下移，企业的管理层级被打破，为保证各预算单位在资源的自行安排上不只考虑自身绩效目标的达成，还充分考虑企业的整体利益，集专业知识、管理经验和高道德素养于一身的高水平管理人才以及能迅速传递意见、达成一致并高效执行的员工就是不可或缺的。

4.信息化管理系统的建立。

超越预算需要有高效的信息系统将相关信息及时、准确地传递给信息使用者，支持他们的决策和行动。打造能将整个企业联系在一起的信息系统，能及时为决策者提供有用信息以应对快速变化的市场，是实施超越预算管理所需要的条件。由此可见，超越预算并不适用于我国所有的企业，而是适用于具备以下环境特征的企业：

（1）外部环境变动频繁、剧烈，需要企业不断调整战略目标，对企业有强烈的柔性需求；

（2）技术、品牌、人力资源等无形资产质量较高；

（3）内部市场化程度较高，业务单位之间独立性较强；

（4）有较为完善的管理信息系统的支持，可以方便地确定标杆数据并对其进行相关分析，能够支持企业动态、连续地进行预测和编制预算；

（5）实施分散决策的管理模式，对下级业务单位充分授权；

（6）内部各业务单位都有较强的预算和决策能力，能够很好地平衡目标与资源需求；

（7）富有团队精神和流程意识。

符合以上这些要求的企业目前还很少，但是，借助超越预算管理的思想来不断地改进现有预算管理，推进我国的预算管理改革以适应未来竞争的需要，仍然具有积极的指导意义。

（三）正确理解超越预算

所谓超越预算，确切地说应该是超越预算紧控制。在该模式中，预算主要是沟通和计划的工具，每年管理人员会照样编制、复查、修订、批准预算，每年或每季度会将实际业绩与预算比较，分析和解释差异，但预算并不被视为对预算执行者加以约束和评价的标准。随着经营环境和预测前提条件的改变，初始的预测和预算可以修改，预算目标没有达到并不意味着业绩不佳。

超越预算不是放弃预算，而是将预算限定在计划上，业绩衡量则由其他管理工具来完成。传统预算集中了计划、控制、评价和激励等多种统一而又有些矛盾的功能，可能会带来预算系统本身的目标失调和组织内部责任单位的职能失调。

20世纪90年代以后，管理会计系统功能的提升推动了管理会计工具的创新与完善，更多新的管理会计工具出现在人们的视野中，如平衡计分卡、标杆法等。新的管理会计工具改变了传统的以财务控制为导向的管理会计方法，将视野拓宽到"价值创造型导向"的管理模式，大大促进了管理会计的发展。这些管理会计工具各有特点，经有效整合才能发挥各自优势。

超越预算建立以综合指标为基础的业绩考评系统，依据事后有无对业绩合约的相对改进而不是事前的固定合约进行考评，能有效地将传统预算、平衡计分卡、标杆法等工具整合起来，解决预算管理发展的瓶颈问题。

虽然我国预算管理还存在诸多不足，但不能全盘否定它的作用。对多数传统企业而言，不能说预算管理已经过时，它还是企业管理的重要组成部分，在企业管理中起着重要作用。所以，企业要认真地实施预算管理，发挥好预算管理服务经营、参与控制、改进管理、提高经济效益的核心能力。在新的经济环境下，预算管理的应用和发展必将给企业注入新的活力。我国企业应该借鉴超越预算理论以及其他研究成果，并结合我国的实际情况，不断创新和发展预算管理模式。

（四）超越预算并不适合所有企业

超越预算管理代表了组织管理的发展趋势，能为企业带来卓越成绩。企业在应用超越预算管理模式时，需要考虑两方面的影响因素：

1.企业的经营特征。

一般来说，超越预算适合于经营环境变化快、市场增长迅速、特别依赖技术创新、经营信息产品、提供服务或科技含量高的产品的企业；对于那些市场相对稳定、可预测

第十四章 超越预算及其在实践中的应用

性较强的企业，对传统预算做出一些改进更为恰当，关键是预算管理不能墨守成规。

一般来讲，超越预算模式适合于经营环境变化快、产品经营范围广或增长迅速，同时无形资产对经营极为重要的企业。例如：

（1）跨行业、跨地域的大型企业集团；

（2）网络化的商业机构；

（3）商业化的银行、保险、新闻传媒、广告、交通行业企业等；

（4）多步骤或装配式生产，依赖科技创新，以成品销售为主，数量、分销渠道很多的制造业企业，如汽车、石油化工行业企业等。

这些企业或行业的特征都表现为市场渗透性强，市场变化快，企业对市场反应敏感，特别依赖技术创新，经营信息产品，提供服务或是科技含量高的产品，企业内部各中心之间技术依赖性不强或者依赖性很强但必须合作，只有超越预算才是它们的最佳选择。

2.企业目前预算管理程序的运行状况。

低效、耗时的预算管理程序是应用超越预算的最大障碍。因为超越预算需要不断获得外部信息，进行频繁的滚动预测，这通常要利用原有的程序，而低效的预算程序无法为超越预算提供很好的基础。

虽然超越预算推动了企业整体绩效的改善，但是在目前各企业的发展水平不一的情况下，并不是所有的企业都适用。一些经营环境稳定和有职能式管理层次的企业仍可采用传统的预算模式和固定的绩效考核指标。而对那些经营环境多变和组织结构灵活的企业来说，超越预算模式可以帮助这些企业摆脱原有的固定的预算模式，增强对环境的应变能力，推动业绩的持续改进。

超越预算所倡导的一些理念固然先进，但不一定都实际可行，企业在财力紧张的情况下如果大刀阔斧地进行预算变革，就会给经营运转带来冲击，成本是很高的。同时，预算变革不能盲目，企业要制订一系列预算变化的方案，模拟超越预算编制方案，在这个过程中又要花费大量的时间、人力和物力等。因此，在实施超越预算时，要全面权衡企业的自身情况，做好预算变革工作。

二、超越预算模式在我国企业应用的难点

尽管实施超越预算意义重大，但同欧美的成功企业相比，我国企业推行超越预算模式具有一定的难度，主要表现在以下几个方面：

（一）高素质人才匮乏

高素质人才是实施超越预算的根本。我国企业管理人员的业务水平和道德素养无法满足及时应对不确定性和勇于承担风险的要求。由于聘任机制等原因，往往很难找到集专业知识、管理经验和高道德素养于一身的高水平人才，而大多数在职员工也得不到系统的培训，无法深入挖掘其潜能。

（二）企业的管理层级难以被打破

综观欧美企业，其多采取扁平化或是"倒三角"的管理架构，其意见传递的迅速和执行的一致性是我国多数企业难以企及的。我国多数企业的决策权限设置和责任委托的效果远远滞后于西方现代企业，因而无法达到各分部协同一致地创造客户价值和股东价值的目标。新型的管理结构在我国被认同和普及仍然需要组织观念的不断革新和组织文化的不断积累。

（三）社会文化特征的差异

根据 Hofstede（1991）的调查，斯堪的纳维亚国家的大众文化具有权力级差小、不确定性低、崇尚个人主义以及较低的大男子主义四个特点，英国、美国、德国等主要发达国家的大众文化特性也与此相近。而我国的文化特征与斯堪的纳维亚国家的文化特征有所不同，一般表现为权力级差高、不确定性明显、个人主义不突出、大男子主义较强等。因此，在分权化、自主精神、挑战风险、公正公平等方面，我国企业与欧美企业有较大差异，说明超越预算模式即便推行也必须考虑我国特有的文化特征。

（四）预算制度更替的巨大成本

首先，我国现行的预算制度是与按月决算的制度相互依存的，与业绩预测等财务揭示制度也具有关联性。现阶段改革预算制度存在较大的难度，取消预算制度对我国企业来说更不具有现实性。

其次，超越预算模式的推行需要各部门之间精诚合作、持续协同。这就要求企业各部门之间打破部门界限，行动时不只要考虑是否对本部门有利，更要考虑是否对整个企业有利。要达到此目的，就需要设计一套有效的信息系统协调企业内部事务。

此外，还要改变现有的部门业绩考评方法，而要寻找一套能配合超越预算管理的综合业绩考评系统成本巨大。

三、超越预算与传统预算的改进

（一）两种不同的观点

关于企业预算制度的改革，存在两种不同的观点：一种是由美国和英国的学者及实务工作者提出的改进预算（Better Budgeting），另一种则是由欧洲的实务工作者提出的超越预算（Beyond Budgeting）。其中，超越预算所提出的摆脱预算流程、释放企业权限、消除预算制定不合理导致的误导性激励等思想，对公司经理和预算管理工作者产生了诸多影响。而改进预算则强调不应该放弃预算，应通过一系列的改进办法形成以传统预算为基础的预算管理系统。超越预算固然有其积极意义，但是要在企业中全面实施、运用，条件尚不成熟，而预算管理作为企业控制系统的核心，有其存在的必要性。企业的当务之急是把超越预算的思想与改进预算的程序相融合，在预算改革中导入超越预算的观点，以此来促进预算改革，使预算更好地发挥作用。

超越预算作为新的管理理念，融入了当代流行的管理学的发展新思路，如平衡计分卡、作业成本管理、标杆瞄准、关键业绩指标、相对业绩指标等。这些理论确实在很大程度上契合了当前的社会、经济环境，为我国预算管理改革提供了崭新的思路，给予了我们极大的启示。然而，在超越预算的实际操作中仍会遇到一些问题。因此，企业要通过进一步的管理实践，一方面充分汲取超越预算管理的思想精华，另一方面切实结合企业实际进行本土化改进。

国外企业的超越预算实践对我国预算管理的理论研究和实际应用有着重要影响。由于我国企业预算管理起步较晚，并主要依赖于财务数据，在目前的情况下，可以先考虑导入超越预算的观点，改进现有的预算管理程序，即不再强调以预算管理为中心的经营控制，而是将预算管理的计划制订与业绩评价进行分离。在计划制订层面，随着滚动预测和平衡计分卡的灵活应用，采用以战略实施为目的、重视预测和外部导向的"作为目标值的预算"；在业绩评价上，则综合应用各种预算之外的方法。总之，需要针对企业特定环境与文化特征进行预算管理系统的本土化改造，这样才会取得理想的效果。

针对传统预算管理中存在的问题，结合超越预算的观点和当前预算改革的发展方向，企业应该在改进预算时融入超越预算的思想，并着重从以下方面来改进预算管理工作：

1.以外部市场和顾客需求为导向确定预算目标。

2.预算的编制和实施同企业战略紧密结合。预算管理应体现企业所追求的整体战略目标以及具体行动方案。因此，企业必须在明确长期发展战略的基础上确定预算模式。

3.采用弹性预算方法及例外管理，授予企业的各个管理层级不同的权限，使各业务单元保持灵活性并增强应变能力，消除预算过于刚性的弊端。

4.在编制预算时，更多采用分权管理的参与式预算模式，减少信息不对称，避免预算松弛。

5.将预算管理中的计划制订与业绩考核相分离，引入预算之外的方法设定考核评价系统。例如，欧美许多国家在考核时引入平衡计分卡（BSC）和基于BSC的关键业绩指标（KPI），避免了过分注重短期效益和财务指标、忽略长期价值和非财务指标所造成的误导性激励。

6.构建作业基础预算（ABB）等先进的预算管理模式。

7.构建扁平化的企业组织结构，建立网络式的组织模式。

8.建立良好的企业文化和管理文化，鼓励员工间的沟通与交流。在超越预算尚无法在实践中普遍应用的情况下，借助超越预算的思想来不断地改进预算管理方法、推进预算管理改革，从而适应未来竞争的需要，具有积极的意义。

（二）超越预算对全面预算管理的改良途径

全面预算管理作为现代企业管理方法之一，具有计划、整合、控制、考评等职能，在企业管理体系中发挥着不可替代的作用。但是，随着社会经济的不断发展，全面预算管理逐渐出现了预算松弛、编制成本高、编制时间长等问题。针对全面预算管理的种种问题，西方学术界和实务界涌现出了超越预算的思潮，主张通过一种替代性的、契合现实的管理模式来代替全面预算管理，并在一些企业的应用中获得了成功。超越预算通过建立相互关联的目标和奖励体系、制订连续性的计划、按需分配资源、营造充满活力的合作氛围和建立诚信的企业文化，以及一系列多层次的控制等，将绩效评估的责任从上层转移到管理基层，大大增强了员工的归属感和责任感，造就了一个持续的人性化的适应过程，从而能够为企业持续不断地发展提供动力。由于超越预算具有管理优势，因此，企业可在传统预算的基础上，借鉴超越预算的思想对传统预算进行改进。

1.在预算编制方面。

预算编制方法通常以固定的时期作为预算编制期间，并对该固定期间进行预测和规划。由于市场的高度不确定性和竞争对手的压力，这种固定的预算在执行过程中往往与现实情况脱节，从而使预算事前计划的职能失去意义，事中控制的职能无从发挥，事后评价的职能也无从谈起。而采用滚动方法对预算进行编制，可以有针对性地对上述情况加以改进。

滚动预算是指将预算期与会计年度脱离开，随着预算的执行不断延伸补充预算，逐期向后滚动，使预算期始终保持一定期间的一种预算编制方法。这一期间可以是一个会计年度，也可以是企业产品周期或实现目标所需要的时间。通过在执行中对预算指标的比较分析，找出差异原因，提出改进措施。这个流程应按固定期间进行重复循环，并滚动预测未来一个预算期间的经营情况。这一期间不宜过长也不宜过短，过长达不到滚动预算编制的效果，过短则会加重企业人员编制预算的负担，因此，一般以一个月为宜。

2.在预算控制方面。

作业基础管理是一种系统的、综合的方法，它使管理层把注意力放在那些目标是增加顾客价值，并通过提供这种价值获得利润的作业上。通过将作业基础管理方法引入预算管理控制，企业可以在理解作业和成本动因的基础上，对未来期间的作业量和资源需求量进行分析、预测，达到成本和经营业绩持续改善的目的。通过预测计划期生产、销售产品或劳务的数量，预测相应的作业需求量，在此基础上预测资源的需求量，并与企业目前的资源供应量进行比较，使预算控制过程更加协调地嵌入企业日常管理中。

3.在业绩考核与评价方面。

所有者总是希望企业高级管理层能从企业整体和长远的利益角度出发，以企业战略为导向进行预算管理，但是，下级管理者通常考虑的却是与个人或个人所处的小团队直接相关的利益，这就造成了在预算编制过程中，下级管理者为防止不确定性因素或执行失误导致无法完成预算目标而通过低估收益性指标、高估费用性指标来保留预算的弹性的行为。

因此，评价不应该仅仅以个人和小团体为单位，还应该从企业整体的角度出发进行评价，把个人和部门绩效同企业整体业绩整合在一起，使企业中下层管理人员形成从企业整体出发的全局绩效观，在一定程度上缓解企业高级管理层与中下层因目标不一致而产生的利益冲突。分离预算指标的考核、评价功能，以及从企业整体角度出发进行考评，可以减轻预算执行人的压力，减少预算编制和考评时的扯皮现象，节省预算编制时间，在一定程度上可以缓解预算松弛造成的负面影响。

总之，在高度信息化的社会，随着工业经济时代向知识经济时代的转变，企业经营环境发生了巨大变化，传统的预算管理系统显现出诸多弊端，不仅不能适应新的经营环境，而且妨碍企业的发展与创新。在这种背景下，探讨从理论上构建一套新的管理模式，以整合现有的各种管理会计工具，使它们充分发挥效用，日益受到理论界和实务界的关注。超越预算理论的提出为这种整合提供了一种有益的思路。

预算编制是当今世界上几乎所有的大公司进行管理的核心程序。超越预算并不是一种反向的、要求摒弃当前预算模式的理念。与此相反，它恰恰是一种正向的理念，以改进当前的预算编制为契机，从而达到改进整个管理控制流程的目的。

重要概念

超越预算　滚动预算　目标原则　资源配置原则

复习思考

1.传统预算有哪些优点与不足？

2.超越预算包括哪些基本内容？

3.超越预算是否适用于所有企业？它适合什么类型的企业？实行超越预算需要具备哪些条件？

4.超越预算对我国企业预算管理有哪些启示？

5.超越预算存在哪些不足之处？

操作练习

1.请设计一份市场变动比较大、在业绩考核方面应用超越预算进行管理的公司的超越预算管理图。

2.对一个已经用传统方法建立起预算管理系统的企业来说，从传统预算向超越预算转变可能要付出高昂的成本。请举例说明可能由此增加的改革成本以及产生的收益。

3.关于超越预算，请大家下载前程公司超越预算案例，并从中获取超越预算应用中的问题与解决信息（登录网址为http://www.docin.com/p-103338764.html&endPro=true）。

参考文献

部门规章：

［1］财政部《管理会计应用指引第200号——预算管理》

［2］财政部《管理会计应用指引第201号——滚动预算》

［3］财政部《管理会计应用指引第202号——零基预算》

［4］财政部《管理会计应用指引第203号——弹性预算》

［5］财政部《管理会计应用指引第204号——作业预算》

［6］国务院国有资产监督管理委员会《2022年度国资委预算报表管理软件及参数》

教材：

［1］吴井红. 财务预算与分析［M］. 3版. 上海：上海财经大学出版社，2016.

［2］温兆文. 全面预算管理：让企业全员奔跑［M］. 北京：机械工业出版社，2015.

［3］高严. 动态环境下的预算管理：方法、案例和制度［M］. 北京：机械工业出版社，2011.

［4］张熙庭. 战略预算——管理界的工业革命［M］. 广州：广东经济出版社，2010.

［5］沃麦克，琼斯. 精益解决方案：公司与顾客共创价值与财富［M］. 张文杰，陈红，王坚阳，等，译. 北京：机械工业出版社，2006.

［6］王斌. 公司预算管理研究［M］. 北京：中国财政经济出版社，2006.

［7］拉兹洛. 管理的新思维：第三代管理思想［M］. 文昭，黄丽华，译. 北京：社会科学文献出版社，2004.

［8］霍普，弗雷泽. 超越预算：管理者如何跳出年度绩效评估的陷阱［M］. 胡金

涛，译．北京：中信出版社，2005．

　　［9］王忠荣．经营计划与预算管理［M］．厦门：厦门大学出版社，2004．

　　［10］安东尼，戈文达拉扬．管理控制系统［M］．许锐，牛国锋，彭玉辉，译．北京：机械工业出版社，1999．

　　期刊文章：

　　［1］李莉．大型建筑集团战略预算管理体系构建探析［J］．财务与会计，2018（7）：74．

　　［2］梁民．全面预算上衔战略下接流程［J］．企业管理，2018（8）：63-67．

　　［3］袁媛．高科技企业的预算管理——基于"超越预算"的视角［J］．现代经济信息，2013（4）：42．

　　［4］马睿．财务滚动预测模型构建及应用——以恩欣格工程塑料（上海）有限公司为例［J］．财会通讯，2018（23）：62-66．

　　［5］李静荣．价值链视角下企业全面预算管理体系构建——以际华集团为例［J］．财会通讯，2017（35）：86-90．

　　［6］袁小军．制造企业财务预算管理体系的优化思路［J］．企业改革与管，2017（16）：111-112．

　　［7］李颖毅．集团公司对子公司绩效考核指标的相关思考［J］．财会学习，2016（2）：43-44．

　　［8］周怡坤．国有企业集团资源配置分析［J］．现代国企研究，2016（5）：203-205．

　　［9］李世宁．试论全面预算管理在企业内部控制中的重要作用［J］．知识经济，2015（15）：97-98．

　　［10］彭海颖．财务治理与全面预算管理问题探析［J］．财会研究，2004（7）：40-42．

　　［11］罗乐．试论公司治理、战略管理与全面预算管理的关系［J］．财会通讯（综合），2010（7）：60-61．

　　［12］王雪红．精益会计企业成本管理体系研究综述及展望［J］．会计之友，2015（4）：84-87．

　　［13］刘隆亨．新《预算法》的基本理念、基本特征与实施建议［J］．法学杂志，2015（4）：23-34．

　　［14］林宝忠．深入推进对标管理　提升企业精细化管理［J］．中国煤炭，2014（5）：139-141．

　　［15］李润国，李静．对标管理在铁路运输行业的应用研究［J］．管理现代化，2014（6）：52-54．

　　［16］李少云．浅析集团公司预算管理［J］．品牌，2015（7）：227．

[17] 刘思阳，段静．集团公司全面预算目标的制定与分解［J］．经营管理者，2014（8）：182-183．

[18] 刘彤．浅谈企业结合标杆管理，实施全面预算管理［J］．科技信息（科学教研），2008（13）：445．

[19] 刘晓鑫．煤炭企业对标管理与全面预算管理结合的探讨［J］．中国集体经济，2014（9）：45-46．

[20] 刘润国．全面预算管理在国企实践中的问题及建议［J］．企业改革与管理，2015（2）：25．

[21] 李景春．论超越预算对我国预算管理模式的启示［J］．现代商贸工业，2010（22）：42-43．

[22] 赵洁．超越预算思想对我国未来预算管理的启示［J］．科学与管理，2009（2）：24-26．

[23] 周竞男．超越预算模式及其应用价值探讨［J］．财会月刊（综合），2008（3）：23-24．

[24] 李晶晶．管理会计工具整合分析——"超越预算"理论的视角［J］．财务与会计（综合版），2007（2）：18-20．

[25] 潘爱香，盛菁菁．超越预算激励模式及其在我国的应用［J］．财会学习，2007（1）：29-32．

[26] 高晨，汤谷良．管理控制工具的整合模式：理论分析与中国企业的创新——基于中国国有企业的多案例研究［J］．会计研究，2007（8）：68-75．

[27] 许弟伟．"超越预算"对我国企业预算管理模式创新的启示［J］．审计月刊，2006（4）：48-49．

[28] 冯雪莲，汤小青．传统的预算、改善的预算与超预算的协调功能［J］．管理世界（月刊），2006（8）：152-153．

[29] 冯巧根．超越预算的实务发展动向与评价［J］．会计研究，2005（12）：15-19．

[30] 陈宁．论基于平衡计分卡的全面预算管理［J］．集团经济研究，2004（11）：182-184．

[31] 于增彪，袁光华，刘桂英，等．关于集团公司预算管理系统的框架研究［J］．会计研究，2004（8）：22-29．

英文论著：

[1] HOPE，FRASER. Beyond budgeting［J］. Management Accounting，1999（11）．

[2] OTLEY. Performance management：a framework for management control systems research［J］. Management Accounting Research，1999（10）．

[3] CIMA. Better budgeting：a report on the Better Budgeting Forum from CIMA and

参考文献

ICAEW ［EB/OL］.（2004-03-01）. https：//www. cimaglobal. com/Research—Insight/ Better-Budgeting.

　　［4］KAPLAN，NORTON. The balanced score card：translating strategy into action ［M］. Boston：Harvard Business School Press，1996.